마켓리더의 조건

기업의 지속적 성장과 최대의 수익 창출을 위한 최상의 전략

마켓 리더의 조건

제러드 J. 텔리스 · 피터 N. 골더 지음 | 최종옥 옮김

시장지배력의 진정한 원인을 파헤친 혁명적인 연구

시간이 지나면 이 책 『마켓리더의 조건』은 혁신에 대하여 서술한 중요한 길잡이로 역사에 기록될 것이다. 이 책이 중요한 이유는 몇 년 전에 나온 어터백(Utterback)의 『혁신의 원동력 정복하기』(*Mastering the Dynamics of Innovation*)처럼 혁신을 구성하고 있는 '현상들', 즉 혁신이 어떻게 일어나는가에 대한 역사적인 사실을 심층적으로 연구했다는 데 있다.

쿤(Kuhn)을 비롯해 포퍼(Popper), 레슬리스버거(Roethlisberger), 카플란(Kaplan)과 같은 뛰어난 역사학자들은 각자의 영역에서 학자들이 합의를 도출하는 확실한 방법을 제시하고자 했다. 그런데 놀랍게도 그 과정에서 이들은 공통적인 견해를 보였다. 첫째, 일단 흥미로운 현상이 나타나면 그것을 면밀히 관찰한 뒤 기록했다. 그 다음, 중요한 차이점에 따라 간결하고 분명하게 그 현상들을 분류하고, 확실한 분류체계가 성립되면 무엇이 이런 현상을 일으키며, 왜 그리고 어떤 상황에서 일어나는지를 명확히 설명할 수 있는 이론을 세웠다.

이제 남은 과정은 이들이 각자의 이론을 가지고, 더 많은 현상들을 관찰하고 앞으로의 일을 예측하는 것이다. 만약 자신의 이론을 사용해서 앞날을 정확히 예견했다면, 그는 자신의 이론이 유용하다는 확신을 갖게 될 것이다. 하지만 지금의 이론으로는 예측할 수도 설명할 수도 없는 현상, 즉 쿤이 비정상이라고 이름 붙인 현상에 직면한다면 연구자는 어쩔 수 없이 분류단계로 되돌아가야 한다. 그리고 "여기에는 반드시 다른 무언가가 작용하고 있다" 혹은 "이 두 종류의 일은 사실 그렇게 큰 차이가 없다"는 식의 퍼즐풀이를 이용해서, 분류체계를 다시 정비하고, 무엇이 이런 현상을 일으키며, 왜 그리고 어떤 상황에서 일어나는지를 보다 분명하게 밝혀줄 새로운 이론을 내놓아야 한다. 학구적인 학자들은 이런 체계로 연구를 진행하다보면 자신도 모르게 진실을 이해하기 시작한다. 중요한 것은 이론적 체계를 세울 때 반드시 귀납법과 연역법을 동시에 사용하여야 한다는 점이다.

이같은 '이론 설립의 방법론'의 측면에서 볼 때, 비즈니스와 경영에 관한 기사와 책의 저자들은 학문적인 오류를 범하고 있다. 분류체계의 귀납적인 측면에서 보면, 이러한 것들은 경영자들이 해야 할 일(무엇이 어떤 일을 일으킬 것인지)을 제시해주겠다는 욕망에 치우친 나머지, 학문의 필요조건인 각 현상에 대한 자세한 관찰과 분류과정은 제대로 거치지 않은 채 이론화에만 급급해 있다. 하지만 자신의 결론을 뒷받침할 사례와 일화를 수집한 뒤에, 현명한 경영자로서 해야 할 일을 제시하는 편이 훨씬 이롭다. 매년 쏟아지는 수백 권의 책들이 우리의 뇌리에서 그냥 사라지는 이유는, 이 책들이 자세한 관찰과 분류체계 없이 이론만을 주장하기 때문이다. 한편, 분류체계의 연역적인 측면에서 보면, 경제학자의 연구나 경영 관리에 대한 수학적 분석들은 자신이 찾아낸 모든 데이터를 토대로 가장 적합한 방법들에 대해서 '실험'은 하지만, 분류체계를 완성하는 단계라 할 수 있는 비정상적인 상황을 조사해서 분류체계를 개선시키는 과정을 생략한 채 '실험만 끝마친' 방법들만 내놓고 있는 실정이다.

이 책은 자신들 연구과정의 첫 단계인 혁신을 구성하는 현상에 대해서 설명해주고 있다는 것이 큰 장점이다. 또한 텔리스(Tellis)와 골더(Golder)는 비전, 끈기, 혁신, 헌신, 자산 레버리지, 이 다섯 가지 요소를 가지고 역사적으로 유명했던 회사들의 성공을 설명하면서 동시에 두 번째 단계인 분류체계에도 큰 공헌을 했다. 이 분류체계는 그들이 제시한 이론의 토대가 되었다. 그들의 이론은 다음과 같다. 최후의 승자가 되려면 첫째가 되는 것보다 여러 가지 다른 일들을 잘 수행하는 것이 더 중요하다. 그들은 오히려 첫째라는 사실이 성공 가능성을

'떨어뜨릴' 수 있다는 결론을 내린다.

　시간이 지나면, 이 책에서 텔리스와 골더가 제시하는 분류체계와 이론의 불완전성을 지적할 연구자들이 나타날 것은 분명한 사실이다. 사실 이 글을 쓰고 있는 나 역시 그들의 이론으로는 설명하기 힘든 한두 가지 정도의 비정상적인 현상—그 한 예로, 기술로 시장의 일인자가 되는 것과 비즈니스 방법으로 시장에서 일인자가 되는 것은 차이가 있다—을 지적할 수 있지만, 이런 것들은 분류체계를 약간 달리하고 이론을 바꾼다면 충분히 해결될 문제들이다. 다시 한번 강조하지만 이 책의 저자들이 갖고 있는 훌륭한 점은 많은 현상들을 자세하게 설명하고 있다는 것이다. 이것에 근거하여 여러분과 나 같은 사람들은 릴레이 경주처럼 저자들이 건넨 바통을 받아 들고 트랙을 한두 바퀴 더 달리다보면 좀더 많은 사실들을 이해할 수 있게 될 것이다. 이런 것이 진정한 학문의 과정이다. 그런 점에서 나는 텔리스와 골더의 업적을 기려 이 책을 추천한다.

클레이톤 M. 크리스텐슨(Clayton M. Christensen)

무엇이 장기적인 시장지배력을 가능하게 하는가

1990년 가을, 우리는 시장 지배의 원인을 알아내고자 10년 정도의 조사기간을 예정하고 연구에 착수했다. 이 조사에서 우리는 장기적인 리더십과 관련해 시장 진출시기와 그 영향력에 대해서 집중적으로 연구했다. 그리하여 우리는 시장 개척의 중요성과 선두주자의 이점에 대해서 보다 심층적으로 이해하게 되었는데, 더 나아가 만약 후발주자에게도 성공 가능성이 있다면 정확히 어떤 방식을 취해야 하는지도 알아내고자 했다.

사실, 지난 10년 동안 우리는 상당히 놀라운 사실을 발견했다. 그중 초기 조사결과의 일부는 학술지에 발표했고, 다른 일부는 교과서와 대중매체의 보도기사로 인용되었다. 그동안 대부분의 매체는 선두주자와 후발주자에 대해서 우리가 알아낸 것과 전혀 다른 내용을 보도해오고 있었다.

연구의 출발은 한정된 시장을 심층적으로 조사함으로써 시작했다. 그러나 해를 거듭하면서 우리는 조사 시장의 수를 늘려 결국에는 66개의 시장과 그 시장 내의 수백 개 기업을 심층 조사하였고 그 결과로 이 책을 완성했다. 이 과정에서 우리는 각 기업들의 활동을 조사하고 그로 인한 기업의 성과를 알아냈다.

우리는 이 책에 처음으로 시장 지배와 장기적인 리더십과 관련해 그동안 조사한 모든 내용을 담았다. 여기에는 6년간 진행했떤 연구결과는 물론이고 학술지에 발표했던 예비 결과도 포함시켰다. 얼마 전까지 우리는 조사할 시장의 범위를 디지털 시장과 하이테크놀로지 시장으로까지 확장해서 연구에 박차를 가했는데, 거기서 얻은 결과에 상당한 자신감을 얻을 수 있었다. 왜냐하면 19세기에 시작된 사진 필름 시장이든 최근 시작된 온라인 주식 트레이딩이든 그 어떤 시장에서도 우리는 똑같은 조사결과와 결론을 얻었기 때문이다.

그런 만큼 우리가 합의한 영구불변의 비즈니스 원리는 CEO를 비롯해 기업가, 파이낸셜 애널리스트, 경영학과 학생, 그리고 야심만만한 경영인이라면 꼭 읽어볼 필요가 있다고 생각한다. 아울러 비즈니스 역사의 놀라운 굴곡과 오래 전에 잊혀졌던 사건들에 대해서 보다 많은 독자들에게 알릴 수 있어서 기쁘게 생각한다. 사실, 지속적인 성공담은 주요 비즈니스 원리를 예증하는 데 쓰였지만, 더 큰 성공을 향해 과감히 도전했던 비즈니스 영웅들의 일화로도 읽힐 수 있을 것이다.

지속적인 성공의 원인을 연구한 동기는 시장의 개척자가 결국 그 시장을 지배한다는 일반화된 믿음이 정말 사실인지를 확인해보자는 단순한 호기심에서 비롯되었다. 그 당시 주요 교재에는 제록스나 애플처럼 개척자로 알려진 유력한 회사의 이야기들만이 실려 있었다. 우리도 처음에는 이들 개척자에 대한 일반적인 믿음을 그대로 받아들였지만, 그것이 전부라고는 생각하지 않았다. 우리는 이 일반적인 이야기에 좀더 내용을 추가할 요량으로 연구를 시작한 것이지, 그 내용을 반증할 의도는 없었다. 하지만 비디오 녹화기의 역사를 검토하던 우리는 1970년대에서 1980년대 사이에 일어난 마쓰시타의 VHS 포맷과 소니의 베타 포맷 사이의 치열한 경쟁 속에는 일반에 알려진 사실보다 훨씬 더 복잡한 사정이 숨어 있음을 알게 되었다. 이 책을 읽다 보면 이와 관련된 흥미진진한 역사적 사실들을 접할 수 있을 것이다. 일부 시장 조사를 끝마친 우리는 회사가 지속적인 시장지배력을 얻기 위해 사용한 광범위한 전략으로 눈을 돌렸다. 그때까지만 해도 우리는 시장 개척자에 관한 일반적인 믿음을 그대로 수용하고 있었다.

하지만 널리 알려진 종이 기저귀의 역사를 조사하는 도중에 우리만의 통찰력을 얻게 되었으며 이 새로운 통찰력을 바탕으로 더 많은 시장 조사에 착수했다. 그 결과 종이 기저귀나 VCR을 조사하든, 안전 면도기나 웹 브라우저를 조사하든, 또 사진 필름이나 속달 우편을 조사하든, 온라인 주식 트레이딩이나 다른 시장의 호스트를 조사하든, 시장 개척자와 지속적인 성공 원인에 대한 우리의 통찰력이 유효하다는 사실을 발견했다. 그 결과 66개의 시장 조사를 통해 비즈니스 역사에서 발견한 놀랍고도 흥미로운 사실을 단순히 기록하는 것에 그치지 않고, 그것들을 토대로 기업이 지속적인 리더십에 이르는 원리를 설명할 수 있게 되었다.

　66개나 되는 시장을 조사하는 일은 고생스럽긴 했지만 동시에 흥미진진하기도 했다. 하긴 수년간 그토록 많은 회사를 대상으로 숱한 사건들을 꼼꼼하게 수집해서 분석해야 했으니 힘든 건 당연했다. 어쨌든 우리는 이 과정에서 리더십 원리를 증명하기에 가장 적합한 사례는 물론, 그와 관련된 수백 권의 책과 수천 개의 기사 내용을 검토해야 했다. 하지만 지속적인 비즈니스 성공의 진정한 이유를 새로운 각도에서 조명해볼 수 있었던 점은 큰 수확이었다. 그동안의 조사결과를 최초로 발표하던 순간, 그 조사결과를 접한 사람들의 의견을 물으면서 느꼈던 흥분은 절대로 잊지 못할 것이다. 그후 몇 년 간 더 연구한 끝에, 우리가 얻은 조사결과를 대부분의 사람들이 믿게 할 수 있다는 확신이 생겼다.

시난 10년간 기울인 노력의 과정은 정말 믿기 힘든 행로였다. 비즈니스 역사에 남은 수많은 주요 인물에 관한 글들을 읽으면서 우리는, 그들이 회사의 미래와 관련해 중요 결정을 내릴 때 그들의 입장에서 생각해볼 만큼 그들을 이해하게 되었다. 이 과정에서 비즈니스 성공과 관련해 일반화된 상식이 상당 부분 틀릴 수 있다는 사실을 깨닫게 되었으며, 유력한 회사들의 성공적인 전략은 그 회사만큼이나 영속적이라는 사실도 알았다. 이제 우리는 비즈니스 역사를 통해 얻은 교훈을 이 책에서 다시 재현하고자 한다. 독자 여러분이 우리의 지나온 행로들을 즐겁게 따라와주기를 진심으로 바란다.

차 례

추천의 말 **4**
머리말 **8**

제1장 개척자들은 정말 축복받은 것일까
일반화된 상식 **19**
개척의 이점을 뒷받침해주는 일반 이론들 **24**
기존 이론을 뒷받침하는 증거 **29**
변하지 않는 마케팅의 제1법칙 **35**
일반적인 견해의 문제점 **37**
제1단계: 시장 지배력 유지 방법 **48**

제2장 기업의 역사를 통해 배우기
기업의 역사적 탐구의 이점 **53**
안도감이 아닌 통찰력을 위한 정의들 **64**
샘플 **68**
이 책의 계획 **73**
제2단계: 시장 개척의 방법 **75**

제3장 개척자와 관련된 사실들과 지속적인 리더십의 실제 원인
조사결과 요약 **80**
시장 개척자에 대한 주요 통계자료 **80**

지속적인 시장지배자들 **89**

제3단계: 지속적인 리더십 **99**

제4장 대량 소비시장에 대한 비전 갖기

대량 소비시장의 가능성 펼치기 **106**

틈새시장 무용론 **110**

대량 소비시장에 맞는 가격 구상하기 **113**

대량 소비시장의 경제성 활용하기 **119**

대량 소비시장의 문을 여는 가격과 품질 **129**

제4단계: 대량 소비시장 공략 **132**

제5장 비전이 갖고 있는 특별한 가치

다른 사람은 보지 못하는 것을 본다 **137**

C학점짜리 비전? **143**

과거에 의존하기: 웹의 비전 **147**

의문점 **158**

제5단계: 비전으로 시장 공략 **162**

제6장 모든 역경을 딛고 살아남기

순진한 끈기 **169**

'수준 낮은' 혁신을 위한 끈기 **174**

끈기로의 긴 여행 **178**

비전은 어떻게 끈기를 이끌어내는가 **182**

끈기 있는 비전가의 '행운' **189**

얼마나 오랫동안 견딜 수 있을까 199

제6단계: 끈기로 시장 공략 207

제7장 부단한 혁신의 필요성

자기 만족과 오만함으로 인한 침체 213

선도 브랜드 잠식하기 217

지속적인 혁신을 위한 피드백 루프 224

혁신에 대한 신속한 대응 229

기술 혁신의 순환 235

제7단계: 기술 혁신 238

제8장 기술 혁신을 위한 조직 만들기

관료주의 틀을 깨는 혁신 245

적대적이면서 협력적인 환경에서의 혁신 253

인재가 혁신을 일으키는 방법 259

혁신으로 살아가기 267

혁신적인 조직 만들기 273

제8단계: 조직 구성 276

제9장 금융자산의 조성과 헌신

실패할 뻔했던 큰 투기 284

회사 소유주가 금융 긴축에서 살아남기 295

자금 확보를 위한 경쟁 305

완벽한 서비스를 위해 수익 포기하기 313

실제적인 자산 헌신 **322**

제9단계: 자산 조성 **325**

제10장 자산 레버리지 실행하기

온라인 트레이딩을 장악하기 위해 현재 입지를 희생하기 **335**

영역 싸움에서의 자산 낭비 **343**

미래의 이익을 위한 현재 투자의 희생 **360**

자율싱 vs 관료주의 **369**

자산의 장점과 단점 **379**

제10단계: 자산 레버리지 구축 **382**

제11장 새로운 명제에 대한 평가

시장점유율의 지속성은 어떻게 된 것인가 **388**

조사결과를 어떻게 일반화할 것인가 **393**

지속적인 리더십의 다섯 가지 원인은 서로 관련이 있을까 **395**

중간자들은 지속적인 리더십의 요소에 어떤 영향을 미치는가 **397**

시장 진입 초기에 아주 잠깐 리더십을 누렸던 개척자는 시장 개척으로 인해 충분한 혜택을 누리는가 **399**

시장지배력보다 수익에 초점을 맞춘다면 결론은 변할 것인가 **401**

규제는 필요한가 **402**

회사는 일찍 또는 제일 먼저 시장에 진입하기보다는 나중에 진입해야 하는 건 아닐까 **405**

결론 **407**

제1장

개척자들은 정말 축복받은 것일까

일반화된 상식

질레트(Gillette), 코크(Coke), 타이드(Tide)는 현재 해당 시장을 주름잡는 브랜드로서, 수십 년간 같은 위치를 고수해왔다. 지속적인 시장지배력에 관한 명제는 따로 놓고 볼 사례가 아니다. 많은 연구자들은 브랜드가 일단 리더십을 얻게 되면 그것을 수십 년간 유지해왔다고 주장하고 있다. 또한 25개의 마켓리더 중 19개 브랜드는 적어도 60년 동안 시장지배력을 고수하고 있다는 기사가 나기도 했다.(표 1-1 참조) 이 기사에 의하면 시장지배력 유지는 보기 드문 일이 아닌 흔한 현상인 것처럼 보인다.

경영자들이 브랜드의 리더십 유지를 중요하게 생각하는 데는 몇 가지 이유가 있다. 첫째, 오래된 브랜드가 고객의 관심을 받기 때문이다. 오래된 브랜드는 상대적으로 마케팅 비용을 적게 들여도, 프리미엄 가격을 받을 수 있다. 이와는 대조적으로 새 브랜드나 시장이 작은 브랜드는 시장 진출과 인지도 획득을 위해 많은 마케팅 비용을 들여

〈표 1-1〉 시장점유율의 안정성을 보고한 기록 평가

상표명	1923년 순위	1983년 순위
스위프트 프리미엄 베이컨	1	1
켈로그 콘 프레이크	1	3
이스트먼 코닥 카메라	1	1
델 몬트 과일 통조림	1	1
허쉬 초콜릿	1	2
크리스코 쇼트닝	1	2
카네이션 깡통 우유	1	1
윙글리 추잉 검	1	1
나비스코 비스킷	1	1
에버레디 플래시라이트 배터리	1	1
골드 메달 플로워	1	1
라이프세이버 민트 캔디	1	1
쉐윈-윌리엄즈 페인트	1	1
햄머밀 페이퍼	1	1
프린스 앨버트 파이프 담배	1	1
질레트 면도기	1	1
싱어 재봉틀	1	1
맨해튼 셔츠	1	Top 5
코카콜라	1	1
캠벨 비누	1	1
아이보리 비누	1	1
립톤 티	1	1
굿이어 타이어	1	1
팔머리브 토일렛 비누	1	2
콜게이트 크림 치약	1	2

자료: 「1923년 25개 시장 지배자들의 톱 브랜드 유지에 대한 연구」, 『애드버타이징 에이지』, 1983, p.32.

야 한다. 둘째, 마켓리더는 규모의 경제를 이용할 수 있다. 따라서 좁은 틈새시장을 확보한 경쟁상대에 비해 능률적인 경영정책으로 더 높은 수익을 누릴 수 있다. 셋째, 이미 특정 부문에서 우위를 차지하고 있는 마켓리더는 새로운 관련 부문으로 프랜차이즈를 확대할 수 있으며, 새 부문에서도 쉽게 우위를 점할 수 있다. 반면 리더가 되지 못한 회사들의 경우, 매년 수천 개의 새 브랜드를 출시하고 있지만 대부분이 시장에서 자취도 없이 사라진다.

도대체 왜 이런 일이 일어나는 걸까? 끈질기게 살아남아서 마켓리더가 되는 브랜드가 있는가 하면, 어떤 브랜드는 제대로 역량 한 번 펼쳐보지 못한 채 한순간에 잊혀지는 브랜드가 되는 것일까?

많은 분석가들은 시장 진입순서로 인해 이런 일이 일어난다고 말한다. 이들의 명제에 따르면, 한 회사가 살아남을 가능성과 시장점유율은 순전히 시장 진입의 순서에 비례한다. 특히 어떤 시장에 처음 진출하거나 해당 시장을 개척한 회사는 성공 가능성이 매우 높으며, 영구적인 시장점유율과 장기적인 시장지배력을 보장받는다. 따라서 시장지배력을 지속시키는 주요 원동력이 시장 개척 혹은 시장 진입순서라고 알려지면서, 사람들은 이것을 개척자의 이점 혹은 선도자의 이점이라고 부르고 있다.

이러한 논의에 근거하여, 분석가들은 경영자들에게 언제나 다음과 같이 권고한다. "서둘러 시장에 진출하고, 경쟁자를 추월하여 그 시장에서 첫째가 되라." 사실 이러한 충고는 비즈니스 이론과 실천에서 오래된 원칙 중 하나이다. 특히 하이테크놀로지 제품의 경우, 경영자들은 해당 시장에 처음 진출하는 것이 단기적으로나 장기적으로 성공에 아주 중요하다고 믿는다. 예를 들어 인텔(Intel)의 최고경영자(CEO)인 앤드류 그로브(Andrew Grove)는 경영자들에게 이렇게 충고한다.

"당신 앞에 테크놀로지의 전환기나 기타 중요한 변화기가 찾아온다면, 기회라 생각하고 잡아라. '선도자, 그렇다, 선도자만이' 다른 회사들이 갈피를 잡지 못하는 동안 먼저 움직임으로써 경쟁상대를 앞설 수 있는 시간적인 기회를 얻게 마련이다. 다시 말해, 비즈니스에서 시간상 유리하다는 것은 시장점유율을 확보할 수 있는 가장 확실한 길이다." 지금도 많은 경영자들은 이런 충고를 한결같이 믿고 서둘러 시장에 진출하고 있다.

물론 개척자가 유리하다는 믿음은 다른 모든 일에도 해당된다. 메인 스트리트에 사는 사람들도 월스트리트의 증권분석가도 모두 그렇게 믿는다. 보고자들은 이러한 믿음을 토대로 시장동향을 설명하고, 연구원들은 그 믿음을 확인하기 위해 연구를 진행했다. 이 믿음은 학계와 해당 분야 종사자, 아마추어와 전문가들의 강한 지지를 받으며 수십 년간 유지해온 명제이기도 하다.

시장을 임의적으로 조사해본 다음의 사례 역시 이 명제를 뒷받침한다. 안전 면도기, 복사기, 대형 고속컴퓨터, 종이 기저귀, 레이저 프린터, 온라인 서점 등 여섯 가지 일반적인 제품을 살펴보자. 현재 각 제품의 마켓리더는 누구인가? 그리고 그 시장의 개척자는 누구인가? 많은 사람들은 이 두 질문에 대해, 안전 면도기는 질레트, 복사기는 제록스, 컴퓨터는 IBM, 종이 기저귀는 팸퍼스, 레이저 프린터는 휴렛팩커드, 온라인 서점은 아마존 닷컴이라고 말할 것이다.

질레트의 경우, 지난 수십 년 동안 많은 경쟁상대를 만났다. 경쟁상대들은 더 나은 품질, 더 낮은 가격, 차별화된 테크놀로지, 색다른 디자인을 앞세워 질레트와 경쟁을 벌였지만 여전히 면도기의 마켓리더는 질레트이다. 프록터앤갬블(Procter & Gamble)은 종이 기저귀 시장을 개척한 회사로, 오늘날에도 팸퍼스는 가장 잘 팔리는 브랜드 중 하나이다. 제록스의 경우, 지난 사반 세기 동안 복사기 시장을 지배하고 있는데, 한때 이 제록스 복사기가 대단한 인기를 누리면서 제록스란 브랜드명이 복사라는 단어와 동의어가 될 정도였다. 이와 유사하게 컴퓨터 시장을 완전 장악한 IBM의 경우, 지금은 그 누구도 IBM이 빠진 컴퓨터 시장을 상상하기 어렵다. 휴렛팩커드 역시 관련 산업 분야가 많지만, 그래도 제일 유명한 제품은 프린터이다. 오늘날 이 회사는 레이저 프린터를 포함해서, 프린터 시장 전체를 지배하고 있다. 아마존 닷컴은 상당히 빠른 속도로 꾸준히 성장해온 회사로 현재는 온라인 서점뿐만 아니라 인터넷 판매의 아마존이기도 하다.

이 모든 브랜드들이 해당 시장의 개척자이면서 리더라는 사실은, 개척자가 유리하다는 기존의 믿음을 더욱 뒷받침해준다. 새로운 디자인을 처음 발명한 기업이 그 디자인의 특허권을 갖는다. 브랜드명 역시 그것을 처음 사용한 회사가 그 이름을 오랫동안 사용할 권리를 가지며, 또한 어떤 새 지역을 처음 발견한 사람이 그곳에 대한 소유권을 인정받게 마련이다. 우리들은 이러한 원리를 이미 어린 시절부터 "일찍 일어나는 새가 벌레를 많이 잡는다", "먼저 온 손님이 먼저 대접받는다" 등의 속담을 통해서 배워왔다. 이처럼 사회의 통념과 관습이 선도자의 권리를 지지하고 있다는 것을 우리는 시장에 대한 추정에서도 쉽게 발견할 수 있다. 개척자, 즉 어떤 시장에 처음 진입한 회사가 최고의 시장점유율을 차지하고, 그 시장을 계속 지배하는 것은 틀림없는 사실이었다.

하지만 과연 이런 믿음이 이론으로도 증명될 수 있을까? 그리고 개척자가 유리하다는 사실을 보다 잘 설명할 방법은 없을까?

개척의 이점을 뒷받침해주는 일반 이론들

경험을 토대로 한 관측은 하나 이상의 정형화된 이론이 뒷받침되어야 과학적인 타당성을 얻을 수 있다. 임의적인 관측을 통해 얻은 많은 증거들은 개척자가 유리하다는 사실을 뒷받침하고 있지만 수많은 저자들은 그 현상을 좀더 정확히 설명할 수 있어야 한다. 따라서 경제학, 심리학 그리고 마케팅 분야의 연구자들은 이러한 사실을 정형화된 이론으로 발전시켜 개척자들이 장기적으로 유리한 이유를 설명하고자 했다. 이들 연구자들은 개척자를 '선발주자'(first entrants) 혹은 '선도자'(first movers)라고 부른다. 또한 몇몇 이론들은 상당히 복잡하고 어려운 수학적 모델을 사용하면서 그 이유를 설명하고 있다. 이 이론들 가운데, 기억의 편리함(ease of recall), 브랜드 충성도(brand loyalty), 소비자의 타성(consumer inertia), 특허 장벽(patent barriers), 경험의 경제(economies of experience), 자원 동원(resource mobilization) 등의 여섯 가지 이론은 매우 중요하며 강력한 영향력을 가진다. 시장의 개척자들이 우위를 점하고 있다는 현상을 보다 잘 이해하기 위해서, 이 여섯 가지 이론들의 배경이 되는 예리한 통찰력을 살펴보도록 하자.

기억의 편리함

개척자들이 유리한 가장 간단한 이유는 어떤 분야에 처음 등장한 브랜드명을 기억하기 쉽기 때문이다. 오늘날 고객들은 수백 개의 제품부문에 있는 수천 개의 브랜드 가운데 하나를 선택해야 한다. 예를 들어, 면도기에는 전기 면도기와 수동 면도기가 있고, 수동 면도기는 다시 일회용과 일회용이 아닌 면도기로 나뉘며, 좀더 세분하면 여성용과 남성용으로 구분된다. 각 제품마다 수많은 브랜드가 있고, 그 와 중에도 새로운 브랜드들이 계속 출시되고 있다. 어떤 분석가에 따르면 모든 제품부문을 통틀어 볼 때 매년 1만 개 이상의 새로운 브랜드들이 출시된다고 한다. 그렇다면 고객의 평균 어휘수가 수천 단어란 점을 감안할 때, 과연 그들이 그 많은 브랜드 정보를 다 기억할 수 있을까? 아마 기억하기 힘들 것이다. 그들은 질레트나 아마존 닷컴, 제록스처럼 해당 제품의 첫 브랜드만을 기억할 것이다. 아무래도 이들 브랜드명이 자주 거론되기 때문에 기억에 깊이 남게 마련이다. 이런 이유로 일부 전략가들은 "어떤 제품을 떠올릴 때 제일 먼저 생각나는 브랜드가 그 부문의 선두 브랜드가 된다"고 주장한다. 이 말은 개척자가 후발주자보다 훨씬 유리하다는 사실을 지지해주고 있다.

브랜드 충성도

브랜드 충성도란 고객이 어떤 브랜드를 우선적으로 구입하느냐에 대한 브랜드 선호도를 뜻한다. 신상품이 출시됐을 때, 대부분의 소비자들은 그 상품 자체나 특징에 대해서 잘 알지 못한다. 다시 말해, 소비자는 이 신상품이 어떤 면에서 그들의 욕구를 충족시켜주는지, 그리고 그 제품의 특징들이 어떤 식으로 조화를 이루는지 모르기 때문에 편견 없이 신상품을 대하게 된다. 예를 들어, 코카콜라(Coca-Cola)가 출현하기 전까지 소비자들은 콜라 음료가 어떻게 생겼는지, 무슨 맛인지 전혀 아는 바가 없었다. 이런 면에서 이 새 음료는 고객의 기호와 기대를 상당히 구체화시킬 수 있었다. 코카콜라를 맛본 소비자들이 그 맛을 좋아하게 되면서, 그 단맛과 색깔, 탄산가스, 캐러멜 향을 콜라의 특징이자 이런 종류의 음료수가 가진 특징으로 생각하게 되었다. 또한 소비자들은 이러한 생각을 가지고 새로 등장한 후발주자를 개척자와 비교했다. 만약 새로운 브랜드가 개척자와 다르면 다르다는 이유만으로는 소비자의 호의를 얻지 못할 수 있으며, 반대로 비슷하다면 개척자의 아류 제품으로 간주되어 기억 속에서 묻힐 수 있다. 따라서 개척자가 가지고 있는 큰 장점은 자신만의 특별한 제조 방식을 선호하도록 소비자의 기호를 형성할 수 있다는 것이다. 그 결과 개척자는 선호도 지속은 물론 특정 제조방식에 대한 충성도를 발전시킬 수 있다. 일부 연구자들은 한 술 더 떠 "(소비자 마음속에서) 개척자는 생산품목 부문과 강력하게 연결되어 연상되며, 이는 결과적으로 후발주자를 평가하는 '기준'이 된다"는 주장을 내놓는다. 이처럼 개척자들은 '경쟁적인 우위'에 서게 되어 후발주자들은 이들의 막강한 장점을 뛰어넘지 못하는 경우가 생긴다.

소비자의 타성

소비자의 타성이란 사용하던 브랜드를 바꾸는 것에 대한 거부감을 뜻한다. 이런 거부감이 생기는 데는 두 가지 이유가 있다. 가격이 낮고 자주 구입하는 제품의 경우, 소비자는 가격과 품질, 용량을 다시 알아보고 다른 제품을 평가해야 하는 수고를 최소화시키기 위해서 쓰던 브랜드를 계속 사용하는 쪽을 선택할 수 있다. 예를 들어 어떤 소비자가 앞으로 사용할 프린터 용지의 브랜드를 정하게 되면, 용지를 새로 구입할 때마다 다른 브랜드를 찾아 나서기보다 한 번 구입했던 브랜드를 계속 구입하는 것이 수월할 것이다. 그리고 가격이 비싼 제품의 경우, 브랜드를 바꾸게 되면 사용법과 사용습관을 새로 익히고 새 부속품을 구입하는 번거로움이 생길 수 있다. 제록스 복사기 사용법에 익숙해진 소비자는 캐논 복사기의 사용법이 더 간편하다고 해서 복사기를 캐논으로 바꾸기가 쉽지 않다. 이와 마찬가지로 사무용품이 전부 제록스라면 관리 및 재고 목록을 단순화시키기 위해서, 다른 제품이 아닌 제록스를 고수할 수 있다. 이처럼 어쩔 수 없는 이유가 아니라면 소비자들은 쓰던 브랜드를 군이 후발주자의 브랜드로 바꾸기를 거부한다. 따라서 이런 타성은 개척 브랜드가 계속 유리할 수밖에 없는 환경을 제공한다.

특허 장벽

특허란 어떤 디자인에 대한 법적 소유권으로서, 일정 기간 동안 경쟁상대가 그 디자인을 도용하는 일을 막아준다. 미국에서는 가장 일반적인 특허신청을 해두면 20년 동안 해당 제품은 보호받을 수 있다. 특허의 목적은 많은 비용을 들여 신제품 연구를 한 회사에 대한 보상책으로 제품 시장에서 일정 기간 독점권을 보장해주는 것이다. 선도기업의 경우 자사의 초기 디자인은 물론 제품 제작과 관련해서 해당 디자인을 연상시키는 수많은 디자인까지 보호받을 수 있다. 그래서 특허품을 많이 소유하게 되면, 경쟁상대의 시장 진입을 차단시킬 막강한 장벽을 확보하는 셈이다. 한때 제록스가 복사기 시장에서 많은 특허품을 확보하는 바람에 다른 회사들은 제록스와의 경쟁을 꿈도 꿀 수 없었다. 이런 현상이 너무 심각하다보니 미국 정부가 나서서 제록스를 상대로 반(反)독과점 소송을 제기했고, 그 결과 복사기 시장에서 경쟁이 가능해졌다. 이처럼 개척자는 특허를 이용해서 시장지배력을 얻는 것은 물론 보호까지 받을 수 있다.

경험의 경제

　경험의 경제란 비용 절감이나 품질 향상을 뜻하는 용어로 기업이 제조 및 마케팅에서 충분한 경험이 쌓였을 때 일어난다. 예를 들어 장거리 전화의 경우 통화 서비스가 시작된 이래 수십 년에 걸쳐 꾸준히 그 비용이 인하되었다. 그리고 최근에 그동안 꾸준한 원가 상승을 보이던 컴퓨터 제품과 주변장치들이 갑자기 정기적인 원가 인하 현상을 보이고 있다. 이렇게 원가가 절감된 이유는 노동자들이 경험을 통해 제품을 보다 효율적으로 생산하는 법을 배웠기 때문이다. 또 제조업체측에서도 경험을 통해 더 효율적인 기술, 보다 싼 원료, 낭비를 줄일 수 있는 생산방법을 배웠기 때문이다. 이런 경험의 경제에 의해 개척자는 비용 면에서 후발주자보다 유리할 수밖에 없다. 따라서 개척자들은 경쟁상대보다 더 싼 가격에 제품을 판매하거나 더 높은 마진을 챙길 수 있다. 어느 경우이건 그들은 경쟁에서 후발주자보다 유리하다. 많은 분석가들이 현재 인텔이 반도체 시장을 지배할 수 있게 된 이유로 반도체 생산 경험의 축적을 꼽고 있다. 인텔은 경험에 의해 더 낮은 원가로 제품을 생산할 수 있었고, 남보다 일찍 새 디자인을 출시할 수 있었으며, 더 높은 마진과 수익을 얻었다. 그리고 이렇게 얻은 수입을 다시 투자해서 반도체 시장의 후발주자들을 계속 앞서갈 수 있었다.

자원 동원

　자원 동원이란 주요한 원료 공급업체와 판매점을 매점한다는 뜻이다. 시장에 처음 진입하게 되면, 개척자는 많은 원료 공급업체, 최고의 부품 공급업체, 거대한 고객시장, 최고의 유통업체 등 최고의 자원을 매점할 수 있다. 예를 들어 드비어스(DeBeers)는 전세계 다이아몬드 광산을 체계적으로 사들이고 계약을 체결함으로써 다이아몬드 시장에서 우위를 확보할 수 있었다. 코크의 경우 특히 음료수 사업에서 가공할 만한 유통업체와 프랜차이즈 네트워크를 구축했으며, 그로 인해 펩시(Pepsi)는 상당 기간 애를 먹어야 했다. 개척자들은 시장에 처음 진입하기 때문에 빠르게 자원을 매점할 수 있을 뿐더러, 나중에 등장할 경쟁상대를 막을 수 있는 가장 좋은 위치를 차지한다.

주요 고찰 과제

앞서 살펴본 여섯 가지 이론들은 개척자들이 후발주자를 상대할 때 큰 장점으로 작용할 수 있는 요소들을 보여준다. 이들 요소들의 결합은 개척자들로 하여금 나중에 등장하는 경쟁자에 비해 더 크고 확실한 혜택을 누릴 수 있게 한다. 사실 이것은 개척자가 유리하다는 논리의 기초 원리가 된다. 저술가들은 이 이론들 중에 하나 이상을 사용해서 질레트, 타이드, 코크 같은 브랜드가 수십 년 동안 시장지배력을 지켜온 이유를 설명해왔다.

기존 이론을 뒷받침하는 증거

의심이 많은 연구자들은 정형화된 이론들과 몇 가지 사례보다는 개척자가 유리하다는 명제를 증명할 수 있는 더 많은 증거를 확보하기 위해 탐구해왔다. 사실 이 명제에는 너무 많은 의미가 함축되어 있어서 단순히 이론화시키기가 어렵다. 수세기 동안 존속해왔던 시장들을 생각해보자. 만약 개척이 영구적인 '성공의 열쇠'라면, 이 간단한 기준이 시장에서 기업들의 주가와 장래 수익성을 평가할 때 가장 중요한 요소로 작용할 수 있다. 그러나 기술은 끊임없이 변한다. 그래서 어떤 시장은 도태되는가 하면, 다른 시장과 합병해서 아주 새로운 시장으로 탄생한다. 만약 시장 진출의 시기 결정이 지속적인 성공을 결정하는 주요 요소라면, 경영자는 기술 분야에 관심을 집중시켜야 할 것이며 신기술이 등장할 때를 시장 진출의 시기로 삼아야 한다.

아마도 이쯤 되면 독자들은 개척자가 영구적인 리더십을 갖는 일이 얼마나 광범위한 현상인지, 그리고 그 명제를 뒷받침할 조사결과 중 경험적 증거는 없는지 묻고 싶을 것이다.

지난 20년 동안 개척자만이 갖는다고 여겨지는 영구적인 장점을 확인하기 위해 많은 연구들이 진행되었다. 이 연구들은 그 장점이 실제로 얼마나 광범위한지, 또는 얼마나 일반화되었는지를 확인하기 위한 것들이었다. 그런데 이 연구들 가운데 많은 것들이 '시장전략의 수익효과'(Profit Impact of Market Strategy), 줄여서 PIMS라고 불리는 대형 프로젝트의 데이터를 이용하고 있다.

이 PIMS 프로젝트는 원래 1960년 제너럴 일렉트릭(General Electric Company, 이하 GE라고 칭함)에서 시작되었다. GE는 자사가 추진중인 다양한 사업들의 수익성을 위해 처음으로 과학적인 시스템을 도입했다. 오늘날 이 회사는 정력적으로 사업을 진행하는, 수익성 높은 대규모 다국적기업의 모델이 되었다. 1960년대부터 다양한 사업을 추진한 이 회사의 고위 경영자들은 과학 경영의 일환으로, 같은 회사 안에서 추진중인 사업들이 어째서 수익을 달리하는지 알고 싶었다. 그들은 이런 목적의식 아래 리서치 프로젝트인 PIMS에 착수하였는데, 이

프로젝트에서는 GE가 추진한 각 사업들의 구조와 전략 그리고 많은 변수에 따른 성과들이 보고되었다. 이 프로젝트는 1970년대 초에는 하버드 대학에서, 그리고 1970년대 말부터 현재까지 독립기관인 '전략계획연구소'(Strategic Planning Institute)에서 진행되고 있다. 시간이 흐르면서 이 프로젝트는 크고 작은 여러 회사들의 지원을 받았다. 그리고 수년이 지난 뒤 이 프로젝트에 의해 광범위한 고객 및 산업 시장에 나와 있는 수천 가지 사업에 대한 데이터가 축적되었다. 이로써 PIMS 데이터는 이 세상에 존재하는 사업체의 구조와 전략, 그리고 성과에 관한 한 가장 크고 유일한 정보의 보고가 되었다. 이 데이터를 토대로 연구를 진행했던 많은 연구자들은 개척자가 유리하다는 사실을 증명할, 좀더 분명하고 확실한 패턴을 발견할 수 있었다.

시장 개척과 관련된 또 다른 중요한 데이터는 '매사추세츠 기술연구소'(Massachusettes Institute of Technology)의 교수진으로 구성된 팀에 의해서 나왔다. 이들은 원래 신상품의 성공 및 실패 이유를 알아내기 위해 데이터를 모으기 시작했다. 이 데이터들은 기본적으로 제품에 대한 고객의 지식을 비롯해 선호도, 구매욕에 대한 조사에서 얻어졌다. 연구자들이 ASSESSOR라는 모델을 개발해서 신상품 전략을 예측했기 때문에, 이들의 데이터베이스는 종종 이 모델과 동일시된다. ASSESSOR 데이터에서 나온 주요 조사결과에 따르면 시장 개척이 초기 및 지속적인 성공에서 중요 요소 중 하나였다.

PIMS 데이터와 ASSESSOR 데이터의 결과가 서로 일치했다. 서로 다른 조사자가 각기 다른 방식을 이용해서 다른 기간에, 다른 목적으로, 다른 조건에서 분석하여 수집한 이 두 데이터베이스가 유사한 결과를 내놓았다는 것은 인상적이지 않을 수 없다. 이 두 조사결과의 일치로 인해 많은 경영자들은 개척자가 유리하다는 사실을 확신하게 되었다. 특히 이 두 데이터베이스를 자료로 이용한 연구들은 시장 개척자에 대해 다음 다섯 가지 주요 결론을 얻었다.

1 실패율　개척자도 실패할까? 어떤 데이터베이스도 실패한 시장 개척자에 대한 증거를 제시하고 있지 않다. 이 점에 있어서 이들 연구에는 실패한 개척자에 대해서 아무런 보고도 없었다. 따라서 이 연구에서 이용된 증거들은 말하고 있다. 개척자들은 실패하지 않는다!

2 점유율 잠식　개척자도 시간이 흐르면 시장점유율을 잃지 않을까? 개척자가 처음에 시장에 진입하면 실제적인 독점권을 가지게 되며, 이것은 시장점유율 100퍼센트를 뜻한다. 그렇다면 경쟁자와 모방 제품들이 시장에 등장하면 이 점유율은 잠식되지 않을까? 이런 의문이 생기는 건 당연하다. 이 점에 대해서 적어도 두 가지 연구가 진행되었다. 첫 번째 연구에 의하면, 단기적으로 개척자들의 시장점유율이 잠식되는 듯 보이나 이런 현상은 처음 몇 해로 국한된다.(그림 1-1) 시장에 새로운 회사가 등장하면 개척자의 시장점유율은 일정 비율로 떨어진다. 그러나 이런 식의 하락은 무기한 진행되는 것이 아니라 비교적 안정적인 시장점유율에서 멈추고 있다.(그림 1-1) 두 번째 연구는 보다 장기적인 관점에서 이 문제를 다룬다. 장기적으로 봤을 때 후발주자가 개척자보다 시장점유에서 실패하여 퇴출될 가망성이 더 높다. 따라서 개척자의 시장점유율 확보는 매우 확고할 뿐만 아니라 상당히 영구적으로 보인다.

3 시장점유율의 균형　개척자들의 시장점유율은 대략 어느 정도인가? 이 점에 대해서 적어도 여섯 가지의 연구가 이뤄졌다. 그리

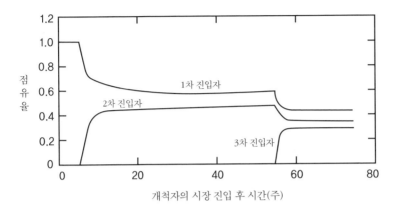

〈그림 1-1〉 시장 진입순서에 따른 시장점유율 변화

개척자의 시장 진입 후 시간(주)

고 그 모든 연구에서 개척자들은 30퍼센트라는 상당히 안정적인 시장 점유율을 지니는 것으로 나왔다. 여러 명의 다른 연구자들이 수행한 분석에 따르면, 점유율이 사업 전반에 걸쳐 광범위하게 유지되고 있다.(표 1-2) 이러한 연구에 근거해서 보면, 평균 시장점유율은 개척자의 경우 약 30퍼센트, 개척자에 이어 바로 등장한 시장 진입자의 경우

〈표 1-2〉 PIMS 데이터에 근거한 개척자의 시장점유율

연구	범주	관찰된 수	개척자	초기 진입자	후발주자	후발주자에 대한 개척자의 이점
로빈슨과 퍼넬(1985)	소비자 상품들	371	29	17	12	17
로빈슨 (1988)	산업체 상품들	1,209	29	21	15	14
패리와 배스(1990)	소비재 상품에 집중	437	34	24	17	17
패리와 배스(1990)	산업재 상품에 집중	994	33	26	20	13
렘킨(1988)	신생 회사	129	24	10	10	14
렘킨(1988)	성장 회사	187	33	19	13	20
평균			30	20	14	16

는 20퍼센트, 그리고 후발주자는 10퍼센트이다. 결과적으로 개척자는 후발주자보다 평균 14퍼센트의 시장점유율을 더 갖고 있다. 여러 회사들이 시장점유율의 작은 수치를 위해 매일 전쟁을 치르고 있다는 것을 감안한다면, 그 정도면 시장 개척을 시도할 매우 강한 인센티브가 될 수치이다.

4 시장지배력 개척자들이 마켓리더가 되는가? 과거의 연구에 의하면 일반적으로 시장 개척자들이 시장지배자가 된다. 그 예로 PIMS의 데이터를 보면, 현재 시장지배자 중 70퍼센트 이상이 시장 개척자이다.

5 시장지배력의 안정성 시장점유율은 얼마나 안정적인가, 특히 마켓리더의 시장점유율은 어떠한가? 이와 관련된 연구를 보면 시장지배력은 상당히 안정적이다. 대부분의 마켓리더들은 아주 오랜 기간 동안 그 지위를 유지해왔으며 심지어는 그 기간이 반세기를 넘기는 경우도 있다. 그 예로 이번 장을 시작하면서 언급했던 『애드버타이징 에이지』(*Advertising Age*)의 1983년 기사를 보면, 1923년에 시장지배자였던 25개의 브랜드 가운데 19개 브랜드가 1983년까지도 여전히 마켓리더였으며, 24개의 브랜드 역시 해당 시장의 상위 3위에 드는 브랜드이다.(표 1-1)

결과적으로 활용 가능한 증거는 시장 개척이 얼마나 유리한지를 분명하게 보여주고 있다. 시장 개척자들은 실패하지 않는다. 그들은 시작 단계부터 해당 시장을 지배한다. 새로운 경쟁상대가 시장에 진입하면 개척자들은 조금씩 시장점유율을 잠식당하나 궁극적으로 그들은 상당히 높은 수준의 시장점유율을 안정적으로 유지한다. 심지어 수십 년 후까지도 높은 시장점유율을 유지하며 극심한 경쟁 속에서도 마켓리더의 자리를 지킬 수 있다.

변하지 않는 마케팅의 제1법칙

시장 개척자가 가지고 있는 우위(유리함)에 대한 속담, 손쉬운 관찰, 정형화된 이론, 그리고 경험적 증거 등을 리스(Ries)와 트라우트(Trout)는 '변하지 않는 마케팅의 제1법칙'이라고 불렀다. 이 두 사람은 이 원칙에 대해서 간단하게 "더 좋은 것보다는 맨 처음이 낫다"는 말로 설명한다. 이들은 이 명제를 뒷받침할 수 있는 수많은 사례를 제시했다. 여기에는 앞서 우리가 언급했고 다른 연구자들도 언급했던 코크를 비롯해 질레트, 팸퍼스, 제록스, IBM이 포함되어 있다.

단순한 속담에서 출발한 이야기가 관찰에 의해 믿음으로 발전하고, 경험적 조사에 의해서 일반화되었으며 경제이론에 의해 정설로 자리 잡았다. 사실 개척자가 유리하다는 믿음이 너무 강하여 사람들은 아무런 어려움 없이 그것을 마케팅의 제1법칙이라고 믿었다.

비즈니스 분석가들은 전략 공식화와 성과 해석이라는 복잡한 문제를 간단하게 해결할 수 있는 방법을 열망해왔다. 마치 우주를 아주 간단하게 이해시켜준 행성운동에 관한 케플러(Kepler)의 세 가지 법칙처럼 간단한 법칙으로 현대 시장의 복잡한 원동력을 설명하고자 노력하였다. 마케팅의 제1법칙을 통해 분석가들은 기업의 장기적인 성공에 대한 적절한 해석은 물론 수많은 기업들이 실패하게 된 주요 이유를 찾아냈다.

품질과 시장 진입의 시기, 이 두 가지의 절충은 신상품을 개발한 경영자가 반드시 고려해야 할 무엇보다도 중요한 요소 중에 하나이다. 이런 절충의 성과가 명확하게 알려진다면, 모든 회사의 전략에 상당한 영향을 미칠 것이며 특히 하이테크놀로지 분야에 끼치는 영향은 상당히 클 것이다. 정말 "더 좋은 것보다는 맨 처음이 낫다"면, 비록 제품이 덜 완성되었을지라도 회사 입장에서는 시장 진출을 서둘러야 한다. 이때 품질은 문제가 되지 않는다. 회사는 많은 시간을 필요로 하는 품질 향상을 위한 연구·개발보다 시장 진입을 위해 신속하게 준비하는 데 투자를 집중시켜야 한다.

　개척자가 유리하다는 명제는 인터넷과 하이테크 회사들이 전략을 구상할 때 가장 중요한 원칙으로 작용하게 되었다. 이 일반 논리는 시간에 대한 논의를 전제로 한다. 구(舊) 경제보다 신(新) 디지털 경제에서 시간은 더 빨리 흐른다. 수십 년이 걸려야 변화가 생기는 구 경제체제에서 시장 개척은 지속적인 성공을 보장하는 유리한 조건이었지만, 며칠 사이에도 변화가 일어나는 신 경제에서도 중요한 조건임이 틀림없다. 전략가들은 회사 경영자들에게 처음이 아니어도 좋으니, 성공을 보장하는 모든 문이 닫히기 전에 디지털 시장으로의 진입을 서두르라고 여러 차례 경고한다. 현재 시장을 지배하는 회사들 역시 그 시장의 선두주자였다는 점에 근거하여, 시장 관찰자 역시 즉각적으로 시장 개척의 장점들을 강조한다. 디지털 시대에도 시장 개척의 장점들은 구 경제에서만큼 압도적이진 않더라도 강력한 힘을 발휘하고 있다.

일반적인 견해의 문제점

유감스럽게도 개척자와 관련된 모든 손쉬운 관찰과 대부분의 공식 데이터에는 심각한 세 가지 문제점들 — 실패 배제, 개척자의 자기 신성화, 그리고 자기본위적 시장 정의 — 이 있다. 이 문제점들은 이해하기 어려운 것들이 아니다. 하지만 이 문제점들은 별로 드러나 보이는 것이 아니기 때문에 오히려 치명적이다. 이 세 가지 문제점들은 시장 개척에 따르는 보상들을 크게 과장하는 경우에 나타난다. 따라서 개척자가 유리하다는 명제의 타당성을 평가하기 위해 각각의 문제점들을 확인할 필요가 있다.

실패에 대한 망각

개척자에 대한 연구나 관측의 의의를 훼손시키는 주요 문제점은 사람들은 실패에 대해서 잘 잊어버리는 성향이 있다는 점이다. 사람들은 성공은 좋아하지만 실패는 싫어한다. 그래서 실패에 대해선 쉽게 잊어버린다. 그러나 실패한 개척자들을 배제하고 성공한 개척자만을 분석의 대상으로 삼는다면 모든 개척자에게 돌아가는 보상을 지나치게 과장한 것에 불과하다. 경제학자들은 이런 문제점을 '생존자 편향' (survival bias)이라고 부른다.

사실 이 문제는 이미 만연된 현상이기도 하다. 그 예로 손쉽게 이루어지는 시장 관측에서는 실패한 회사를 완전히 무시하고 있다. 최근 닷컴기업의 재난을 보도하면서, 언론은 지금 일어나고 있는 실패를 다루고 있다. 그러나 언론 역시 과거의 실패자들에 대해서는 잊은 채, 현재의 성공자를 찬미하고 이들을 개척자라는 지위에 올리고 있다.

이 생존자 편향이라는 문제점은 공식적인 연구 수행에도 상당한 영향을 미친다. 그 예로, 시장 개척과 관련된 공식적인 대규모 데이터베이스는 그 모두가 현존하는 회사나 고객을 조사해서 얻은 것들이다. 따라서 이 데이터베이스에서 실패한 회사는 제외될 수밖에 없다. 실제로 많은 개척자들이 실패했다고 가정한다면 지금의 데이터베이스는 그런 개척자들에 대한 정보를 전혀 제공해주지 못하고 있으며, 개척자들의 실패율을 실제보다 훨씬 낮게 잡고 있는 셈이다. 이와 같이 생존한 개척자들만의 평균 시장점유율을 계산함으로써 현재의 데이터베이스는 개척자들의 이점을 높게 평가하는 잘못을 저질렀다.

결과적으로, 실패한 개척자를 제외함으로써 개척자도 실패할 수 있다는 정당한 가설마저 인정하지 않는 과오를 저지르고 있다. 사실 사회조사 데이터에 의존하고 있는 공식 리서치는 어떤 가설을 제시한 다음, 그 가설이 잘못됐다는 사실을 입증할 수 있는 상황은 배제한 채 그 가설을 정설로 확립하는 악순환의 위험을 겪고 있다.

그 예로, 많은 분석가들은 질레트를 안전 면도기 시장의 개척자로 보고 있다. 그들은 이 회사의 창업주인 킹 질레트(King C. Gillette)를 안전 면도기의 발명가로 믿는다. 어떤 분석가들은 남자들이 혼자서 면도할 수 있다는 생각을 대중화시킨 공로를 질레트에게 돌린다. 이런 주장이 가능한 이유는 질레트가 면도기 시장에서 가장 오래 생존한 회사이기 때문이다. 질레트는 면도기 시장을 100년 가까이 지배한 역사를 갖고 있다. 질레트 외에 그 어떤 회사도 그만한 장수를 누리지 못했다. 사실 대부분의 사람들은 안전 면도기 시장의 기원에 대해서 잘 모르거나 잊어버리고 있다. 나중에 더 자세히 설명하겠지만, 안전 면도기를 발명한 사람은 질레트가 아니다. 어떤 안전 면도기 브랜드는 질레트보다 먼저 시장에서 판매와 광고를 시작했다. 그뿐만이 아니다. 안전 면도기는 질레트 면도기가 등장하기 수십 년 전에 나와 있던 특허품이었다. 심지어 디자인이 처음 소개된 것은 질레트가 나오기 1세기도 전의 일이다! 하지만 초기 브랜드들이 실패하자 오랜 세월을 거치면서 잊혀졌던 것이다. 이런 실패의 사례들을 배제한다면 편견이 들어간 관찰과 왜곡된 분석으로 잘못된 결론을 낳는다. 이 경우 시장 개척이 가져다주는 장점을 과장하는 잘못을 저지르기 쉽다.

실패에 대한 망각은 채 1세기도 안 걸린다. 레이저 프린터 시장에 있었던 최근의 사례를 생각해보자. 오늘날 레이저 프린터 시장을 지배하고 있는 휴렛팩커드(HP)의 시장점유율은 50퍼센트를 넘어서고 있다. 이런 우위로 인해 사람들은 HP가 레이저 프린터를 처음 발명했거나 그 시장을 맨 처음 개척했을 거라고 믿고 있다. 한 저자는 1990년 아이다호 주 보이스(Boise)에 있는 HP 시설을 방문한 부시 대통령이 "HP의 엔지니어들이 레이저 프린터를 발명"해서 미국의 테크놀로지 리더십을 지킨 일을 "치하했다"라고 적고 있다. 그러나 HP는 레이저 프린터를 처음 발명하지도 않았고, 그 시장에 맨 처음 진출한 회사도 아니었다. 레이저 프린터를 제일 먼저 상품화한 것은 IBM이다. 하지만 IBM이 시장에 진출하기 3년 전에 레이저 프린터의 실용 모형을 처음 개발한 쪽은 제록스였다. 그 이유는 나중에 설명하겠지만, 제록스는 이 모형의 상품화를 미루었다. 그 결과 IBM의 레이저 프린터가 출시된 뒤에, 제록스 9700(Xerox 9700)이라는 제품이 세상에 나왔다.

1980년대 초까지만 해도 제록스는 대형 레이저 프린터의 경우 전문 시장에서 10만 달러 이상을 받았으며, 싼 모델의 경우 적어도 3만 달러 선에서 팔았다. 이와는 대조적으로 대량 소비시장의 가능성을 간파한 캐논은 몇 천 달러에 팔 수 있는 개인용 레이저 프린터를 개발했다. 캐논은 미국의 동업자가 이 제품을 판매하길 원했다. 캐논이 처음 선택한 회사는 제록스였다. 그러나 자사의 기술력을 자신한 제록스는 캐논 제품이 겨냥한 대량 소비시장을 내다보지 못한 관계로 그 제의를 거절했다. 그래서 캐논은 HP에게 같은 제안을 했다. HP 역시 그때까지 국내에서 생산하지 않는 제품을 판매한 적이 없었기 때문에 캐논 제품을 달가워하지 않았다. 그러나 자사가 진행할 퍼스널 컴퓨터 사업의 부속물을 찾던 HP는 캐논의 제안을 수락하고 레이저 프린터를 상품화했다. 그 결과 이 제품이 날개돋힌 듯 팔리면서, 먼저 시장에 진출해 있던 경쟁사의 제품들을 몰아내고, HP 포트폴리오의 주요 상품이 되었다. HP의 레이저 프린터는 요즘에도 캐논의 레이저 엔진을 사용하고 있다. 그러나 HP의 성공으로 인해 레이저 프린터 시장의 기원이 잘못 알려지게 되었으며, 실패한 경쟁상대들이 HP보다 먼저 시장에 진출했다는 사실조차 잊게 만들었다. 이런 오류 때문에 선발 주자의 특혜는 과장될 수밖에 없다.

실패에 대한 기억은 놀랄 만큼 빨리 잊혀진다. 오늘날 인터넷 익스플로러(Internet Explorer)가 브라우저 시장을 완전 장악하면서, 경쟁 브랜드의 이름을 제대로 아는 소비자가 많지 않다. 그러나 분석가들에 의하면 1996년까지만 해도 인터넷 익스플로러의 전망은 어두웠다. 일부 분석가들은 인터넷 익스플로러가 넷스케이프(Netscape)의 시장 점유율을 능가하지 못할 것이라는 예측을 내놓았다. "인터넷에 관한 한, 기회는 넷스케이프에게 있다. 그 이유는 넷스케이프는 처음 나온 회사고, 처음부터 무료인 데다 마이크로소프트(Microsoft)만 빼고 다른 경쟁자를 압도적인 차이로 앞서가고 있기 때문이다." 1996년 당시 많은 분석가들은 당연히 넷스케이프를 '첫 번째' 브라우저 혹은 '인터넷 시장의 개척자'라고 생각하고 있었다.

하지만 이 생각은 잘못된 것이었다. 사실 넷스케이프보다 모자이크

(Mosaic)가 먼저 인터넷 시장에 나왔다. 한때나마 모자이크의 인기는 대단해서 한 달에 수천 명씩 사용자가 늘었다. 그리고 작은 회사였던 스파이글라스(Spyglass)가 모자이크의 권리를 사들이자, 한 분석가는 이제 웹 브라우저 시장은 스파이글라스가 "평정했다!"라고까지 했다. 다른 분석가들 역시 스파이글라스를 "인터넷 소프트웨어 공급업계의 선구자"라고 생각했다. 그러나 모자이크 역시 최초의 브라우저가 아니었다. 모자이크가 처음 출시되었을 당시, 이미 시장에는 비올라(Viola), 얼와이즈(Erwise), 마이더스(Midas) 같은 프로그램들이 나와 있었으며, 아마도 이들 중 일부가 모자이크의 창시자들에게 영감을 준 듯하다. 더구나 고퍼(Gopher)와 링크스(Lynx) 같은 프로그램의 인기가 너무 좋다보니 월드 와이드 웹(World Wide Web)의 창설자조차 과연 웹(Web)이 시장에서 성공할 수 있을지 의심했을 정도였다. 그러나 다음 장에서 살펴보겠지만 이들 브랜드는 눈 깜짝할 사이에 사용자에게서 멀어지더니 시장에서 사라져버렸다. 그리고는 대중의 기억 속에서 빠르게 잊혀졌다.

이런 사례에서 볼 수 있듯이, 시장을 제대로 이해하려면 성공과 실패 모두 고려할 필요가 있다. 제2장에서는 그런 분석에 필요한 방법들을 설명할 것이다.

개척자의 자기 신성화

개척자 연구의 또 다른 심각한 문제점은 관찰자나 연구자가 현재 시장에 나와 있는 소수의 회사들을 조사하면서, 선두 그룹의 회사들만 인터뷰하는 성향을 보인다는 것이다. 만약 이 회사들이 시장에 나온 지 오래된 회사라면, 그 회사의 경영진들은 먼저 시장에 진출했다가 실패한 회사에 대해서는 잘 모를 수 있다. 이 경우 그들은 자기 회사가 그 시장을 개척했다고 말하는 경향이 있다. 사회조사를 통해 연구의 많은 부분을 진행하는 사회학자들이, 응답자에게 자신을 설명해 보라고 했을 때 자주 접하는 현상이다. 사회학자들은 이 현상을 '셀프 리포트'(self-report)라고 부른다. 그렇다면 셀프 리포트의 문제점은 무엇인가? 이 셀프 리포트는 자주 오해를 불러일으킨다.

셀프 리포트란 한 회사의 현재 경영진들이 그 회사의 과거에 대해서 설명할 때 나타나는 현상이다. 사회학자들은 오래 전부터 셀프 리포트의 응답자들은 자기들이 바람직한 특성의 소유자라고 주장한다는 사실을 알고 있었다. '개척자'라는 칭호는 특히 그러한데, 이렇게 말한다고 해서 손해나는 일은 없다. 그러나 현재 성공한 회사가 진짜 개척자가 실패했으니 스스로를 개척자라고 칭한다면 그건 문제가 된다. 왜냐하면 그럼으로써 다른 원인일 수 있는 것을 부당하게도 (혹은 잘 모르고) 개척자의 보상으로 돌리는 결과를 가져오기 때문이다. 그 결과 이런 셀프 리포트는 성공의 진짜 원인은 다른 데 있는데도, 시장 개척이 성공 원인인 것처럼 보이게 한다. 사회학자들은 이 문제점을 사회적 동의 편향(social desirability bias) 혹은 셀프 리포트 편향(self-report bias)이라고 한다.

그 예로 종이 기저귀 시장을 살펴보자. 지난 1991년 프록터앤갬블 (P&G)은 자사의 종이 기저귀 시장 진출 30주년 기념 행사를 가졌다. 종이 기저귀의 혜택을 입은 수백만 부모들로선 당연히 축하할 만한 일이었다. 이 종이 기저귀는 유아에서 이제 막 걸음마를 시작한 아이를 기르는 부모의 수고를 많이 덜어주었다. P&G는 "우리가 미국에서 종이 기저귀 사업을 제일 먼저 시작했다."라고 주장한다. 이런 식의 셀프 리포트를 토대로, 많은 리포터들은 종이 기저귀 시장을 개척한 공로를 P&G에 돌린다. 종이 기저귀 시장에서 보이는 팸퍼스의 계속되는 성공과 우세로 인해 개척자가 유리하다는 주장이 상당한 신뢰를 얻고 있다. 그러나 다음 장에서 살펴보겠지만, 종이 기저귀 시장을 처음 창출한 것은 P&G가 아니었다. 그리고 최초의 종이 기저귀 역시 팸퍼스가 아니다. 사실 미국에는 팸퍼스가 출시되기 전부터 많은 종이 기저귀의 브랜드가 판매되었지만 모두 실패했다. 다른 브랜드가 없는 이상, P&G가 팸퍼스를 종이 기저귀 시장의 개척자라고 말하기는 쉬운 일이다. 그러나 팸퍼스가 성공을 거둔 것은 개척자라서가 아니라 다른 중대한 이유에 연유한다. 그 부분을 이 책에서 꼭 밝히도록 하겠다. 어쨌든 셀프 리포트로 인해 시장 개척에 대한 정보 수집과 분석 그리고 해석이 아주 잘못된 방향으로 유도될 수 있다.

어떤 문제가 다른 문제의 효과를 확대시킬 수 있다는 사실을 주목하라. 생존자 편향은 셀프 리포트 편향을 보다 악화시킨다. 실패한 개척자를 무시함으로써 생존자들은 자기 마음대로 개척자라는 호칭을 전유한다. 더 나아가 이 두 가지 편견은 개척자의 보상을 잘못되게 과장하고 있다. 생존자 편향과 셀프 리포트 편향은 사회조사를 무효로 만들 수 있는 오류를 범한다. 이 두 가지 오류의 상호작용 때문에 사회조사는 특히 시장 발전과정과 개척을 연구하는 방법으로는 적합하지 않다. 그래서 우리는 다음 장에서 전략 분석에 보다 적합한 방법에 대해서 알아볼 것이다.

자기본위적 시장 정의

시장 개척자를 연구할 때 발생하는 세 번째 문제점은 관련 시장을 좁게 정의하는 것이다. 시장을 좁게 정의하면 자동적으로 그 회사의 시장점유율은 커 보인다. 예를 들어, 모토롤라(Motorola)가 자사의 시장을 애플 컴퓨터용 마이크로프로세서 시장이라고 정의하면, 애플 컴퓨터의 유일한 반도체 공급체인 모토롤라의 시장점유율은 100퍼센트에 이른다. 그러나 시장을 퍼스널 컴퓨터 시장 전체로 규정하면, 모토롤라의 시장점유율은 컴퓨터용 반도체 시장에서 10퍼센트를 밑돈다.

경영진의 성과는 그들이 경영하는 회사나 브랜드의 시장점유율로 평가되기 때문에, 자사의 시장점유율을 과장할 수 있는 정의에 큰 관심을 보인다. 이때 가장 쉬운 방법은 자사의 시장을 좁게 정의하는 것이다. 사실 PIMS의 연구를 통해 시장점유율이 수익성의 중요 예측요인이라는 것이 밝혀지면서, 한때 일부 연구자들은 시장점유율을 높이고 싶다면 사업 분야를 좁게 정의하라고 회사측에 충고했다. 결국 이들은 단순히 시장 정의를 다시 하면 수익성이 증가된다는 잘못된 결론을 내리고 말았다!

그렇다면 시장을 좁게 정의하는 게 왜 잘못인가? 시장을 좁게 정의할 때 생기는 문제점은 회사가 현재 공급하고 있는 특정 상품이나 테크놀로지에만 관심을 집중시킨다는 것이다. 이렇게 되면 회사는 자사의 시장점유율을 유지시키거나, 지금 생산중인 제품을 폐물로 만들 수 있는 새 기술, 새 제품에 대한 안목을 잃게 된다.

그 예로, 워드프로세서 시장을 워드프로세서 전용기 부문으로 정의하면, 왕(Wang)은 아주 짧은 시기지만 미국과 유럽 지역에서 이 부문을 지배했다. 당시 이 부문에서 왕의 세력이 상당히 커지자, 많은 분석가들은 이 회사가 사무자동화 분야에서 유력한 회사가 되어 IBM이나 제록스와 경쟁하게 될 것이라고 예측했다. 그러나 유감스럽게도 퍼스널 컴퓨터에서 운용할 수 있는 워드프로세싱 소프트웨어가 아주 싼 가격에 등장하자 워드프로세서 전용기는 쓸모가 없어져버렸다. 왕측에선 워드프로세서 사업에만 치중하다보니 변화를 알아차리지 못했고, 그 결과 새로운 환경에 적응하지 못했다. 왕은 컴퓨터 기능과 워드프로세싱 기능을 함께 갖춘 퍼스널 컴퓨터용 소프트웨어보다 컴퓨터의 기능을 갖춘 워드프로세서가 더 가치 있다고 생각했다. 하지만 가격이 저렴한 퍼스널 컴퓨터가 대중화되자 비싼 워드프로세서 전용기에 대한 수요는 사라질 수밖에 없었다. 그 결과 워드프로세서 전용기에만 매달렸던 왕은 워드프로세싱이 퍼스널 컴퓨터로 옮겨가자마자 몰락했다.

시장을 좁게 정의했을 때 생길 수 있는 큰 문제점이 바로 이런 것이다. 그런 정의는 회사의 관심을 특정 부문의 특정 기술에만 집중시킨다. 그뿐만이 아니다. 소비자의 현재 욕구를 일시적으로 충족시키는 한시적 기술보다 더 영구적인 소비자의 잠재욕구에 대해서 회사가 간과하게 만든다. 앞의 사례를 보면, 소비자들은 문서 준비나 처리에 대한 욕구를 가지고 있다. 그런데 문서 준비나 워드프로세싱 분야의 시장을 넓게 정의하면 경영자들은 경쟁상대를 더 많이 의식하게 되며, 기술을 바꾸고 시장을 발전시킬 수 있다.

좁게 정의한 시장은 그 정의에 의해서 개척자가 유리하다는 명제를 확실하게 뒷받침할 수 있다. 사실 많은 회사들이 늘 시장을 좁게 정의하기 때문에 모든 회사가 자기 소유의 좁은 틈새시장에서 마켓리더가 된다. 게다가 그 좁은 틈새시장의 개척자가 되는 일은 빈번했다. 이쯤 되면 사람들은 더 이상 개척자가 유리하다는 명제를 반박할 수 없게 된다. 이로써 이 명제는 그 취지나 경영상의 응용성을 상실한다. 좁게 정의된 시장은 넓은 시장 내의 좁은 세분시장일망정 회사로 하여금 자사를 리더라고 생각하게 부추긴다. 그러면 그 회사는 더 넓은 시장에서 만나게 될 경쟁자에 대해서 둔감해질 수밖에 없다. 하지만 그러다간 더 우수한 기술을 앞세워 시장에 진출한 경쟁회사들에게 자사의 소비자들을 모두 빼앗긴다. 그래서 왕이 다용도 퍼스널 컴퓨터용 워드스타(WordStar) 같은 소프트웨어 프로그램에게 워드프로세싱 시장을 내주는 일이 생긴 것이다. 넓은 시장 정의는 회사가 기술 변화를 통해 소비자의 잠재욕구를 충족시킬 방법을 모색하게 해주지만, 좁은 시장 정의는 회사를 개척자가 유리하다는 잘못된 안도감에 빠뜨린다.

이와는 반대로, 개척자라는 단어를 지나치게 넓게 정의하는 것도 문제가 된다. 개척자를 '일찍 시장에 진출한 회사 중 하나' 혹은 '초기 연도에 시장에 진출한 회사' 라고 정의한다. PIMS의 데이터베이스를 이용하고 있는 모든 연구가 이런 애매한 정의를 채택하고 있다. 그렇다면 이런 정의가 왜 문제가 되는가?

개척자에 대해 가장 확실하고 쓸 만한 정의를 내리자면 '어떤 물건을 맨 처음 상품화한 회사' 라고 할 수 있다. 하지만 시장에 처음 진출한 회사가 참담한 실패를 겪는 동안 네 번째로 등장해서 성공한 회사를 생각해보자. 개척자를 '시장에 처음 진출한 회사 중 하나' 라고 정의한다면, 개척자들이 계속해서 유리하다는 결론은 잘못된 것이다. 또다른 예로, 안전 면도기 시장을 살펴보자. 개척자를 '시장 역사 초기에 해당되는 시기' 에 시장에 진출한 회사라고 정의하면 사람들이 킹 질레트를 안전 면도기 시장의 개척자라고 부르는 건 당연한 일이다. 하지만 사실 안전 면도기가 처음 나온 것은 질레트가 나오기 100년도 더 전의 일이다. 그리고 이 안전 면도기는 질레트보다 20년쯤 앞서 상품화되어, 질레트 면도기가 나온 당시에는 이미 흔한 제품이었다!

따라서 개척자라는 단어를 선택적으로 재정의함으로써 그 칭호를 얻을 수 있는 회사의 수를 늘리고 개척자가 유리하다는 널리 알려진 명제를 반박할 가능성을 줄이고 있다. 그 결과 다른 원인일 수도 있는 것을 시장 개척의 보상으로 잘못 간주할 수 있다.

시장과 개척자처럼 주요 용어의 정의가 모호하면 전략에서 중요성이 작아진다. 이런 정의는 비록 무의미한 믿음일망정 경영자들이 자기가 원하는 방식대로 믿게 한다. 설상가상으로 이런 모호한 정의들은 잘못된 결론을 유도한다.

제1단계 : 시장지배력 유지 방법

경영자들에게 지속적인 리더십은 가장 중요하다. 유력한 회사는 프리미엄 가격, 적은 마케팅 비용, 그리고 규모의 경제를 누리며, 새로운 부문으로 지배력을 확대시킬 수 있다. 시장 개척이나 시장 진출순서가 시장지배력을 유지하는 데 중요 원인이라는 사실은 이미 널리 알려진 상식이다. 좀더 구체적으로 이야기하자면, 다음 여섯 가지의 원리들이 이 일반 상식의 핵심이다.

- 개척자들은 거의 실패하지 않는다.
- 새로운 회사가 시장에 진출하면, 개척자의 시장점유율은 천천히 낮아진다.
- 개척자들은 대략 30퍼센트 정도의 비교적 안정적인 시장점유율을 유지하고 있다.
- 개척자들은 일반적으로 마켓리더이다.
- 개척자들의 시장지배력은 매우 안정적이다.
- 이런 많은 이점 때문에 회사들은 시장 진출을 서두른다. 우수한 품질의 제품으로 시장에 늦게 진출하는 것보다 품질은 좀 떨어져도 맨 처음 시장에 진출하는 쪽이 더 유리하다.

다음의 이론들은 개척자들이 이런 장점들을 갖게 되는 이유를 설명해준다.

- 브랜드 충성도: 새 시장에선 개척자가 소비자의 취향을 형성하므로 영구적인 우선권을 갖는다.
- 소비자의 타성: 브랜드 교체시 많은 수고가 따르므로 소비자들은

개척자의 브랜드를 고수하는 쪽을 택한다.

- 특허: 개척자들은 특허로 기술에서의 선두자리를 지킨다.
- 경험의 경제: 경험 축적으로 인해 개척자들은 원가를 줄일 수 있다.
- 자원 동원: 개척자들은 최고의 공급량, 공급업체, 유통업체를 동원해서 최선의 고객 세분화를 목표로 한다.

수많은 경험적 연구들이 이 일반화된 상식을 뒷받침한다.

- PIMS 데이터를 토대로 이뤄진 최소 다섯 가지 연구를 보면, 개척자들은 높은 시장점유율을 가지고 있고, 자기 시장의 리더이다. 이 연구들은 실패한 개척자는 없다고 보고한다.
- ASSESSOR 데이터를 토대로 이뤄진 최소 두 가지 연구도 실패한 개척자는 없다고 보고한다. 개척자들의 시장점유율은 천천히 떨어지다가 상당히 안정적인 수준에 머무는 것으로 나타났다.
- 『애드버타이징 에이지』의 기사에는 대부분의 시장지배자들이 반세기 이상 리더십을 지키고 있는 것으로 나타났다.

다음 세 가지 문제점들은 이 일반화된 상식을 뒷받침했던 연구들의 타당성을 심각하게 훼손시키고 있다.

- 이 연구들은 실패한 개척자들을 간과했고, 이로써 생존자 편향을 유도한다.
- 이 연구들은 경영자들의 셀프 리포트에 의존했는데, 이들은 자기 회사를 개척자로 묘사하는 성향이 있어서 사회적 동의 편향 또는

셀프 리포트 편향을 유도한다.

- 이 연구들은 시장점유율을 과장하기 위해 시장을 좁게 정의하는 경향을 보이는데, 이것은 자기본위적 편향을 유도한다.

앞으로 이 책에서는 이 세 가지 문제점을 피할 수 있는 연구방법을 토대로 새로운 시장 개척의 진정한 이점들을 소개하겠다.

제2장

기업의 역사를 통해 배우기

앞장에서 살펴본 대로, 살아남은 회사의 경영자에게 개척자가 누구인지, 그들에 대해서 평가해달라고 요구하는 것은 많은 문제점이 있다. 이런 문제점을 피하기 위해 우리는 대안이 필요했다. 가장 훌륭한 대안은 역사나 문서기록에서 시장 발전과 관련된 정보를 얻는 것이다. 이번 장에서는 먼저 역사적 방법의 이점에 대해서 알아보고, 우리의 연구에서 사용되고 있는 정의와 개념에 대해서 설명하겠다. 아울러 이번 연구에서 언급한 제품부문의 실례들을 살펴볼 것이며 마지막에는 이 연구에 들인 노력 전반에 대해서 짧게 설명하겠다.

기업의 역사적 탐구의 이점

시장의 발전과정을 조사하고자 할 때, 역사적 방법만큼 정확함과 통찰력을 제공하는 것은 없다. 역사적 방법이란 시장의 역사에 관한 다양한 보고서들 ― 이것들은 사건이 일어난 시간과 가능한 근접한 시기에 서술된 것들이다 ― 을 평가함으로써 시장 발전을 재구성하는 것이다. 역사적 방법이 갖는 많은 장점들 가운데 우리는 특별히 동시대성, 독립성, 풍부한 세부사항, 그리고 적절한 샘플 등에 대해 언급할 것이다. 이 장에서는 이러한 방법의 장점들을 간단하게 살펴보겠다.

동시대성

역사적 방법이 갖는 가장 중요한 특징은, 사건이 일어난 당시에 쓰여진 동시대의 보고서를 이용한다는 점이다. 동시대 보고서는 현재의 우리 시각과는 본질적으로 다르게 시장에 대해 정의하고 있다. 우리에게 그런 정의가 필요한 이유는 그 당시 시장 진출자들의 눈에 비춰진 시장 모습을 알기 위해서이다. 현재 사용되고 있는 시장에 대한 정의는 어떻게 했을 때 성공하고 실패하는지를 직접 보고 난 후의 깨달음에 기초하고 있다. 또한 동시대의 보고서는 시장에 진출했던 회사들의 순서를 보여주는데, 당시의 시장은 현재 응답자가 생각하고 있는 것과 달랐다. 다시 말하지만 우리는 그 순서가 필요하다. 그 이유는 현재 사람들이 믿고 있는 내용은 응답자들이 실패한 회사들을 기억하지 못하는 바람에 의미가 손상됐기 때문이다. 동시대의 보고서가 가능하지 않을 때는, 가급적 사건이 일어난 시기와 가까운 시점에 쓰여진 보고서를 이용할 것이다.

퍼스널 컴퓨터 시장은 동시대의 기록이 갖는 중요한 예를 제공한다. 1975년 MITS(Micro Instrumentation and Telemetry System, 마이크로 개발 및 원격조정 시스템)가 최초의 퍼스널 컴퓨터인 알테어(Altair)를 판매했다. 그러나 그로부터 7년 후 비즈니스 신문들은 애플 컴퓨터(Apple Computer)를 퍼스널 컴퓨터의 개척자로 불렀다. 그리고 현재 많은 리포터들은 애플 컴퓨터가 데스크톱 컴퓨터 시장을 개척했다고 믿고 있다. 그 이유는 뭘까? 가장 큰 이유는 현존하는 퍼스널 컴퓨터 제조업체 중에 제일 일찍 시장에 진출한 회사가 애플 컴퓨터이기 때문이다. 대부분의 사람들과 심지어 많은 산업 관찰자들조차 애플 컴퓨터보다 먼저 시장에 진출했던 제조업체를 기억하지 못하고 있다. 더구나 애플 컴퓨터는 시장 역사 초기부터 큰 인기를 끌었기 때문에 애플 컴퓨터를 개척자라고 부르는 데는 전혀 무리가 없었다.

그러나 MIT에 재직중인 교수 두 명의 연구와 미국 국립과학재단 (National Science Foundation)의 연구, 그밖에 다른 연구 결과에 의해 진짜 개척자는 1975년 시장에 진출한 MITS라는 결론이 나왔다. 사실 그 당시 MITS의 영향력은 상당해서, 1976년 『비즈니스 위크』(*Business Week*)에서는 MITS를 "가정용 컴퓨터의 IBM"이라고 불렀을 정도다. 이 잡지는 한술 더 떠 MITS의 "초기 선두로 인해 그 회사의 디자인이 해당 산업의 표준 디자인이 되었다"라고 했다. MITS의 알테어가 소비자에게 독립형 퍼스널 컴퓨터의 개념을 정립시킨 건 사실이다. 그리고 가장 중요한 건 폴 알렌(Paul Allen)과 빌 게이츠(Bill Gates)의 대중적인 경력이 그곳에서 출발했다는 것이다. 이 두 사람은 MITS로부터 알테어의 컴퓨터 언어로 베이직(BASIC)을 채택하고 싶다는 제안을 받은 뒤 전문 프로그래머들을 고용했다. 이들은 이 초창기 성공을 통해, 해당 시장의 장래성과 이 시장을 지원할 소프트웨어 회사의 잠재성을 확신하고 곧바로 마이크로소프트(MicroSoft)를 설립했다. 바로 이 회사가 이름만 약간 바뀐 건 빼고, 현재 소프트웨어 시장을 지배하고 있는 그 회사이다.

하지만 MITS의 초기 성공은 장기적인 리더십으로 이어지지 않았다. 아니 오히려 너무 일찍 사장되어버렸다. 그리고 수십 년이 흐른 지금, 리포터들은 실패한 개척자는 잊어버리고 성공한 브랜드인 애플에게 개척자의 왕관을 씌웠다.

독립성

역사적 방법의 두 번째 중요한 특징은 시장 발달에 대해서 독립적 혹은 중립적 시각을 가지고 연구하고자 노력한다는 점이다. 그래서 우리는, 보통 서베이 리서치보다 각 회사나 시장의 중립적인 관측자들의 다양한 이야기를 이용했다. 회사나 시장 조사를 담당한 리포터나 분석가가 관측자가 되며, 여기에는 회사나 시장의 관계자가 포함될 수 있다. 그들의 이야기는 다양한 동기에서 기록되고 다양한 시각을 채택한다. 우리가 이렇게 다양한 이야기를 사용하기 때문에, 전체적인 시각이 한 회사나 관계자에 의해 달라지지 않는다. 역사적 방법은 1장에서 설명했듯이 일반적으로 보고서를 훼손시키는 편견으로부터 자유롭다.

연구자들은 이따금 이 보고서들을 종합하고 해석해야 하지만, 이 보고서들이 모두 공개적으로 얻을 수 있는 정보자료다. 다른 연구자들도 이 보고서의 자료와 내용을 쉽게 확인할 수 있으며, 조사결과에 이의를 제기하거나 검토할 수 있다. 이 접근법은 특히 시장 개척에 대한 연대기를 조사할 때 가장 적합하다.

이 접근법을 통해서 얻을 수 있는 통찰력을 알아보기 위해서, 종이 기저귀 시장의 예를 다시 살펴보자. 앞장에서 언급했듯이 P&G는 팸퍼스 출시로 자사가 종이 기저귀 시장을 개척한 것처럼 말하고 있다. 그러나 사실 미국에선 팸퍼스가 등장하기 오래 전부터 종이 기저귀가 있었다. 팸퍼스가 나오기 전에 척스(Chux)라는 제품이 있었다. 그러나 척스는 작고 유명하지 않는 브랜드라고 주장하는 사람들도 있을 것이다. 하지만 1961년 『소비자 보고서』(Consumer Reports)에서 "전국에 나와 있는" 종이 기저귀 브랜드를 평가한 적이 있는데, 이때 척스는 시어즈(Sears)와 몽고메리 워드(Montgomery Ward)를 제치고 당당히 최고순위에 랭크되었으며 팸퍼스는 거론조차 되질 않았다. 그러나 몇 년 뒤 팸퍼스와 척스가 동시에 최고제품으로 뽑히면서, 팸퍼스의 시장 출현을 알리는 동시에 척스의 경쟁상품이라는 인식을 심어주었다. 여기서 팸퍼스를 잘 알고 있는 독자 중에는 팸퍼스는 1960년대 초 테스트마켓에 나와 있던 제품으로서 척스와 거의 동시대 제품이었다고 반론할 사람도 있을 것이다. 그러나 아무리 그래도 가장 오래된 브랜드는 역시 척스이다. 왜냐하면 척스는 1932년에 출시된 종이 기저귀로 변두리 제조업체의 제품이 아니었기 때문이다. 이 브랜드의 소유주는 존슨앤존슨(Johnson&Johnson, 이하 J&J라 칭함)의 계열사인 치커피 밀즈(Chicopee Mills)였다. J&J는 1981년 미국 브랜드 시장에서 척스를 철수시키기 전까지 약 50여 년 동안, 그리고 P&G가 나타나고도 약 30년 동안 종이 기저귀를 판매했다. 이런 시간의 경과와 팸퍼스의 성공, 그리고 P&G측의 셀프 프로모션에 의해서 종이 기저귀 시장의 역사가 다르게 해석되었다.

이런 문제점을 피하기 위해서 우리는 다음 네 가지 기준을 이용해서 다양한 정보자료를 선정하고 그 자료의 정보를 바르게 평가하고 이용하기로 했다.

- **능력** 정보제공자가 정확한 정보를 보고할 능력이 있는가?
- **객관성** 정보제공자가 정확한 정보를 기꺼이 보고하고 있는가? (예를 들어, 수익계층은 아닌가?)

- **신뢰도** 정보제공자가 정확한 정보를 줄 수 있는 믿을 만한 공급원인가?
- **보강증거** 이를 재확인할 수 있는 믿을 만한 다른 자료는 없는가?

우리는 해당 자료 저자들의 평판과 그들이 사용한 방법의 정확도, 조사에 들인 시간 등을 고려하여 자료의 채택 여부를 결정하였고, 객관성을 유지하기 위해, 시장 관계자보다 이해관계가 없는 제3자를 더 신뢰했다. 또한 우리는 신뢰도 기준을 맞추기 위해서는 오랫동안 신망받아온 정기간행물을 이용했는데, 『애드버타이징 에이지』를 비롯해 『비즈니스 위크』, 『소비자 보고서』, 『포브스』(*Forbes*), 『월스트리트 저널』(*Wall Street Journal*) 같은 정상에 오른 간행물들을 이용했다. 이 간행물들이 그동안 받아온 존경과 긴 수명이 우리의 신뢰를 샀다. 보강증거 기준을 위해서는, 모든 제품부문의 다양한 자료를 사용하였다.

우리는 이 기준들을 사용함으로써 중요한 사건이 있은 뒤 수년 후 보통 단 한 번의 조사로 얻은 결과보다 더 독립적이면서 포괄적인, 그리고 덜 편향된 시장 발전에 관한 그림을 얻을 수 있었다.

풍부한 세부사항

역사적 방법의 세 번째 중요한 특징은 시장 발전에 대해서 새로운 시각을 제시할 수 있는 풍부한 세부사항을 제공하는 것이다. 그러나 이 방법은 자칫 조사에 이용되는 임의적인 표본추출의 객관성을 결여할 수 있다. 그리고 또 이 방법은 노동집약적이면서 상당한 수고 뒤에 약간의 수치만 남길 수 있다. 그 결과 역사적 방법은 조사 데이터를 위해서 실행되는 세련된 통계방법을 활용할 수 없다. 하지만 이 방법은 오래 전에 잊혀졌던 이야기들을 찾아냄으로써 새로운 통찰력을 제시하고 잠재적인 원인과 결과의 중요 단서를 찾을 수 있어 시간의 경과에 따른 시장 발전모습을 재구성할 수 있게 한다. 그러나 일반적인 사회조사는 이와 같은 통찰력을 제공하지 않는다.

특히 조사의 다지 선택식 질문은 역사적 분석의 풍부한 사례는 결여한 채, 어쩌면 심각할 수도 있는 편견들을 양산한다. 조사 데이터를 분석하기 위해서 연구자들이 이용하는 복잡한 통계 모델은 경영자의 판단을 흐리게 해서 겉만 그럴싸한 원인들을 정확하게 판단하고 있다는 안도감에 빠뜨린다. 이와는 대조적으로, 시장 발전과정을 신중하게 종합하는 방법은 그 당시 관계자들은 볼 수 없었던 형태들을 보여주며, 현재 생존자들이 오랫동안 잊고 있었던 사실들을 밝혀준다.

맥도날드 사(McDonald's Corporation)의 창립에 대한 분석은 역사적 방법을 통해 얻을 수 있는 통찰력의 한 예를 보여준다. 1991년 맥도날드는 체인점 설립 31주년 기념 행사를 가졌다. 이 행사는 '설립자 레이 크록(Ray Kroc)'을 기리는 행사로, 그는 맥도날드를 초기 단계에서 패스트푸드 산업을 지배하는 다국적회사로 성장시킨 인물이었다. 보고서에 의하면 레이 크록은 맥도날드의 성공을 가져온 운영방침을 처음 선도한 공로자이다. 실제로 크록의 자서전인 『맥도날드 쿠데타』(*Grinding It Out*)의 표지를 보면, 크록은 "맥도날드 햄버거 체인을 설립했고, 일리노이 주 데스 플레인즈(Des Plaines)에 하나 있던 레스토랑을 연매출 30억 달러가 넘는 국제적인 사업체로 키웠다."라고 적혀 있다.

맥도날드 두 형제 중 살아 있던 딕 맥도날드는 이런 기사를 보고 "정말 머리 꼭대기까지 화가 치민다."라는 말을 했다. 1948년 캘리포니아 주 샌버너디노(San Bernardino)에 맥도날드란 이름의 레스토랑을 세우고, 황금색 아치 모양의 상징물을 처음 도입한 사람은 바로 이들 형제다. 그리고 무엇보다 맥도날드의 성공에 박차를 가한 운영방침 역시 그들이 고안했다. 이들은 햄버거와 프렌치 프라이 그리고 밀크셰이크 같은 간단한 메뉴를 준비해서 빠르고 위생적이면서 저렴한 음식을 제공하는 운영방침을 마련했다. 이 레스토랑은 매우 깨끗했으며, 도자기나 유리 제품 대신 종이와 플라스틱 그릇을 사용했고, 주문음식은 60초 안에 제공되었다. 그리고 이들 형제는 서비스 속도를 떨어뜨리는 배달 종업원을 없앴다. 이 레스토랑의 운영방침은 사람들을 끌어모았다. 매출액 역시 급상승하면서, 보통 레스토랑이 밀크셰이크 기계를 한두 개 주문할 때 맥도날드 레스토랑은 밀크셰이크 기계를 한 번에 여덟 대나 주문했다. 이들의 주문량은 밀크셰이크 기계 판매원인 레이 크록의 관심을 끌었다. 그래서 그는 직접 샌버너디노를 방문해 알아보기로 했다.

1954년 맥도날드 레스토랑을 방문한 크록은 그곳의 간단한 운영방침과 폭발적인 인기를 보고 충격을 받았다. 그는 즉시 이 운영방침을 전국적인 체인으로 확대시키는 상상을 했다. 그의 자서전을 보면, 크록은 그 당시를 이렇게 회고하고 있다. "그날 밤 난 호텔 방에서 낮에 본 일들에 대해서 많은 생각을 했다. 내 눈앞에는 전국 곳곳에 맥도날드 레스토랑을 세우는 장면이 펼쳐졌다." 그 다음 날 크록은 맥도날드 형제를 찾아가서 전국에 체인점을 내지 않겠냐는 제안을 했다.

그러나 현재 수입에 만족하고 있던 맥도날드 형제는 크록의 제안에 관심을 보이지 않았다. 형제 중 하나는 크록에게 사업 확장에 대한 자신의 감정을 이렇게 털어놓았다. "저기 넓은 현관문의 크고 하얀 집이 보이시죠? 저 집이 바로 우리 집입니다. 우린 저 집을 사랑해요. 우린 저녁마다 저 현관 앞에 앉아서 노을지는 풍경을 배경으로 이곳을 내려다보곤 하죠. 그때만큼 평화로운 때도 없을 겁니다. 우리는 이곳을 잘 운영하는 것 이외의 다른 문제는 일으키고 싶지 않아요. 다른 곳, 다른 일거리는 일체 사절입니다. 우린 현재 삶에 만족하고 있으며, 앞으로 계속 이렇게 살 작정이에요." 하지만 크록은 재차 그들을 설득했고, 결국 이들 형제는 프랜차이즈 매출액의 1.4퍼센트라는 작은 커미션을 주는 대가로 크록을 프랜차이즈 판매원으로 고용했다. 크록이 받는 커미션에는 그의 월급과 수익, 경비가 다 포함되었으며 맥도날드 형제는 가맹사업체로서 0.05퍼센트의 커미션을 받기로 했다.

프랜차이즈 판매를 위해 열심히 뛰었던 크록은 1960년끼지 매출액을 7,500만 달러로 끌어올렸다. 그러나 맥도날드 형제로부터 받는 마진이 너무 작은 탓에 크록 자신의 순이익은 15만 9천 달러밖에 되질 않았다. 더구나 이들 형제들은 크록의 노력을 알아주기는커녕, 도리어 그의 월급을 깎은 적도 있었다. 그래서 크록은 270만 달러를 모아 전국 프랜차이즈 사업권을 사들이기로 했다. 270만 달러는 맥도날드 형제에게 각각 100만 달러씩 지불하고 세금을 내는 데 쓰였다. 그 다음 크록은 프랜차이즈 부동산 회사(Franchise Realty Corporation)를 세우고, 유망한 지역의 부동산을 구입해서 새 가맹점에 임대하기 시작했다. 가맹점이 성공을 거두면 임대료를 올렸고, 이것이 실제 수입원이 되었다. 그는 또 가맹점과 종업원을 훈련시킬 수 있는 햄버거 대학(Hamburger University)을 설립해서 품질과 서비스, 위생, 가격과 관련된 원칙들을 가르치기 시작했다. 크록은 맥도날드 레스토랑과 그곳의 운영방침을 대중화시키고, 대량 소비시장을 겨냥해서 확실한 고유 이미지를 만들기 위해 전국적인 광고를 펼쳤다. 그는 이 운영방침이 미국 소비자의 관심을 끈다면 다른 나라의 소비자의 관심도 끌 수 있다는 자신감으로 국제화를 시도했다. 사실, 여기서 가장 중요한 것은 크록이 자기 비전을 절대 포기하지 않고, 초기의 운영방침을 그대로 고수한 채 프랜차이즈 체인을 확대했다는 점이다. 또한 레이 크록은 맥도날드를 전국적 그리고 국제적으로 성장시킬 수 있는 대량 소비시장에 대한 비전을 가지고 있었다. 그러나 어쨌든 그는 맥도날드의 운영방침을 맨 처음 고안한 사람도, 그 개념의 주창자도 아니었다.

패스트푸드 산업의 기원과 관련된 역사적인 세부사항을 통해 자세한 진상뿐만 아니라 성공의 조정자로서 개척자와 비전가만이 할 수 있는 역할을 분명하게 이해할 수 있다.

적절한 샘플

역사적 방법의 네 번째 장점은 시장 발전과정에서 같은 시기에 등장했던 유사한 회사들끼리 비교할 수 있다는 점이다. 우리는 이 특징을 적절한 샘플의 장점이라고 부른다. 이 장점은 실패한 개척자를 배제했을 때 생길 수 있는 생존자 편향의 문제를 완화시킨다.

우리는 우선 시장 발전과정을 재구성하기 시작했다. 그리고 그 과정에서 중요한 순간, 회사들의 운영방식을 관측했다. 우리는 그 운영방식의 원인이라 할 수 있는 회사들의 움직임과 환경을 분석했다. 가장 중요한 점은 그 당시 주요 회사 모두를 분석대상에 포함시키고자 노력했다는 것이다. 우리는 특히 개척자와 과거의 마켓리더, 현재의 마켓리더, 그리고 현재의 리더가 처음 등장했을 당시의 마켓리더 역시 분석대상에 포함시켰다. 겉보기에 현재의 리더가 유일무이하고 우세한 것처럼 보이지만, 시장에 처음 등장했을 때는 그 당시의 리더와 비교해서 약체에 별 볼일 없게 보였을 수 있다. 또 우리는 시장이 처음 형성될 당시의 유력한 회사들—그들이 실패했건 성공했건—을 가능한 많이 포함시켰다.

이 원칙에 따라 우리의 연구에는 승리자와 성공한 회사뿐만 아니라 실패자와 성공하지 못한 회사들을 포함시켰으며, 규모가 작은 회사와 큰 회사, 현재 자리잡은 회사와 새로 등장한 회사 역시 포함되었다. 특히 우리는 비록 규모와 재원 그리고 시장에 등장한 순서는 다르지만, 비슷한 결단을 내릴 수 있었던 회사들을 비교했다.

오늘날 HP가 리드하고 있는 레이저 프린터 시장을 생각해보자. 여기서 우리가 던질 질문은 'HP가 등장했을 당시 어떤 회사들이 있었는가'이다. 그 당시 레이저 프린터 업계에서 가장 우수한 공급업체는 IBM과 제록스였다. 그렇다면 우리가 다음으로 할 질문은 '누가 레이저 프린터로 성공한 HP보다 더 유리한 위치에 있었는가'이다. 액면대로라면 IBM과 제록스는 HP보다 먼저 시장에 진출한 데다 풍부한 재원과 우수한 R&D 시설, 사무용품 관련 경험을 갖춘 대기업이었다. 외견상 이 두 회사는 HP에 비해 큰 장점과 유력한 성공요인을 갖고 있었다. 그런데 현재 마켓리더는 HP이다. 왜인가? 이 질문의 답은 다음 장에서 하게 될 것이다. 지금 우리가 강조하고 싶은 것은, HP의 움직임과 운영방식을 제록스와 IBM의 그것과 비교했을 때, 올바른 시장 발달과정과 장기적인 시장지배력의 진짜 원인을 찾아낼 수 있다는 사실이다.

이제 두 번째로 브라우저 시장에 대해서 생각해보자. 브라우저 시장 발전을 담당한 주요 기관으로는 CERN〔현재의 유럽 입자물리학연구소(European Laboratory for Particle Physics)〕과 일리노이 대학의 슈퍼컴퓨터 애플리케이션 국립센터(National Center for Supercomputing Applications), 넷스케이프 그리고 마이크로소프트를 들 수 있다. 이 기관들은 열거된 순서대로 시장에 진입했고 기술력에 역시 이 순서를 따랐다. 그런데 현재 이 네 곳 중에서 가장 늦게 등장한 마이크로소프트가 마켓리더이다. 왜 그럴까? 이것이 이 책에서 답하려는 질문이다. 가장 중요한 것은 주요 경쟁자인 이 네 곳의 움직임과 운영방식을 비교함으로써 그 답을 얻을 수 있다는 사실이다.

세 번째 사례로 온라인 서비스 시장에 대해서 생각해보자. 오늘날 이 시장의 마켓리더는 아메리카 온라인(AOL)인데, 이 회사는 꽤 늦게 시장에 나타난 회사이다. AOL이 시장에 등장했을 때 컴퓨서브(CompuServe)와 프로디지(Prodigy)라는 유력한 경쟁상대가 있었으며 특히 컴퓨서브는 상당히 긴 역사와 좋은 평판, 우수한 제품을 가지고 있었다. 그런데 모든 성공요인을 갖춘 컴퓨서브와 프로디지, 이 두 대기업은 오늘날 힘 없는 회사로 몰락했다. 그리고 오히려 가장 늦게 등장한 AOL이 온라인 서비스 시장을 선도했던 컴퓨서브를 사들이는 일이 벌어졌다. 무엇 때문일까? 이 책에 이 질문의 답이 들어 있다. 우리는 현재의 리더들과 적어도 그들 못지 않은 성공요인을 가졌던 회사들을 면밀하게 비교함으로써 그 답을 제시할 것이다. 새로운 통찰력과 정당한 결론은 이처럼 다양한 회사들을 비교함으로써 얻어진다.

독자들이 우리의 조사결과를 보다 잘 이해할 수 있도록, 지금부터는 우리의 연구에서 다루고 있는 시장 샘플과 주요 용어들에 대해서 간단하게 정의해보겠다.

안도감이 아닌 통찰력을 위한 정의들

앞에서 이야기한 대로, 정확한 분석을 위해선 시장과 개척자에 대한 정의가 중요하다. 부정확한 정의가 안도감을 줄 순 있으나, 이런 정의는 공허한 계획이나 신을 위한 봉사, 더 나아가 잘못된 결론을 유도할 수 있다. 이런 문제점을 피하기 위해서 우리는 개척자에 대한 정확한 정의와 시장에 대한 넓은 정의를 이용하고, 현재의 결과만 보고 평가하는 방법은 피하였다.

우리는 먼저 개척자를 새로운 시장에서 어떤 물건을 처음으로 상품화한 회사라고 정의한다. 이것이 개척자에 대한 가장 분명하고 정확한 정의로, 개척자를 '시장에 처음 진출한 회사 중 하나'라고 정의했을 때 생길 수 있는 문제나 애매모호함을 피할 수 있게 해준다. 우리가 채택한 정의는 '처음이라는 그 자체'만으로 지속적인 장점을 갖는지 확실하게 구별해준다. 또한 이러한 정의는, 개척자 이후에 시장에 진입하고 그들의 잘못을 수정하고 되풀이하지 않으려고 했던 일군의 회사들 ― 물론 그들은 해당 제품부문을 형성하고 지배할 만큼은 일찍 시장에 등장하였다 ― 을 구별할 수 있게 해준다.

시장 개척자를 애매하게 정의한다면, 인터넷 익스플로러를 브라우저 시장의 개척자 중 하나라고 생각할 수 있으며 그들의 현재 시장점유율을 보면 시장 개척이 지속적인 성공으로 이어지는 것으로 보인다. 하지만 시장 진출순서를 엄격히 따지자면, 인터넷 익스플로러는 시장에 첫 진출한 브랜드가 아니며 따라서 개척자도 아니다. 인터넷 익스플로러는 브라우저 시장에 처음 진출했던 10대 브랜드에도 끼지 못했다. 사실 지난 6년 동안 브라우저 시장의 마켓리더는 고퍼에서 모자이크, 모자이크에서 넷스케이프, 넷스케이프에서 인터넷 익스플로러로 바뀌었고, 그동안 다른 라이벌들은 시장에서 사라져갔다.

개척자에 대한 이전의 애매한 정의는 이런 사실들을 덮어버리고 전략적인 의미마저 혼란시켰다. 그리고 다음과 같은 질문에 대해서 답을 하지 못하고 있다. 즉, 시장에 처음 진출한 회사가 실패한 이유는?

현재 인터넷 익스플로러가 정상에 서게 된 이유는? 인터넷 익스플로러의 리더십은 얼마나 오래 지속될 것인가? 이 질문들에 대해선 다음 장들에서 직접 다루도록 하겠다.

두 번째로 우리는 시장을 개별적이면서 영속적이기도 한 소비자의 욕구를 충족시키려고 애쓰는 회사들이 경쟁을 벌이는 환경이라고 정의한다. 우리는 시장이라는 용어와 제품부문의 용어를 번갈아 사용한다. 시장이란 용어는 문맥에서 소비자와 경쟁범위를 논의할 때 사용하고, 제품부문이라는 용어는 시장에서 판매되고 있는 제품들을 논의할 때 사용했다.

시장에 대한 예로는 브라우저와 퍼스널 컴퓨터, 워드프로세서 시장을 포함시켰다. 퍼스널 컴퓨터는 소비자가 혼자 사용하는 독립형 컴퓨터라고 정의할 수 있다. 여기에는 알테어 컴퓨터 같은 기본적인 제품과 애플 컴퓨터 같은 아주 독점적 제품, 그리고 PC 같은 OEM 조립 제품이 포함된다. 워드프로세서에는 워드스타 같은 소프트웨어와 왕의 WPS 같은 워드프로세서 전용기 그리고 IBM의 전자 타자기 같은 메모리 타자기가 포함된다.

시장을 정의할 때, 우리는 넓은 의미로 정의하고 싶었다. 넓은 정의는 일시적인 기술이나 그 기술을 요하는 제품보다 소비자들의 지속적인 욕구에 중점을 둔다. 그러나 좁은 정의는 잘못된 안도감만을 주어 현재 성공에 대해서 우쭐한 만족감에 빠뜨리고, 과거의 성공이나 미래에 대한 선택에 대해서 아무런 통찰력을 보이지 않는다. 또한 충실한 틈새 고객을 갖고 있는 회사의 경우, 자사를 현재 지배하고 있는 그 작은 세분시장의 개척자라고 자칭하게 한다.

퍼스널 컴퓨터 시장을 넓은 정의에서 살펴보면, 기술 변화를 알아채고 이를 활용할 줄 몰랐던 회사들의 무능력에 의해 시장을 지배하는 브랜드가 자주 바뀌는 것을 알 수 있다. 그 예로 지난 25년간 퍼스널 컴퓨터의 마켓리더는 MITS에서 탠디(Tandy), 탠디에서 애플, 애플에서 IBM, IBM에서 컴팩(Compaq), 컴팩에서 델(Dell)로 옮겨갔다. 워드프로세서의 시장지배력 역시 지난 25년 동안 IBM에서 왕, 왕에서 워드스타, 워드스타에서 워드퍼팩트(WordPerfect), 워드퍼팩트에서 마이크로소프트로 옮겨갔다. 이 책에서 다루고 있는 다른 시장들과 마찬가지로 이들 제품 시장 역시 시장 개척이 영속적으로 우월함을 제공하지는 않았으며 시장 진출순서도 무관했다. 오히려 다른 요소가 성공의 결정저인 역할을 했다.

　세 번째로 우리는 개척자를 알아내고 시장이나 제품부문을 정의할 때 현재의 결과만을 가지고 판단하는 것을 배제했다. 성공한 모든 회사들은 뭔가 제대로 일을 했기 때문에 그 지위에 오른 것이다. 간략하게 얘기하자면, 그 회사들은 새로운 기술이나 비즈니스 모델, 시장 세분화를 '선도해왔다.' 그러나 이러한 결과를 토대로 개척자와 시장에 대해 정의하는 것은 애매모호하다. 즉, 성공한 회사들을 개척자(어떤 개념이나 세분시장에 있어서)라고 부른다면, 개척자는 반드시 성공해야 한다. 여기서 중요한 질문 한 가지가 떠오른다. 우리가 그 결과를 알기 전에, 그러니까 그 회사가 처음 시장에 등장했을 당시에는 어떻게 보였을까? 그 회사들이 시장에 등장했을 당시에는 단지 두 가지 사실만을 확인할 수 있다. (1)시장 진출순서. 즉, 첫 번째로 진출했는지 아니면 두 번째인지, 세 번째인지, 열 번째인지 등등. (2)살아남기 위해 특별한 기술과 전략을 사용하는 여러 회사들이 경쟁하는 시장. 복사기 시장의 사례는 현재의 결과가 아닌 역사적 분석에 의해 고찰하는 것이 얼마나 중요한지를 보여주고 있다.

　최근까지도 문서 복사기 시장의 리더가 제록스라는 것은 논란의 여지가 없는 사실이었다. 40년 동안 유지된 제록스의 강한 리더십에 의해, 사람들은 제록스 이전에 존재했던 회사들에 대해서 전혀 모르고 있다. 그러다보니 그들은 당연히 제록스를 복사기 시장의 개척자로 알고 있었다. 사실 제록스란 이름은 할로이드(Haloid)라는 작은 회사에서 채택한 이름으로, 이 회사는 처음부터 복사기 제조나 판매 사업을 하던 회사가 아니었다. 그래서 이 회사가 처음 시장에 등장했을 당시 성공 가능성은 매우 희박해 보였다. 그 당시(1959)『비즈니스 위크』의 기사를 통해 그와 같은 사실을 확인할 수 있었다. "사무 복사기는 할로이드가 많은 경쟁을 치러야 할 영역이다. 이미 30개가 넘는 복사기 제조업체들이 다양한 제품들과 공정을 가지고 시장에 진출해 있다. 여기에는 미네소타 광업제조(Minnesota Mining & Mfg.Co.)의 감열 팩스(Thermofax), 이스트먼 코닥(Eastman Kodak)의 배리팩스(Verifax), 아메리칸 포토카피 이큅먼트(American Photocopy Equipment Co.)의 에이페코(Apeco) 같은 유력한 경쟁업체의 제품도 들어 있다."

복사기 부문에 등장했을 당시 할로이드는 개척자도 아니고 성공 가능성이 많은 회사도 아니었다. 그 당시 할로이드의 기술은 승자의 것으로 보이지 않았을 뿐만 아니라 심지어는 장래성도 없어 보였다. 따라서 시장 진출순서나 시장을 정의할 때 결과론적인 입장만을 취하게 되면 애매하거나 잘못된 결론을 얻을 수 있다.

샘플

회사와 시장의 개체수가 많기 때문에, 비즈니스 수행에 대한 심층 연구는 반드시 시장 샘플을 토대로 해야 한다. 이것은 우리의 연구처럼 상당히 오래된 시장 발달과정을 상세하게 재구성하기 위해 선택한 역사적 분석의 본질이다. 독자들도 염려했을지 모르지만, 우리는 우리가 선택한 샘플로 인해 편향된 결과를 얻게 될까 염려했다. 더더욱이 우리의 샘플이 특정 입장을 편드는 가능성은 가급적 피하고 싶었다. 이런 이유로 우리는 네 가지 다른 샘플들을 각기 다른 기준에 의해 선정했다. 그리고 우리의 결과를 샘플에 따라 추적했다. 독자들이 우리가 얻은 결과들의 객관성을 확인할 수 있도록, 우리가 선정한 네 가지 샘플 각각에 대해서 간단하게 설명하도록 하겠다.

샘플 1 세 가지 기준을 따랐다. 첫째, 이 샘플은 소비재로만 구성했다. 둘째, 이 샘플은 제품에 대한 정보를 보다 쉽게 구할 수 있다는 이유에서 최근의 제품부문만으로 구성했다. 셋째, 이 샘플은 신제품부문(예를 들어, 캠코더)과 기존의 제품부문이 확대된 부문(예를 들어, 라이트 비어), 이 두 가지로 구성했다. 우리는 이 기준에 맞는 19개 제품부문을 찾아냈다. 이 첫 번째 샘플은 특정 명제에 부합되거나 반대되지 않았다. 우리가 이 샘플에서 얻은 결과는 놀랍게도 개척자가 유리하다는 일반화된 명제와는 반대되는 것이었다. 그래서 우리는 이 조사결과를 확증하기 위해, 완전히 다른 기준에서 새로운 샘플을 세 가지 더 선정했다.

샘플 2 장기적인 리더에 관한 『애드버타이징 에이지』의 기사에 실린 25개 제품부문 가운데 24부문을 포함했다.(표 1-1 참조) 이것은 시장점유율의 안정성을 믿는 견해를 뒷받침하기 위해 널리 인용되어왔으며, 개척자가 유리하다는 생각을 뒷받침할 때도 이용되어왔다. 따라서 우리가 이 부문들을 조사해서 얻은 결과들은 개척자가 성공한다는 일반화된 견해를 지지하고 있다.

샘플 3 여덟 가지 제품부문으로 구성했다. 여기에는 제록스나 폴라로이드처럼 시장 개척자라고 널리 알려진 제품이 포함되었다. 따라서 샘플 3은 당연히 개척자가 유리하다는 일반화된 믿음을 강력하게 뒷받침한다.

샘플 4 보다 많은 하이테크 제품이나 신(新) 경제 제품으로 대표되는 15개의 현대적인 시장으로 구성했다. 여기에는 웹 브라우저와 마이크로프로세서, 그리고 데이터베이스 소프트웨어 시장이 포함된다. 이들 시장에서 시간은 아주 빠른 속도로 흐른다. 그래서 많은 저자들은, 이들 시장이 빠른 속도로 변하기 때문에 전략에서도 속도가 매우 중요하며 시장 진출순서가 중대하다고 생각한다. 만약 그들의 생각이 맞다면, 개척자들은 전통적인 시장보다 현대적인 시장에서 성공할 가능성이 높다. 따라서 이런 믿음이 타당한지 검토해볼 필요가 있다.

우리가 선정한 샘플은 총 66개 부문으로 구성되었다. 이 수치는 장기적인 비즈니스 연구에서 보통 사용되는 샘플의 수에 비해 몇 배 더 많은 수치이다. 우리는 이 제품부문을 본질적으로 다른 기준에 의해 네 가지 부류로 나누었다. 독자들이 판단해보면 알 수 있겠지만, 우리는 어떤 특정 시각을 옹호하기 위해서 이 샘플들을 고르지 않았다. 그와는 반대로, 우리의 네 가지 샘플 중 세 가지는 개척자가 유리하다는 일반화된 견해를 뒷받침하고 있다.

연구 노력

우리의 데이터 자료는 모두 공개적으로 구할 수 있는 문서들이다. 우리는 이번 연구를 위해서 다양한 자료를 참고했다. 자료의 대부분은 비즈니스 정기간행물과 책들이었지만, 그밖에 다른 많은 잡지의 기사와 수많은 웹 사이트들을 참고하였으며 많은 회사들의 연간 보고서 역시 검토하였다. 대략 어림해보면, 30종의 간행물에 실린 약 2천 개의 기사들을 검토했는데, 가장 자주 인용한 잡지는 『소비자 보고서』와 『애드버타이징 에이지』, 『포브스』 그리고 『월스트리트 저널』이었다. 그리고 300여 권이 넘는 책에서 얻은 정보도 참고하였다. 이 책들의 대부분은 교수나 학자들이 특정 시장을 심층 연구한 것들이다. 이들 중 일부는 수백 년 전에 간행된 잡지들을 참조한 책도 있다. 우리는 이 다양한 자료를 얻기 위해 많은 도서관에서 대대적인 조사를 펼쳤다. 이번 연구를 수행하면서 우리는 많은 도시를 방문하기도 하였으며 아주 오래되고 오랫동안 잊혀졌던 문서들을 만나기도 하였다.

우리가 이렇게 광범위하고 힘든 조사를 시작한 데는 몇 가지 이유가 있다. 첫째, 우리는 가능한 많은 정보를 확인하고 싶었다. 둘째, 가능한 각 사건이 일어났던 시기와 가장 근접한 시점에 작성된 문서를 찾고 싶었다. 셋째, 더 큰 통찰력을 얻으면서 개인적인 편견은 피할 수 있는 다양한 시각에서 각각의 시장들을 평가하고 싶었다.

과거 기사의 인용이 얼마나 중요한지를 레스토랑 사업을 하는 한 회사에 대해서 『파이낸셜 월드』(*Financial World*)에 실린 다음 인용문을 통해 생각해보자.

"세상에서 가장 큰 하이웨이 레스토랑 체인점."

"레스토랑 프랜차이즈의 개척자."

"해당 업계에서 가장 확고한 기반을 가진 중개인."

"최고의 〔투자〕 수단."

"〔레스토랑 체인점〕 중 가장 전설적인 성공 스토리."

이 인용문들을 읽노라면 맥도날드가 생각난다. 사실 이 인용문들이 요즘 작성된 것이라면, 맥도날드에 대한 설명으로 읽혔을 것이다. 하지만 이 인용문은 1960년대 맥도날드가 아닌 하워드 존슨(Howard Johnson) 레스토랑에 관한 글이다. 레스토랑 프랜차이즈는 1960년대에 발전된 사업형태이기 때문에, 이 시장에 관련된 정보는 1960년대 발행된 출판물에서 수집할 수 있었다. 그리고 이 정보들을 통해 새로운 시각에서 프랜차이즈 시장에서의 맥도날드와 하워드 존슨의 역할을 살필 수 있다.

우리는 이번 연구를 위해 1990년에서 2001년까지 11년간 노력을 기울였다. 그동안 우리는 데이터를 수집·분석했고, 최초로 얻은 조사결과는 동료들의 논평과 함께 학술지에 발표했으며, 여러 회의와 세미나에도 제출했다. 동료 가운데 일부는 우리의 조사결과를 받아들였고, 또 다른 일부는 우리가 틀렸다는 사실을 입증하기 위한 연구를 시작했다. 시간이 흘러감에 따라 우리는 현상을 좀더 많이 이해할 수 있게 되었고, 명제를 보다 정확하게 표현하게 되었다. 그때부터 우리는 시장은 계속 발전한다는 증거에 위배되는 명제를 실체화하는 세력의 도전을 받았다.

우리의 생각이 가장 강하게 도전받았던 때는 아마도 디지털 시대가 빠른 속도로 중요한 성과를 올렸던 지난 5년이 아닌가 싶다. 분석가들은 새로운 시장에 어떻게든 발판을 마련하려면, 맨 처음은 아니어도 일찌감치 시장에 진출하는 게 좋다고 계속해서 강조했다. 그래서 우리는 샘플의 영역을 확대해서 아직 발전단계에 있는 디지털과 하이테크 경제를 조사하기 시작했다. 이 조사에서 우리가 발견한 사실은, '지속적인 성공의 원리'는 100년 이상 조지 이스트먼(George Eastman), 킹 질레트, 헨리 포드(Henry Ford) 그리고 아직까지 이름과 사업체가 건재한 다른 기업가들에게 그랬던 것처럼, 현재의 빌 게이츠, 스티브 케이스(Steve Case), 그리고 제프 베조스(Jeff Bezos)에게 유효하다는 것이다.

이 책의 계획

3장에는 66개 시장 전반에 걸쳐 시장 개척의 혜택을 통계적으로 분석해서 얻은 주요 조사결과를 제시할 것이며, 지속적인 시장지배력의 진정한 원인들에 대해서도 개괄적으로 살필 것이다. 그 다음, 4장에서 10장까지는 지속적인 시장지배력의 원인들을 하나씩 중점적으로 다룰 생각이다. 그 원인들이 어떤 식으로 작용하길래 회사가 시장지배력을 획득하고 유지하는지 또는 상실하는지를 독자들이 직접 파악할 수 있도록, 각 장에서 특정 시장과 특정 회사의 발달과정을 상세하게 기술하겠다. 그리고 연구의 깊이와 연속성을 위해서, 우리는 동일한 회사와 시장을 이용해서 그 원인들이 시간에 따라 어떻게 작용하는지 설명할 생각이다. 심층적인 연구를 위해 우리가 반복적으로 예를 든 회사는 질레트, 제록스, 마이크로소프트, IBM, 페더럴 익스프레스(Federal Express), 인텔, 프록터앤갬블, 넷스케이프, 앰펙스(Ampex), 그리고 소니이다. 그와 동시에 우리의 조사결과가 어느 정도로 광범위한가를 보여주기 위해서, 우리는 자주는 아니지만 상당히 자세하게 다른 업체의 예를 들기도 했다. 코닥(Kodak), 아마존닷컴, 찰스 슈왑(Charles Schwab), 이스트먼 코닥, 존슨앤존슨, 맥도날드, 휴렛팩커드, 아메리카 온라인, JVC, 마쓰시타(松下), 인터갤럭틱 디지털 리서치(Intergalactic Digital Research), 유럽 입자물리학연구소, 스프라이(Spry), 그리고 일리노이 대학의 슈퍼컴퓨터 애플리케이션 국립센터 등이다. 우리는 이 모든 사례를 통하여 리더의 자리를 지켜온 회사의 활동과, 같은 일을 하면서 그에 못지 않은 기회나 더 좋은 기회를 가지고 있었던 회사의 활동을 비교해보았다. 따라서 우리는 늘 비교를 바탕으로 각 시장들을 분석했다.

요약하자면, 이 책에 실린 조사결과는 66개의 시장에 대한 통계적이고 역사적 분석에 기초하고 있으며, 그 시장에 진출한 약 20개의 회사들에 대해서 자세히 기술하고 있다.

제2단계 : 시장 개척의 방법

- 역사적 방법이나 문서조사 방법은, 시장 발전과 시장 개척의 효과를 조사할 때 가장 적합한 방법이다.
- 역사적 방법이 현장 조사보다 동시대성, 독립성, 풍부한 세부사항, 그리고 적절한 샘플 등에서 뛰어난 장점을 가지고 있다.
- 동시대성이란 역사적 사건이 일어난 시기와 가능한 가까운 시점에 작성된 보고서를 이용하는 것이다. 동시대성은 결과만을 보고 판단하는 것으로 인해 손상되고, 실패자 배제로 인해 왜곡된 시장 진출순서와 시장 정의들을 원래의 모습대로 보여준다.
- 독립성이란 결과에 이권이 개입되지 않은 중립적인 관측자들이 작성한 다양한 보고서를 이용하는 것이다. 이 기록들은 셀프 리포트 편향의 영향을 받지 않는다. 이 보고서들은 공개적으로 구할 수 있는 자료에 의해 작성되기 때문에, 다른 연구자나 독자들이 그 자료들을 따로 평가할 수 있다.
- 풍부한 세부사항이란 역사적 보고서에 언급된 시장과 관계자, 사건들에 대한 자세한 전후관계를 뜻한다. 이러한 세부사항은 현재 생존자들이 오랫동안 잊고 있었던 사실들을 발굴하고, 그 당시 관계자들은 볼 수 없었던 원리들을 밝혀준다.
- 이 책에서, 우리는 개척자에 대한 정확한 정의와 시장에 대한 넓은 정의를 이용하였다. 또한 우리는 결과론적인 입장이 아니라, 역사적 서술을 바탕으로 이 정의들을 적용하였다.
- 이 책의 데이터는 본질적으로 다른 네 개의 샘플로 이루어졌다. 첫 번째 샘플은 편견이 개입되지 않은 반면, 나머지 세 개의 샘플들은 개척자가 유리하다는 명제를 뒷받침하는 쪽으로 치우쳐 있다. 네 번째 샘플의 경우 디지털과 하이테크 시장에 집중되어 있다.

● 이 책에 담긴 생각은 10년이 넘게 살펴온 수천 개의 기사들과 수백 권의 책들을 기초로 한다. 그리고 이 생각들은 동료들의 논평이 실린 학술지, 많은 회의와 세미나 등 토론을 통해 모양을 갖추게 되었다.

제3장

개척자와 관련된 사실들과 지속적인
리더십의 실제 원인

이 장에서는 앞장에서 설명했던 66개 부문의 샘플들을 바탕으로, 이번 연구에서 얻은 주요 결과들을 개괄하겠다. 이 결과들은 시장 발전을 면밀히 분석하고 재구성하면서 얻은 것들이다. 특히 이번 장에는 다른 장과는 달리, 많은 통계자료가 포함되었다. 우리는 통계자료를 이용해서 장기적인 성공, 시장점유율, 시장지배력, 그리고 리더십 존속, 이 네 가지 변수에 따라 개척자들의 운영방식을 설명하고자 한다.

독자들은 이 통계자료를 통해 우리의 조사결과가 시장 전반에 걸쳐 얼마나 공통적인 현상인지 알게 될 것이다. 이들 시장을 면밀하게 검토하다보면 영구불변의 리더들만이 가지고 있는 전형적인 특징들이 드러난다. 우리는 이 특징들을 영구불변한 시장지배력의 실제 원인으로 보고 있다.

이 장에서는 먼저 조사결과에 대해서 요약하고, 그 다음에는 시장 개척자에 대한 통계자료들을 제시할 것이다. 이어서 지속적인 마켓리더의 주요 특징들을 중점적으로 다루겠다.

조사결과 요약

개척자들은 정말 장기적인 마켓리더가 되는가? 지속적인 시장지배력의 실제 원인은 무엇인가? 우리는 분석을 통해 다음과 같은 중요한 결론을 얻었다.

- 시장 개척자들이 리더로 존속하는 경우는 드물다. 그들 대부분의 시장점유율은 낮았고 아니면 아주 실패했다. 사실 시장 개척은 지속적인 성공의 필요충분조건은 아니다.
- 지속적인 시장지배력의 실제 원인은 비전과 의지이다. 지속적인 마켓리더들은 대량 소비시장을 겨냥한 혁명적이고 고무적인 비전을 가지고 있다. 또한 리더들은 역경 속에서는 자신의 의지를 관철하고 부단하게 혁신하며, 금융 재원을 헌신하고 자신의 비전을 실현시키기 위해 자신을 투자한다.

우리는 이것들을 지속적인 시장지배력의 요소라고 믿고 있다. 이와는 반대로 실패한 개척자의 경우 그 중 한두 가지 요소가 부족했다. 지금부터 지속적인 리더십의 원인을 알아낼 수 있는 실례들과 우리의 결론을 뒷받침해 줄 통계자료를 제시하겠다.

시장 개척자에 대한 주요 통계자료

우리의 통계자료는 개척자가 성취한 것이라고 여겨지는 전통적인 네 가지 기준 ─ 장기적인 성공, 시장점유율, 시장지배력, 그리고 리더십의 존속 — 에 초점을 맞추고 있다.

장기적인 성공

시장에 처음 진출한 자가 결국에는 성공한다는 사실을 무엇으로 보증할 수 있는가?

새로운 부문에 진출하는 일은 아주 어렵고 위험한 일이기 때문에 결국에는 개척자들이 성공한다고 생각해왔다. 이런 생각은 특히 이 책에서 다룬 제품부문에 잘 들어맞아서, 그 제품부문들은 모두 성장과 아울러 높은 수익을 올리고 있다. 일반적인 성공의 척도는 개척자들의 실패율을 평가하는 것이다. 여기서 실패란 어떤 부문에 진출했던 브랜드의 판매가 중지되는 것을 말한다. 실패는 브랜드가 시장에서 아예 죽거나 철수될 때 일어난다.

과거 일부 연구들은 실패한 개척자에 대해 아무런 보고도 하지 않았다. 그런가 하면 심지어 어떤 연구자는 개척자가 실패했다는 말은 들은 적이 없다고 단언하는데, 그 말은 실패율이 제로라는 뜻이 된다! 그러나 우리가 알아본 바에 의하면 개척자들의 실패율은 적어도 64퍼센트에 달한다.(표 3-1) 개척자가 실패한 예로는 다게레오타이프(Daguerreotype — 카메라)를 비롯하여, 스타(Star — 안전 면도기), 척스(기저귀), 캔튼(Canton — 의복 건조기), CP/M(PC 운영시스템), 그리고 알테어(퍼스널 컴퓨터)가 있다.

오래된 부문과 새로운 부문을 같이 포함시키다보니 또 다른 의문점이 생겼다. 혹시 보다 최근에 형성된 부문에서는 개척자의 실패율이 낮은 건 아닐까? 이 점을 점검하기 위해 우리는 샘플을 1940년 전, 1940년에서 1974년 사이, 1974년 이후, 이렇게 세 시기로 나누었다.

그 결과, 1940년 이전에는 시장에 진출한 개척자들의 실패율은 72퍼센트로 상당히 높은 편에 속했다. 하지만 지난 25년 동안에도 개척자의 실패율은 56퍼센트로 꽤 높았다. 이 같은 통계자료는 각 부문의 역사 초기에는 상당수의 개척자들이 실패했다는 사실을 보여준다. 그러므로 각 제품부문의 나이는 우리의 조사결과와는 아무런 관련이 없었다. 즉, 최근 몇 십 년 전까지도 시장 개척이 성공을 보장하지 않았다.

그런데 혹시 우리가 선정한 부문이 특별히 실패율이 높았던 건 아닐까? 그 가능성을 살펴보기 위해 우리는 일부러 몇 가지 샘플을 다시 골라서 전체 샘플과 비교했다. 표 3-1을 보면, 대표 샘플(샘플 1)의 경우, 개척자의 실패율은 매우 높은 편(68퍼센트)이다. 그러나 개척자가 유리하다는 명제를 뒷받침하는 샘플(샘플 3과 4)을 선정하자, 개척자의 실패율은 감소하는 것처럼 보인다. 그러나 유명한 개척자라서 선정된 샘플 3 역시 실패율이 높다(50퍼센트).

〈표 3-1〉 개척자의 실패율

분류	실패율(%)	샘플 수
전체	64	66
1940년 이전	72	36
1940～1974년	50	14
1974년 이후	56	16
전통 시장	71	42
디지털/하이테크 시장	50	24
샘플 1	68	19
샘플 2	75	24
샘플 3	50	8
샘플 4	47	15

분석가들 사이에선 하이테크와 디지털 시장이 빠른 속도로 성장하고 있기 때문에, 이러한 시장에서는 시장 개척이 성공을 위한 결정적인 요소라는 믿음이 팽배하다. 이런 이유로 우리는 샘플을 전통적인 시장과 하이테크나 디지털 제품 시장으로 나누고, 후자를 현대적인 시장이라고 부르기로 했다. 전통적인 시장에서 개척자의 실패율이 높다면(71퍼센트), 현대적인 시장에서 역시 개척자의 실패율은 꽤 높았다(50퍼센트). 독자들은 현대적인 시장에 진출한 브랜드들의 나이가 얼마 안 되는 데도, 개척자의 반수가 이미 실패했다는 사실을 참고해야 할 것이다.

시장점유율

시장점유율 쟁탈전은 회사들이 매일같이 치르는 전쟁이다. 높은 시장점유율은 더 강한 마켓파워를 비롯하여, 더 큰 규모의 경제, 더 높은 가시도, 그리고 더 많은 잠재수익이라는 많은 혜택을 보장한다. 간단하게 말하자면, 확실한 마진과 일정한 고정비용을 보장하는 시장점유율의 상승은 더 높은 수익을 낳는다. 회사들이 시장점유율을 둘러싸고 매일같이 각축을 벌이는 주요 이유 중 하나가 바로 이런 성과 때문이다.

그렇다면 개척자들은 시장점유율을 위해 얼마의 비용을 들이는가? 과거 연구에 의하면 시장 개척의 커다란 혜택 중 하나는 개척자들이 차지하는 높은 시장점유율이었다. 그 연구에 따르면 개척자의 평균 시장점유율은 30퍼센트였다. 어떤 연구자들은 시장점유율은 시장 진출순서를 따라간다고 생각할 정도였다. 그들은 다음과 같이 말한다. "대개 처음 나온 브랜드가 시장지배자가 되며, 이후 출시된 브랜드들

〈표 3-2〉 개척자의 시장점유율

분류	평균 시장점유율(%)	샘플 수
전체	6	66
1940년 이전	6	36
1940~1974년	10	14
1974년 이후	4	16
전통 시장	5	42
디지털/하이테크 시장	8	24
샘플 1	3	19
샘플 2	4	24
샘플 3	15	8
샘플 4	9	15

의 판매순위 역시 출시 순서를 따른다.”

그러나 우리가 알아본 바에 의하면 개척자들의 평균 시장점유율은 겨우 6퍼센트밖에 안 됐다.(표 3-2) 또한 1974년 이후에 등장한 개척자들은 이보다 더 낮은 비율(4퍼센트)을 차지하고 있다. 더구나 우리의 대표 샘플인 샘플 1의 경우, 개척자의 시장점유율은 고작 3퍼센트이다. 심지어 시장 개척이 중요시되고 있는 하이테크와 디지털 시장조차, 개척자의 평균 시장점유율은 겨우 8퍼센트에 불과하다. 이 결과들은 과거 연구들이 개척자의 시장점유율 혜택을 지나치게 과대평가했음을 보여주고 있다.

시장지배력

시장지배자란 용어는 한 제품부문에서 최고의 시장점유율을 확보한 브랜드를 뜻한다. 시장지배자는 시장점유율이 높은 회사들이 획득하는 규모의 경제 및 공급품과 가격에 대한 지배력 같은 모든 실질적인 혜택을 누린다. 또한 시장지배자는 그밖에 다른 실질적인 혜택을 누릴 수 있다.

그 예로 소비자들이 각 부문에서 기억하는 브랜드의 이름이 한두 개 정도라면, 선두에 있는 브랜드 제품을 기억하고 선택할 가능성이 더 크다. 또한 제품의 품질에 대해서 잘 알지 못하는 소비자일수록 시장지배자가 최고의 품질을 가졌다고 생각하기 쉽다. 그리고 구비할 수 있는 브랜드 수가 한정된 상점의 경우, 해당 부문의 선두 브랜드만을 구입하게 된다. 결국 시장지배력은 해당 회사의 직원들에게는 큰 자부심의 원천이며 경영자에게는 자랑거리가 된다. 아마도 이런 이유들 때문에, 잭 웰치(Jack Welch)가 경영하던 당시의 GE는 리더십을 지킬 수 있는 시장만 고수하는 전략을 채택했을 것이다.

그렇다면 시장 개척자들이 자기 제품부문에서 선두주자가 되는 것은 얼마나 자주 있는 일인가? 과거의 몇몇 연구에 따르면 모든 시장지배자의 반수 이상은 각 시장의 개척자라고 여겨졌다. 또 다른 연구에선 시장지배력과 시장의 첫 진출자가 거의 일치한다는 주장이 나왔다. 다음 인용문을 살펴보자. "리더십의 법칙은 어떤 제품, 어떤 브랜드, 어떤 부문에도 적용된다……. 그래서 항상 처음이라는 말을 대신해서 리더라는 말을 사용했을 때가 추측하기 편했다." 사실 일반적인 담론에서는, 대부분의 사람들은 시장지배자를 시장 개척자와 같다고 생각한다.

하지만 우리의 분석에 따르면 시장 개척자가 시장지배자가 되는 일은 정말 드문 일이었다! 현재, 우리의 연구 대상이었던 66개 부문 중에 개척자가 리더로 있는 부문은 고작 여섯 개뿐이다.(표 3-3) 이런 결과가 나온 것은 개척자가 실패할 수 있는 오래된 부문이 우세했기

〈표 3-3〉 시장지배력을 유지하고 있는 개척자들(2000년)

분류	현재 리더인 개척자들		
	수	비율(%)	샘플 수
전체	6	9	66
1940년 이전	3	8	36
1940~1974년	2	14	14
1974년 이후	1	6	16
전통 시장	3	7	42
디지털/하이테크 시장	3	13	24
샘플 1	1	5	19
샘플 2	1	4	24
샘플 3	2	25	8
샘플 4	2	13	15

때문일 수 있다. 우리는 그 가능성을 알아보기 위해, 앞서 얘기한 대로 샘플을 세 시기로 나누어 살폈다. 그랬더니 최근 몇 십 년 사이에 리더십 비율이 가장 저조하다는 것을 알았다. 즉, 1974년 이후 16개 부문에서 단 한 부문에서만 시장 개척자가 리더로 살아남았다. 이 비율은 우리의 대표 샘플(샘플 1)과 비슷한 비율이다. 샘플 1에서는 19개 부문에서 단 한 부문만이 개척자가 리더였다.

리더십 존속

리포터들은 개척자가 시장지배자로 남는다는 사실의 예로 코카콜라 이야기를 자주 한다. 사실 그런 몇 가지 사례(표 1-2)들에 의해, 개척자들이 수십 년 동안 리더의 지위를 고수한다고 생각하는 리포터들이 많다. 하지만 과연 그 개척자들이 리더십을 얼마나 오래 유지하는

지에 대해 의문이 생긴다.

우리는 일반적인 보고서와는 다른 조사결과를 얻었다. 개척자들이 시장에 진출했던 당시에는 그들이 시장지배자인 것은 분명하였다. 하지만 우리가 알아본 바에 의하면 모든 부문에서 개척자들이 가진 리더십은 그렇게 오래 지속되지 않았다. 전반적으로 개척자들은 약 5년 정도 리더십을 고수하였다. 즉, 우리가 선정한 샘플을 보면, 개척자의 반수가 5년 이상 리더였으며, 나머지 반은 리더로서 5년을 못 버텼다. 짧은 기간 동안의 리더십으로는 큰 이득을 얻지 못한다. 그 이유는 그 기간 동안 제품 판매량이 크게 늘지 않을 수 있기 때문이다.

개척자가 리더로 살아남는 경우는 별로 없을 뿐만 아니라 리더였던 회사 역시 그 자리에서 물러나는 경우가 종종 발생한다. 우리가 선정한 66개 전 부문을 보면, 각 부문의 시장지배력이 많이 바뀌었다는 것을 알 수 있다. 표 3-4는 시장지배력이 얼마나 자주 바뀌는지 보여준다. 이번에 선정된 샘플에 아주 오래된 부문과 가장 최신 부문은 얼마나 포함되었는지, 또 전통적 시장과 하이테크 시장은 얼마나 포함되었는지를 유의해서 보라.

연구대상이었던 66개의 제품부문 모두를 통틀어 겨우 여섯 개 부문에서만 개척자가 현재 리더로 남아 있다. 이 여섯 개 부문을 자세히 분석한 결과, 현재의 지위가 시장 개척을 통해 얻어진 확실한 예는 크리스코(Crisco) 쇼트닝 한 경우뿐이었다. 다른 세 경우는 시장에 처음 등장한 효과에 의해 리더가 됐는지가 분명하지 않다. 예를 들어, 코카콜라는 "전국 특허의약품 제조업체에 속하는 수천 개 외국산 의약품 중 하나로 시장에 등장했다." 코카콜라에는 카페인 성분이 들어 있는데, 초기에는 코카 잎에서 추출한 천연성분인 코카인 성분이 함유되어 있었다. 아마도 이 중독성 성분들이 경제학과 심리학 이론에서 제

〈표 3-4〉 시장지배력이 자주 교체되는 몇 가지 사례들

분류	개척자	한때의 리더	현재 리더
비누		아이보리, 다이얼	도브
액체 주방 세제	리퀴드 럭스	조이, 아이보리	던
라이트 맥주	트러머스 레드 레터	라인골드 가브링거스, 마이스터 브라우, 밀러 라이트	버드 라이트
비디오 게임	마그너폭스 오디세이	아타리, 닌텐도, 세가	소니
PC	MITS	탠디, 애플, IBM, 컴팩	델
PC 운영 체제	CP/M	애플 Ⅱ OS, 도스	윈도우
워드 프로세스	IBM 메모리 라이터	일렉트릭 펜슬/이지 라이터, 왕, 워드스타, 워드 퍼펙트	마이크로소프트 워드
온라인 서비스	컴퓨서브	프로디지	아메리카 온라인
웹 브라우저	월드 와이드 웹	모자이크, 넷스케이프	인터넷 익스플로러
온라인 증권거래	K. 아우프하우저	롬바드, 아메리트레이드, E*트레이드	찰스 슈왑

시하는 그 어떤 요인보다 브랜드 충성도에 더 많은 기여를 한 것 같다. 컬러 텔레비전의 경우, 아직도 RCA 브랜드 제품이 나오고 있으나 GE는 RCA를 사들이고도 수익성이 없다는 이유로 프랑스의 톰슨 일렉트릭(Thomson Electronics)에 RCA의 가전제품부문을 팔았다. 전화기 부문의 경우, 벨(Bell)은 웨스턴 유니언(Western Union)과의 특허권 분쟁을 타결지은 후에야 이 시장을 지배할 수 있었다. 타협 내용에 의하면 벨은 웨스턴 유니언에게 17년 동안 수입의 20퍼센트를 지불해야 했다. 다른 두 경우(CD 플레이어에서의 소니와 마이크로프로세서의 인텔이 가진 리더십)를 보면, 개척자들은 극심한 경쟁을 겪으면서 부단히 혁신을 꾀했기 때문에 지금까지 살아남았다. 소니와 인텔의 혁신에 대해서는 뒤에 나올 장에서 자세히 설명하겠다.

그 외의 60개 부문을 보면, 개척자들이 실패하여 리더의 자리에 있지 않거나 현재의 리더들을 개척자라고 하기에는 부적합한 경우들이다.

지속적인 시장지배자들

이 뜻밖의 결과들은 다음과 같은 의문을 불러일으킨다. 시장 개척자가 아니면 누가 시장지배자인가? 시장 개척자의 혜택을 누리고 있는 다른 부류의 회사는 없는가? 우리는 시장지배력을 획득하고 비교적 장기간 유지하고 있는 일군의 회사들 — 그들을 지속적인 시장지배자라고 한다 — 을 찾았다. 이들 중 일부는 제품의 라이프사이클의 초기 성장기에 시장에 진출한 회사였다. 그렇다면 다음과 같은 의문이 자연스럽게 생긴다. 이 회사들은 시장 개척자와 얼마나 가까울까? 특히 현재의 리더들은 개척자들이 시장에 등장한 후 얼마 있다가 시장에 진출한 걸까?

현재의 리더들은 시장 개척자보다 수년 늦게, 가끔은 수십 년 늦게, 해당 부문에 진출한 편이었다. 전 부문을 통틀어, 현재의 리더들은 시장 개척자에 비해 평균 19년 정도 늦게 시장에 진출했다.(표 3-5) 시간 간격은 샘플 1 · 2 · 3의 경우, 각각 22년, 30년, 24년이었다. 샘플 4의 시간 간격은 아직 5년이다. 샘플 4는 신생 제품부문들로 구성되어 있는데, 선두 회사가 처음 시장에 나온 지 수년 후에도 계속해서 새로운 회사들이 시장에 등장하고 해당 부문을 이끌고 있다.

이런 시간 차이는 사소하게 넘어갈 일이 아니다. 자기가 진출한 시장을 지배하기 위해서 회사측은 시장 진출시기를 정할 때 신중을 기하는데, 가끔은 몇 달 혹은 몇 주 차이일망정 선두가 되려고 애쓴다. 그러므로 현재의 리더들은 우리가 실수로 개척자로 분류하지 않은 그런 회사들이 아니다. 그들은 개척자라기보다는 며칠 혹은 몇 달 늦게 시장에 등장한 회사였다.

웹 브라우저의 경우 현재의 리더인 인터넷 익스플로러는 개척자보

〈표 3-5〉 개척자와 현재 리더의 시장 진출 간격(2000년까지)

분류	기간	샘플 수
전체	19	43
1940년 이전	30	20
1940~1974년	17	10
1974년 이후	5	13
전통 시장	29	24
디지털/하이테크 시장	7	19
샘플 1	22	13
샘플 2	30	11
샘플 3	24	6
샘플 4	5	13

다 5년 늦게 시장에 등장했다. 퍼스널 컴퓨터의 현재 리더인 델(Dell)도 개척자보다 9년 늦게 등장했다. 그뿐만 아니다. 현재 PC 운영 시스템의 리더인 마이크로소프트 윈도우(Microsoft Windows)는 10년 늦게, 카메라 부문의 리더인 코닥은 대략 50년이나 늦게 시장에 등장했다. 그러나 지금까지 열거한 모든 시장에는 그 사이에도 새로운 회사들이 계속 등장했는데, 간혹 시장의 진출순서가 성공을 결정하는 양 한꺼번에 몰려들기도 했다.

이쯤 되면 저절로 떠오르는 의문점이 있다. 개척자가 실패를 겪는 동안 견딜 수 있었던 회사들은 어떤 요소를 가지고 있었을까? 만약 지속적인 시장지배력에 공통된 특성이 있다면, 과연 어떤 것들인가?

시장 발전과정을 검토하는 동안 우리는 각각의 시장에서 지속적으로 지배력을 갖는 리더들은 똑같은 특성이나 요소를 갖고 있지는 않을까 하는 생각을 하게 되었다. 사실 그 많은 시장들은 시대를 비롯해 문화, 경쟁조건, 기술, 그리고 사업에서 본질적으로 서로 다르다. 그럼에도 불구하고 어떤 시장인지는 상관없이 지속적으로 리더의 위치에 있는 회사는 별로 중요하지 않거나 아예 실패한 회사들과는 구별되는 몇 가지 요소를 가지고 있는 것 같았다. 실패자들의 대부분은 한때나마 시장 개척자이거나 유리한 위치에 있었다.

그렇다면 과연 지속적인 시장지배력의 특징은 무엇인가? 그들이 실패자와 다른 점은 무엇인가? 그들이 개척자가 아니었음에도 지속적인 시장지배력을 가질 수 있었던 실제 원인은 무엇인가?

우리는 지속적인 리더가 남보다 나은 경영을 할 수 있었던 다섯 가지 요소를 알아냈다. 그 요소들이란 비전(vision), 끈기(persistence), 혁신(innovation), 헌신(commitment), 자산 레버리지(asset leverage)이다. 비전 외에 네 가지 요소들은 결단력이나 의도와 관련이 있었다. 그래서 우리는 그 네 가지를 합쳐 의지라고 불렀다. 사람들은 이 네 가지 요소를 의지의 발현이나 구성요소로 생각할 수 있을 것이다.

앞으로 이어질 장에서 우리는 이 요소들의 역할에 대해서 자세하게 설명할 것이다. 그러기 위해 우선 주요 시장들의 발전과정을 검토하고 우리의 결론을 제대로 평가할 수 있는 자세한 사례들을 제시하고자 한다. 이 사례들은 새롭고 놀라운 측면을 많이 가지고 있을 것이며, 다른 사례들에 더 익숙한 독자들도 있을 것이다. 하지만 우리의 목적은 역사적 사실들을 자세하게 열거하고 그 중에서 모범 사례를 찾아내는 것이다. 우리가 자세하게 설명하는 의도는 지속적인 리더십의 다섯 가지 요소들이 시장에서 얼마나 다양하고 복잡하게 작용하는지를 보여주고자 함이다. 우리는 특히 개척자나 그외 초기 시장 진출자들의 운영방식과 행동들을 나중에 지속적인 리더가 되는 회사들의 그것과 신중하게 비교했다.

우리의 명제를 사전 검토하는 측면에서, 그 다섯 가지 요소를 간단하게 소개하겠다. 각 요소의 역할들을 짧은 예를 통해 살펴보자.

대량 소비시장에 대한 비전

비전이란 단어는 오늘날 비즈니스에서 남용되는 해로운 용어가 되고 말았다. 이 단어는 언론보도나 신입사원 모집에서 명백하게 규정되지 않은 채로 넓은 의미로 사명감을 뜻하곤 한다. 하지만 우리가 생각하는 비전의 개념은 그런 넓은 의미와는 아주 반대다. 그것은 매우 구체적이고 평가하기 쉽다. 간단하게 말하자면, 지속적인 마켓리더들의 비전은 대량 소비시장의 욕구를 찾아내어 부응하는 독특한 능력을 가지고 있다. 이 비전의 개념에는 두 가지 중요한 구성요소가 있다.

첫째, 비전은 역동적이고 발전적 욕구를 지닌 대량 소비시장을 집중 겨냥한다. 오늘날 완전한 시장에서는 대량 소비시장을 겨냥하는 것은 잘못된 전략으로 간주된다. 왜냐하면 그 말은 품질과 마진을 낮추겠다는 말과 동의어이기 때문이다. 하지만 비전을 가진 사람이 신제품이라는 견지에서 대량 소비시장을 바라보면 이는 전혀 다른 의미가 된다. 비전이 처음 구체화될 당시, 경쟁자들은 부적당한 시장이나 틈새시장을 집중 공략할 것이다. 1970년대 중반, 빌 게이츠와 폴 알렌은 원가 절감과 기술 향상을 통해 모든 소비자가 컴퓨터를 가질 수 있다고 믿었다. 그래서 그들은 데스크톱 컴퓨터의 대형 시장을 구상했다. 그리고 '모든 책상과 가정'에 컴퓨터를 설치하겠다는 비전이 퍼스널 컴퓨터 시장을 겨냥한 소프트웨어 개발에 박차를 가하게 만들었다. 사실 그들보다 먼저 컴퓨터 시장에 진출했던 그 누구도 이같은 비전을 가진 적이 없었다. 그래서 그들은 게이츠와 알렌이 공동 설립한 마이크로소프트 사에게 리더십을 내주어야만 했다.

둘째, 비전은 대량 소비시장의 욕구를 파악하고 충족시킬 수 있는 특별한 전망을 갖고 있다. 오늘날 그런 전망은 당연하고 직관적인 것처럼 보인다. 그러나 사실 그것이 처음 표출될 당시만 해도, 동시대 사람들은 돈이 많이 들고 실행하기 힘든 일이라며 비판이나 냉소를 보냈다. 그 예로 스티브 케이스가 훗날 AOL이 되는 회사를 인수했을 때, 그는 컴퓨서브와 프로디지와 같은 안정된 기반을 가진 회사를 포함한 많은 경쟁자들과 맞서야 했다. 이들 경쟁회사들은 능숙한 사용자들로 이루어진 틈새시장의 욕구를 충족시키거나 창설회사 중심의 시상 문화를 넓혀갔다. 컴퓨서브의 경우, 투자자들에게는 상당히 유용한 금융 정보를 제공했지만 구성 형태는 다루기 어려웠다. 하지만 그와는 대조적으로 케이스는 처음부터 AOL을 대량 소비시장의 욕구에 맞춰 운영하기로 했다. 그래서 경쟁회사들이 정보 컨텐츠와 스피드를 강조한 반면 AOL은 커뮤니티와 간단한 직관적인 인터페이스를 강조했다. 또한 경쟁회사들이 다양한 특성을 강조하면, AOL은 간편한 설치를 강조했다. 경쟁회사들이 틈새시장을 육성할 때 AOL은 대량 소비시장 가입자를 늘리기 위해 많은 비용을 들여 사용자들에게 메일을 보냈다. 비평가들은 이런 AOL을 인터넷의 "케이마트(Kmart) 네트워크"라고 냉소했다. 그들은 또 AOL은 정보에 대해서는 "입을 다물고 있다"라고 말했다. 그들은 AOL의 적극적인 대량 마케팅은 결국 회사를 파산시킬 것이라고 주장했지만 오늘날 AOL은 시장지배자이다. AOL은 컴퓨서브를 인수하고, 프로디지를 시장에서 중요하지 않은 지위로 떨어뜨렸다. 대량 소비시장의 욕구를 충족시키겠다는 케이스의 특별한 접근법은 상당한 비용지출을 요구했다. 하지만 그로 인해 AOL은 미디어 분야의 거인인 타임워너(Time Warner)를 인수할 만큼 성장할 수 있었다.

끈기

많은 분석가들은 지속적인 마켓리더는 순전히 운이 좋았다고 치부한다. 즉, 적절한 시기에 원하는 바로 그곳에 있었다는 식이다. 그러나 우리가 알아낸 바에 의하면 지속적인 리더는 단순히 운이 좋아 되는 것이 아니었다. 그와 반대로 그들은 큰 장애물과 마주해왔다. 실제로 운이 좋아 시장지배력을 얻는 것이 아니다. 자신보다 더 좋은 조건을 가진 경쟁자들과 경쟁하면서, 수년 동안 커다란 장애물들을 극복하며 참아왔던 끈기의 산물이 바로 시장지배력이다.

소니가 기술 혁신을 일으킨 전자회사라는 것은 널리 알려진 사실이다. 하지만 소니가 처음 사업을 시작했을 때만 해도, 너무 작고 볼품없는 회사라서 사람들은 성공 가능성이 많은 회사로는 보지 않았다. 1960년대 트랜지스터 라이선스를 얻기 위해 웨스턴 일렉트릭(Western Electric)을 방문한 소니의 공동 설립자인 이부카 마사루(井深大)는 그때 그곳의 반응에 대해서 다음과 같이 회고했다.

"트랜지스터는 어디에 쓰실 겁니까?" 하고 웨스턴 일렉트릭의 경영진이 그에게 물었다.

"라디오에만 사용할 생각입니다." 이부카는 대답했다.

"돈하고 시간 낭비 마세요"가 그가 들은 대답이었다. 미국에서도 이미 12개의 라이선스 업체가 시도한 일이지만 그때까지 성공한 업체가 없었다.

소니에게도 성공은 쉽게 찾아오지 않았지만 어쨌든 성공했다. 또한 비디오 녹화기 시장에서 살펴본 대로, 소니는 베타 비디오카세트 녹화기 개발에 약 20년간 매달렸고, 마침내 시장에서 대단히 호평받는 제품을 처음 출시할 수 있었다. 이런 노력들은 소니의 설립자들이 대량 소비시장의 요구에 부응하고자 하는 자신들의 비전을 실현시키려 했던 불굴의 의지에서 나올 수 있었다. 그러나 같은 시장에서 기술을 선도했던 다른 회사들에게는 이런 비전과 끈기가 부족했다.

부단한 혁신

시장과 기술은 계속해서 변하면서 한때 성공했던 제품마저 쓸모없는 것으로 만든다. 심지어는 기반이 단단한 회사까지도 기술과 시장 변화에 영향을 받는다. 그렇기 때문에 회사측에서는 시장지배력 유지를 위해 부단히 혁신을 추구할 의지가 있어야 한다.

질레트는 1세기 가깝게 안전 면도기 시장을 지배해왔다. 더욱이 질레트의 시장점유율은 약 70퍼센트로 상당히 안정적이다. 그러나 이런 안정적인 점유율에는 여러 가지 모델을 개발하기 위한 엄청난 분투가 숨겨져 있다. 다음 장에서 보다 자세히 설명하겠지만, 질레트는 거의 10년 주기로 새로운 면도기와 면도날을 선보임으로써 자사의 오래된 제품을 스스로 시장에서 몰아냈다. 질레트가 이러한 혁신에 실패하였다면 라이벌에게 순식간에 시장을 잃었을 것이다.

이와 유사하게 마이크로프로세서 시장을 지배하고 있는 인텔은 부단한 혁신을 통해 매년 새로운 세대의 반도체 칩을 출시하고 있다. 그리고 새 세대 반도체 칩은 이전 세대 칩의 매출까지 통합하고 있다. 사실 이런 혁신은 우월한 기술이나 제품을 지닌 경쟁회사가 어느 때 자사를 추월할지 모른다는 강박관념에 의해 가속도가 붙는다. 빠르고 지속적인 기술의 변화와 싸워야 하는 질레트와 인텔 같은 회사들의 경우, 현재 시장을 지배하는 일과 과거 시장을 개척한 일은 사실 별개의 문제이다.

금융 헌신

힘든 시기에 시장을 확립하고 리더십을 유지하기 위해서는 많은 금융 재원이 요구된다. 특히 실패하면 경영자들은 직장과 전 재산을 잃을 수 있기 때문에 개인 자산을 헌납하기란 힘든 일이다. 그렇다고 외부에서 재원을 얻는 일 역시 쉽지 않다. 왜냐하면 벤처 캐피털리스트들을 설득하기가 힘든 데다 그들은 종종 막대한 금액을 요구하기 때문이다. 지속적인 시장지배자는 비전을 실현하기 위해 전 재산을 헌납하거나 외부에서 자금을 모은 그런 회사만이 될 수 있다.

건식 인쇄술을 이용한 복사기 아이디어를 갖고 있던 체스터 칼슨(Chester Carlson)은 제품 개발과 상품화를 위해 대기업의 재원이 필요했다. 그는 많은 대기업과 접촉을 벌였지만, 그 어떤 회사도 칼슨이 개발중인 초보적인 기술을 투자대상으로서 인정하지 않았다. 그런데 유일하게 할로이드(Haloid)가 관심을 보였다. 다음 장에서 살펴보겠지만, 할로이드는 칼슨의 기술을 믿고 큰 위험을 감행했다. 비전을 가지고 있는 할로이드의 사장은 자신의 전 재산과 얼마 안 되는 회사의 재원을 걸고 14년의 투자 끝에 칼슨의 기술을 바탕으로 훌륭한 복사기를 시장에 내놓게 됐다. 그 투자의 결실로 역사적으로 성공한 제품 중 하나인 제록스 914가 탄생하였다. 이 성공으로 인해 할로이드는 회사의 이름을 제록스라고 바꿨다.

자산 레버리지

모(母)부문에서 새로운 부문이 파생되면(그 예로, 콜라에서 나온 다이어트 콜라, 컴퓨터에서 나온 퍼스널 컴퓨터를 들 수 있다), 모부문을 지배하던 회사는 새로운 부문에 대해서도 큰 잠재성을 갖는다. 그들은 자산 레버리지를 이용해서 새로운 부문 역시 지배할 수 있다. 새 부문을 지배하기 위해서는 브랜드명과 인재, 제품 그리고 유통망이 가장 유용한 자산이 된다. 하지만 자산 레버리지는 결정하기 쉬운 일이 아니다. 사실 신제품부문은 오래된 부문을 위협하는 것처럼 보인다. 그래서 오래된 부문을 지배하던 회사들은 그동안 다져온 입지를 와해시키려 하지 않으며 새 부문에 전적인 신뢰를 보내기가 힘들다. 하지만 지속적인 시장지배자는 새로운 부문에서 기반을 잡기 위해 현재 자산을 기꺼이 레버리지하곤 한다.

1970년 후반 퍼스널 컴퓨터 시장을 선도한 것은 애플이었다. 하지만 나중에 등장한 IBM이 주도권을 쥐고 있던 애플을 빠르게 추월하기 시작했다. 이런 현상이 일어난 가장 큰 이유는 IBM이라는 브랜드 이름 때문이었다. 그 당시 IBM은 탁월한 서비스에 의해 뒷받침되는 품질 좋은 제품을 뜻했다. IBM 퍼스널 컴퓨터는 소매업자와 소비자에게 자사의 제품은 대기업의 후원을 받고 있으며, 퍼스널 컴퓨터 시장이 완전한 단계에 이르렀다는 신뢰감을 심어주었다. 그러나 퍼스널 컴퓨터 시장이 대중화되면서 IBM은 대형 고속컴퓨터 사업에 위협을 느끼기 시작했다. 그리하여 IBM은 다른 회사들만큼 퍼스널 컴퓨터 발달을 장려하지 않았다. 계속해서 새로운 퍼스널 컴퓨터를 출시하고 있는 다른 회사들은 IBM의 리더십을 차지하기 위해 애를 쓰고 있다.

의지와 비전

우리는 지속적인 마켓리더들은 근본적으로 대량 소비시장에 대해서 특별한 비전을 갖고 있다는 것을 알았다. 그런데 비전에는 그것을 실현시킬 의지가 동반되어야 한다. 의지의 네 가지 주요 구성 요소는 끈기, 부단한 혁신, 금융 헌신, 그리고 자산 레버리지이다. 그런데 의지의 출발점은 비전이다. 비전은 다른 네 가지 요소들의 원동력이자 안내자이다. 지속적인 시장지배력에는 의지와 비전, 이 모두가 다 중요하다. 아마도 개척이니 요행이니 하는 단순한 가설보다는 이 요소들이 지속적인 시장지배력의 실제 원인일 것이다. 그림 3-1은 이 요소들이 지속적인 시장지배력에 작용하는 방식을 보여주고 있다.

앞에서 말한 요소들 전부 혹은 대부분을 갖고 있는 회사들이 지속적인 리더로 남은 반면에 하나 이상이 부족했던 시장 개척자들은 실패했다. 지금부터 일곱 장에 걸쳐서 이 요소들을 하나씩 설명하고 그것들을 뒷받침하는 증거를 댈 계획이다. 이 증거는 잘 알려진 제품부문의 발전과정에서 간과되어왔던 흥미진진한 역사적 사실들로 구성되어 있다.

〈그림 3-1〉 시장지배력 유지 모델

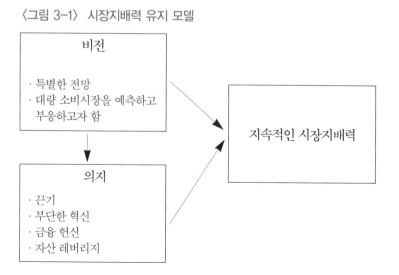

제3단계 : 지속적인 리더십

역사적 방법을 사용한 우리는 시장 개척자에 대해서 아주 중요한 조사결과를 얻었다.

- 평균적으로 개척자들의 대부분(64퍼센트)은 실패한다. 이 실패율은 최근(1974년 이후) 제품부문의 경우에 상당히 높은 편(56퍼센트)인데, 하이테크와 디지털 제품부문에서도 높게 나타난다(50퍼센트).
- 개척자들은 평균 시장점유율은 겨우 6퍼센트였다. 신제품부문의 경우 평균 시장점유율은 4퍼센트로 떨어진다. 한편, 최신식 디지털과 하이테크 제품의 시장점유율도 아직 8퍼센트밖에 안 된다.
- 조사 부문에서 시장 개척자가 현재에도 리더인 부문은 고작 8퍼센트이다. 이 비율은 신제품부문의 경우 더 낮아지지만(6퍼센트), 그래도 하이테크와 디지털 제품부문에서는 좀 높은 편이다(13퍼센트).
- 개척자가 지속적인 시장지배자가 된 사례는 거의 없었다. 시장지배자는 비전을 비롯해 끈기, 혁신, 헌신 그리고 자산 레버리지 등의 다섯 가지 중요한 특색을 보여준다. 이 특색들은 장기적인 시장지배력의 중요한 특징이기도 하다. 시장 개척은 시장지배력의 필요충분조건이 아니다.

제4장

대량 소비시장에 대한 비전 갖기

비전을 구성하는 필수 요소는 대량 소비시장을 집중 공략하는 것이다. 레이 크록은 값이 싼 패스트푸드의 대량 소비시장으로 미국 전역과 전세계를 겨냥하겠다는 비전을 갖고 있었다. 그리고 빌 게이츠는 모든 가정과 책상에 값싼 퍼스널 컴퓨터를 보급하겠다는 대량 소비시장을 계획했다.

그러나 사실 대량 소비시장은 완제품의 경우, 마케터들이 기피하는 대상이다. 대부분의 전략가들은 세분화(segmentation)와 차별화(differentiation)의 중요성을 강조한다. 세분화는 시장을 비슷한 소비자들의 집단으로 나누는 것으로, 이 집단을 세분시장(segment)이라고 부른다. 차별화란 마케터가 세분시장의 욕구에 보다 정확하게 어울리도록 제품 디자인을 바꾸는 전략이다. 세분화와 차별화의 주목적은 경쟁회사보다 세분시장의 소비자를 더 만족시키는 데 있다. 일반적으로 세분화와 차별화를 추구하는 회사는 특징 없는 제품을 대량 소비시장에 내놓는 회사에 비해 더 높은 가격을 보장받는다고 인식되고 있다. 따라서 사람들은 세분화와 차별화가 대량 소비시장 전략에 비해 수익성이 높다고 생각한다. 그 결과 시장에는 특히 완제품의 경우, 다양한 브랜드가 홍수를 이루는데, 이들 브랜드의 대부분이 모방 제품이다. 그런데도 각 브랜드는 자기 제품이 더 작은 소비자 집단이 만족할 만한 장점을 갖고 있다고 주장한다. 많은 경영자들은 대량 소비시장을 기피하는데 특히 완제품인 경우가 더하다. 완제품으로 대량 소비시장을 겨냥하는 것은 치열한 경쟁, 적은 마진, 그리고 낮은 수익을 의미했다.

그러나 대량 소비시장은 비전을 가진 마케터가 출시한 신제품에 대해서 전혀 다른 시각을 보여준다. 비전이 처음 형성될 당시, 경쟁자들은 또 다른 시장을 내다보지 못하거나 틈새시장에만 매달리는 경우가 허다하다. 그 예로 HP가 레이저 프린터를 출시했을 때, 제록스와 IBM은 수십만 달러를 호가하는 속도 빠른 대형 레이저 프린터를 생산하고 있었다. 이 기기는 여유 있는 단체들이 구입했다. 이처럼 경우에 따라서 제품의 높은 가격이 틈새시장을 형성한다. 이런 경우 대량 소비시장을 겨냥해 낮은 가격의 제품을 제조하는 것이 비전이 될 수 있다. HP의 목표는 몇 천 달러짜리 프린터로 퍼스널 컴퓨터 소유자를 겨냥한 대량 소비시장을 육성하는 것이었다. 그렇다면 대량 소비시장에 중점을 두는 이유는 무엇인가? 대량 소비시장을 지향하는 것은 시장 진출자에게 다음과 같은 세 가지 중요한 이득을 줄 수 있다.

첫째, 대량 소비시장에 도달하기 위해서는 그 시장이 원하는 가격을 목표로 삼아야 한다. 이 목표는 경영자로 하여금 모든 연구 과정과 생산 노력을 가격에 맞게 조절할 수 있게 한다. 이와 같은 목표 지향적인 계획은 새 아이디어나 기술이 틈새시장을 겨냥해서 값비싼 제품을 내놓을 때 사용하기 적합하다. 이때 비전가는 대량 소비시장의 존재를 확인하고, 그 시장이 원할 만한 가격을 정한 다음 목표 가격에 맞추어 제품을 생산할 수 있는 방향으로 노력을 기울여야 한다. 이번 장에서 이 점에 관련된 몇 가지 예를 살펴볼 것이다.

둘째, 일단 대량 소비시장의 문이 열리면, 원가를 낮출 수 있는 규모의 경제가 가능하다. 원가가 낮으면 낮은 단가라 할지라도 어느 정도 마진을 얻을 수 있다. 그리고 이 마진은 대량 소비시장의 규모에 따라 증가되므로, 규모가 작은 틈새시장의 최고 마진보다 더 많은 수익을 낳는다. 그러나 틈새시장에 치중해왔던 경영자는 이런 사실을 인정하기 싫어하거나 아예 무시할 수 있다. 그러나 이 장에서 살펴볼 구체적인 예들은 대량 소비시장 전략이 틈새시장 전략에 비해 얼마나 수익성이 높은지 보여줄 것이다. 이런 대량 소비시장 전략은 후발주자가 틈새시장에만 매달렸던 시장 개척자를 누르고 시장지배력을 차지하는 데 큰 역할을 하기도 한다.

셋째, 대량 소비시장을 겨냥한 대규모 운영방식은 연구에 많은 노력을 쏟아 붓는 일을 쉽게 지원할 수 있다. 이러한 연구는 곧바로 원가 절감이나 품질 향상을 가져올 수 있고, 이어서 더 많은 소비자를 유인하고 대량 소비시장의 확장을 가능하게 한다. 또한 대량 소비시장 확장은 더 많은 수익을 발생시키므로 연구에 보다 많은 투자를 할 수 있다. 따라서 더 많은 연구, 더 낮은 가격, 시장 확대 그리고 높은 수익으로 이어지는 사이클은 소비자와 회사측에 보다 많은 이익을 안겨준다. 대량 소비시장을 목표로 삼았기 때문에 이런 긍정적인 사이클이 가능한 것이다.

대량 소비시장의 문을 엶으로써 생기는 규모와 수익은 후발주자라 할지라도 작은 세분시장에만 집중하고 있는 개척자의 경험과 기술적 우위를 추월할 수 있게 만든다. 그리고 어느 순간 이 후발주자들이 그동안 개척자들이 매달려온 틈새시장의 욕구까지 충족시키게 된다. 그렇게 되면 개척자는 별 도리 없이 시장에서 밀려날 수밖에 없다. 이제부터 네 가지 시장의 역동적인 발전과정을 통해 이 원리들이 어떻게 적용되는지를 살펴보자.

대량 소비시장의 가능성 펼치기

값싸고 간단히 처리할 수 있는 종이 기저귀의 예를 통해 대량 소비시장 구상이 얼마나 중요한 일인지를 살펴보자. 이 예는 대량 소비시장을 겨냥하면 많은 가능성을 가질 수 있으나, 틈새시장에만 주력해서는 별 소득이 없다는 사실을 잘 보여주고 있다.

1950년대 중반 비누와 세제 시장의 리더였던 P&G는 종이 타월과 티슈 같은 관련 소비재로 투자대상을 분산시켰다. 1957년 이 회사는 지방 제지회사인 차민 밀즈(Charmin Mills)를 인수하면서 종이 기저귀 사업에 관심을 갖기 시작했다. 기저귀 시장에 대해서 조사한 P&G는 소비자들이 천 기저귀에 불만이 많다는 사실을 알았다. 천 기저귀는 잘 새는 데다가 기저귀를 갈 때도 지저분하고, 집이나 가게에서 세탁하기에도 불편하였다. 그러나 그 당시 간단히 버릴 수 있는 종이 기저귀 제품은 많이 나와 있었지만 인기는 좋은 편이 아니었다. P&G가 조사한 바에 의하면 1956년까지 미국 가정의 80퍼센트가 종이 기저귀를 사용한 적은 있지만 천 기저귀에서 종이 기저귀로 바꾼 가정은 고작 1퍼센트에 불과했다. 그 이유는 종이 기저귀의 가격이 개당 8.6센트로 비쌌기 때문이다. 천 기저귀의 세탁비는 1회당 약 3.5센트였고 가정에서 직접 세탁하면 1.5센트의 비용이 들었다. 그래서인지 소비자들은 주로 아기를 동반하고 여행할 때만 종이 기저귀를 사용했다. 실제로『소비자 보고서』도 종이 기저귀를 여행할 때 사용하기 가장 좋은 제품으로 추천했다.

그러나 잡화 분야에서 쌓은 마케팅 경험과 팸퍼스를 위해 초기에 실시한 조사를 통해 P&G는 대량 소비시장의 잠재성을 더 강하게 감지했다. 여행객들만 종이 기저귀를 사용하고 종이 기저귀를 사용하는 가정이 고작 1퍼센트밖에 안 된다면, 대량 소비시장은 그 당시의 시장보다 100배는 더 큰 잠재성을 갖고 있는 셈이었다. 그런데 대량 소비시장의 문을 여는 데 종이 기저귀의 높은 가격이 큰 장애물이 되었다. 그래서 P&G는 대략 6센트의 낮은 가격으로 우수한 종이 기저귀를 생산해서 대량 소비시장을 뚫기로 결심했다. 그러나 그러한 기저귀를 대량생산하는 일은 쉬운 일이 아니었고 목표를 달성하기까지 많은 노력과 헌신 그리고 결단력이 필요했다.

P&G가 기울인 노력에서 목표 가격이 얼마나 중요했는지는 제품 개발 담당자가 가장 잘 설명하고 있다. "우리는 개당 6.2센트라는 목표 소매가에 이르기 위해 제조비용을 3센트로 낮춰야 했습니다. 원료에 드는 비용을 많이 절감해야 했고, 보다 효과적인 제조과정을 개발해야 했습니다. 왜냐하면 3센트에 제품을 만들지 못한다면, 그 사업에서 손을 떼야 했으니까요. 그래서 우리는 엔지니어링 경험보다 낙관주의에 비전을 걸고, 목표대로 개당 3센트에 제품을 만들기 위해 최선을 다했습니다."

P&G가 테스트마켓에 내놓을 만한 제품 디자인을 얻는 데 꼬박 3년이 걸렸다. 그리고 품질을 개선하고 전국 시장에 출시할 정도로 가격을 낮추기까지는 다시 5년이란 세월이 걸렸다. 그동안 회사는 대량 소비시장에 대한 통찰력을 굳게 지켜왔으며, 정기적으로 테스트마켓에서의 반응을 평가해왔다. 그리고 마침내 조사를 시작한 지 10년 만에

개당 3센트짜리의 기저귀를 생산할 수 있는 제조시스템을 마련할 수 있었다. 이로써 P&G는 개당 5.5센트라는 비교적 높은 이윤을 보장하는 가격으로 전국에 제품을 출시했다. 이 가격으로 1966년 전국에 출시된 팸퍼스는 큰 성공을 거두었고, 1973년까지 종이 기저귀 시장에서의 매출은 1천만 달러에서 3억 7천만 달러로 증가했다. 그러니까 P&G가 종이 기저귀로 대량 소비시장에 발을 들여놓은 지 겨우 7년 만에 매출이 37배로 뛴 셈이었다! 팸퍼스에 대한 수요가 이렇게 높다 보니 회사측에서 그 수요를 전부 감당하기 힘들었다. 그 결과 척스의 판매량이 덩달아 상승했다. 척스의 경영진은 자사 제품의 품질이 팸퍼스에 미치지 못하면서 가격은 더 비싸다는 사실을 인정했다. 그들은 팸퍼스의 공급량 부족으로 자사 제품의 판매량이 증가한 것이라는 사실을 알고 있었다.

P&G가 종이 기저귀 시장에 진출할 당시 최고의 종이 기저귀는 J&J의 계열사인 치커피 밀즈의 척스였다. 그런데 왜 J&J는 대량 소비시장을 겨냥하지 않았던 걸까? 여기에는 적어도 네 가지 이유가 있다.

첫째, J&J는 원래 천 기저귀 생산업체였다. 그래서 종이 기저귀 시장의 성장이 천 기저귀 사업의 수익과 판매량을 위협할 수도 있다고 생각했다. 둘째, 부모들이 여행할 때만 종이 기저귀를 사용한다고 생각한 J&J는 종이 기저귀 시장은 한계가 있다고 판단했다. 아마도 이런 판단을 내린 데는 종이 기저귀 시장이 제한적인 이유가 척스의 높은 가격 때문이라는 사실을 미처 깨닫지 못한 탓도 있을 것이다. 셋째, 어쩌면 회사측은 값이 비싼 척스의 마진율이 높다보니 그 가격에 만족했을 수도 있다. 사실 대량 소비시장을 겨냥한 저렴한 종이 기저귀는 그런 높은 마진의 걸림돌로 보였을 수 있다. 넷째, 저렴한 종이 기저귀 자체가 불가능하다고 생각했을 수 있다. 사실 P&G도 대량 소비시장을 공략하기 위해 10년의 노력 끝에 단가를 낮출 수 있는 제조기술을 완성했다. 그러므로 J&J측은 불확실한 미래를 위해 위험을 무릅써 가며, 현재의 매출과 수익을 희생시키거나 필요 이상의 지출을 할 생각이 없었을 수 있다. 1969년 J&J 산하 한 회사의 메모에는 슬프게도 다음과 같은 기록이 남아 있었다. "1964년까지도 J&J와 치커피 밀즈는 그냥 듣기 좋은 말로, 언젠가는 종이 기저귀 사업이 훌륭한 사업이 되겠지 하는 분위기였다. 하지만 그 일은 몇 년 뒤에 실제로 일어났다." P&G는 비전을 가지고 있었지만, J&J는 비전이 없었다.

팸퍼스의 성공을 지켜본 J&J는 동등한 가격과 품질의 종이 기저귀를 생산하기 위해 10년 가량 노력했다. 그러나 P&G의 규모와 열정은 J&J보다 더 빠르게 원가 절감과 품질 향상을 이룰 수 있게 하였다. J&J는 P&G와의 격차를 따라잡아야만 했지만, 그럴 만한 노력을 기울이지 않았다. P&G는 지난 10년 동안 연구에 쏟아 부은 노력과 막대한 투자로 인해, J&J의 재원으로는 극복하기 힘든 기술력을 갖게 되었다. 그 결과 J&J의 척스는 팸퍼스보다 질이 낮은 제품으로 추락했다. 이제는 아이를 데리고 여행을 떠나는 소비자들 역시 팸퍼스보다 척스를 선호할 이유가 없어졌다. 이로써 J&J는 그동안 지켜왔던 틈새시장에 대한 주도권마저 내놓게 되었으며 결국에는 계속되는 손실을 막기 위해 척스를 종이 기저귀 시장에서 철수시켰다. 이후 J&J는 1970년대 소매업체를 상대로 상점 브랜드(개인 상표)의 기저귀를 공급했다. 그리고 존슨(Johnson)이라는 이름으로 새로운 기저귀를 출시하기도 했는데, 그러나 이 브랜드로는 수익을 올리지 못하여 1981년 J&J는 종이 기저귀 시장에서 완전히 철수했다. 결국 이 회사는 35년 동안 앞장서 주도했던 시장을 내주고 말았던 것이다. 하지만 최근에는 부단한 제품 혁신을 통해 탄생한 하기스(Huggies)가 시장점유율에서 팸퍼스를 추월했다. 우리는 다음 장에서 시장지배력을 유지하는 데 부단한 혁신이 얼마나 중요한지 설명할 생각이다.

틈새시장 무용론

종이 기저귀의 예와 마찬가지로 사진술의 초기 역사를 보면 전문 틈새시장보다 대량 소비시장을 겨냥하는 것이 더 유리하다는 것을 보여준다. 게다가 이 사례는 처음부터 대량 소비시장을 목표로 한 제품은 전문 틈새시장의 욕구에 맞는 제품에 비해 품질이 뛰어날 필요가 없음도 알려준다. 품질은 대량 소비시장이 현재 요구하는 수준에 맞추면 된다. 하지만 반드시 가격과 편리함에 있어서는 대량 소비시장의 관심을 끌 수 있는 것이라야 한다. 종이 기저귀의 예에서도 알 수 있듯이, 대량 소비시장의 문을 열 수 있다면 커다란 경제적 효과를 얻을 수 있고 그로 인해 지속적인 품질 향상과 비용 절감이 가능해진다. 처음부터 대량 소비시장을 목표로 한 제품은 비록 품질은 떨어져도, 시간이 지나면 전문가만을 상대하는 좁은 틈새시장을 겨냥한 우수한 기술력의 장점을 능가할 잠재력을 가지고 있다.

사진술은 1839년 프랑스에서 은판 사진기술이 나오면서 시작되었다. 은판 사진술은 구리판을 빛에 민감한 은으로 코팅하고 그 위에 이미지를 만들었다. 이 기술이 미국에 소개되자마자 빠른 인기를 얻었지만 사용범위는 좁았다. 1840년대 중반 전문 사진가들이 이 은판 사진술을 이용해서 중요한 장소나 비싼 사진 촬영비를 지불할 돈 많은 유명 인사들을 찍었다.

1850년대 중반에 이르러 구리판 대신 유리판이 등장했다. 이 유리판은 투명하고 끈적거리는 콜로디온(collodion)이라는 물질로 코팅되어 있었다. 사진을 찍기 전에 사진사는 이 콜로디온판을 질산은 용액으로 다시 코팅했다. 그래야 빛에 노출됐을 때 빛에 민감한 코팅판이 이미지를 포착할 수 있었다. 그러고 나서 이 이미지를 암실에서 현상한 다음, 햇빛에 노출시켜 감광지에 인쇄했다. 이 기술이 바로 습식 콜로디온판 기술(wet collodion plate technology)이다. 이 방법을 통해 얻은 흑백 이미지는 상당히 선명해서 사진 촬영이 유행하기 시작했다. 그러나 이 기술은 시간이 많이 걸렸고 복잡한 데다 광화학 지식을 필요로 했으며 전반적인 과정이 몹시 번거로웠다. 사진사는 커다란 카메라를 들고 다녀야 했고, 콜로디온판을 많이 보유해야 했으며, 암실을 마련하고 많은 화학물질을 준비해야 했다. 이것은 상당히 고된 일이었다. 그런데 사진사는 고객이 있는 곳까지 이동하는 일이 빈번했기 때문에 이러한 기술적 과정은 그들에게 커다란 부담이 되었다. 그 결과 아예 사진 촬영을 직업으로 삼는 전문 사진사가 등장했다.

1870년대 후반 새로 등장한 건식판 사진술(dry-plate photography)은 촬영방법을 크게 향상시켰다. 이 기술은 유리판을 마른 젤라틴 에멀젼으로 코팅해서 사용했다. 그 결과 사용하기 편한 판을 대량 제작할 수 있었고, 비용은 줄이면서 이미지 포착은 훨씬 더 쉬워졌다. 이에 따라 시장이 다소 확대되었으나 이 기술은 아직까지 소수의 전문 직업인과 애호가들 사이에서나 이용됐다. 그 이유는 여전히 무거운 많은 양의 유리판, 사진 현상을 위한 암실, 그리고 많은 화학물질이 필요했기 때문이다. 그러나 직업적인 사진사들이 이 기술을 많이 사용하면서 사진촬영의 표준 방법이 되었다.

이 무렵 조지 이스트먼(George Eastman)이 이 사업에 진출했다. 그는 처음부터 사진촬영 전 과정을 개선시킴으로써 촬영방법을 향상시키는 데 몰두했다. 그는 사진술의 두 가지 주요 특징을 향상시키는 데 중점을 두었다. 즉, 그는 보다 사용이 편리한 유리판 대용품을 만들고 자 노력하였고, 새 매개체를 사용하는 간편한 카메라를 개발하고자 했다. 이스트먼은 당시 인기를 끌고 있던 셀룰로이드에 관심을 갖기 시작했다. 셀룰로이드는 유리처럼 투명했고 사진촬영 때 사용하는 화학물질에 대해서 비활성이면서 유리에 비해 가볍고 깨지지 않았으며, 다루기도 쉬웠다. 1885년 봄 그는 셀룰로이드 필름과 그 필름을 이용해서 사진을 찍을 수 있는 카메라를 발명했다. 그러나 사진의 질은 이미 보급된 건판 기술에 미치질 못해 그의 제품은 전문가들의 선택을 받지 못했다.

실패를 경험한 이스트먼은 목표를 대량 소비시장으로 바꾸었다. 그는 겨우 세 단계—사용자가 필름을 끼우고 셔터를 당기고 버튼만 누르면 사진을 찍을 수 있었다—만 조작해서 쓸 수 있는 아주 간단한 카메라를 발명했다. 이 25달러짜리 코닥 카메라(이스트먼이 지은 브랜드 이름)에는 사진 100장을 찍을 수 있는 필름이 들어 있었다. 사진을 다 찍은 소비자는 우편으로 카메라를 이스트먼의 회사에 보내 사진 현상을 부탁했다. 그러면 회사는 단돈 10달러에 사진 현상은 물론 카메라에 새 필름까지 끼워서 우편으로 돌려보냈다. 이 회사의 광고 문구인 "버튼만 누르세요. 나머지는 저희가 알아서 합니다"는 아마추어 사진사가 뭘 하면 되는지를 일러주었다. 이스트먼의 카메라는 나오자마자 성공했고, 매출은 폭발적으로 증가했다. 그는 간편하고 값이 싼 장치로 사진촬영의 대량 소비시장을 열었다. 이 제품이 성공을 거두자 1892년 이스트먼 회사(Eastman Company)는 회사 이름을 이스트먼 코닥(Eastman Kodak)으로 바꾸었다.

그런데 이상하게도 전문가 시장을 겨냥하여 제품을 생산하는 기존 회사들은 이스트먼 코닥을 경쟁회사로 생각하지 않았다. 이후 10~16년 동안 기존 회사들은 유리판 기술을 많이 향상시켰다. 이 기술은 어느 정도 성공을 거두기는 했지만 코닥 카메라와 필름의 편리함과 가격을 따라잡지는 못했다. 따라서 그들은 본질적으로 대량 소비시장의 성장을 활용할 수 없었다. 그동안 이스트먼 코닥은 계속해서 기술 혁신을 꾀했다. 이 회사는 카메라와 필름 그리고 현상과정을 개선해서 보다 낮은 가격으로 더 나은 화질의 사진을 선사했다. 결국 셀룰로이드 기술이 발전하면서 건식판 기술은 쓸모없는 기술로 전락했다.

이스트먼은 유리판 기술에 있어서 개척자도 전문가도 아니었다. 하지만 그는 끊임없이 노력하는 혁신가로서 사진촬영 및 관련 제품의 질을 향상시키기 위해 전력을 기울였다. 더구나 그는 대량 소비시장을 목표로 삼는 통찰력으로 신기술을 개발했다. 이 신기술은 그 당시의 기술에 비해 품질에서는 우수하지 않았지만 훨씬 간단하고 가격이 쌌으며, 아마추어 사진가들의 호감을 얻기에는 충분한 품질이었다. 이스트먼은 이윤은 적지만 대량생산을 통해 얻은 수입을 연구비로 지원해서 품질 향상과 비용 절감을 이끌어냈다. 이런 식으로 수십 년간 기술 혁신을 추진한 이스트먼은 오래 전부터 전문가 위주의 틈새시장을 지배했던 기술들을 시대에 뒤떨어진 기술로 만들었다.

대량 소비시장에 맞는 가격 구상하기

비디오 녹화기 시장의 초기 역사는 개척자의 전망과 지속적인 리더의 비전 사이의 극명한 대조를 보여준다. 앞서 살펴본 사례들과 마찬가지로 비디오 녹화기 시장 역시 대량 소비시장이 아닌 규모가 작은 틈새시장만을 공략했을 때의 위험을 보여준다. 더구나 이번 사례는 비전의 독특한 특징을 강조하는데, 그것은 기술력 향상을 통해 수십 년 후에나 가능할 아주 낮은 가격을 목표로 삼는다는 것이다.

1956년 앰펙스(Ampex)는 최초의 상업용 비디오 녹화기를 출시했다. 이 회사는 먼저 세 가지의 맞춤제작 제품을 각각 7만 5천 달러에 판매하면서 RCA를 앞지르게 되었다. 그 당시 앰펙스가 자기녹음방식 (magnetic recording technology)을 전문으로 다루는 작은 회사였다면, RCA는 TV 관련 시장을 지배하고 있던 대기업이었다. 네 개의 녹화 헤드를 사용한 앰펙스의 녹화기는 2인치짜리 테이프를 가로로 스캔했다. 이 방식은 높은 녹화 품질을 선보였지만 대량생산을 하기에는 다소 복잡한 기술이었다. 처음에 대량 제작된 제품은 5만 달러에 출시되었는데, 상당히 비싼 가격임에도 불구하고 전문가 시장에서 즉 각적인 인기를 불러모았다. 이때부터 비디오 녹화기 판매량이 급성장 하면서 1960년에 이르면 앰펙스의 총수입은 1956년도 수입의 일곱 배에 달했다. 이 회사는 비디오 녹화기를 비롯해, 사운드 리코더와 데 이터 리코더 같은 사업분야를 통해 발전했다. 그러나 초기 몇 년은 회 사의 성장률이나 수입 측면에서 가장 유망한 사업분야는 아무래도 비 디오 녹화기였다.

그런데 불행하게도 1950년대 중반 앰펙스는 비디오 녹화기나 핵심 사업분야에 주력하는 대신 관련 사업으로의 다각화를 꾀했다. 가정용 오디오 테이프 같은 분야에 뛰어들어, 해당 시장에서 이미 우위를 차 지하고 있는 회사들과 경쟁을 벌였다. 그러나 1961년 이런 사업 다각 화와 경기불황의 여파로 앰펙스는 막대한 손실을 입었다. 더구나 앰 펙스에 새로 취임한 경영자는 자사의 풍부한 잠재력을 간파하지 못했 다. 1962년 그는 비디오를 비롯해 오디오, 계측기, 자기 테이프, 컴퓨터 메모리에 이르는 앰펙스 사업부문 '모두'에서 '활발한 발전'을 꾀하겠다는 비전을 표명했다. 이로써 앰펙스는 자사에 아무런 우선권이 없는 다양한 시장에서 각양각색의 소비자를 잡기 위해 경쟁을 벌였다. 비디오 녹화기 시장에서 앰펙스는 매출과 R&D에서 거의 독점적 위치를 차지하여 경쟁자였던 RCA와 도시바(東芝)를 멀찌감치 뒤에 두게 되었다. 그러나 앰펙스의 경영진들은 비싼 가격에 팔리고 있는 자사의 비디오 녹화기의 구매자를 전문가 시장으로 국한하여 원가를 절감하거나 시장 확대를 위해 아무런 노력도 기울이지 않았다. 사실 앰펙스의 사업 다각화 추진은 비디오 녹화기 판매에 대한 자사의 의존도를 어느 정도 줄여보자는 의도가 깔린 것이었다.

이와는 대조적으로, 자사 제품에 대한 소비자 지향성에 사기가 고취된 소니와 JVC, 그리고 마쓰시타는 국내 소비자로 이뤄진 대량 소비시장의 잠재력을 간파하게 되었다. 이 회사들은 대량 소비시장을 겨냥할 비디오 녹화기를 개발하기 위해 연구에 박차를 가했다. 소니의 경우, 1946년 창업 때부터 일반 소비자 시장에 맞는 혁신적인 전자제품 생산에 주력해왔다. 1950년대 중반 창업자인 이부카 마사루는 자사 기술진에게 국내 시장에 선보일 비디오 녹화기를 개발할 것을 지시했다. 그리고 앰펙스가 비디오 녹화기를 개발한 지 3개월 만에, 키하라 노부토시가 이끄는 소니의 개발팀 역시 녹화기 개발을 끝마쳤다. 그러나 소니의 녹화기는 앰펙스 녹화기와 시스템이 상당히 유사했으며, 키하라의 말을 빌리자면 "배의 닻만큼이나 무거웠다." 그러나 키하라는 이 녹화기의 가격은 2천만 엔(약 5만 5천 달러) 정도는 되어야 하겠지만 그 정도면 큰 수입원이 될 것이라고 생각했다. 그러나 대량 소비시장의 속성을 확실하게 꿰뚫고 있던 이부카는 다음과 같이 주장했다. "우리의 목표는 방송장비가 아닙니다. 우리가 원하는 것은 가정용 비디오 녹화기입니다. 지금과 같은 녹화기를 만들 실력이라면 가정용 녹화기 역시 만들 수 있습니다. 이제부터는 가격대가 200만 엔인 녹화기를 개발하십시오." 그러나 이부카가 지시한 가격대의 제품을 개발해낸 키하라는 그로부터 다음과 같은 말을 들어야 했다. "자, 이제 20만 엔(약 550달러)짜리 제품을 만들어 봅시다." 이번 목표 가격은 소니가 처음 개발한 녹화기 가격의 1퍼센트밖에 안 되는 가격이자, 앰펙스가 최초로 출시한 비디오 녹화기 가격의 1퍼센트에도 못 미치는 가격이기도 했다.

이와 비슷한 방식으로, 1955년 JVC 역시 비디오 녹화기 개발에 착수했다. 이 회사의 상무 이사는 앰펙스의 4헤드 스캐너 방식을 국내 시장에 도입하기에는 너무 복잡하고 비용이 많이 든다는 생각이 들자, 자사 기술진에게 2헤드 스캐너를 연구하도록 지시했다. 이 지시에 따라 비디오 녹화기 개발팀의 팀장인 시라이시 유마는 엔지니어들에게 몇 가지 지침을 전달했는데, 그것은 테이프가 적게 들면서 화질은 고화질, 가격은 500달러인 제품을 개발하라는 것이다. 이런 엄정한 지시를 충족하기란 매우 힘든 일이었다. 사실 각 회사들은 각자의 목적을 달성하기 위해 20년간을 연구에 매달려야 했다. 하지만 그들의 연구 지침은 대량 소비시장의 기호에 부합하는 것으로, 1980년 각 회사의 제품들은 대량 소비시장에서 호황을 누림으로써 막대한 보상을 안겨주었다.(그림 4-1)

그렇다고 해서 앰펙스가 순순히 시장에서 물러난 것은 아니었다. 1950년대 이 회사는 앞서 말한 경쟁업체에는 아예 라이선스를 내주지 않거나 내주더라도 많은 제한을 두었다. 그래서 1960년대 초까지, 소니와 JVC는 앰펙스가 보유하고 있는 특허권을 피해 비디오 녹화기를 개발해야 했다. 하지만 그때까지만 해도 기술적으로 앰펙스가 경쟁회

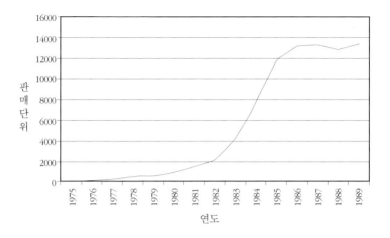

〈그림 4-1〉 미국에서 VCR 판매 도약기와 성장

사들을 앞서고 있었다. 1960년대 앰펙스는 간헐적으로나마 일반 소비
자 시장을 겨냥한 제품을 고안하기도 했다. 그러나 그런 제품들은 가
격이 너무 비쌌거나 일반 소비자의 관심을 불러모을 만한 특징이 부
족했다. 일반 소비자 시장을 겨냥했던 앰펙스 제품 중 최고의 격찬을
받은 시제품은 건전지로 작동하는 비디오 녹화기와 카메라인 인스타
비디오(Instavideo)였다. 이 모델은 앰펙스가 1970년대 초, 자국 시장
에서 두각을 보이고 있던 소니와 마쓰시타를 추월할 의도로 개발되었
다. 그러나 불행하게도 앰펙스의 CEO는 자사가 이 제품을 대량으로
생산할 능력이 없다고 판단, 일본 내 앰펙스-도시바 합작회사에 생산
을 맡겼다. 그러나 이 합작회사는 이 제품을 출시하는 데 실패했다. 그
결과 이미 다른 사업분야에서도 큰 손실을 겪고 있던 앰펙스로서는 인
스타비디오 프로젝트를 사장시킨 채 해당 시장에서 철수해야 했다.

앰펙스는 비디오 녹화기 시장의 개척자인 동시에 이 시장에 많은 기
여를 했다. 이 회사는 유능하고 숙련된 기술진들을 많이 보유하고 있

었고, 녹화기에 관련된 초기의 모든 특허를 취득하였다. 거기다 이 회사의 제품은 수년간 녹화기 시장의 최고 자리를 지켰으며, 전문가로 이루어진 확실한 구매자층도 확보하고 있었다. 그러나 앰펙스는 성공한 회사가 갖추어야 할 중요한 특성 한 가지를 놓치고 말았는데, 그것은 바로 대량 소비시장이 실현되기까지의 노력을 뒷받침하는 비전이었다. 결과적으로 앰펙스는 자사의 우수한 기술을 활용하여 가장 유망한 분야였던 가정용 비디오 녹화기 시장을 공략하는 데 실패했다.

이와는 반대로, 소니와 JVC, 그리고 마쓰시타는 대량 소비시장에 대해서 확고한 통찰력을 보였다. 이 회사들은 대량 소비시장을 공략하기 좋은 가격대를 찾는 동시에, 4헤드 기술 대신 2헤드 기술 개발에 주력했다. 비록 2헤드 기술은 앰펙스의 4헤드 기술만큼 좋은 화질을 선사하진 않았지만 제작과정이 단순했으며 제조비용도 덜 들었다. 각 회사는 그럴 듯한 품질의 제품을 목표 가격대에 출시하기 위해 모든 노력을 총동원했다. 이윽고 1970년대 중반 소니가 상당히 편리한 베타맥스(Betamax)를 적정한 가격에 출시하면서 그동안의 노력이 성과를 거두게 되었다. 이후 VCR의 연이은 성공과 급성장으로 인해 이들 회사들은 전자산업 부문의 지배적인 위치에 오르게 되었다. 1970년부터 이후 15년간 각 회사의 비디오 매출액을 보면, JVC는 200만 달러에서 20억 달러로, 마쓰시타는 600만 달러에서 30억 달러로, 소니는 1,700만 달러에서 약 20억 달러로 증가했다. 이와는 대조적으로 앰펙스의 총매출액은 2억 9,600만 달러에서 4억 8천만 달러밖에 상승하지 못했다.(그림 4-2)

일반 소비자 시장에서 축적한 경험과 경제성으로 소니는 앰펙스가 초창기부터 주도권을 쥐고 있던 전문가 시장에까지 진출해서 그를 능가하게 되었다.

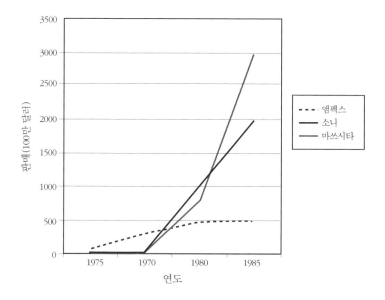

〈그림 4-2〉 주요 제조업자의 비디오 판매 신장

판매(100만 달러)

3500

3000

2500

2000

1500

1000

500

0

1975 1970 1980 1985

연도

········ 앰펙스
───── 소니
───── 마쓰시타

대량 소비시장의 경제성 활용하기

  마이크로프로세서의 예를 살펴보면 대량 소비시장을 좌우하는 중요 원동력이 무엇인가를 알 수 있다. 대량 소비시장에서는 아무리 마진이 작더라도, 원가 절감과 품질 향상, 시장 확대에 투자할 만큼 큰 수익이 발생한다. 이런 원동력을 잘만 이용한다면, 경쟁회사보다 한발 앞서 막대한 이익을 올리는 동시에 해당 시장의 리더십까지 획득할 수 있다.

  마이크로프로세서는 20세기 가장 중요한 기술 혁신 중 하나이다. 이 기계는 퍼스널 컴퓨터의 두뇌이자 중앙처리장치(CPU)로서, 컴퓨터가 대량 소비시장에 진출하는 데 큰 역할을 담당하고 있다. 또한 이 제품은 계산기나 개인휴대정보단말기(PDA), 범세계적 위치결정 시스템(GPS)과 같이, 현재 우리가 사용하고 있는 '고성능' 기계에서도 중요한 역할을 하고 있다. 마이크로프로세서는 그 기능이나 비용을 보자면 기적에 가까웠다. 1초에 수백만 가지의 연산을 수행하는 이 기계는 비교적 저렴한 비용으로도 대량생산이 가능했다. 마이크로프로세서의 성능은 기계를 이용해 한 개의 칩에 무수히 배열한 트랜지스터의 집적도를 기반으로 한다. 마이크로프로세서는 트랜지스터의 배열에 의해 전기의 흐름이 차단되거나 연결되는데, 그럼으로써 정보를 2진수 형태로 저장하거나 처리할 수 있다.

인텔은 로버트 노이스(Robert Noyce)와 고든 무어(Gordon Moore)가 회사를 세운 지 겨우 3년 만인 1971년, 마이크로프로세서를 개발했다. 인텔은 컴퓨터 대기업인 IBM이나 페어차일드 세미컨덕터(Fair-child Semiconductor)와 같은 반도체 대기업의 그늘에 가려 있는 작은 회사였다. 그런데 다른 회사들이 마이크로프로세서의 시장 가능성을 애써 무시하고 있을 때, 인텔이 마이크로프로세서 혁명의 선봉에 나선 이유는 무엇일까? 그것은 인텔이 가지고 있던 대량 소비시장에 대해 남다른 비전 때문이었다.

1960년대 말 컴퓨터 사업분야에서 우위를 차지하고 있던 IBM은 막대한 수입과 많은 수의 유능한 연구요원, 거기다 넓은 연구시설까지 갖춘 회사로서 마이크로컴퓨터나 마이크로프로세서를 생산하기에 가장 유리한 조건을 가지고 있었다. 그러나 IBM은 소수의 기업체들이 필요로 하는 높은 마진의 값비싼 대형컴퓨터를 집중적으로 생산했다. 그래서 대량 소비시장에 적합한 값이 싼 마이크로컴퓨터나 마이크로프로세서 생산은 이 회사가 가장 싫어하는 일이었다. 그런 제품은 자사의 큰 돈벌이가 되고 있는 대형컴퓨터의 수익과 판매량을 감소시킬 가능성이 있었기 때문이었다.

1960년대 페어차일드 세미컨덕터 역시 마이크로프로세서를 생산하기 좋은 조건을 가지고 있었다. 이 회사는 반도체 부문의 선두업체로서 노이스와 무어를 비롯해 전자업계의 최고 인재들을 거느리고 있었다. 맨 처음 쇼클리 세미컨덕터(Shockley Semiconductor)에서 일했던 노이스와 무어는 회사 오너인 윌리엄 쇼클리(William Shockley)의 권위주의와 비전 부족에 실망하고 회사를 나왔다. 그후 이들은 페어차일드 카메라 앤 인스트루멘테이션 컴퍼니(Fairchild Camera and Instru-mentation Company)에 합류, 페어차일드 세미컨덕터 사업부를 출범시켰다. 처음부터 더 큰 시장을 염두에 둔 노이스와 무어는 반도체 생산에 주력했다. 그 당시 반도체는 전자제품의 부속품으로 사용되고 있었다.

대량생산으로 얻은 경험과 연구를 통해 노이스와 무어는 단 한 개의 실리콘 칩에 보다 많은 트랜지스터를 집적시킨 반도체를 만들 수 있다는 사실을 알아냈다. 이런 식으로 집적된 칩은 더 싸고 기능도 더 나은데다 품질도 좋았다. 이 칩은 그 자체로 더 큰 수요량과 용량을 발생시켰다. 그리고 용량이 커질수록 경험과 수익이 쌓였고, 이것은 더 많은 트랜지스터를 집적시킬 수 있는 연구로 이어졌다. 이 두 사람이 용량을 강조하자 원가 절감과 더 많은 기능, 품질 향상이라는 긍정적인 사이클이 형성되면서 용량과 수익도 늘어났다. 이로써 1957년 페어차일드 세미컨덕터가 만들어진 지 채 10년이 안 되어 노이스는 이 사업부를 모회사에서 가장 수익률이 높은 부서로 성장시켰다. 성공의 열쇠는 대량 소비시장에 맞게 보다 효율적인 칩을 대량생산한 것이다.

그러나 이런 성공을 고마워하기는커녕 반도체 생산의 원동력조차 이해하지 못한 경영진들은 반도체에서 얻은 수익을 해당 사업부에 재투자하기를 꺼려했다. 특히 1967년 노이스가 대형컴퓨터의 메모리 저장에 사용되는 대형 자기 코어를 대신할 수 있는, 실리콘 기반의 소형 반도체 칩을 생산하기 위해서 사업을 확장하고 싶어하자 그의 상관은 새로운 분야에 투자를 거부했다. 이로 인해 실의에 빠진 노이스와 무어, 그리고 페어차일드 세미컨덕터의 일부 엔지니어들은 1968년 그들의 손으로 세운 반도체 사업부를 나와 인텔 사(Intel Corporation)를 세웠다.

노이스와 무어는 인텔을 세우면서 실리콘 기반의 반도체 기술을 이용해서 메모리 제품 생산에 주력하기로 결심했다. 그 당시 메모리 제품의 표준 기술로는 자기 코어 기술이 전부였으므로, 그 기술을 탈피하려는 인텔의 새 접근법은 대담하면서 위험부담이 있었다. 왜냐하면 초기에는 반도체 메모리가 자기 코어 메모리보다 100배는 더 비쌌기 때문이다. 그러나 노이스와 무어는 언젠가는 소비자들이 자기 코어 메모리보다 작은 크기, 월등한 성능, 적은 에너지 소모량을 장점으로 구비한 반도체 메모리를 선호하리라고 굳게 믿었다. 무엇보다 이 두 사람은 신기술로 축적된 경험을 통해 꾸준한 비용 절감을 촉진하고 싶어했다(그림 4-3을 보면, 인텔의 제조단가가 급격하게 떨어지는 것을 볼 수 있다). 인텔이 설립된 첫해 회사 매출은 겨우 2,672달러에 불과했다. 그러나 회사의 주인인 노이스와 무어는 근시안적인 경영진의 방해 없이 거리낌없이 자신들의 비전을 추진할 수 있었다. 이들은 먼저 수동으로 메모리를 저장할 수 있는 칩(인텔 1103)을 만들었다. 그리고 연이어 더 우수한 칩들을 출시하면서 1971년에는 매출액이 943만 달러가 되었다.

1969년 일본 회사 부시콤(Busicom)은 대형컴퓨터처럼 많은 연산을

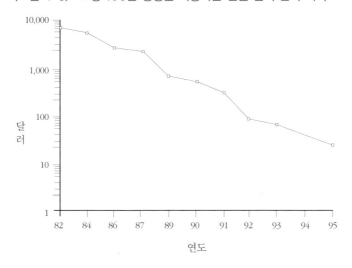

〈그림 4-3〉 초당 100만 명령을 작동하는 인텔 칩의 단가 하락

수행할 수 있는 포켓용 계산기를 개발하기로 했다. 그래서 부시콤은 인텔측에 각각의 칩들이 계산기 고유의 다양한 연산을 담당할 수 있도록 최소한 열두 개 정도의 특수 칩을 주문했다. 그 당시 이런 식의 맞춤 제작은 흔한 일이긴 했지만 이 경우 부시콤이 개발하는 계산기가 복잡한 관계로 칩을 열두 개나 제작해야 했다. 부시콤은 먼저 개발비 명목으로 인텔측에 6만 달러를 지불했고, 이 일은 인텔의 엔지니어인 테드 호프(Ted Hoff)가 맡았다. 호프는 부시콤이라는 작은 회사 때문에 특수 칩을 그렇게 많이 개발하는 것은 비용만 많이 들지 정작 그 쓰임새는 제한적이며, 인텔의 프로그램 능력을 초과한다고 생각했다. 더구나 인텔의 사장인 무어 역시 특정 회사를 위한 맞춤 제작을 좋아하지 않았다. 그는 많은 회사들이 찾을 수 있는 일반 제품을 대량으로 생산하고 싶었지만, 인텔은 부시콤 같은 고객을 물리치기에는 아직 작은 회사였다.

그래서 호프는 먼저 효율성을 높이기 위해 부시콤의 도안을 간소화할 것을 제안했다. 그러나 이미 예비작업을 진행한 부시콤의 엔지니어들은 호프의 제안을 거절했다. 그들은 한결같이 "그만둬요. 우리 일에 끼어 들지 말란 말이오. 우리 일은 우리가 알아서 할 것이오."라고 응수했다. 그러나 대량 소비시장을 염두에 두고 있던 노이스는 호프에게 원래 아이디어대로 일을 진행하게 했다. 따라서 호프는 자기 아이디어대로 비전이 있는 해결책을 제시했다. 그는 논리 연산을 담당하는 단 한 개의 일반 칩과 이 칩에 지시를 내리는 프로그램이 담긴 판독 전용 메모리 칩을 만들자고 제안했다. 그리고 거기에 임의 접근 메모리와 출력 기능을 담당할 칩 두 개를 추가하면 총 네 개의 칩으로도 부시콤이 적어도 열두 개의 칩이 필요할 거라 생각해오던 기능을 충분히 수행할 수 있었다. 호프의 고안은 간편하기도 했지만, 무엇보다 이 정도의 일반 칩이라면 다른 프로그램과도 어울려 다양한 제품과 고객의 기호를 맞출 수 있다는 이점이 있었다. 따라서 이 고안은 대량 소비시장의 문을 두드릴 만한 잠재성이 충분했다. 호프는 부시콤의 엔지니어들에게 자신의 계획을 제시했다. 그러나 그들은 또 한 번 그의 제안을 거절했다. 호프는 그 당시 일본 엔지니어들에 대해서 다음과 같이 말했다. 그 사람들은 "계획을 바꾸는 일에 심한 거부감을 보였습니다. 저도 그 심정을 이해 못하는 건 아닙니다. 그들은 이미 코딩 작업을 상당 부분 끝마친 상태였으니까요……." 하지만 노이스는 호프에게 그의 생각대로 칩을 개발하라고 권했다. 결국 피할 수 없는 상황에 이르러 호프의 팀과 부시콤의 엔지니어들은 부시콤의 부장 앞에서 프레젠테이션으로 경쟁을 펼쳤다. 호프는 부시콤이 자신의 제안을 채택한다면, 판독 전용 기억장치나 프로그램 칩만을 바꿔주면 다른 복잡한 제품에도 응용할 수 있다고 주장했다. 호프가 주장한 방식은 상당히 간편한 데다 신제품 개발비용도 절감할 수 있었다. 결국 부시콤은 호프의 제안을 채택했다. 그러나 호프의 제안에 대한 부시콤의 거부감이 얼마나 강했던지 호프는 그 결정에 대해서 다음과 같이 말했다. "나는 늘 우리가 일본인을 설득해서 이번 계획을 추진한 것만으로도 큰 성공이었다고 생각했습니다."

페데리코 파긴(Federico Faggin)이라는 유능한 인재를 포함한 인텔의 엔지니어팀은 호프의 고안대로 일을 추진했다. 그들은 부시콤이 제시한 마감일을 맞추기 위해 전력을 다했고 9개월 만에 그 계획을 완성했다. 그들이 완성한 논리 기능 칩은 단 한 개의 일반 칩에 모든 처리장치가 들어갔는데, 이로써 인텔 4004가 탄생하게 되었다. 인텔은 그들의 칩이 한 개로 이루어진 소형컴퓨터라는 뜻으로 마이크로프로세서라 명명했다. 호프는 마이크로프로세서의 설계에 대해 다음과 같이 말했다. "마이크로프로세서의 중요 비결은……바로 구성입니다. 건축 개념을 따르자면 단 한 개의 칩 안에 다용도 컴퓨터를 지은 셈이죠."

계산기 시장이 경쟁으로 과열되자 부시콤은 그런 시장에서 경쟁력을 갖기 위해 인텔측에 칩의 가격을 인하해줄 것을 요구했다. 마침 그 무렵 마이크로프로세서의 잠재성을 알아차린 파긴과 호프를 비롯한 인텔의 기술진들은 이 제품의 소유권을 되찾기 위해 로비를 펼치고 있었다. 그들은 부시콤이 원하는 대로 가격을 인하해주는 대신 마이크로프로세서의 소유권을 되찾으라고 사장인 노이스에게 압력을 가했다. 원래 계약대로라면 아무리 인텔이 설계했을지라도 소유권은 부시콤에게 있었다. 결국 인텔은 맨 처음 부시콤에게 받은 투자금 6만 달러를 돌려주고, 가격 역시 인하해주겠다는 제안을 내놓았다. 부시콤은 그 제안을 받아들였고, 인텔은 당분간 부시콤의 경쟁회사가 아닌 회사에만 판매하지만 나중에는 모든 회사에 팔 수 있는 권리를 얻었다. 이로써 부시콤은 자사의 주문으로 인해 탄생한 제품의 가치를 꿰뚫어보지 못하고, 장차 최고의 수익을 창출하게 될 기술에 대한 소유권을 단돈 6만 달러와 가격 인하라는 조건 때문에 포기하고 말았다.

한편, 인텔의 마케팅부는 마이크로프로세서의 시장 출시를 반대했다. 이 부서는 호프에게 인텔이 뒤늦게 컴퓨터 산업에 진출했음을 상기시켰다. 그 당시 마이크로프로세서가 필요한 제품은 마이크로컴퓨터 정도로 예상 판매량은 고작 2만 개에 불과했다. 컴퓨터 시장의 10퍼센트를 차지한다 해도, 마이크로프로세서의 매출은 너무 적었다. 더구나 개당 50달러에서 100달러의 가격으로는 제조비용도 감당하기 힘들었다. 그러나 마케팅부는 마이크로프로세서가 판매될 때마다 그것을 지원하는 두 개의 메모리 칩에 대한 수요 역시 발생할 것이라는 주장에는 수긍했다. 그래서 마케팅 팀장은 다음과 같은 말로 마이크로프로세서에 대한 종전의 입장을 철회했다. "처음에 우리는 마이크로프로세서를 보다 많은 메모리 칩을 팔 수 있는 수단으로 생각했습니다. 그런 취지에서 우리는 투자를 감행했죠."

엔지니어들도 메모리 사업에만 애착을 보였지 마이크로프로세서의 잠재성을 간파하진 못했다. 그래서 그들은 이번 일로 회사가 생계수단인 메모리 칩 분야와 멀어지는 것을 염려했으므로, 인텔이 사업방향을 마이크로프로세서 분야로 전환하는 데는 노이스와 무어의 확실한 지도력이 요청되었다. 마침내 그 두 사람의 지원에 힘입어, 인텔은 "칩 하나로 마이크로프로그램이 가능한 컴퓨터로 여러분께 완벽한 전자공학의 시대를 알립니다."라는 광고로 마이크로프로세서를 출시하였다. 고든 무어는 대담하게도 마이크로프로세서를 일컬어 "인류 역사상 가장 혁명적인 제품 중 하나"라고 말함으로써 선견지명을 보였다.

인텔 4004의 출현으로 저렴한 디지털 시계와 계산기의 생산과 판매가 가능해졌다. 4004는 관련 제품의 인기와 더불어 큰 성공을 거두었다. 1973년까지 인텔의 매출은 6,600만 달러에 이르렀으며 이 회사의 시가총액은 7,900만 달러로 급등했다. 이처럼 빠르게 발전하는 마이크로프로세서 시장에서 우위를 지키기 위해, 노이스와 무어는 인텔이 계속해서 마이크로프로세서를 연구하도록 지원을 아끼지 않았다. 그 결과 인텔은 8008, 8080, 8088, 그리고 8086과 같은 보다 우수한 칩을 연속해서 출시할 수 있었다. 그리고 IBM이 자사의 PC에 어울리는 마이크로프로세서가 필요했을 때, 인텔의 혁신성과 경쟁력을 감안해 인텔의 8088을 선택했다. 이 PC와 그것을 본뜬 PC들이 큰 성공을 거두자 모두들 인텔의 칩을 선택했고, 이로써 인텔은 해당 시장의 초기 지배자가 되었다.

그러나 텍사스 인스트루먼츠(Texas Instruments), 모토롤라(Motorola), 자일로그(Zilog), 그리고 AMD와 같은 많은 경쟁회사들이 속속 마이크로프로세서 시장에 진입하면서 치열한 경쟁과 급격한 기술 변화를 주도하기 시작했다. 이런 환경에서 시장지배력을 지키려면 부단한 혁신이 요구됐다. 뒤에 나올 장에서 우리는 인텔이 직면하게 되는 문제점들과, 어떤 대처방식으로 경쟁회사들을 물리치고 대기업으로 성장하게 되었는지를 살펴보도록 하자. 어쨌든 2000년 후반이 되면, 인텔의 자본금은 2,200억 달러에 이르는데, 이는 자본금이 1,650억 달러의 자본금을 가진 IBM보다 훨씬 많은 것이며, 페어차일드 세미컨덕터의 자본금 25억 달러를 상당히 왜소하게 만드는 액수이다.(그림 4-4)

인텔의 성공 비결은 몇몇 사람의 비전이었다. 이 비전으로 인해 인텔은 틈새시장을 겨냥한 특수 칩보다는 대량 소비시장을 겨냥한 일반

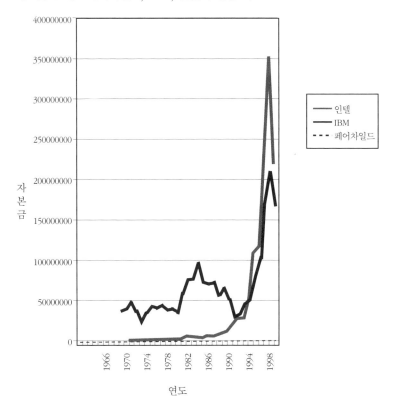

〈그림 4-4〉 페어차일드, IBM, 인텔의 성장 비교

인텔
IBM
페어차일드

자본금

연도

칩을 개발했고, 초기의 미비한 실적에도 불구하고 마이크로프로세서 시장의 가능성을 예견했으며, 4004에 대한 모든 권리를 재빨리 되사들일 수 있었다. 이와는 반대로 인텔보다 더 좋은 조건에 있던 많은 회사들 가운데 IBM과 특히 페어차일드의 경우 비전이 없었기 때문에 큰 기회를 놓치고 말았다.

대량 소비시장의 문을 여는 가격과 품질

앞서 살핀 네 가지 사례를 보면 특별한 틈새시장보다는 대량 소비시장을 목표로 할 때보다 많은 이익을 얻는 것을 볼 수 있었다. 또한 이들 사례는 대량 소비시장이 발전하게 되는 강력한 원동력을 보여준다. 특히 초기 성공을 위한 원동력을 지속시키기 위해서 분명한 비전이 얼마나 중요한 역할을 하는지 알게 해준다.

이런 사례가 공통적으로 보여주는 것은 대량 소비시장의 욕구를 충족시킬 만한 낮은 가격이 중요하다는 점이다. 일회용 기저귀는 팸퍼스가 나타나기 수십 년 전에도 구할 수 있었지만, 팸퍼스가 가정에서의 세탁비 및 기저귀 대여비와 경쟁될 만큼 가격을 떨어뜨렸을 때 큰 판매 성공을 거두었다. 코닥의 카메라는 단돈 25달러에 10달러만 보태면 사진을 100장까지 현상해주면서 히트를 쳤다. 이 가격은 이전에 사진을 찍을 때 필요했던 화학물질과 감광판, 그리고 사진장비 마련에 드는 비용을 크게 절약할 수 있는 금액이었다. 비디오 녹화기는 한 대당 1천 달러 이하로 가격이 떨어지고, 테이프의 외관이 간단해지면서 대량 소비시장의 관심을 받았다. 마지막으로 마이크로프로세서는 전자제품의 소형화뿐만 아니라 가격에서도 혁명을 일으켰다. 다음 장을 보면 알겠지만, 인텔 마이크로프로세서는 알테어, 탠디 TRS 80(Tandy TRS 80)와 그외 퍼스널 컴퓨터의 생산비용을 600달러 이하로 떨어뜨렸다. 그 당시 일부 대형컴퓨터와 소형컴퓨터의 가격은 그보다 수백 배는 비쌌다. 이런 이유로 가격 인하는 해당 제품의 대량 소비시장의 문을 여는 데 큰 역할을 했다.

낮은 가격을 목표로 할 때, 회사 경영진들은 먼저 그 가격에 맞추어 제품을 제작할 수 있는 기술을 찾아내고 개발해야만 한다. P&G는 한 개당 3센트에 기저귀를 생산할 수 있는 제작 시스템을 개발하기 위해 노력하였다. 소니와 JVC의 노력은 소매가로 한 대당 500달러짜리 비디오 녹화기를 생산하는 데 모아졌다. 따라서 생산 시스템을 움직이는 것은 그 무엇도 아닌 바로 대량 소비시장에 대한 비전이라 할 수 있다. 아마도 이와 관련된 가장 유명한 사례로는 포드가 자동차산업에 한 기여를 들 수 있다. 포드가 발명한 조립 라인은 가장 유명한 기술 혁신 중의 하나인데 그 이유는 이 발명으로 인해 자동차의 가격을 500달러 이하로 낮추게 되면서, 자동차 대량 소비시장의 문이 열렸기 때문이다. 많은 사람들은 이 장비가 포드의 가격 인하 전략의 원동력이라고 생각하지만 사실은 그 반대이다. 테오도르 레비트는 「근시안적인 마케팅」이라는 기사에서 다음과 같이 멋지게 묘사하고 있다. "포드의 진정한 천재성은 마케팅이라 할 수 있다……. 그는 조립 라인을 발명했는데, 그 이유는 자동차 한 대 가격이 500달러 이하로 떨어지면 자동차 수십만 대를 팔 수 있다는 결론을 얻었기 때문이다. 대량생산은 그가 가격을 내렸기 때문에 생긴 결과이지, 낮은 가격이 대량생산을 가져온 것은 아니다."

낮은 가격을 목표로 삼는 것은 새로운 시장 진출자에게는 아주 중요한 문제이다. 왜냐하면 그들은 가끔 두 가지 기술 중 하나를 선택해야 하는 기로에 서기 때문이다. 그들은 품질이 좋고 가격도 비싼 제품을 만들 수 있는 우수한 기술보다는, 품질은 다소 떨어질망정 아주 낮은 가격을 책정할 수 있는 기술을 선택할 수 있다. 일반적으로 이미 시장에 진출해 있는 회사의 경우, 비용이 많이 드는 기술을 선택해서 규모가 작은 틈새시장을 공략한다. 그러나 앞의 사례들을 살펴보면, 가격은 싸지만 품질 면에서 어느 정도 대량 소비시장의 욕구를 충족시키는 제품들이 빠른 성공을 거두었음을 알 수 있다.

코닥 카메라가 처음 출시되었을 때 유리판 기술에서 얻어진 사진보다 화질은 떨어졌다. 하지만 소비자들은 코닥 카메라의 저렴한 가격과 편리함을 거부할 수 없었다. 또 마이크로프로세서를 기반으로 하는 퍼스널 컴퓨터도 처음에는 대형컴퓨터나 소형컴퓨터에 비해 속도가 너무 느린 데다 별 다른 특징도 없어 보였다. 하지만 이 컴퓨터의 낮은 가격과 편리함이 너무 막강하다보니 빠른 시일 안에 인기를 얻게 되었다. 2헤드 기술을 기반으로 하는 가정용 비디오 녹화기 역시 처음에는 4헤드 기술을 이용한 전문가용 비디오 녹화기에 비해 화질이 떨어졌다. 하시만 낮은 가격과 작은 사이즈, 편리함이 소비자의 큰 관심을 끄는 요인이 되었다. 이 모든 사례를 보면 신기술의 적용으로 가능해진 실질적인 가격 인하가 대량 소비시장을 겨냥한 제품 생산을 시작하게 하는 중요한 요인임을 알 수 있다.

회사가 일단 대량 소비시장을 목표로 제품을 팔고자 한다면, 운영 규모는 여러 가지 요인에 의해 상당히 커진다. 그리고 이런 막대한 운영 규모로 인해 회사는 원료 구입 및 제품 제작, 마케팅에서도 큰 경제적 이득을 누리며 큰 수익을 올리게 된다. 또 가격 인하로 인한 수익 증가를 통해 회사는 신제품의 품질 향상과 가격 인하를 목표로 계속해서 제품 연구를 지원하게 된다. 이런 과정은 대량 소비시장의 범위를 좀더 확대하면서 회사와 소비자에게도 이로운 긍정적인 사이클을 형성한다. 그리고 시간이 지날수록 품질 역시 크게 향상되어, 틈새시장의 욕구를 만족시켰던 우수한 품질을 따라잡거나 능가하는 제품을 출시할 수 있다. 그 결과 틈새시장에만 충실했던 회사들은 신기술을 이용해서 대량 소비시장을 공략했던 회사들에게 밀려 퇴출될 위험에 처한다.

제4단계: 대량 소비 시장 공략

- 대량 소비시장에 대한 비전은 해당 제품이 그 시장의 관심을 끌 만한 가격대를 목표로 삼는다.
- 개척자와 초기 시장 진입자들은 높은 가격의 고품질 제품으로 틈새시장의 기호에 따르는 편이다.
- 대량 소비시장의 규모는 그런 틈새시장에 비해 수천 배는 크다.
- 대량 소비시장에 충실하다보면 낮은 단가와 작은 마진의 규모 경제가 이뤄진다. 그러나 그 규모가 커질수록 아무리 작은 마진이라도 막대한 수익을 낳게 된다.
- 회사는 품질 향상과 비용 절감을 위해 수익의 일부를 제품 연구에 재투자할 수 있다. 이런 전환은 대량 소비시장을 확대하고 가격을 더 낮추며 더 큰 수익을 발생시킨다. 이와 같은 긍정적인 사이클은 이를 잘 활용하는 회사에게 계속해서 유리하게 작용한다.
- 이 긍정적인 사이클로 인해 대량 소비시장을 공략하는 후발주자가 틈새시장에만 매달렸던 개척자를 능가하는 경우가 발생한다. 결국 개척자들이 주력했던 틈새시장마저도 이런 후발주자가 차지하게 된다.

제5장

비전이 갖고 있는 특별한 가치

맥도날드와 질레트, 그리고 페더럴 익스프레스에 대해서 생각해 보자. 현재 알려진 바와는 달리 이들 회사들은 해당 시장의 개척자들이 아니다. 이들은 이미 존재했던 시장에 진입한 회사들이다. 이들 중 적어도 두 회사는 성공 가능성이 없었는데도 살아남았고 현재는 대기업이 되었다. 이 회사들의 발자취를 뒤쫓던 우리들은 그들이 독특한 비전에 뿌리를 두고 있다는 사실을 알았다. 이러한 비전은 이 회사들을 경쟁회사와 구별시켜주고, 그 회사만의 고유한 문화를 만들어주고 영속적인 성공의 토대가 된다.

그렇다면 과연 비전이란 무엇인가? 비전의 확실한 요소는 앞장에서 언급한 대로 대량 소비시장의 욕구에 중점을 둔다는 것이다. 하지만 비전에는 대량 소비시장을 공략할 만한 새로운 아이디어가 포함된다. 맥도날드의 경우, 바쁜 사람들을 위해 깨끗한 분위기와 저렴한 가격의 패스트푸드를 선보였다. 질레트는 간편하고 안전하게 면도할 수 있게 일회용 면도날을 선보였다. 그리고 페더럴 익스프레스는 긴급수송을 원하는 소비자에게 빠르고 믿을 만한 배달을 제공했다. 이런 아이디어들은 가끔 역설적인 특징을 갖는다. 지금 보기에는 너무 단순하고 분명해 보이지만, 처음 제시되었을 당시에는 실현 불가능하고 급진적이며 어리석은 생각으로 보였다.

오늘날 이 아이디어들은 상당히 단순하고 직관적인 것처럼 보이는데, 그 이유는 비전가들이 자신의 아이디어대로 일을 추진하고 발전시켜서 사업을 크게 성공시킨 다음에 우리가 시장을 관측하기 때문이다. 일을 추진하면서 비전가는 시장을 공략할 수 있는 자신의 논리를 구체화하고 옛날 방식들을 버린다. 현재의 시점에서 보면 명쾌하고 설득력 있는 논리이다. 오늘날 트럭과 비행기 같은 전용수송수단을 이용해, 약속한 시간 안에 물건을 배달하는 프레드릭 스미스(Fredrick Smith)의 속달 우편(express mail) 아이디어가 얼마나 가치가 있는지는 긴 말이 필요 없다. 하지만 이 아이디어가 처음 세상에 나왔을 때만 해도 다른 회사들의 관행과 인식에 어긋나는 것이었다. 당시 대부분의 회사들은 이 아이디어를 믿지 않았고 실행 가능성을 의심했으며, 가치에 대해서도 냉소를 보냈다. 이것은 킹 질레트와 프레드릭 스미스가 각각 면도기와 우편시장을 공략할 만한 아이디어를 처음 내놓았을 때 받았던 반응인데 우리는 이로 인해 이들의 아이디어를 비전이라 부르며, 이런 비전을 제시한 사람들을 비전가들이라고 부른다.

이런 비전이 처음 제시되었을 당시 많은 회사들이 그것을 거부하는 이유는 그들이 완전히 다른 세계관에서 일하기 때문이다. 그들은 그 세계관에 따라 인식과 경험을 쌓았다. 그리고 그들이 보고 경험한 일들은 그 세계관을 더욱 공고하게 만들었다. 그런데 비전가는 아웃사이더이거나 다른 시각을 가지고 무대에 등장한 이들이다. 그들은 시장을 관측해보고 다른 결론을 내린다. 그리고 이 결론에 의해 세상에 대한 새로운 의견을 내놓는데, 소비자들이 직면한 문제점에 대해 다른 해결책을 제시한다. 그러나 그 당시의 시장은 이 해결책을 이전의 방식과는 다른 급진적인 방법으로, 입증되지도 중요하지도 않는 데다 어쩌면 실행 불가능하고 심지어는 어리석기까지 한 방법이라고 보는 것이다.

그러나 이런 비전의 씨앗은 그것이 처음 제시되었을 당시, 시장에 나와 있던 제품 속에 이미 들어 있다. 그런데도 그 제품을 팔고 있던 회사들이 자기만의 좁은 세계관에 너무 빠져있다보니, 이 비전에 대해서 설명한들 그 속에 담겨 있는 통찰력을 제대로 이해하지 못했다.

적어도 처음에는 그들의 생각이 맞을 수 있다. 비전가는 디자인, 제조, 유통, 혹은 금융 같은 많은 문제들 때문에 당장 그 비전을 실현할 수 없을 것이다. 만약 비전의 실현이 쉬운 일이었다면, 아마도 기존 회사들이 이미 실현했을 것이다. 비전을 실현하는 데는 인내심과 혁신, 금융 헌신이 필요하다. 이런 이유들 때문에, 비전가는 시장의 미래를 내다볼 뿐만 아니라 비전 실현을 통해 미래를 창조한다.

이제부터 살펴볼 세 가지 시장의 발달과정은 비전이 갖는 주요 특징과 이것이 어떤 식으로 지속적인 시장지배력의 토대가 되는지를 보여줄 것이다.

다른 사람은 보지 못한 것을 본다

킹 질레트의 안전 면도기 사업의 변천사는 비전의 본질을 잘 드러내고 있다. 질레트는 철물 사업분야에서 직장생활을 시작해서 그 분야의 세일즈맨이 되었다. 그는 잠시도 가만히 있지 못하는 성격으로 취미 삼아 발명이니 설계니 하며 바쁜 일상을 보냈다. 그는 35세까지 간단한 장치들을 많이 발명했고, 그 중 두 가지로 특허를 받기도 했다. 하지만 그의 발명품은 큰 수익으로 이어지진 않았다. 1891년 볼티모어 실 컴퍼니(Baltimore Seal Company)에 다니던 질레트는 그 회사 사장인 윌리엄 페인터(William Painter)와 각별한 친분을 쌓았다. 페인터는 코르크를 덧댄 병마개를 발명해서 특허를 땄으며 이것이 인기제품이 되자 아예 회사 이름을 크라운 코르크 앤 실 컴퍼니(Crown Cork and Seal Company)로 바꿨다.

어느 날 질레트는 사장인 페인터로부터 병마개처럼 다 쓰면 버리고 새로 사야 하는 제품으로 계속해서 매출을 올릴 수 있는 물건을 발명해보라는 제안을 받았다. 질레트는 그 즉시 대량 소비시장에서 팔리고 있는 브랜드나 특허가 있는 일회용 제품이 상당한 가치가 있다는 사실을 파악했다. 그래서 그는 다 쓰면 버려도 되는 부분을 만들어 그 기능을 향상시킬 수 있는 제품들의 목록을 작성했다. 그리고는 집에서나 출장을 가서나 어떻게 하면 이 제품 중 일부를 전매특허의 일회용품으로 새로 디자인할 수 있을지 골몰했다. 그가 작성한 목록 중에는 면도기도 들어 있었다.

남자들은 선사시대 이래 면도를 해왔다. 편리함 때문에, 위생상, 젊어 보이기 위해서, 또는 유행 때문에, 정말 다양한 이유에서 면도를 했다. 그들은 또 안전을 위해서 면도하기도 했다. 먼 옛날 생존을 위해서 백병전이 필수적이었던 그때, 적에게 턱수염을 잡혀 위험에 빠질 수도 있었다. 그와 동시에 전 역사를 통틀어 봐도 깨끗하게 면도하는 일은 비록 아프지도 않고 안전하다 해도, 불편하고 많은 수고가 따르는 일이었다.

면도를 방해하는 것은 항상 똑같다. 즉, 빠르고 안전하면서, 부드럽게 면도할 만한 도구가 부족하다는 것이다. 선사시대에 그려진 동굴

벽화를 보면 남자들의 턱에 털이 없다. 아마도 그때부터 남자들은 조개나 동물 뼈, 부싯돌을 이용해 머리를 자르거나 면도를 한 것 같다. 야금학의 발전과 함께 면도기의 재료는 구리, 철, 합금 순으로 변했다. 이집트인들은 다양한 모양의 면도기를 좋아한 반면, 그리스인들과 로마인들은 일자형의 칼날이 드러나는 디자인을 좋아했던 것으로 보인다. 그리고 이 일자형 면도기는 1763년 프랑스의 이발사인 장 자크 페레(Jean Jacques Perret)가 원시적인 안전 면도기를 발명하기 전까지, 유럽과 그외 지역에서 계속 사용되었다. 장 자크 페레가 발명한 안전 면도기는 사용자가 면도날에 베지 않게 막아주는 방호물이 있었다. 아마도 이 면도기는 목수가 나무를 매끈하게 다듬을 때 사용하던 대패에서 영감을 받은 것 같다. 1800년대 초 영국에서 보다 개선된 디자인의 면도기가 선보였다. 이 면도기는 프랑스 면도기보다 가볍고 편했다. 1880년대 미국에선 T자 모양의 안전 면도기가 고안되었다. 이 T자형이나 갈퀴형 면도기는 짧은 손잡이에 수직으로 칼날이 부착되어 있었다. 그리고 어떤 면도기는 안전을 보장하기 위해 면도날을 머리빗 모양으로 감싸고 있었다. 면도기의 안전성을 결정하는 것은 면도날의 각도와 보호장치였다.

1903년 이전까지 미국 남성들은 일자형 면도기나 T자형 면도기로 면도를 했다. 일자형 면도기는 나이프 모양의 도구로서 길이와 넓이는 얼굴 면적에 맞게 설계되었다. 이 일자형 면도기와 안전 면도기는 가죽 혁대나 돌로 면도날을 갈아야 했다. 그런데 가끔은 그것으로도 잘 갈아지지 않아서 칼 장수 가게에 가져가 숫돌로 갈아야 했다. 어떤 면도기는 갈기 편하게 면도날을 꺼낼 수도 있었다. 안전 면도기와 일자형 면도기의 면도날은 평생토록 갈아도 끄덕없도록, 숙련된 솜씨로 갈고 다듬어진 최상급 강철로 만들어졌다. 그럼에도 불구하고 면도는 비싸고 불편하면서 안전하지 않은 일이었다. 전문 이발사에게 면도를 맡기는 사람도 있었지만 그 비용 역시 비쌌다. 가정에서 면도하는 사람들에게는 면도기 가격이 비싼 데다가 좋은 상태로 보관하는 일 또한 불편하기만 했다.

특히 혁대나 숫돌로 면도날을 갈아야 하는 불편과 어려움이 질레트의 발명 동기가 되었다. 어느 날 면도를 하던 질레트는 면도날을 갈아야 할 때가 됐다는 걸 알았다. 그 순간 아주 간단한 일회용 면도기의 설계도면이 머릿속에 떠올랐다. 그가 생각해낸 면도기는 손잡이가 달린 면도기로, 면도날은 무뎌지면 버려도 되는 싼 가격의 단순하면서 날카로운 양날을 가진 그런 것이었다. 더 이상 혁대나 숫돌로 갈 필요가 없고, 가격은 싸서 소비자들이 많이 찾을 수 있었다. 질레트가 이 아이디어를 떠올렸던 순간을 그의 입을 통해 생생하게 들어보자.

나는 사람들이 다 쓰면 버리고 새로 사야 하는 물건을 발명하기 위해 골몰했다. 그러던 어느 날 아침, 나는 면도를 하려다가 내 면도기의 면도날이 혁대가 아닌 숫돌로 갈아야 할 만큼 무뎌졌다는 걸 알았다. 순간 면도기를 들고 있던 나의 시선이 새 한 마리가 둥지에 사뿐히 내려앉듯, 면도기로 내려갔다. 바로 그때 질레트 면도기가 탄생했다. 아주 짧은 순간에 내 눈앞에 모든 형태가 펼쳐지면서, 논리적으로 천천히 생각나는 것이 아니라 꿈을 꾸듯 아주 빠른 속도로 소리 없는 질문과 답변들이 머릿속을 오고 갔다…….
면도날을 홀더에 넣을 방법이 떠올랐다. 그 다음 스치고 간 생각은 얇은 철판을 일정한 두께로 양쪽을 깎아, 양날을 다 사용하게 하자는 것이었다. 곧이어 면도날을 판에 고정시킨 다음, 그 가운데에 손잡이를 달면 되겠다는 생각이 이어졌다.

그런데 많은 동시대 보고서들이 질레트의 주요 업적에 대해서 오해하거나 잘못 전하고 있다. 안전 면도기, T자형 면도기와 면도날, 또는 면도기와 면도날이 분리되는 이중 시스템을 맨 처음 발명한 사람은 질레트가 아니다. 그것들은 전부 질레트의 발명품이 나오기 전부터 존재하던 것들이다. 질레트가 생각해낸 면도기는 면도기와 면도날, 두 부분으로 구성되어 있는 면도기로 면도날은 무뎌지면 빼서 버릴 수 있었다. 실제로 질레트 면도기를 처음 광고할 때 강조했던 사실도 더 이상 면도날을 갈아서 쓸 필요가 없기 때문에 매우 편리하다는 것이었다.

그 당시 면도기 업계는 질레트와 아주 다른 시각을 갖고 있었다는 점에서 그의 비전은 특별한 가치를 지닌다. 당시 면도기 회사들은 혁대와 숫돌로 갈면 평생 쓸 수 있는 강하고 비싼 금속으로 면도기를 만들어야 한다고 생각했다. 그런데 질레트는 얼마 쓰다가 버릴 수 있는 싸고 얇은 금속을 생각해낸 것이다. 칼 장수와 야금학자 같이 금속에 대해서 잘 알고 있는 사람들은 질레트의 아이디어가 상반되는 목적을 추구하기 때문에 실현 불가능하다고 말했다. 질레트가 생각하고 있는 면도날은 털을 깔끔하게 깎을 만큼 날카로우면서 날이 부러지지 않을 만큼 강해야 했고, 무뎌지면 버려도 될 만큼 값이 싸야 했다. 질레트에 따르면 그들 모두 만장일치의 판결을 내렸다. "내가 찾아가 상담했던 사람들은 하나같이 나더러 포기하라고 하더군요. 얇은 금속으로는 절대로 면도날을 만들지 못할 거라고 했죠. 그들은 또 쓸데없는 데 돈 낭비할 생각 말라고도 했어요. 면도기는 반드시 주강(鑄鋼)으로 만들어야 쓸 수 있다면서요."

비전가는 다른 사람들이 보지 못하는 것을 보는 사람이다. 그런데 전문가의 의견에 길들여진 사람들은 새로운 착안은커녕 그 자체를 냉소한다. 훗날 질레트로 인해 다른 시각을 갖게 된 발명가는 그 당시의 전문가에 대해서 다음과 같이 말했다. "면도기 전문가들은 질레트의 사업계획을 비현실적이다. 말도 안 된다는 말로 비웃으며, 그를 낙담시켰습니다." 심지어 질레트는 친구들에게서조차 아무런 격려나 이해도 받지 못했다. "친구들은 모두 내 면도기를 농담거리로만 생각했습니다. 그래서 날 만난 친구들은 인사말처럼 '어이, 질레트, 면도기는 잘 돼가는가?'라고 묻곤 했지만, 관심 갈 만한 제안을 해주는 사람은 단 한 명도 없었습니다." 질레트 역시 자신은 면도기의 문외한으로서 자기 아이디어가 아마추어 수준이라는 점을 인정했다. 만약 자기가 기술적인 어려움을 잘 아는 사람이었더라면, 절대로 그 일을 시작하지 않았을 거라고 말했다.

질레트가 시장에 진입하기 위해 쓴 방법은 현대적인 전략과는 정반대의 방법이었다. 그는 새롭게 형성돼서 높은 성장률을 보이는 시장이 아니라 기존에 있던 시장에 진출했다. 그리고 틈새시장 전략이 아닌 대량 소비시장 전략을 내세웠다. 경쟁상대들이 마진율이 높은 면도기와 면도날을 제한된 지역과 디자인 틈새시장에 판매하는 것과는 달리, 질레트는 싸고 마진율이 낮은 제품을 계획하고 있었다. 이런 차이는 전적으로 비전에 의해 생긴 것이다. 질레트는 일회용 면도날의 시장으로 크고 아무 제한이 없는 대량 소비시장을 생각하고 있었지만, 당시 제조업자들은 가격이 비싼 안전 면도기 시장은 제한적인 틈새시장이라고 생각했다.

사실 질레트의 비전은 어느 날 갑자기 생겨난 것이 아니다. 그는 만능 수리공의 기질을 타고난 발명가였다. 게다가 페인터가 제안한 대로, 일상용품 가운데 소비자가 계속해서 구매해야 되는 일회용 품목을 찾는 일을 열심히 했다. 질레트의 자각은 이런 오랜 탐구와 페인터의 제안, 그리고 면도할 때마다 느낀 불편함, 이 모든 것들이 새로운 면도기와 면도날에 대한 계획에 반영되면서 생긴 것이다.

그렇다면 과연 그의 생각이 맞았을까? 그 당장은 아니었다. 그가 이 일회용 면도날을 상업적인 성공작으로 만드는 데는 큰 장애물들이 있었다. 그의 초기 아이디어는 상당히 원시적이었다. 그러나 질레트는 자기 비전을 끝까지 고수했다. 수년간 이런 장애물을 극복하기 위해 숱한 노력을 기울이기 위해서 그런 신념이 얼마나 중요한지는 뒤에 나올 장들에서 살펴볼 생각이다.

C학점짜리 비전?

페더럴 익스프레스에 대해서 가장 잘 알려진 이야기 중 하나가 설립자인 프레드릭 스미스의 학기말 리포트에 얽힌 이야기일 것이다. 1965년 스미스가 예일대에 재학하고 있던 시절, 그는 학기말 리포트를 쓰다가 항공화물기 서비스에 대한 아이디어를 얻었다. 그가 리포트에 제시한 이 서비스는 훗날 수십억 달러를 벌어들이는 성공작이 되지만, 그의 리포트는 C학점을 받았다. 이 학점은 스미스의 비전을 설명할 때 자주 인용된다.

하지만 그의 비전에 대해서 더 많이 언급되는 이야기는, 그가 페더럴 익스프레스를 설립할 당시 그의 생각대로 사업하는 서비스업체가 없었다는 사실이다. 더구나 그들은 스미스의 노력을 별로 중요하게 생각하지 않았다. 미국에서 항공화물 서비스가 시작된 것은 1920년대였다. 1971년 스미스가 페더럴 익스프레스를 출범시켰을 당시 해당 시장의 리더는 25년 된 에머리 항공화물(Emery Air Freight)로, 화물

운송업체 중 가장 큰 회사였다. 그 당시 운송업체들은 여러 도시에서 화물을 받아 여객기로 배달했다. 이 사업에 수백 개의 회사가 매달려 치열한 경쟁을 벌이고 있었다. 에머리의 CEO인 존 에머리(John Emery)는 스미스의 전용화물기 편대와 야간배달 보장제도 없이 사업을 운영하고 있었다. 에머리는 스미스의 아이디어에 대해서 아무런 감흥도 느끼지 못했다. 심지어 페더럴 익스프레스에게 일부 사업부문을 빼앗겼던 1974년과 1975년에도 그는 페더럴 익스프레스를 '비싼 장난감'이자 성공하기 힘든 회사로 치부했다. 1970년대 초반 운송업체 대부분은 스미스의 창업에 별 관심을 보이지 않았다. 1960년대 대부분의 주요 항공사들은 운송 서비스를 시도했지만 수익이 신통치 않아 포기했다. 우편 서비스업계의 제일인자인 미국 우정공사(Postal Service)는 항공운송보다 정규우편 배달에 중점을 두었다. 미국 우정공사는 거대 관료조직으로서 정규 운행(상당히 느린 편이다)에 만족하고 있었다. 스미스가 페더럴 익스프레스를 설립하고 이 회사가 꾸준한 성장세를 보이고 있을 때도, 월스트리트의 투자자들은 이 회사가 몇 달 못 버틸 거라고 생각했다. 훗날 스미스는 자기 아이디어에 대해 다음과 같이 말했다. "난 내 아이디어가 옳다고 생각했다. 하지만 처음에는 이런 내 생각을 믿어주는 사람이 거의 없었다. 성공하기 힘든 사업이다, 돈 벌기 힘든 사업이다 하는 것이 압도적인 의견이었다."

스미스는 운송사업과 관련 깊은 가문 출신이었다. 그의 조부는 오하이오와 미시시피 강을 정기적으로 왕복하는 증기선의 선장이었고, 스미스의 아버지는 나던 버스 회사를 설립하고, 그레이하운드 버스회사(Greyhound Bus Lines)에 팔 때까지 성공적으로 운영했다. 이런 유산은 스미스에게 운송업에 대한 통찰력으로 전수되었다. 스미스는 대학 졸업 후 베트남전에 참전했고, 미국으로 돌아와서는 비행기를 사고

파는 사업을 하였다. 이런 경력을 통해 스미스는 시장의 욕구와 실현 가능한 일에 대한 비전을 연마한 것 같다.

속달 우편시장의 큰 규모에 대한 믿음이 그가 지닌 비전의 핵심이었다. 스미스에게 우선해야 할 일(priority)이란, 문서를 비롯해 의약품과 전자제품처럼 중요도가 높고 시간에 민감한 품목을 뜻했다. 그는 그 당시 여객기를 이용한 배달 시스템을 비판했다. 그가 보기에 이 시스템에는 적어도 세 가지의 문제점이 있었다.

첫째, 서비스업체들은 '속달 우편'을 가장 빨리 배달할 수 있는 경로를 최대한 활용하지 않았다. 속달 우편 중에는 늦은 저녁 소도시에서 출발해서 다음 날 아침 일찍 목적지에 배달되어야 할 것들이 많았다. 그 당시 그런 우편물은 대부분 여객기의 화물칸에 실려 배달되었다. 그런데 정해진 경로가 있는 여객기는 낮 시간에 주요 도시를 왕래할 때는 승객 위주로 운행됐다. 그 결과, 스미스의 표현을 빌리자면 우편물은 "이 도시에서 저 도시, 이 비행기에서 저 비행기로 전국 여기저기를 배회하다가" 목적지에 도착했다.

둘째, 여객기를 화물운송수단으로 이용하던 업체들은 항공기 선정과 하역에 드는 비용을 절약할 규모의 경제를 활용하지 않았다. 스미스는 이 문제에 대해서 "비용은 배달용량이 많다고 줄어드는 게 아니다. 사실 그런 일은 기술적으로나 경제적으로나 불가능하다. 따라서 항공화물은 여객수송에 부속적인 작업이 아니라 화물운송이라는 본래 목적에 충실한 시스템으로 운영되어야 한다."고 생각했다. 스미스가 계획한 시스템은 전용기 편대로 각 도시의 우편물을 미국의 중심 도시인 멤피스로 실어나르는 것이다. 그 다음 그 우편물들을 분류하고, 항공기가 돌아가는 길에 목적지에 배달했다. 이 항공기들의 경로는 중심축과 바퀴살(hub-and-spoke) 시스템으로 운행시켰다. 거기다 각 도시에는 전용 트럭편대가 항공기 수송을 지원했다. 스미스는 자기 아이디어에 대한 사람들의 반응에 대해서 다음과 같이 말했다. "사람들은 우리더러 제 정신이 아니라고 했다. 사실 우리도 뭘 몰랐기 때문에 어떤 일을 할 수 있을지 몰랐던 것 같다. 경제원칙에 맞지도 않게, 비싼 비행기를 날려서 그 모든 것들을 멤피스로 실어올 생각을 했으니까 말이다."

셋째, 그 당시 서비스업체는 부피가 큰 화물과 작은 화물을 동시에 취급했다. 스미스는 크고 무거운 화물을 속달로 배달할 경우 보통 소비자가 부담할 비용이 너무 크다고 생각했다. 그러나 부피가 작은 화물은 소비자에게 부담이 가지 않은 가격에 배달이 가능했다. 이것이 바로 속달 우편 서비스에 대한 스미스의 통찰력이었다. 그러나 그 당시 서비스업체나 항공사에서는 스미스의 생각을 받아들이지 않았다. 그로 인해 그들은 스미스에게 시장을 내주지 않을 수 없었다.

하지만 그렇게 큰 일은 쉽게 진행되질 않았다. 수십 년 전의 질레트와 마찬가지로, 스미스는 개인적으로 항공기와 트럭편대를 이용한 속달 우편 서비스를 실시하기 위해서 해야 할 일들은 지나치게 과소평가했다. 그는 나중에 자신의 학기말 리포트가 시간에 쫓겨 급하게 작성된 것이라고 털어났다. 어쩌면 그런 의미에서 그가 받은 학점은 불공정한 것만은 아니었다. 그 당시 교수는 그가 구상한 사업의 장애물 중에 한 가지를 예로 들어 리포트의 잘못을 지적했다. 교수가 지적한 장애물은 항공기산업을 엄격히 규제하고 있던 미국정부가 독립적인 화물기 전용 서비스를 저지할 수 있다는 것이었다. 하지만 이것은 스미스가 맞닥뜨린 많은 문제 중 하나에 불과했다. 페더럴 익스프레스의 진실은 C학점을 받은 학기말 리포트가 혁명적인 사업의 토대가 되었다는 피상적인 전설보다 더 어렵고 복잡한 사실들 속에 있었다.

우리는 다음 장에서 스미스가 직면했던 문제들과 그 문제를 극복한 방법에 대해서 검토할 것이다. 지금 당장은 페더럴 익스프레스의 성공이 전적으로 비전에 의한 것처럼 말하고 있지만 꼭 그것만은 아니다. 거기에는 페더럴 익스프레스와 사업 발상에 필적하는 많은 핸디캡을 타개하는 데 인내와 금융 헌신이 요구됐다.

과거에 의존하기: 웹의 비전

오늘날 인터넷은 전세계 수백만 컴퓨터를 이어주는 광대한 네트워크이다. 인터넷은 정보를 저장하는 컴퓨터 서버, 정보를 연결하는 컴퓨터 라우터, 정보를 게시하거나 검색하는 클라이언트 컴퓨터 그리고 이 컴퓨터들을 연결시켜주는 커뮤니케이션 시스템(케이블, 인공위성 등)으로 구성된다. 컴퓨터, 커뮤니케이션, 소프트웨어 그리고 프로토콜에 이르는 일련의 기술 혁신에 의해 개발된 강력한 매체가 바로 인터넷이다. 그리고 일반인들이 보기에 가장 눈에 띄는 기술 혁신은 월드 와이드 웹(World Wide Web)의 탄생일 것이다.

이 웹은 인터넷을 통해 접근할 수 있는 정보들의 네트워크이다. 사람들이 웹을 통해 정보를 이용하고 배포할 수 있다는 점이 인터넷의 한 단면이다. 월드 와이드 웹은 탄생한 지 10년 만에 세상에서 가장 혁명적인 커뮤니케이션의 수단이 되었다. 그러나 이런 성공에도 불구하고 사용자 중에는 웹이라는 아이디어가 팀 버너스-리(Tim Berners-Lee)라는 사람의 비전에서 나왔다는 걸 아는 사람이 많지 않다. 사실 버너스-리도 웹의 모든 구성요소를 발명한 것이 아니라, 기존의 많은 기술 혁신들이 월드 와이드 웹을 통해 별 무리 없이 실현되도록 연결해주는 역할을 했다. 우리는 그의 비전을 알아보기 위해, 우선 인터넷의 발전과정을 설명한 다음 웹의 발전과정을 살펴볼 생각이다.

인터넷의 발전과정

인터넷의 기원은 리클라이더(J.C.R . Licklider)와 로버트 테일러(Robert Taylor)와 같은 사람들의 비전적인 아이디어에서 나왔다. 이들은, 컴퓨터는 그 당시 이용되고 있는 배치 모드로 계산하는 원격조작 장치보다 양방향 커뮤니케이션 장치로 활용하는 편이 더 효과적이라고 굳게 믿었다. 이런 면에서 제일 먼저 취할 조치는 컴퓨터를 네트워크로 연결하는 것이다. 처음에는 미국 국방부의 첨단방위프로젝트연구소(Advanced Research Projects Agency, 약칭 ARPA)가 이 네트워크 개발을 지원했다. ARPA는 1960년대에 최초의 네트워크인 아파넷(ARPAnet)을 구축했다. 처음에 아파넷은 네 개의 노드로만 구성되었다. 하지만 시간이 흐르면서 꾸준히 발전해서 군대와 민간인들도 사용하게 됐다. 1983년 군대에서 자기들만의 네트워크인 밀넷(MILnet)을 구축하면서, 아파넷은 민간인용으로만 쓰였다

1980년대 미국 과학재단(National Science Foundation, 약칭 NSF)은 NSF넷(NSFnet)이라는 우수한 네트워크를 개발해 과학자간의 연구를 지원했다. 이 네트워크는 세월이 흐르면서 대학, 연구기관, 방위업체, 그리고 미국 정부기관들의 대형컴퓨터들을 연결하였다. NSF가 이 네트워크의 상업화를 허용하면서, 일부 사설 업체들은 국가와 전세계적인 네트워크를 구축하기 시작했다.

1990년까지 인터넷은 과학자와 관료들의 커뮤니티를 네트워크로 연결한 복잡한 시스템을 가지고 있었다. 각 네트워크는 자신만의 언

어와 프로토콜을 사용했기 때문에 시스템간의 커뮤니케이션은 힘들었다. 그 당시 인터넷의 주요 기능은 e-메일과 파일 전송이었다. 그런데 e-메일 전송이 순조로운 반면, 파일 전송은 원활하지 못해 불완전했다. 더구나 막대한 양의 정보를 저장하고 검색할 순 있지만, 각양각색의 시스템과 언어, 프로토콜로 인해 원하는 정보 찾기가 상당히 힘든 한계가 있었다.

초창기에 높은 인기를 누린 네트워크는 고퍼(Gopher)와 광역정보서버(Wide Area Information Servers, 약칭 WAIS)이다. 미네소타 대학의 정보 시스템이던 고퍼는 그 대학 마스코트의 이름을 딴 것이다. 1990년대 초 미네소타 대학은 일반인들에게도 이 시스템을 공개했다. 고퍼는 이용자가 계단식 메뉴를 이용해서 정보를 찾는 메뉴 중심 시스템이었다. 이 네트워크는 사용이 간편했지만 일단 어떤 단계의 끝까지 오르면, 다른 곳으로 이동이 불가능했다. 또한 고퍼는 그 시스템 안의 정보에만 접근할 수 있었다. 이처럼 고퍼는 매우 조직적이긴 하나 한계가 있었다. 싱킹 머신(Thinking Machine)의 브루스터 카힐(Brewster Kahle)은 WAIS를 고안했다. 정보의 소스를 찾기 좋은 검색 엔진이었지만 소스로의 연결은 잘 되지 않았다.

1990년대 초 드디어 인터넷은 전세계 많은 컴퓨터를 연결하게 됐다. 하지만 상충된 시스템 때문에 여전히 정보 검색의 속도가 느리고 힘들었다.

웹의 발전과정

1980년대 CERN〔현재의 유럽분자물리학연구소(European Laboratory for Particle Physics)〕에서 일하던 영국인 과학자인 팀 버너스-리는

CERN에서도 앞서 얘기했던 것과 같은 문제가 생기자 그 해결방법을 찾기 시작했다. CERN은 세계 각국의 과학자들이 모여 몇 년씩 연구하다 각자의 고향으로 돌아가는 구조였다. 이 과학자들은 각자의 컴퓨터와 프로그램을 가지고 와서 연구소에서 일했다. 수년 후 이 연구소는 전세계 수천 명의 과학자들이 회원으로 일하는 연구소로 성장하였다. 그러나 여전히 다른 컴퓨터 시스템에서 일해야 했던 과학자들은 공동연구를 위해서 공통적인 시스템을 필요로 했다. 이런 면에서 CERN은 이 세상의 축소판 같았다.

1980년 버너스-리는 CERN에서 일하는 다양한 연구원들과 컴퓨터, 프로젝트 사이의 관련성을 기억하기 위해 인콰이어(Enquire)라는 간단한 프로그램을 짰다. 그리고 CERN을 떠날 때 인콰이어는 두고 갔지만, 얼마 지나지 않아 이 프로그램은 사람들의 기억 속에서 사라졌다. 하지만 인콰이어를 실행해본 경험은 버너스-리의 마음속에 희망을 심어주었다. 그리고 몇 년 뒤 CERN을 다시 찾게 된 그는 새로운 각오로 같은 문제에 접근했다. 그는 인콰이어의 원리를 전세계로 확대 유추했다. 즉, 전세계 모든 컴퓨터에 저장되어 있는 정보들을 연결할 방법은 없을지 생각하기 시작했다. 키워드를 토대로 문서들을 수평 연계하면, 정보가 무한한 웹을 개통할 수 있었다. 이 시스템은 고퍼처럼 계층적 메뉴가 기본인 프로그램과는 많은 차이가 있었다. 버너스-리는 자신의 통찰력에 관해 다음과 같이 말했다 "나는 계층적 문서 시스템의 구속에서 벗어났다는 사실만으로도 몹시 흥분됐다."

이런 일이 가능했던 것은 하이퍼텍스트(Hypertext) 때문이었다. 하이퍼텍스트란 1965년 테드 넬슨(Ted Nelson)이 맨 처음 제안한 것으로, 텍스트 형식으로 문서들을 연결하는 방식이다. 버너스-리는 인터넷과 하이퍼텍스트를 결합시키면, 정보들이 전세계에 흩어져 있어서 연결이 쉽지 않았던 문제점을 해결할 수 있다고 생각했다. 그리고 그는 영국의 아울(OWl Ltd.)이 개발한 가이드(Guide)란 프로그램이라면 이 일이 가능할 것이라고 생각했다. 그러나 이 프로그램은 인터넷 기반이 아닌 데다 아울측은 가이드를 인터넷에 이용하는 데 별 관심을 보이지 않았다.

그래서 수년에 걸친 생각과 검토 그리고 실험 끝에, 드디어 버너스-리는 세계 각국의 컴퓨터 속에 저장되어 있는 문서 정보를 게시하고 검색할 수 있는 통합 시스템인 월드 와이드 웹을 개발했다. 이 시스템은 다음 세 가지 핵심 요소로 구성된다.

- 문서가 저장된 곳을 표시하는 지정 주소(이것을 지정 정보 탐지기, 즉 URL이라고 부른다)
- 한 문서에서 다른 문서로의 이동이 가능한 문서 연계(우리는 이것을 하이퍼텍스트 구성 언어, 즉 HTML이라고 부른다)
- 사이트를 가로질러 문서 정보를 교환할 때 이용되는 표준 프로토콜(우리는 이것을 하이퍼텍스트 전송 프로토콜, 즉 HTTP라고 부른다)

이 세 가지 요소는 이전부터 존재했지만 아무 상관없이 개별적으로 존재했던 것들이었다. 그런데 이 세 가지 정보를 공유하는 통합 시스템으로 결합한 것은 버너스-리가 처음이었다. 그는 자기 비전에 대해서 다음과 같이 설명했다. "이 웹의 기본 원리는 일단 어디인가에서 누군가가 문서, 데이터베이스, 그래픽, 사운드, 비디오 혹은 어떤 장소에서 양방향 대화가 가능한 스크린을 사용할 수만 있다면, 어떤 나라, 어떤 컴퓨터로도 누구나 접근할 수 있다는 것이다(물론 승인을 받

는다는 조건에서). 그리고 다른 사람들도 찾을 수 있게 링크가 가능해
야 한다."

이 작업을 가장 효과적으로 만드는 가장 중요한 요소는 주소였다.
월드 와이드 웹에는 정보가 저장되어 있는 컴퓨터나 각 서버는 고유
주소(URL)를 갖고 있었다. 이 주소는 슬래시 '/'에 의해 세 부분으로
나누어졌다. 그 예로, http://www.cnn.com/allpolitics라는 URL을
살펴보자. 첫 번째 부분(http)은 gopher를 비롯해 wais, ftp, http와 같
이 사용 중인 프로토콜을 가리킨다. 버너스-리가 선호하는 프로토콜
이자, 현재 가장 많이 사용되는 프로토콜은 http이다. 두 번째 부분
(www.cnn.com)은 서버의 이름을 가리키며, 마침표로 나뉜 구간은
해당 서버의 위치와 종류를 보다 자세히 나타낸다. 세 번째 부분
(allpolitics)은 서버 안의 구체적인 페이지를 가리킨다. URL과 표준
프로토콜인 HTTP를 사용함으로써 웹은 저장된 정보의 언어나 프로
토콜, 시스템과는 상관없이 모든 문서에 접근할 수 있게 한다.

버너스-리는 이 시스템을 원활하게 운영하기 위해서 호환이 가능
한 소프트웨어를 두 개 구상했다. 해당 사이트의 컴퓨터 서버에 존재
하면서 똑같이 서버라고 이름을 갖고 있는 소프트웨어가 그 하나로,
이 소프트웨어는 다양한 사용자나 클라이언트들이 이용할 수 있는 정
보를 만들었다. 그리고 다른 소프트웨어는 클라이언트의 컴퓨터에 존
재하는 브라우저라는 소프트웨어로, 정보를 검색하는 소프트웨어였
다. 서버에는 (어떤 서버든 간에) 관련 문서가 들어 있기 때문에, 그
서버에 저장되어 있는 문서의 키워드가 중요했다. 서버를 통해 문서
들 사이를 이동하다보면 사용자는 다른 중앙 컴퓨터나 시스템을 의지
하지 않고도, 아무 제한 없이 정보에 접근할 수 있었다. 그리고 소스
사이의 링크 역시 연속적으로 아무 제한 없이 이뤄지기 때문에, 고퍼

처럼 계층적이거나 제한적이라는 문제가 일어나지 않았다. 이것이 바로 월드 와이드 웹만의 뛰어난 원리였다.

버너스-리는 이 원리를 다음과 같이 설명한다. "사람들이 이 발상에 대해서 가끔 이해하기 힘들어 하는 점은 URI(당시에는 이렇게 불렸다)와 HTTP, HTML 외에는 다른 게 필요없다는 사실이다. 웹을 '조정하는' 중앙 컴퓨터도 없고 프로토콜에 의해 좌우되는 네트워크 역시 없으며, 심지어 그 어디에도 웹을 '운영'하는 조직조차 없다. 웹은 어떤 '장소'에 물리적으로 존재하는 '사물'이 아니라 정보가 존재하는 '공간'"이다. 좀더 정확히 말하자면, 버너스-리는 단순히 그 당시 약정과 소프트웨어를 재편성해서, 전세계 정보를 즉시 교환할 수 있는 새로운 매체를 정의한 셈이다.

하지만 세상 사람들이 곧바로 버너스-리에게 달려오는 사태는 일어나지 않았다. 1989년 그는 CERN에서 사용할 문서 시스템으로서 웹에 대해 간단히 비전을 제안했다. 그 당시 그의 시스템은 많은 문서 시스템의 대안 중 하나에 불과했다. 따라서 그는 CERN의 경영진으로부터 아무런 지원도 받지 못했다. 사실 그들은 그의 시스템에 관심조차 보이지 않았다. 1990년 그는 다시 이 시스템을 개선해서 내놓지만 또다시 퇴짜를 맞았다. CERN에서 같이 일하던 버너스-리의 동료조차 이 시스템은 지금 당장 성공하기 어려울 거라고 말해서 그를 더 힘들게 했다. 그들은 두문자어(頭文字語)인 WWW가 아홉 음절인 것을 비판했다. 심지어 CERN에서 실력이 뛰어난 동료의 도움을 받았지만, 지원을 받을 만큼 운이 좋지는 않았다. 그 사이에 고퍼와 WAIS는 널리 사용되기 시작했다. 버너스-리는 그 두 시스템이 그보다 더 우수한 웹을 근소한 차이로 앞서가지는 않을까 걱정했다. 그래서 그는 혼자서라도 빨리 일을 진행시키기로 작정했다.

버너스-리는 웹의 큰 문제는 좋은 서버와 브라우저 및 소프트웨어의 부재라고 생각했다. 서버와 브라우저가 없는 상태로는 웹이란 게 어떤 건지 사람들이 알기 힘들었다. 그래서 1990년 여름 버너스-리는 자신의 비전을 따라 새로운 브라우저와 서버의 프로그램을 짜기 시작했다. 그는 우선 CERN이 지원해준 NeXT 컴퓨터에서 운영할 수 있는 브라우저의 프로그램을 짰다. 그는 이 브라우저를 월드 와이드 웹(*WorldWidWeb*, 시스템 이름과 구별하기 위해서 브라우저의 이름은 이탤릭체로 단어를 붙여 썼다)이라고 명명하였다. 그는 URLs, HTML, HTTP에 맞게 코딩했으며 이 시스템을 그 당시 유행하고 있던 프로토콜인 고퍼나 WAIS와 호환될 수 있게 설계했다. 이 사이트들에 있는 페이지에 접근하거나 검색하려면, 사용자들은 사이트 주소에 맨 처음 등장하는 두 개의 슬래시 앞에 'http' 대신에 'gopher' 나 'wais' 라는 이름을 포함시키기만 하면 됐다. 따라서 월드 와이드 웹을 선택한 사용자는 전보다 더 넓은 영역의 정보를 이용할 수 있었다. 또한 버너스-리는 브라우저가 페이지를 만들고 편집할 수 있도록 소프트웨어를 만든 다음, CERN의 서버를 위해 코드를 짜고 info.cern.ch라 칭했다. 이 서버는 그가 새로 만든 웹의 첫 번째 사이트가 되었다. 그러나 안타깝게도, 버너스-리는 NeXT 컴퓨터에서 작업했기 때문에 그가 개발한 서버와 브라우저는 그 컴퓨터에서만 운영되었다.

1991년 8월 그는 인터넷상에 NeXT용 월드 와이드 웹과 다른 컴퓨터를 위한 기본적인 서버 소프트웨어를 공개했다. 그는 또 다른 컴퓨터에서도 작동할 수 있는 기본 라인 모드 버전 역시 출시했다. 버너스-리는 이 프로그램들이 제대로만 쓰인다면, 많은 사람들이 웹의 가치를 경험할 것이라 생각했다. 하지만 사람들의 반응은 신통치 않았다. 그래서 그는 개인적으로라도 이 시스템을 홍보하기로 마음먹고,

회의와 세미나에 참석해서 이 시스템에 대해 발표했다. 그러나 여전히 별 반응을 얻지 못했다. 결국 그는 마지막으로 인터넷 채팅그룹의 게시판에 이 시스템에 대한 글을 올렸는데 이것이 그에게 전환점이 되었다.

그는 먼저 개선방안에 대한 질문과 제안을 받았다. 그러자 소문이 퍼지면서 사람들의 관심이 쏠리기 시작했다. 웹이 마음에 든 사람들은 이 서버를 다운로드해서 자기가 갖고 있는 정보를 올리거나, 자기 링크에 추가시켰다. 이로써 웹은 CERN의 지원 없이 자체적으로 커뮤니티를 구성하면서 추진력을 얻게 되었다. 1991년 8월 버너스-리의 사이트는 매일 100회의 접속 건수를 보였다. 그리고 이런 히트는 매달 기하급수적으로 증가하더니 1년 후에는 열 배를 넘어섰다. 이것은 많은 수의 다른 웹 기반 프로그램들과 함께 웹에서 복제되어지는 패턴이었다.

그 당시 월드 와이드 웹의 발전을 가로막는 장애물은 유닉스나 애플, 윈도우(Window) 같이 사람들이 많이 가지고 있는 컴퓨터 시스템에서 운영될 그래픽 브라우저가 없다는 것이었다. 그래서 버너스-리는 사람들이 그런 프로그램을 개발하도록 성심껏 격려했다. 그가 들인 노력의 결과로 일리노이 대학 학생들이 모자이크(Mosaic)를 완성했다. 1992년 초 모자이크를 매개로 하여 사람들은 웹의 우수성을 분명하게 확인할 수 있었다. 이후 그 시스템은 폭발적인 성공을 거두면서 아주 빠른 속도로 전세계적으로 보급됐다. 그리하여 세계 그 어느 곳에도 웹이 없는 곳이 없게 되었고, 그와 동시에 월드 와이드 웹이란 말은 인터넷과 동의어가 되었다.

버너스-리가 웹을 구상했던 일은 많은 교훈을 남겼다. 킹 질레트와 프레드릭 스미스처럼 버너스-리는 전자업계의 커뮤니케이션에 대해서 확실한 비전을 가지고 있었다. 결과가 드러난 후에 보면 어떤 개념의 핵심은 매우 간단하고 직관적이다. 그러나 비전이 처음 등장한 당시에는 그렇게 확실해 보이지 않는다. 실제로 버너스-리의 주변 사람들도 그의 통찰력을 곧바로 이해하지 못했다. 그래서 장점보다는 한계점을 지적하는 편이었다. 게다가 이미 인터넷에는 정보를 공유하는 경쟁 시스템들이 많이 있었다.

그의 비전은 그 당시 쓰이고 있는 도구들과 방법을 급진적으로 바꿀 필요가 없었다. 웹을 구성할 주요 요소들은 이미 존재하던 것들이었다. 웹의 주축이라 할 수 있는 인터넷과 퍼스널 컴퓨터도 다른 사람의 작품이었다. 어드레스, 하이퍼텍스트, 전송 프로토콜 같은 필수 요소들 역시 버너스-리가 웹을 개발하기 전부터 있던 것들이다. 이처럼 버너스-리의 업적은 지난 30년 동안 수천 명의 다른 사람들이 일궈놓은 업적들을 토대로 이뤄졌다. 심지어 그 당시에도 이 필수 요소들을 따로따로 이용해서 정보 교환을 하는 프로그램들이 존재했다. 실제로 당시 기술을 제각각 잘 활용했던 고퍼와 WAIS 같은 일부 프로그램은 월드 와이드 웹이 상당한 인기몰이를 하기 전에 성공을 거두었다.

그런데 버너스-리는 이 모든 요소를 표준화한 뒤 통합해서 정보의 공유를 보다 빠르고 쉽게 그리고 무제한으로 활성화시키겠다는 독특한 비전을 제시했다. 아마도 이런 면이 이 비전이 가지고 있는 가장 큰 패러독스인지도 모른다. 그 모든 요소들은 지금도 존재한다. 돌이켜보면 그의 아이디어는 상당히 단순한 것이지만, 당시로선 그런 아이디어가 새로운 세계관에 얼마나 잘 들어맞게 될지에 대해 알 만한 사람이 거의 없었다. 심지어 자세한 설명을 들은 뒤에도 이런 견해에 대해 공감을 표한 사람도 없었다. 이러한 독특한 세계관이 비전의 본질이다.

같은 비전가라 해도, 버너스-리는 스미스나 질레트와는 크게 다른 점을 가지고 있다. 후자는 자신의 비전에 의해 큰 영리사업체를 세우고 막대한 수익을 거두었다면, 버너스-리는 그렇게 하지 않았다. 그 이유는 그들만의 독특한 비전에 연유한다. 버너스-리의 경우, 수익이나 소유권에는 관심이 없었다. 그는 자신의 발명품으로 특허를 따지 않았으며, 그쪽 방면으로는 어떤 보상도 요구하지 않았다. 그는 웹 사용에 필요한 서버와 클라이언트 소프트웨어는 물론 웹의 설계서까지 무료로 배포했다. 그의 궁극적인 목표는 모든 사람이 무료로 웹을 쓰게 하는 것이었다. 아마도 이런 저렴한 대량 소비시장 가격이 웹을 선택하는 사람들의 수를 빠르게 늘린 것 같다.

그런데 아이러니하게도 버너스-리 이후에 등장한 사람들은 그에 비해 상업적인 면에 더 관심을 가지고, 웹의 여러 가지 측면들을 상업화하기 시작했다. 특히 기업가들은 웹을 항해할 때 필요한 소프트웨어들을 상업화했다. 버너스-리는 처음에는 NeXT 컴퓨터로 웹을 항해할 때 필요한 소프트웨어인 월드 와이드 웹을 개발하였었다. 하지만 그는 이 소프트웨어마저 무상으로 배포하고 다른 컴퓨터 시스템에 맞는 소프트웨어는 개발하지 않았다. 애당초 소프트웨어 시장은 그의 관심분야가 아닌 데다 그쪽으로는 아무 비전도 없었다. 몇 년 후 소프트웨어의 수요로 인해 수십억 달러에 이르는 시장이 형성되면서 급격한 변화와 함께 치열한 경쟁이 벌어졌다. 우리는 다음 장들에서 이들이 치른 전쟁들을 자세하게 살펴볼 생각이다.

의문점

앞서 살펴본 세 가지 사례를 통해 비전가들이 어떻게 해서 동시대인들이 인정하지 않는 독특한 시각을 가지게 되었는지를 살펴보았다. 그런데 이들 사례는 보다 실제적인 특성에 대해서 몇 가지 중요한 의문점을 제기하고 있다.

비전은 새로운 시장과 오래된 시장 모두에 똑같이 적용되는가

앞의 이야기들을 대충 읽고 나면 비전은 오래된 시장이 아닌 새로운 시장에만 적용된다는 인상을 받을 수 있다. 그러나 시장의 나이는 비전과 관계없다. 버너스-리의 비전은 인터넷이 시작된 지 약 20년 후에 나왔다. 프레드릭 스미스의 비전인 속달 항공우편은 미국에서 우편 서비스가 시작된 지 수세기 후 그리고 상업적인 항공 서비스가 등장한 지 수십 년 후에 구체화되었다. 질레트의 비전은 안전 면도기가 나온 지 1세기가 넘어서 그리고 일자형 면도기가 사용된 지 수세기가 흐른 뒤에 나왔다. 사실 활기 없고 겉보기에 완벽하게 갖추어진 시장이라 할지라도 소비자의 욕구를 충족시킬 새로운 방법만 있다면 언제든지 기회는 있다.

비전은 모든 관계자와 제품, 그리고 문제점들을 고려해서 현재의 상황을 극복할 수 있는 시장 상황을 이끌어낼 수 있는 시각을 필요로한다. 시장의 발전은 전적으로 기술력과 소비자의 기호에 달려 있다. 확실한 비전은 앞으로 몇 년 뒤에 어디에 시장이 생길 것인지, 소비자의 욕구가 어떻게 나타날지, 그리고 시장 발전을 활용하려면 회사는 어떤 입장을 택해야 하는지를 산출해낸다. 또한 비전은 적절한 기술을 선택하고 발전시켜 소비자의 기호에 맞는 제품을 생산함으로써 회사가 시장 발전을 주도할 수 있는 방법을 제시해준다. 이것이 질레트와 스미스, 버너스-리 그리고 다음 장들에서 다루게 될 많은 이들이 기여한 바일 것이다.

비전은 개인에게 존재하는가 아니면 회사에 존재하는가

우리가 조사한 바에 의하면 대부분의 비전은 개인에게 나타난다. 비전의 특성상 다수가 가질 수 있는 관점이 아니다. 회시는 다수의 사람들이 사회적으로 상호작용할 것을 요구한다. 그리고 회사는 구조적으로 개성을 억누르고 집단적인 사고를 부추긴다. 그래서 비전을 가진 사람이 회사에서 성장하고 성공하기란 매우 힘들다. 나중에도 살펴보겠지만 그래서 비전을 가진 개인은 자기 비전을 실현하기 위해 회사를 떠나기도 한다.

이런 이유로, 한 회사의 지속적인 성공은 비전을 가진 개인이 리더십을 발휘하게 해주고 그것을 지원해주고 지켜줄 만한 능력의 유무에 달려 있었다. 비전을 가진 회사 설립자가 자기 회사에서 계속 지도력을 지키고 있는 한 아무런 문제가 없다. 그러나 회사가 상속되면 그 조직은 리더와 함께 그의 비전까지도 잃을 위험이 있다.

그럼에도 불구하고 어떤 회사들은 대량 소비시장에 대한 비전과 시장에서 그 회사가 할 역할에 대한 비전을 고수하는 문화를 형성할 수 있었다. 이 책에는 인텔, 질레트, P&G, 소니, 마쓰시타, 그리고 가끔씩 제록스를 그런 회사의 예로 들고 있다. 이 회사들은 수십 년 넘게 시장지배력을 지켜왔다. 그리고 대부분이 시장을 겨냥한 비전의 중요 부분들을 습득했다. 가장 중요한 것은 이 회사들은 지속적인 기술 혁신과 자산 레버리지를 통해 시장의 욕구를 보다 효율적으로 충족시킬 만큼 대량 소비시장에 대한 뛰어난 통찰력을 보였다는 사실이다.

이런 작업이 얼마나 복잡한지는 인텔의 마이크로프로세서 개발과 정에 잘 나타나 있다. 마이크로프로세서에 대한 아이디어는 다양한 세분시장을 겨냥한 맞춤제품보다 대량 소비시장을 겨냥할 수 있는 일반 제품을 생산해보자는 관심에서 출발했다. 이런 시각은 로버트 노이스에 의해 공식화되고 장려되면서, 18개월을 주기로 칩의 성능을 두 배 더 향상시킬 수 있다는 무어의 법칙의 뒤를 잇는 경제원리로 활용되었다. 호프는 이런 환경에서 격려를 받으며 논리 칩을 완성했고, 이 칩이 마이크로프로세서로 발전했다. 이 칩은 호프의 남다른 통찰력의 산물이지만, 그런 환경을 조성해준 노이스와 무어의 영향도 크다. 특히 고객인 부시콤과 자사 마케팅부 그리고 일부 엔지니어들의 반대에도 불구하고, 그 두 사람은 호프의 디자인을 지지해주었다. 우리는 다음 장들에서 이런 갈등의 다른 사례들을 검토할 생각이다.

비전의 발전을 방해하는 요인은 무엇인가

비전의 발전을 가로막는 공통 요소들이 있는데, 그것은 바로 자기만족(complacency), 자산 보호(protection of assets), 내부집중(internal focus)이다.

비전이 성공적으로 실현되면, 비전가는 성공적인 판매와 마켓파워, 그리고 수익이라는 보상을 받는다. 그러나 성공이 자기 만족으로 바뀌면서 성공을 위해 계속 노력하는 동기가 약해질 수 있다. 혹은 자기만족에 빠져 자신의 성공을 당연시함으로써 비전의 본질을 덮는 수도 있다.

성공한 개인이나 회사는 자산을 축적하게 마련이다. 시간이 흐르면, 그들은 이러한 자산이 비전의 성공적 실현으로 얻을 대가라는 사실을 잊을 수 있다. 그런 회사와 개인은 맨 처음 지녔던 비전을 계속해서 개선하고 그것을 완벽하게 실현하기 위해 꾸준히 노력하기보다는 현재의 자산을 지키는 것을 목표로 할 수 있다.

내부집중이란 주로 회사에서 일어나는 문제이다. 회사는 사회적인 존재이며 협력을 이끌어내는 일정한 조직과 절차를 필요로 한다. 그러나 그런 조직과 절차의 원활한 운영에 치중하다보면 그들 자신을 내부적 시선에 묶이게 할 수도 있다. 만약 그런 일이 발생한다면, 회사는 시장에 대한 안목과 시장에서의 역할을 잊게 된다. 내부집중은 회사의 위기 관리시 비용이나 민감한 분위기에 대해 강박관념을 가질 때 발생하기도 한다.

위에서 말한 요인 중 그 어떤 것이라도 개인이나 회사의 비전을 어둡게 만들 수 있다. 그러나 더더욱 좋지 않은 결과는, 이 요인으로 인해 비전을 대신해서 회사의 지난 업적, 현재 자산 또는 내부 활동에만 주력하는 근시안을 가지게 되는 것이다.

제5단계 : 비전으로 시장 공략

4장에서는 비전의 가장 중요한 특징은 대량 소비시장 공략임을 분명히 밝혔다. 이 장에서는 대량 소비시장을 공략하기 위한 좋은 방법인 비전의 다른 요소들도 살폈다. 비전의 두 번째 요소를 설명하는 데는 질레트와 페더럴 익스프레스, 그리고 월드 와이드 웹을 예로 들었다.

- 비전은 가끔 모순적인 특징을 보인다. 시간이 지난 후에 생각해 보면, 비전은 아주 단순한 아이디어인 동시에 급진적인 세계관이기도 하다.
- 한편으론, 비전의 핵심적인 통찰력은 단순하고 직관적인 것처럼 보인다. 그러나 그런 시각은 비즈니스 리더가 자신의 비전을 크게 성공한 새로운 사업으로 바꾸고 난 후에 인식된 것이다.
- 비전이 처음 형성될 당시 그것은 기존의 인식이나 관례와는 반대되는 생각을 한다. 동시대 마케터들이 비전을 받아들이기는커녕, 실행 가능성을 의심하며 그것의 가치에 대해 냉소하는 이유는 비전이 새로운 방식으로 소비자의 욕구를 파악하고 해결하려고 하기 때문이다.
- 가끔 비전의 씨앗은 현재 사용되는 제품과 시장에 있다. 그러나 자기만의 편협한 세계관에 빠져 있는 제조업자들은 비전에 대해서 설명해주어도, 비전 안에 담긴 통찰력을 제대로 이해하지 못한다.
- 비전이 처음 형성될 당시 이미 소비자의 욕구에 충실하고 완전히 발달된 시장이 존재할 수 있다. 그리고 그 시장에 진출한 회사들 역시 상당한 기반을 잡았을 수 있다. 그래서 비전가는 종종 겉으

로 보기에 완전히 발달한 시장의 후발주자가 되거나 그 주변에서 고군분투하는 사람이 될 수 있다.

- 비전가는 비전을 실현하기 위해 수많은 문제와 어려움에 부딪치게 된다. 비전가가 리더십을 지속하려면 인내와 부단한 혁신, 그리고 금융 헌신이 필요하다.

제6장

모든 역경을 딛고 살아남기

크게 성공한 신제품의 이력을 대충 살펴본 분석가들은 그 성공을 순전히 운 탓으로 돌리곤 한다. 즉, 적당한 시기, 적당한 곳에 제품이 등장했다는 식이다. 이들 제품의 이력을 좀더 자세히 살펴본 사람들은 서투른 과학자가 획기적인 발명품을 내놓은 거라고 말하기도 한다. 그러나 지속적인 시장지배자들은 운이나 갑작스런 발명품 때문에 성공한 것이 아니다. 성공한 제품들은 오랜 세월 동안 디자인, 제작, 마케팅에서 천천히 그리고 점진적으로 혁신을 추진하여 얻어진 결실이다.

기업가와 경영자들은 극복하기 힘들어 보이는 장애물, 더딘 발전, 오랜 시간에도 불구하고 계속 노력하겠다는 의지가 있어야 한다. 미래를 예견하는 비전이 있어야 많은 노력을 할 수 있고, 앞으로 해야 할 일을 결정할 수 있다. 요행에 기대거나 갑작스런 발전이나 기다리는 잘못된 생각은 끈기를 잃게 할 뿐이다.

어떤 보고서는 영속적인 시장지배자의 이력에서 우연적인 사건들만 언급한다. 그리고는 운 좋게 일이 잘 풀려서 성공했다는 암시를 주며 그 순간들을 미화하기 바쁘다. 가장 좋은 예로 빌 게이츠가 (아마도) 우연하게 IBM이 원하던 프로그램인 QDOS를 발견한 사실을 꼽는다. 그러나 해당 시장의 역사를 자세히 살펴보면, 아주 다른 그림이 나온다. 그 그림에서는 운은 아주 조금 작용한다. 사람과 사건이 합쳐져서 문제가 발생하고 해결책도 나온다. 그러나 해결책을 찾아내는 비전, 그 해결책대로 일하는 끈기, 그리고 해결책을 신속하게 파악하기 위한 헌신이 요구된다.

어떤 보고서는 과학과 비즈니스의 역사에서 극적인 발견의 순간들만 따로 모아서 미화한다. 과학 분야에서 자주 인용되는 고전적인 예로는 욕조에서 부력을 발견한 아르키메데스와 떨어지는 사과를 맞고 중력을 발견한 뉴턴이 있다. 비즈니스에서는 일회용 면도날을 발명한 질레트가 가장 좋은 예로 꼽힌다. 그러나 이 예들은 비전을 가지기 전의 상황이나 비전이 형성된 후 발생한 문제들, 그리고 거기에 맞서 오랫동안 투쟁했던 사실들은 간과하고 있다. 그뿐만 아니다. 해결책의 단순성만을 과장하고, 그 해결책을 결정할 때 요구되는 비전에 대해서는 과소평가한다.

요행을 믿거나 큰 발전을 구하다보면 비현실적인 기대를 가지게 되고, 성급하게 프로젝트를 종결하는 결과를 낳는다. 우리가 조사한 다섯 개의 지속적인 마켓리더들의 이력을 보면, 성공으로 가는 길은 멀고 많은 노력을 필요로 하는 힘든 길이었다. 그러나 이 회사들은 그런 악전고투 속에서도 살아남을 수 있는 의지를 찾아냈다.

순진한 끈기

질레트가 안전 면도기를 개발한 일은 시장에 혁신적인 기술을 도입할 때 끈기가 얼마나 중요한지를 가르치고 있다. 질레트는 면도날이 무뎌져서 면도를 못하게 된 순간, 안전 면도기의 중요한 구성요소들이 생각났다고 한다. 그는 먼저 면도기와 면도날, 두 부분으로 나눠서 생각했다. 질레트는 평평하고 값이 싼 금속으로 만든, 무뎌지면 그냥 버려도 되는 면도날을 생각했다. 그리고 손잡이는 조임쇠의 가운데에 달아서 양쪽 면도날을 다 사용하게 하는 방법을 떠올렸다. 그 순간 질레트는 이 정도의 디자인이라면 만들기 쉬울 거라고 생각했다.

그때부터 그는 이 일회용 면도날에 매달렸다. 그는 이 면도기를 그림으로 그리고, 사람들을 만날 때마다 이 일회용 면도날에 대해서 이야기했다. 하지만 그의 이야기를 들은 사람 중에는 그의 생각을 지지해주는 사람은 없었다. 질레트의 통찰력을 제대로 알아주는 사람이 없었던 것이다. 그래서 그는 시제품을 만들기 위해 우선 면도날 개발에 관심을 쏟았다.

그는 먼저 얇은 철판을 이용해서 면도날을 개발했다. 얇은 철판은 값이 싸서 일회용 면도날의 재료로 가장 적합했다. 철판을 달구어서 수염이 깎일 만큼 날카로운 날을 만드는 것이 그가 해결해야 할 첫 번째 문제였다. 얇은 철판은 너무 부서지기 쉽고 약해서 날카로운 날을 유지하지 못하였다. 질레트는 이 첫 번째 시도에서 그다지 운이 좋지 않았다. 이런 현상은 이후의 다른 시도들에서도 마찬가지였다. 그래서 그는 전문가의 기술이면 그 문제를 해결할 수 있을 거라는 희망을 안고, 그 분야의 전문가인 칼 만드는 사람과 야금학자를 찾아갔다. 그러나 그들은 한결같이 얇은 철판으로는 날카로운 날을 만들 수 없다고 답했다. 하지만 질레트는 자신의 목표에 끈질기게 매달렸다. 해결책을 찾아 이곳 저곳을 돌아다녔던 그 당시에 대해서 그는 이렇게 적고 있다. "그 일에 자그마치 6년이 걸렸다. 난 그동안 면도날 개발에 매달렸다. 얇은 철판을 단련하고 담금질하여 평면은 유지하되 힘을 줘도 휘지 않게 하는 방법을 알 만한 사람을 찾아야겠다는 일념에서, 보스턴의 모든 칼 만드는 사람과 기계 공장은 다 방문했으며, 뉴욕과 뉴어크까지 찾아갔다. 심지어는 매사추세츠 기술연구소에서도 실험했지만 결과는 실패로 끝났다." 전문기관조차 날카로운 날을 가진 얇은 철판을 만들겠다는 질레트의 목표에 찬물을 끼얹었다. 질레트는 사업자금을 마련하기 위해 주변 친구들이나 금융업자들과 접촉했다. 하지만 그는 아무 성과도 거둘 수 없었다. 성과는커녕 오히려 그가 시도하고 있는 새로운 면도기와 면도날은 친구들 사이에서 농담거리밖에 되지 못했다.

오래된 친구인 페인터만이 유일하게 질레트가 그 일을 포기하지 않도록 격려했다. 하지만 페인터는 질레트와 함께 일하기에는 너무 나이도 많고 건강하지 못했다.

게다가 유감스럽게도 질레트 역시 면도날 개발에만 매달릴 처지가 아니었다. 그는 여기저기 돌아다녀야 하는 세일즈맨인 데다가 부양할 가족이 있었다. 그래서 1899년 여름 그는 보스턴의 기계공인 스티븐 포터(Steven Porter)를 찾아가 면도기와 면도날 제작을 부탁했다. 포터는 질레트의 설계대로 감독을 받으며 많은 노력을 기울인 끝에 세 가지 면도기를 완성할 수 있었는데, 세 번째 면도기에 사용할 여러 개의 면도날을 만들었다. 얼굴에 거품을 바른 질레트는 첫 번째 모형 면도기를 사용해 성공적으로 면도를 끝마쳤다. 그가 다음으로 취한 행동은 이 발명품을 보호해줄 특허를 신청하는 것이었다. 그러나 첫 번째 특허 신청 시도는 실패로 끝났다. 얄궂게도 질레트의 면도기 디자인을 본 변리사의 조수가 다음과 같이 말했다. "특허 신청 품목에는 면도기 제작과 관련된 발명품은 없습니다." 그러나 질레트는 자신의 발명품이 특별하다는 믿음을 굽히지 않았다. 그래서 몇 달 뒤 그는 다시 자신의 발명품이 '새로운 면도기 제조기술 및 사용법'이라며 특허를 신청했다. 그리고 마침내 그가 원하는 특허를 얻었다.

이제 질레트가 다음으로 해야 할 일은 면도기는 물론 면도날을 대량 생산할 수 있는 제조 시스템을 개발하는 일이었다. 이 일은 질레트의 지식과 기술로는 하기 힘든 일이었다. 그래서 그의 친구 중 한 명이 질레트를 소기업 재무관으로 있던 제이콥 헤일본(Jacob Heilborn)에게 소개시켜줬다. 헤일본을 만나 자신의 프로젝트에 대해 의논하던 질레트는 이 면도기의 문제점을 해결할 수 있는 야금학자가 등장하지 않는 한, 자신의 꿈이 실현될 수 없다고 이야기했다. 질레트의 주변 사람들과는 달리 그가 발명한 면도기의 장점을 꿰뚫어본 헤일본은 바로 윌리엄 니컬슨(William Nickerson)을 떠올렸다.

MIT 화학교수인 니컬슨은 새로운 장치를 발명하는 일에 많은 관심을 가지고 있는 사람이었다. 그는 나무껍질을 잘라내는 톱과 엘리베이터 안전장치, 전구용 진공 펌프, 그리고 커피 나무의 무게를 재는 대형 계량기 등을 발명했다. 니컬슨은 수많은 특허품을 소유하고 있었지만 서투른 계획과 사업적인 통찰력의 부족 때문에 모험적 사업에서는 상업적인 성공을 거두지 못했다. 사실 니컬슨은 이미 1년 전에 질레트의 다른 친구로부터 질레트의 안전 면도기를 소개받은 적이 있었다. 그 당시 니컬슨은 질레트의 면도기에서 별다른 인상을 받지 못했다. 니컬슨 자신이 일자형 면도기를 사용하고 있어서인지 일회용 안전 면도기는 익숙하지 않았다. 일단 질레트의 친구가 권해준 모델로 면도를 해본 니컬슨은 면도날이 너무 뻑뻑한 데다 손잡이가 너무 가볍다는 것을 알았다. 그는 질레트가 염두에 두고 있던 일회용 면도날의 잠재성을 감지할 수 없었다. 더구나 칼붙이에 대해서 아는 것이 전혀 없었던 그는 1년 전에 질레트의 프로젝트를 거절했다.

헤일본이 다시 면도기 이야기를 꺼낼 때까지도 니컬슨의 의견은 바뀌지 않았다. 그러나 질레트의 간곡한 부탁을 받은 헤일본은 니컬슨에게 이 면도기를 연구해줄 것을 재차 요청했다. 니컬슨을 여러 차례 찾아간 헤일본은 질레트 면도기의 장점들을 설명하며 그를 설득했다. 마침내 니컬슨은 이 프로젝트를 딱 한 달만 연구해보기로 했다.

그 한 달이란 시간은 니컬슨과 질레트에게는 중요한 시기였다. 특히 질레트에게 더 중요했다. 약속된 한 달이 지나고, 면도기와 면도날에 대한 니컬슨의 생각은 완전히 바뀌었다. 그는 질레트의 디자인이 정말 그럴 듯하다고 생각하기 시작했다. 사실 연구하면 할수록 더 많은 가능성이 보였던 것이다. 니컬슨은 이번 프로젝트에는 여러 번 사용해도 날이 망가지지 않는 날카로움과 강도를 지닌 면도날 개발이 필수적임을 강조했다. 이런 면도날을 만들 수만 있다면 품질에 있어서 시장에 나와 있는 그 어떤 면도기도 능가할 수 있었다. 니컬슨은 품질은 그대로 유지하면서 가격은 인하시킬 수 있을 것이라고 생각했다.

니컬슨의 전문기술과 타고난 창의력은 새로운 면도날 개발을 크게 진전시킨 것은 분명했다. 그러나 질레트를 니컬슨에게 인도한 것은 질레트의 끈기였다. 그리고 니컬슨이 그의 계획을 열렬히 지지하도록 바꾼 것은 질레트의 설득력이었다. 이제 니컬슨은 질레트 못지 않게 이 새로운 면도방식의 우수성을 열렬하게 믿었다.

어떤 분석가들은 질레트의 성공은 순전히 운이 좋아서라는 주장을 펴기도 한다. 그 예로 그들은 질레트의 새로운 면도방식은 무뎌진 면도날 때문에 면도하지 못하자 우연히 생각난 것이라고 주장한다. 게다가 질레트가 시제품 제작을 성공시킨 보스턴의 기계공 스티븐 포터를 만난 것도 우연이었다. 그리고 면도기 제조 시스템의 주요 개발자인 니컬슨 역시 운 좋게도 친구의 소개로 만났다. 그러므로 질레트는 이런 세 가지 행운에 의해 성공했다는 것이 그들의 주장이다.

그러나 새로운 면도방식을 이렇게 피상적으로 설명한다면 질레트가 성공하기까지 결정적인 역할을 했던 중요한 사실들을 놓칠 수 있다. 질레트가 개발한 새로운 면도방식은 그가 일회용 품목에 포함되는 가정용품들을 오래도록 연구한 끝에 나온 것이다. 그는 그런 가정용품을 만들 수만 있다면, 소비자들이 크라운 코르크(Crown Cork)를 찾는 것처럼, 계속해서 그 제품만을 찾을 거라고 믿고 있었다. 질레트가 이런 특별한 목적의식이 없었다면 새로운 면도방식 따윈 그의 머릿속에 떠오르는 일은 없었을 것이다. 사실 동시대 면도기 제조업체 중에는 그런 아이디어를 내놓거나 질레트의 아이디어가 그럴 듯하다고 생각했던 곳은 단 한 군데도 없었다.

질레트가 포터를 만나 성공적인 시제품을 얻기 전까지 그는 오랜 시간을 실험과 전문가 찾기에 쏟아 부었다. 그리고 질레트와 니컬슨의 만남 역시 단순한 우연은 아니었다. 그 두 사람이 만나기 전, 질레트는 시제품을 제작할 제조업자를 물색하고 있었다. 그는 수년 동안 보스턴은 물론 인근 도시의 모든 면도기 제조업체와 칼장수들을 찾아다녔다. 오죽했으면 우연이긴 했지만 니컬슨이 1년 간격으로 이 프로젝트를 연구해달라는 요청을 두 번이나 받았겠는가.

질레트는 훗날 그 당시 자신이 갖고 있던 비전에 대해서 다음과 같이 썼다. "어리석게도 난 면도기에 대해서 아는 게 별로 없는 데다 강철은 더더욱 모르고 있었다. 더구나 나의 면도기가 성공하기 전까지 어떤 고난과 시련이 기다리고 있을지에 대해서도 전혀 모르고 있었다." 질레트는 자신의 끈기를 인정하면서도, 그런 끈기를 발휘한 것은 부자가 되겠다는 순진한 꿈이 있었기에 가능했다고 했다. "하지만 난 그만둬야 한다는 걸 알지 못했다. 만약 내가 기술교육을 받은 사람이었더라면, 그 정도에서 그만두거나 아예 시작조차 하지 않았을 것이다. 그런데 난 '무지개 너머 황금 동산'을 믿는 몽상가였다. 그래서 현명한 사람이라면 발도 들여놓지 않았을 길을 계속 걸었던 것이다. 그것이 오늘날의 질레트가 있게 된 유일한 이유다." 질레트는 면도기 개발에 6년이라는 시간과 숱한 고생, 그리고 수많은 사람들의 수고가 요구될 줄은 꿈에도 몰랐던 것이다. 사실 질레트가 안전 면도기를 개발하는 데는 그런 많은 어려움을 극복할 '광적인 열정'이 필요했다.

'수준 낮은' 혁신을 위한 끈기

마이크로프로세서, 유전공학, 우주 여행, 이런 복잡한 분야에서 보면 종이 기저귀는 수준 낮은 제품으로 보인다. 종이 기저귀는 흡수제재로 싸여 있는 천을 갓난아이 엉덩이의 윤곽에 맞도록 만든 제품이다. 그러나 누가 보아도 간단한 이 제품은 1930년대 초반에만 잠깐 대량생산되었다. 사실 종이 기저귀는 1966년 P&G의 팸퍼스가 전국에 출시되기 전까지는, 품질은 별로면서 가격만 비싼 제품이었다. 그런데 알궂게도 P&G는 이런 종이 기저귀 시장에 진출해서 성공을 거두기까지 자그마치 10년을 연구에 매달려야 했다. 도대체 이 회사는 어떤 문제들에 직면하였던 걸까?

대량 소비시장이 인정할 만한 종이 기저귀를 만드는 데 P&G가 첫 번째로 부딪친 문제는 이 제품이 모순적인 목표를 동시에 충족시켜야 한다는 것이었다. 즉, 제품은 편안할 만큼 부드러우면서도, 젖어도 풀리지 않을 만큼 튼튼해야 했다. 그리고 수분을 빨아들이는 흡수력은 있되 피부발진이 일어나지 않도록 건조한 상태가 유지되어야 했다. 오줌이 새면 안 되는 대신 너무 꽉 끼어서 불편해도 안 되었다. 더구나 입히고 벗기기가 쉬운 동시에 아이가 활발하게 움직여도 벗겨지지 않을 만큼 단단하게 몸에 붙어 있어야 했다. 그런데 아이들이 누는 오줌의 양이 제각각 다르다는 사실이 이런 모순된 목적을 달성하는 데 큰 어려움으로 작용했다. 아이 하나만 두고 봐도, 먹는 음식과 기온에 따라 매일 오줌의 양이 50퍼센트씩 차이가 났다. 더구나 아이들의 허리 사이즈 역시 14인치에 23인치까지 격차가 컸다.

좋은 종이 기저귀를 생산하는 데 부딪친 두 번째 문제는 비용이었다. 앞서 살펴본 대로 종이 기저귀는 여러 가지 면에서 좋은 품질을 갖추어야 했다. 그러나 가정에서 세탁하는 비용과 기저귀 대여업을 고려해볼 때 이들과 경쟁이 될 만큼 가격이 싸야 했다. 그래서 P&G가 할 일은 첫 번째 문제를 해결해줄 디자인을 개발하는 것과 두 번째 문제를 해결할 수 있는 제조방법을 알아내는 것이었다. 그래서 회사는 이 문제들을 해결하기 위한 연구를 집중적으로 추진했다.

첫 번째 임무는 적당한 재료를 찾아내는 것이었다. P&G는 1차 연구를 끝마친 후 1958년 달라스에서 첫 번째 디자인을 시험했다. 이 제품은 플라스틱 팬티에 고정되는 패드였다. 한 연구원은 이 테스트시장에서 다음과 같은 사실을 배웠다고 말했다. "이번 일로 우리는 날씨에 대해서 배운 게 약간이라면 기저귀에 대해서는 정말 많은 걸 배울 수 있었다. 우리는 달라스라는 곳이 여름에는 정말 더운 곳이라는 사실을 알게 되었다. 그런데도 그곳에는 에어컨이 많지 않았다. 그래서 아이 엄마들은 플라스틱 팬티로 인해 아이들이 땀을 흘리며 발진이 생기는 것을 원치 않았다. 결국 우리는 다시 새로운 발견과 발명의 과정으로 되돌아가야 했다."

다시 착수한 연구와 시험 끝에 엔지니어들은 디자인을 세 부분으로 나눠 함으로써 그 문제를 해결했다. 그들은 우선 피부에 가깝게 닿는 곳의 안감은 수지가공이 된 레이온을 이용해 만들었다. 이 천은 상당히 부드러운 데다 수분을 중간층까지 흡수시키면서 표면은 보송보송하게 유지했다. 중간층은 얇은 직물이나 목재펄프 같이 부드럽고 흡수력 좋은 재질을 이용하고, 제일 바깥층은 공기는 통과하지만 액체는 빠져나가지 못하도록 방수 폴리에틸렌으로 만들었다. 두 번째 제품을 테스트한 결과, 이전보다 나은 반응을 얻었는데 제품 평가단의 3분의 1이 천 기저귀보다 우수하다는 평가를 했다.

이제 P&G의 다음 임무는 이 제품을 대규모로 제작하는 것이었다. 5년 여의 연구 끝에 드디어 최저가인 개당 10센트에 제품을 판매할 수 있게 되었다. P&G는 1962년 초 일리노이 주 피오리아 지역에서 시범적으로 이 종이 기저귀를 10센트에 판매했다. 그러나 이 테스트시장의 결과는 실패로 끝났다. 판매수량은 목표했던 100만 9천 개의 3분의 1에 그쳤던 것이다(시장점유율 2.5퍼센트). 사실 이 제품의 품질 등급은 좋았고 사용법 역시 간편했다. 그런데도 실패한 가장 큰 원인은 가격에 있었다. 개당 10센트의 팸퍼스는 가정에서 세탁할 때 드는 비용인 1.5센트와 기저귀 대여 비용인 3.5센트에 비해 상당히 비싼 가격이었던 것이다.

엔지니어들은 계속 연구를 진행시켰다. 회사의 중요 임무는 그 디자인을 싼 가격에 대량생산할 수 있는 제조 시스템을 개발하는 것이었다. 계속되는 연구에 의해 품질 개선, 특히 가격 인하가 이뤄지면서 시범 소비자들은 P&G가 새로 디자인한 제품의 우수성을 인정하기 시작했다. 성장단계와 아이들마다 다른 필요 흡수량을 충족시키기 위해 P&G는 신생아용, 낮 시간용, 밤 시간 및 장시간용, 이렇게 세 가지 사이즈의 기저귀를 개발했다. 회사는 그동안의 연구성과를 널리 알리기 위해, 세크라멘토(1962, 1964), 세인트루이스(1964), 인디애나폴리스(1964)를 테스트시장으로 삼았다. 개선된 디자인, 향상된 품질, 그리고 더 좋은 광고카피를 각 시장에서 실험했다. 이들 테스트시장에서 연이은 성공을 거뒀다. 그러나 아직까지도 가격이 비싸다는 평을 들어야 했다. 마침내 P&G는 도시 한 블럭을 차지할 만큼 복잡한 기계를 완성했다. 이 기계를 이용하면 개당 3.5센트라는 원가에, 1분에 400개의 종이 기저귀를 생산할 수 있었다. 이로써 P&G는 1966년 이 종이 기저귀를 개당 소매가 5.5센트라는 가격으로 전국에 발매했다. 제품은 출시되자마자 큰 성공을 거두었다.

기저귀는 기술수준이 낮은 제품이다. 그런데 대기업이 대량 소비시장의 기호에 맞는 제품으로 만들기 위해서 10년 동안 끈질기게 제작 및 마케팅을 연구했던 것이다. 『포브스』의 기사에 따르면 "P&G는 헨리 포드가 자동차를 처음 출시했을 때와 에디슨이 최초로 백열등을 발명했을 때보다 더 많은 시간과 돈을 팸퍼스의 시범판매와 개발에 쏟아 부었다." P&G는 많은 장애물과 제한된 판매량 그리고 많은 테스트시장에서의 실패에도 불구하고 끈기있게 연구를 진행했다. 연구팀의 직원들은 자진해서 기술을 혁신시키고, 그렇게 해서 바뀐 제품을 시험하고, 실패를 통해 많은 것을 배웠다. 한 연구원의 말을 그대로 인용하면 그들은 '끈질긴 배움의 자세'를 보였다. 이런 사실은 P&G보다 먼저 시장에 진입해서 마켓리더가 된 J&J가 30년이나 앞선 경험에도 불구하고 왜 그럴 듯한 종이 기저귀 하나 만들지 못했는지를 설명해준다. J&J는 높은 마진율과 안정된 틈새시장만을 원했을 뿐 대량 소비시장에 대한 비전이 없었다. 하지만 후발주자인 P&G는 10년간 끈질기게 노력할 만큼 분명하고 확고한 비전을 가지고 있었다. 훌륭한 제품 디자인은 비전을 실현시키기 위한 끈질긴 노력에 의해서 나오는 것이지 개척, 연륜, 행운, 갑작스런 발전에 의해 얻어지는 게 아닌 것이다.

끈기로의 긴 여행

저널리스트들이 베타와 VHS 비디오 녹화기의 등장에 대해서 이야기할 때면, 이 녹화기들을 가정용 비디오 녹화 시스템 연구의 신기원이라고 말하곤 한다. 그런 말을 들은 사람들은 갑작스런 기술 혁신이 일어났다는 인상을 받는다. 그러나 진실은 그렇지 않다. 기술 혁신은 느리게 그리고 아주 오랜 시간이 지난 후에 일어난다. 소니와 JVC, 그리고 마쓰시타는 P&G가 기저귀 연구에 들인 것보다 두 배 이상의 시간과 노력을 쏟아 부어야 했지만, 그들의 끈기는 확고했다.

소니가 비디오 녹화기를 연구하기 시작한 때가 1958년이었다. 이 회사는 앰펙스가 4헤드 비디오 녹화기를 출시한 지 3개월 뒤에 같은 제품을 완성했다. 소니의 경영진들은 대량 소비시장을 겨냥할 제품을 생산하겠다는 목적을 세우고, 그 당시 앰펙스가 이용하고 있는 기술보다 더 간편한 기술의 개발을 촉구했다. 1960년 당시만 해도 작은 회사였던 소니는 트랜지스터 기술을 제공하는 대가로, 아주 짧은 기간동안 앰펙스와 라이선스 계약을 맺고 기술 지도를 받았다. 그러나 로열티 지불에 대해 의견이 불일치되는 바람에 계약은 금세 파기됐다.

그 당시에도 계속해서 녹화기 개발을 추진하고 있던 소니는 약 4년여 동안의 연구 끝에, 사이즈가 앰펙스의 VRX 1000의 20분의 1이 채 안 되는 2헤드 나선형 스캐너를 개발했다. 그것은 4헤드 기술에만 매달렸던 앰펙스의 엔지니어들은 생각하지도 못한 모델이었다. 그러나 이런 기술적인 경이에도 불구하고 소니의 제품은 소비자시장이나 교육기관 같은 기관시장을 공략하기에는 가격이나 특색, 색상 녹화 측면에서 앰펙스 제품에 미치지 못했다.

소니는 계속해서 연구를 진행시켰고, 1965년 가격이 1천 달러 이하인 CV 모델을 출시했다. 흑백 녹화기인 이 모델 역시 아직까지 사용상의 어려움이 많았다. 높은 가격, 낮은 화질, 그리고 불편한 사용법 때문에 소비자는 이 제품에 눈을 돌리지 않았다. 그러나 학교, 사업체, 그리고 병원 같은 기관시장으로부터는 교육용으로 유용한 녹화기라는 인정을 받을 수 있었다.

소니는 초창기의 실패를 통해, 소비자가 좋아하는 상품을 만들기 위해서 무엇이 필요한지에 대해 귀중한 경험을 쌓았다. 이부카 사장은 엔지니어들에게 저렴하고 사용하기 쉬운 제품을 개발하도록 격려했다. 그는 한 가지 아이디어를 품고 엔지니어들로 하여금 해결책을 찾게 했다. 그리고 그들이 해결책을 제시하면, 더 개선된 방법을 내놓게 했다. 가끔 그는 사소한 변화를 요구할 때도 있었고, 큰 변화를 요구할 때도 있었다. 어쨌든 이부카는 엔지니어들이 다른 제품보다 유용한 제품을 만들도록 끊임없이 독려했다. 그가 엔지니어들에게 '구체적인 목표와 범위'를 정해주면 그들은 자신에게 목표에 맞는 기술을 개발할 능력이 있다는 걸 알게 되었다. 이런 끈기는 엔지니어팀에게 동기를 부여하고 노력의 방향을 제시해주었다.

다시 4년간의 연구가 끝난 1969년, 소니는 1인치 테이프를 사용하는 '필림통 담긴' 비디오 녹화기를 출시했다. 이 녹화기는 이전 장치보다 화질이 우수했다. 필림통은 이전의 오픈 릴 식의 테이프 기술에 비해 사용이 편리했지만 이후 발명된 카세트 테이프 방식보다 불편했다. 따라서 대량 소비시장이 원하는 간편한 방식은 아니었다. 1960년대 내내 소니는 계속해서 품질을 개선한 새로운 모델들을 만들어냈다. 회사는 이 새 모델들을 기관시장에 내놓고, 앰펙스와 일본 및 유럽 회사들과 경쟁을 벌였다. 그 당시 앰펙스는 최고급 세분시장을 겨냥해서 비싸고 품질 좋은 녹화기를 출시하고 있었으며, 우수한 품질과 선도적인 기술력으로 좋은 평판을 얻고 있었다. 반면에 소니와 다른 일본 회사들은 품질은 다소 떨어지지만 생산과정이 덜 복잡하고, 조작이 간편한 제품으로 가격이 싼 세분시장을 공략했다.

1970년대 초 소니는 베타맥스(Betamax)를 연구하기 시작했다. 초기에는 시제품 디자인을 완성하는 데만 중점을 뒀다. 그리고 완성된 디자인에 자신감이 생기자, 대량생산을 위한 제작시설을 개발하기 시작했다. 1975년 4월 소니는 시장에 베타맥스를 출시했다. 이것이 바로 소비자에게 인기를 얻은 첫 번째 비디오 녹화기가 되었다.

JVC도 비디오 녹화기 개발에 있어 소니와 비슷한 길을 걸었다. 사실 노력의 성과가 너무 늦게 나타나자, 팀장인 시라이시는 지원이 끊길까봐 상관에게 비밀로 하고 이 프로젝트를 진행했다. 마침내 시라이시의 흔들리지 않는 신념은 보상을 받았다. 베타맥스가 출시된 지 며칠 후 JVC는 모기업인 마쓰시타에 소수의 엔지니어팀이 개발 중인 가정용 비디오 녹화기가 거의 완성 단계라는 사실을 알렸다. 연구를 시작한 지 21년 만에, 그리고 앰펙스가 비디오 녹화기 시장을 개척한 지 20년 만에, 소니가 베타맥스를 출시하고 1년이 좀 지난 1976년 가을 JVC는 소니와 같은 제품을 출시했다. JVC의 모기업인 마쓰시타는

1977년 초에 VHS 방식을 채택했다. 다소 늦게 출시되긴 했지만 VHS
는 베타맥스보다 훨씬 큰 성공을 거두었다. 그 이유는 VHS의 테이프
길이가 더 길고(베타맥스가 한 시간인 데 비해 VHS는 두 시간이었다)
RCA와 다른 회사를 이용해 주문자 상표 부착 생산(OEM)을 추진한
전략 때문이었다.

소니의 베타맥스와 JVC의 VHS는 비디오 녹화기 시장을 대량 소비
시장으로 활성화시켰다. 판매량은 빠른 속도로 증가되었고, 10년 만
에 미국에서 1년에 약 1,200만 개가 팔렸다. 그러나 JVC의 VHS와 마
찬가지로 베타맥스도 소니의 유일한 제품도, 첫 번째 제품도, 갑자기
등장한 발명품도 아니었다. 베타맥스는 약 16년간 추진해온 연구의
결정체로서 소니가 첫 번째 녹화기인 PV-100을 발매한 지 13년 만에
나온 제품이다. 그 13년 동안 소니의 엔지니어들은 이 기계의 무게를
71퍼센트나 줄였고, 녹화량은 11배로 늘렸으며, 가격은 88퍼센트나
감소시키고 컬러를 도입했다.(표 6-1) 많은 사람들이 베타맥스를 비디
오 녹화기 시장을 개척한 혁신적인 제품이라고 알고 있을 뿐, 20년간
다양한 문제를 해결해온 끈질긴 연구에 의해 발전한 결과물이라고 생
각하는 사람이 없다.

〈표 6-1〉 13년간 소니의 기술 진보

	소니 PV-100(1962년)	소니 베타맥스(1975년)
시간당 필요한 테이프량	19.8㎡	1.8㎡
비디오 화면	흑백	컬러
로딩	오픈 릴 식	카세트 테이프 방식
무게	145파운드	41파운드
소비자 가격	12,000달러	1,400달러

1956년부터 15년 동안 앰펙스는 우수한 기술과 높은 품질을 인정받아 전문시장에서 우위를 지키고 있었다. 하지만 앰펙스는 대량 소비시장에 대한 비전도, 그곳에서 성공하기 위한 끈질긴 전략도 없었다. 이 회사는 산발적으로 대량 소비시장을 겨냥한 제품 개발을 시도했을 뿐이다. 그러나 앰펙스에게 없던 것을 가지고 있던 회사들은 대량 소비시장을 개발하고 그곳에서 우위를 점했다. 그리고 비디오 녹화기 시장이 발달하자 그들은 전 부문을 지배하게 되었다. 따라서 비디오 녹화기 시장에서는 시장 진입순서나 평판, 과거 기술적인 성과들은 아무 소용이 없었다. 그보다는 대량 소비시장에 대한 비전과 그곳을 겨냥한 제품을 만들어내는 끈기가 중요했던 것이다.

비전은 어떻게 끈기를 이끌어내는가

제록스 914의 사례는 한 작은 회사가 끈기를 가지고 시장을 지배하게 되는 과정을 보여준다. 그리고 이 사례를 통해 아무리 기반이 단단한 회사라도 혁신에 실패하면 그 기반을 잃을 수 있다는 사실도 알 수 있게 된다.

제록스의 이야기는 1930년대, 따분한 복사작업에 싫증이 난 변리사 체스터 칼슨(Chester Carlson)에 의해 시작된다. 물리학 지식을 갖고 있던 칼슨은 보다 나은 복사방식을 찾기 시작했다. 도서관 자료를 연구하던 그는 한 헝가리 과학자가 가루와 정전기를 이용해 사진과 비슷한 형상을 찍어낸 사실이 있다는 것을 알았다. 이 모사의 원리가 칼슨의 관심을 끌었는데, 그 형상이 선명하고 마른 상태를 유지했기 때문이다. 그래서 칼슨은 이 원리를 토대로 복사기를 만들기로 했다. 그는 독일인 물리학자의 도움을 받으며 간이연구소에서 실험을 시작했다. 그리고 3년간 노력한 결과, 평범한 종이에 조악하지만 형상을 만들 수 있는 건습 복사기를 개발했다.

칼슨은 자신이 얻은 결과에 만족했다. 그는 이 발명품을 많은 회사에 소개했다. 그 속에는 IBM, 코닥, RCA, GE, 레밍턴 랜드(Remington Rand) 같은 그 시대 미국의 주요 기술회사가 포함되어 있었다. 그는 그 회사들이 자신의 발명품을 상품화해주기를 희망했으나 그 어느 곳도 관심을 보이지 않았다. 그래도 칼슨은 계속해서 연구를 진행시켰다. 그리고 다시 20여 개 회사와 접촉을 시도했지만 아무런 관심도 받지 못했다. 그러다 마침내 1944년 비영리기관인 바텔 메모리얼 연구소(Battelle Memorial Institute)의 그래픽아트 분과 책임자의 후원을 받게 되었다. 연구를 시작한 지 9년, 발명품이 나온 지 6년 만에 칼슨은 바텔을 위해 복사기를 만들게 된 것이다. 바텔은 칼슨의 복사기에 대한 이권의 60퍼센트를 갖기로 했다. 그러나 칼슨은 여전히 이 발명품을 상품화할 회사가 필요했다. 이때 할로이드라는 회사가 등장했다.

할로이드는 코닥 같은 대기업을 위해 인화지를 제조하는 작은 회사였다. 1945년 회사 설립자인 조셉 윌슨(Joseph Wilson)과 간부들은 사업분야를 다각화하기 위해 새로운 발명품을 찾고 있었는데 조사해본 결과 바텔이 건식 인쇄술을 소유하고 있다는 것을 알았다. 윌슨과 엔지니어 팀장인 존 데소어(John Dessauer)는 이 기술을 시험해보기로 했다. 그들은 소책자로 이 기술을 시험해보았는데 결과는 상당히 지저분했다. 그러나 그것만으로도 윌슨이 관심을 가질 이유는 충분했다. 그는 다음과 같이 탄성을 올렸다. "이 제품이 시장에 팔리기까지 갈 길이 먼 건 확실하다. 하지만 팔리기만 한다면 우리는 독보적인 존재가 될 것이다."

예리한 비전의 소유자였던 윌슨은 칼슨의 기술을 개발하기 위해 소유권을 사들였다. 소유권을 갖는 대신 앞으로 이 기술에 의한 산출된 판매액의 8퍼센트를 지급하는 조건으로, 2만 5천 달러의 계약금을 지불했다. 이 계약금은 할로이드의 연간 수입 10만 1천 달러의 약 4분의 1에 달하는 액수였다. 윌슨은 코닥, IBM, RCA 같은 회사들이 거부한 기술을 선택하였다. 사실 그 회사들은 할로이드에 비해 더 나은 시설, 보다 많은 자본, 그리고 복사기 관련 제품을 생산하는 중이었다. 그리고 그 회사들은 돈이 많은 대기업으로 각 회사들은 사진, 사무용품, 통신수단 분야의 리더들이었다. 건식 복사기는 이들 회사의 전문영역에 잘 맞는 제품일 수 있었다. RCA의 경우 칼슨의 복사기는 통신수단의 대안으로 가능성이 있었다. 그리고 이미 복사기 시장에 진출해 있는 코닥에게는 더 좋은 복사기를 만들 수 있는 수단이 될 수 있었다. IBM의 경우에는 중요한 사무용품으로 활용 가능했다. 실제로 복사기 시장이 활성화되어 수십억 달러의 시장이 되고 나서야 IBM은 자사가 만든 복사기로 시장에 진출했다.

하지만 칼슨의 기술은 아직까지 초보적인 수준이었다. 그래서 이런 기술의 잠재성을 알아보는 비전가가 필요했다. 윌슨이 바로 그런 사람이었다. 그는 이 기술로 그럴 듯한 제품을 만들기 위해 강도 높은 노력을 했다. 1년 후 할로이드의 연구원들은 이 기술을 건조한 복사를 뜻하는 제로그래피(xerography)라고 불렀다. 1948년 윌슨은 디트로이트에서 열린 전국 협의회에서 이 기술을 실연하면서 곧 상품으로 생산할 것이라고 공언하였다. 그런데 안타깝게도 그 일은 주어진 시간에 하기에는 너무 큰 일이었다. 그로부터 1년 후 할로이드는 첫 번째 제품인 모델 A(Model A)를 출시했다. 하지만 이 제품은 실패작이 됐다. 세 가지 장치로 구성된 이 제품은 너무 컸다. 그리고 수동인 데다 복잡했고 종이를 한 장 복사하는 데 2~3분이 걸렸다. 작동자는 이 장치에서 저 장치로 커다란 판을 옮기는 일부터 복잡한 조작을 수도 없이 해야만 했다. 이 모든 일을 빈틈없이 처리하기란 상당히 힘든 일이었다.

그래서 할로이드는 다시 연구를 시작했는데, 이 연구는 사람들이 예상한 것보다 훨씬 느리고 더디게 진행되었다. 복사용지가 광수용기에 달라붙고, 토너 찌꺼기가 광수용기에 쌓이고, 종이가 장치에 끼고, 복사기 자체가 주기적으로 화염에 싸이는 문제들이 발생했다. 칼슨의 시세품을 그럴 듯한 제품으로 바꾸기 위해선 엔지니어들이 해결해야 할 문제들이 수천 가지는 될 거라고 말했다. 윌슨은 이 당시 성과에 대해서 다음과 같이 말했다. "우리가 이 모든 문제를 해결하자 또 다시 해결해야 할 문제들이 계속 발생했다." 연구팀장인 데소어는 그 당시의 분위기를 다음과 같이 전해준다. "처음 몇 년간은 아무도 낙관적이지 못했다. 우리 팀의 다양한 연구원들은 한 번씩은 날 찾아와서 저 빌어먹을 기계는 성공하지 못할 거라고 말하곤 했다. 가장 큰 위기는 높은 습도에서는 정전기가 발생하지 않는다는 사실을 알았을 때였다. 전문가들은 대개 '뉴올리언스 같은 지역에서는 복사를 할 수 없을 겁니다'라고 말했다." 왜냐하면 그곳은 습도가 상당히 높은 지역이었기 때문이다. 무엇보다 가장 힘들었던 것은 판매 전망이 비관적이라는 사실이었다. 데소어는 이렇게 말을 이었다. "마케팅 담당자들은 겨우 몇천 대 정도 팔리게 될 시장의 잠재성에 우리가 매달려 있다고 생각했다. 그리고 이런 프로젝트를 계속 진행한다는 자체가 아주 미친 짓이라고 충고하는 사람들도 있었다."

그러나 이 프로젝트를 계속 지지한 윌슨은 연구원들이 계속 일을 진행할 수 있게 동기를 부여했다. 그는 연구원들에게 과거의 진행과정,

결정사항, 미래 계획에 대해서 보고서를 올리게 해서 연구과정 전반을 파악했다. 그는 작은 성공에도 만족을 표시하고, 연구팀이 연구과정에서 얻은 결과물들에 대해선 체계적으로 특허를 받아냈다. 원래 칼슨의 특허품 만기일은 1957년이었지만 계속 추가된 특허품들로 인해 경쟁회사가 모방제품을 만들지 못함으로써 제품을 보호할 수 있었다.

복사기를 연구한 지 13년이 되는 1959년, 드디어 상업적으로 쓸 만한 제품이 만들어지기 시작했다. 그러나 윌슨은 확실한 성공을 위해서 제품 출시를 서두르지 않았다. 할로이드는 제품을 시장에 내놓기 위해 제품제작과 마케팅에 투자할 자금이 필요했으나 회사자금으로는 부족했다. 그래서 IBM을 비롯해 외부에서 자금원을 물색했다. 할로이드의 제안을 받은 IBM은 아서 리틀(Arthur D. Little)에게 복사기 시장의 동향과 할로이드가 제안한 사안이 갖는 가치에 대해서 평가해 줄 것을 의뢰했다. 이 컨설팅 회사는 할로이드의 복사기 판매량을 5천 대로 추정했고 결국 할로이드는 IBM의 지원을 받지 못했다. 그러나 할로이드측 분석가들은 이런 혁신적인 제품의 수요를 정확히 추정하기란 어려운 일이라고 믿고 있었다.

더구나 자신의 비전에 자신감을 갖고 있던 윌슨은 복사기의 제작비용을 마련하기 위해 이사회를 설득해 회사 주식을 팔게 했다. 이사회는 그의 비전을 계속해서 지원해주기로 했다. 그리고 윌슨 역시 사재를 털어 제품제작에 쏟아 부었다. 그와 일부 간부들은 월급의 일부를 회사 주식으로 받았고, 어떤 간부들은 개인 저금을 내놓기도 하고 집을 담보로 잡혀서 회사의 목표를 지원했다. 한편 종업원들은 주어진 목표를 달성하면서도 원가를 최대한 절감하기 위해 몹시 열악한 환경에서 프로젝트를 수행했다.

첫 번째 상품인 제록스 914는 1960년 3월 출시되었다. 이 제품의 이름은 가로 9인치, 세로 14인치짜리 백지에 복사할 수 있었기 때문에 붙은 이름이다. 이 장치는 1,260개의 부품으로 구성되었고, 복사를 성공시키기 위해 이 부품들이 일제히 작동해야만 했다. 이 제품을 연구하는 데 꼬박 14년이 걸렸다. 그 기간 동안 할로이드는 7,500만 달러를 연구비로 쏟아 부었다. 이 액수는 할로이드의 지난 14년간 영업수익의 두 배에 달하는 액수였다. 이 복사기의 정가는 일단 2만 9,500달러로 정해졌다. 할로이드는 사무실에서 이 복사기를 좀더 사용하게 하기 위해서 한 달에 95달러에 복사기를 대여하기로 했다. 이 가격은 사용료와 무료 복사 2천 장이 포함된 가격으로 추가 복사시에는 한 장당 4센트씩 받았다. 이 제품은 코닥과 3M을 포함해 30개의 다른 회사들의 복사기들과 경쟁을 벌였다. 하지만 제록스 914는 경쟁업체 제품보다 더 간편하고 빠른 데다 사용법도 쉬웠다. 그리고 이 복사기는 질척거리는 액체가 아닌 건조한 토너를 사용했다. 가장 중요한 건 일반용지에 복사할 수 있다는 것이었다. 이 점에 대해서 사업 분석가들은 처음에는 불리하다고 말했다. 그 이유는 그 당시 경쟁회사들이 자사의 복사기용 용지를 따로 공급함으로써 수익을 올리고 있었기 때문이다. 이것은 질레트가 자신의 면도기에서만 쓸 수 있는 일회용 면도날을 공급했던 것과 비슷한 전략이었다.

제록스 914는 큰 성공을 거두었다. 1961년 말 출시된 지 2년 만에 1만 대의 복사기가 설치되었다. 1961년 한 해만 해도, 매출은 5,900만 달러로 전년도 매출의 두 배에 육박했다. 할로이드는 회사의 이름을 제록스(Xerox Corporation)로 바꾸었다. 1962년의 매출은 전년도의 세 배가 되었다. 그리고 1966년까지 매출은 5억 달러를 왔다갔다 했고 복사기 시장에서의 제록스의 시장점유율은 61퍼센트였다. 제록스는 미국에서 가장 큰 주식회사 중 하나로 성장했다. 윌슨은 승리감을 만끽했으나 거기서 머물지 않았다. 그는 뉴욕 주 로체스터 외곽에 위치한 웹스터에 커다란 연구소를 세웠다. 그는 연구원들이 계속해서 제품을 개선하고, 다른 세분시장을 겨냥한 제품을 개발하도록 독려했다. 1966년 제록스는 총수입의 약 8퍼센트인 4천만 달러를 연구비로 사용했다. 그해 회사는 500번째 특허를 땄다. 이런 연구는 제록스가 오랜 세월 동안 복사기 시장을 지배할 수 있게 해준 귀중한 신제품 행진이라는 성과를 낳았다. 1960년대 말까지 제록스는 종업원 3만 8천 명에 주식시장에서의 시가가 82억 달러인 회사로 발전했다. 이 가치는 제록스 914가 처음 출시되었던 약 10년 전 가치의 66배에 달하는 것이다.

제록스는 복사기의 개척자가 아니다. 개척은커녕 이미 많은 대기업이 진출해 있던 시장에 진입했다. 이런 제록스가 성공하기까지 윌슨이 기여한 바가 크다. 특히 회사가 큰 성과를 거둘 수 있도록 추진한 것은 다름 아닌 정전기 복사기의 잠재성을 예견한 그의 비전이었다. 그 비전으로 인해 윌슨은 수많은 장애물과 14년간의 연구, 7,500만 달러에 이르는 투자를 극복하고 혁신을 밀고 나갈 수 있었다. 회사 외부 사람 중에는 그런 비전에 공감하는 사람이 거의 없었다. 실제로 할로이드가 칼슨의 기술에 투자하기 전까지 그 기술을 사려고 했던 사람은 없었다. 역설적이게도 할로이드가 13년 동안 제품을 연구하고 시제품을 개발한 뒤 제작 준비를 한 후조차도 상품화를 지원해주는 투자자를 구하지 못했다. 심지어 손꼽히는 컨설팅 회사조차도 이 제품의 잠재시장을 완전히 잘못 판단했다. 이런 사실들을 통해 동시대 경영자들과 기업인들에 비해 윌슨의 비전이 얼마나 특별했는지를 분명하게 볼 수 있다.

끈기 있는 비전가의 '행운'

퍼스널 컴퓨터 시대의 대단한 전설 중 하나가 DOS의 기원과 적당한 때에 적당한 곳에 등장했던 빌 게이츠의 행운에 관한 이야기일 것이다.

1980년 IBM은 애플과 탠디 퍼스널 컴퓨터의 성공에 힘입어 자사의 퍼스널 컴퓨터를 생산하기로 결심했다. IBM은 서둘러 시장에 진출하기 위해 시장에 나와 있는 기성품으로 컴퓨터를 조립했다. IBM은 이 PC에 맞는 운영시스템이 필요했다. 그 당시 퍼스널 컴퓨터 시장 최고의 운영시스템 공급업체는 게리 킬달(Gary Kildall)이 오너로 있던 인터갤럭틱 디지털 리서치(Intergalactic Digital Research, 약칭 IDR)였고 그의 CP/M이 운영시스템의 표준이었다. 그래서 IBM은 킬달의 운영시스템을 사용하기 위해 그와의 접촉을 시도했다.

그러나 IBM의 경영진이 디지털 리서치를 방문하던 날, 킬달은 자신의 비행기를 날리기 위해서였는지 자리에 없었다. 그래서 IBM은 빌 게이츠에게 연락했다. 빌 게이츠는 그때까지는 운영시스템을 마련하지 못한 상태였다. 그러나 그는 시애틀에 있는 작은 규모의 시애틀 컴퓨터 프로덕츠(Seattle Computer Products)라는 회사에서 개발한 소프트웨어의 라이선스를 가지고 있었다. 이 소프트웨어는 시애틀 컴퓨터의 프로그래머인 팀 패터슨(Tim Paterson)이 만든 프로그램으로서, QDOS(Quick and Dirty Operating System)라고 불렸는데, 아마도 킬달의 CP/M의 복사품이었던 것 같다. 이 두 시스템의 구조는 비슷했고, 어떤 명령어는 똑같았다. 게이츠는 이 소프트웨어의 라이선스를 다른 고객에게 내줄 때마다 1만 5천 달러의 추가 로열티를 지급한다는 조건으로, 1만 달러에 이 소프트웨어의 라이선스에 대한 권리를 사들였다(1년 뒤 그는 이 소프트웨어 전체 소유권을 5만 달러에 사들였다). 그런 다음 그는 방향을 바꿔서 소프트웨어의 소유권은 계속 자신이 갖고, IBM측에 라이선스만 내주는 대가로 제품단위당 사용료와 막대한 금액의 선금을 받았다.

PC와 그것을 모방한 수많은 모조품이 큰 성공을 거두자, DOS는 모든 퍼스널 컴퓨터의 표준 운영시스템이 되었다. DOS의 매출은 급상승하면서 마이크로소프트는 수익율이 높은 대기업이 되었다. 마이크로소프트의 DOS 저작권이야말로 시애틀의 한 작은 회사를 PC 운영시스템의 시장지배자이자 전매자로 탈바꿈시킨 가장 큰 요소라 할 수 있다.

많은 사람들은 별 생각 없이 게이츠의 성공은 행운이었다고 말한다. 킬달이 자리를 비운 사이 게이츠는 마침 자기 사무실에서 IBM과 계약을 체결할 준비를 하고 있었다. 그리고 그가 현명하게도 QDOS의 라이선스를 사들인 것은 세기의 거래이자, 두고두고 회자될 거래로 보인다. 반면에 킬달은 정당한 상속권을 속임수에 의해 빼앗긴 성경 속의에서처럼 순진하고 운이 없는 인물이라고 사람들은 생각했다.

그러나 역사적인 세부사항들을 자세히 살펴보면 완전히 다른 그림이 나온다. IBM이 마이크로소프트의 사무실 문을 두드릴 당시, 그 회사의 공동 설립자인 빌 게이츠와 폴 알렌은 퍼스널 컴퓨터용 소프트웨어의 가장 뛰어난 공급업체가 되겠다는 야심찬 계획을 추진하고 있는 중이었다. 그들은 이미 생긴 지는 얼마 안 되었지만 실력 있고 믿을 만한 소프트웨어 개발업체라는 평판을 듣고 있었다. 이런 성과는 프로그램 작성 경력 10년에, 퍼스널 컴퓨터 프로그램을 5년 넘게 작성해 온 결과로 얻어진 것이었다.

사실 게이츠와 알렌은 고등학교 시절부터 프로그램을 작성하기 시작했다. 그 시절 그들은 모든 시간을 프로그램을 짜고 게임을 하며 다른 컴퓨터 시스템을 연구하는 데 썼다. 두 사람은 이웃 회사나 연구소 등 접근 가능한 모든 컴퓨터를 사용했다. 그들은 심지어 급료 지불 명부나 회계 업무의 전산화를 필요로 하는 회사들을 위해 프로그램을 작성해주기도 했다. 게이츠는 컴퓨터말고도, 누가 사나흘 동안 계속해서 프로그램을 작성할 수 있는지 친구들과의 시합에 열을 올렸다. 프로그램 작성에 대한 그의 열정은 대학시절까지 이어졌다.

1975년 초 게이츠는 대학 2년생이었다. 어느 날 그의 2년 선배인 알렌이 『파퓰러 미케닉스』(Popular Mechanics)의 표지에 실린 최초의 퍼스널 컴퓨터인 MITS의 알테어에 대해서 이야기했다. 이 기계에는 키보드와 모니터, 소프트웨어 프로그램들이 부족했다. 그때까지 이런 컴퓨터가 없었기 때문에 응용 프로그램이 없는 것은 당연했다. 알테어에 매료된 알렌과 게이츠는 이 기계가 얼마나 큰 중요성을 가지고 있는지 금세 간파했다. 그 당시 그들은 소형컴퓨터에서 프로그램을 작성할 때 사용되는 언어인 베이직(BASIC)의 전문가였다. 이 언어는 아주 간단해서 많은 사람들이 사용하고 있었다. 알렌은 MITS의 오너인 에드 로버츠(Ed Roberts)를 방문해서 알테어를 위해 프로그램을 작성하겠다고 제안했다. 그러자 로버츠는 운영프로그램을 제일 먼저 제공하는 사람과 라이선스 계약을 맺을 거라고 말했다. 사실 소형컴퓨터 회사들은 퍼스널 컴퓨터에서도 사용할 수 있는 고급 언어는 만들기가 힘들다고 주장했다. 하지만 자신들의 능력을 믿은 게이츠와 알렌은 가급적 빠른 시기에 알테어에 맞게 베이직을 개조하기 위해 모든 노력을 기울였다.

그들은 다른 사람들보다 먼저 이 프로그램을 완성하기 위해 밥 먹는 시간, 잠자는 시간까지 아껴가면서 이 일에 매달렸다. 그러면서도 다른 사람들에게 추월당할지도 모른다는 강박관념에 시달렸다. 게이츠는 그 당시를 다음과 같이 회고했다. "우리가 아니어도 얼마 안 있어 혁명이 일어나리라는 사실을 깨달았다. 알테어에 대한 기사를 읽은 후, 앞으로 우리의 인생을 투자할 곳을 찾은 셈이다." 그런데 역설적이게도 그들에게는 알테어 모델이 없었다. 그래서 둘은 잡지에서 읽은 대로 알테어 대신 하버드 대학의 소형컴퓨터로 모의 실험을 했다. 그리고 마침내 2개월간의 집중적인 연구 끝에 결과를 얻었다. 알렌은 자신들이 만든 새 프로그램을 시운전도 해보지 않은 채 MITS가 있는 뉴멕시코로 날아갔다. 이 프로그램은 처음에는 가동되지 않더니 두 번째 시도에서 "준비중"이라는 단어가 화면에 떴다. 게이츠는 폴 알렌에게 전해들은 이야기를 다음과 같이 옮겼다. "그들은 컴퓨터가 작동하자 몹시 놀랐다고 한다. 알렌은 우리의 프로그램이 작동한다는 사실에 놀랐고, 로버츠는 자사의 하드웨어가 작동한다는 사실에 놀랐다. 어쨌든 우리들의 프로그램에 의해 알테어는 더 유용한 작업을 할 수 있게 된 것이다. 그때 난 알렌의 전화를 받고, 벅찬 흥분을 누를 길이 없었다." 이 일로 큰 감명을 받은 로버츠는 폴 알렌을 MITS 직원으로 고용하고, 그들의 프로그램을 라이선스해서 1개당 30달러를 지불하기로 했다.

1975년 여름 게이츠와 알렌은 마이크로-소프트(Micro-Soft)를 설립했고, 이 회사는 첫해 1만 6천 달러를 벌어들였다(이들은 나중에 회사 이름에서 하이픈을 빼버렸다). 알테어가 세상에 나오자, 게이츠는 앞으로 퍼스널 컴퓨터가 유행할 거라고 믿었다. 이런 믿음 때문에 하버드의 학과공부보다 프로그래밍을 우선시했다. 베이직의 첫 번째 버전이 알테어에서 성공적으로 운영되자 게이츠는 퍼스널 컴퓨터의 무궁무진한 가능성에 사로잡혔다. 그는 이 프로젝트에 대한 생각으로 대학공부에 전념할 수가 없었다. 결국 게이츠는 학교를 그만두고 알렌과 합류해서 마이크로소프트의 운영을 도왔다. 게이츠의 부모들은 "아들이 명문대학교를 그만두고, 사람들이 잘 모르는 소형컴퓨터 사업을 시작한다고 하자 흥분하지 않을 수 없었다." 실제로 알테어는 얼마 안 있어 망하고 말았다. 그러나 게이츠와 알렌의 프로그램은 소형컴퓨터 시장에 진입한 다른 경쟁회사들의 선택을 받았다. 그 가운데는 탠디의 TRS-80 컴퓨터가 포함되었다. 이 컴퓨터는 알테어의 뒤를 이은 PC 시장의 차기 히트작이었다.

IBM은 자사의 PC에 맞는 운영시스템과 언어가 필요하자 젊은 회사인 마이크로소프트의 명성을 듣고 연락을 취했다. 게이츠는 IBM의 PC에 맞는 베이직을 제공했지만 운영시스템은 킬달을 소개했다. 그러나 킬달이 IBM과 계약하지 못하자 게이츠가 계약을 했다. 사실 게이츠는 퍼스널 컴퓨터를 위한 운영시스템을 마련하지 못한 상태였다. 그는 미처 운영시스템 시장까지 신경 쓰지 못하고 있었다. 그럼에도 불구하고 그는 그 당시 총수입이 500억 달러가 넘는 세계적인 컴퓨터 제조업체인 IBM과 손을 잡는다는 일이 얼마나 큰 의미인지 직감했다. 그래서 IBM과의 계약을 반긴 그는 자신의 실력에 자신감을 보이며 3개월 후에 운영시스템을 납품하겠다고 약속했다.

게이츠는 QDOS의 소유권을 사고 그것을 만든 팀 패터슨을 고용했다. 두 사람은 이 프로그램의 명령을 변경하고 이름을 마이크로소프트 도스(DOS)라고 붙였다. 여기서 가장 중요한 사실은 게이츠는 영리하게도 다른 퍼스널 컴퓨터 제조업체에 이 프로그램을 라이선스할 수 있는 권리를 확보했다는 것이다. 이로써 그는 운영시스템 시장을 독점할 수 있었다. 그리고 마침내 이 운영시스템을 사용하는 컴퓨터가 1억 대에 이르면서 마이크로소프트는 능력, 수익성, 시가 총액에 있어서 IBM을 능가하는 회사로 발돋움했고, 게이츠는 백만장자가 되었다.

　이런 사실들을 피상적으로 살피면 게이츠는 적당한 시기에 적당하게 등장한 사람이라는 생각이 든다. 그러나 각 사건들을 좀더 자세히 살펴보면 DOS가 성공한 데는 행운보다 비전과 끈기가 중요한 역할을 했다는 사실을 알 수 있다. 사실 1980년 IBM과 마이크로소프트가 맺은 첫 번째 계약을 단순히 운이 좋았던 사건으로 치부할 수 없다. IBM이 마이크로소프트와 계약을 맺은 이유는 그 회사가 퍼스널 컴퓨터에 가장 적합한 언어인 베이직을 소유하고 있는 데다 근면함과 혁신적인 해결책, 납기일 준수로 좋은 평판을 가지고 있었기 때문이다. 게이츠와 알렌은 일에 너무 몰두하다보면 가끔은 밤늦도록 일을 하거나 주말에도 일했다. 알렌은 다음과 같이 말했다. "우리는 쓰러질 때까지 일만 했다." 사실, 이런 열정적인 근면함은 오늘날 마이크로소프트를 대표하는 정신이 되었지만, 그때까지만 해도 손꼽히는 퍼스널 컴퓨터용 프로그램 언어 공급업체로서는 특이한 태도였다. 게이츠와 알렌의 근면함은 이제 막 창업한 회사를 퍼스널 컴퓨터 시장에서 가장 큰 애플리케이션 공급업체로 성장시켰다. IBM의 신뢰를 얻게 된 것도, 그리고 그 이후 계속해서 다른 회사들의 신뢰를 얻게 된 것도 바로 그런 근면함 때문이었다. 좀더 진실을 말하자면, 머릿속으로 생각해둔 디자인도 없으면서 IBM측에 3개월 후에 운영시스템을 납품하겠다고 약속했던 게이츠의 대범한 조치 때문에라도 그런 근면함을 보이지 않을 수 없었던 것이다.

　이제 게리 킬달과 게이츠와 알렌의 스타일을 비교해보자. 킬달은 IBM과의 첫 번째 만남이 어긋나긴 했지만 나중에 다시 IBM과 협상할 기회가 있었다. 그러나 킬달이 IBM이 제시하는 가격체제에 동의하지 않아 협상은 실패로 끝났다. 그가 실패한 진짜 이유는 자신의 가치를 너무 과신한 데다 IBM과의 거래를 과소평가했기 때문이다. 그 당시 디지털 리서치는 세계에서 가장 큰 컴퓨터 소프트웨어 회사 중 하나 였다. 그리고 킬달은 자사의 CP/M이 널리 사용되면서 백만장자가 되어 있었다. 운영시스템 시장에 대한 자신의 지배력을 지나치게 자신한 결과, 퍼스널 컴퓨터 시장에 대한 IBM의 영향력을 과소평가하고 그 회사와 함께 일하기를 쉽게 거절했던 것이다.

그래서 킬달은 마이크로소프트가 QDOS를 이용해서 IBM과 거래를 했다는 사실을 알았을 때, 불같이 화를 냈다. 그는 QDOS는 자신의 CP/M에게 큰 타격이 될 프로그램이라는 걸 알고 있었다. 그래서 그는 맨 처음에는 마이크로소프트를 고소할 생각까지 했다. 하지만 법정까지 가서 싸우기에는 마이크로소프트가 너무 작고, 그 회사의 주인들이 어리다고 생각하였다. 더구나 그에게는 아직까지 다른 고객들이 많이 있었다. 그래서 그는 IBM으로부터 자사의 PC에 킬달의 CP/M 버전을 사용하겠다는 약속을 받고 타협했다. 그러나 그는 또 다시 퍼스널 컴퓨터 시장에 대해서 잘못된 판단을 내린 셈이다. 그의 CP/M 버전은 MS-DOS가 40달러인데 반해 240달러라는 가격표를 달고 시장에 나왔다. 소비자가 어떤 프로그램을 선택할지는 분명했다. 소비자들은 킬달의 프로그램보다 DOS를 선호했다. 그 결과 DOS가 표준 프로그램이 되면서 킬달의 CP/M과 디지털 리서치는 무대에서 사라질 수밖에 없었다.

그러므로 게이츠가 성공하고 킬달이 실패하게 된 진짜 이유는 단순히 운이 있고 없고의 차이가 아니다. 설령 킬달이 IBM과의 첫 만남에 자리를 지키고 있었다 하더라도 상황은 크게 달라지지 않았을 것이다. 문제의 핵심은 킬달과 게이츠, 이 두 사람이 가지고 있던 비전과 스타일이 크게 달랐다는 사실에 있다. 킬달은 자신의 프로그램에 만족했고 시장에서의 지위를 과신했다. 거기다 그는 IBM의 역할을 제대로 파악하지 못한 데다 법정투쟁이라도 해서 QDOS의 소유권을 되찾아와야 할 필요성조차 느끼지 못하고 있었다. 결과적으로 킬달은 경쟁자가 디지털 리서치의 CP/M 개선 프로그램으로, 그를 시장지배자로 만들어준 것과 똑같은 제품으로 막대한 수입이 보장되는 거래를 하는데도 그냥 지켜만 보고 있었던 셈이다. 그러나 이와는 반대로 게이츠는 항상 대량 소비시장을 염두에 두고 있었다. 그는 해당 시장을 완벽하게 정복하기 위해서 연구를 게을리하지 않았다. 게이츠는 초창기 때부터 경쟁에서 우위를 차지할 수 있는 일이라면 가리지 않고 했다. 그리고 비즈니스에 있어서도 자신의 저작권을 침해하는 모든 일에 법적 소송을 걸었다. 또한 IBM이 거래를 제안했을 때 그것을 기회로 여기고 놓치지 않았다. 그래서 그는 아직 만들지도 않은 원형조차 없는 제품을 IBM에게 팔겠다는 제안을 서슴없이 했던 것이다.

모든 일이 지난 후에 살펴보면, 게이츠가 QDOS를 5만 달러에 사들인 것은 역사에 남을 거래처럼 보인다. 그러나 그 당시 이런 거래가 이루어질 수 있었던 것은 오로지 빌 게이츠 특유의 통찰력 덕분이었다. 킬달은 물론 심지어는 마이크로소프트의 동료들조차 그의 생각을 인정해주지 않았다. 그때까지만 해도 마이크로소프트는 가진 자원이 별로 없는 소기업에 불과했다. 그런데 얼마 안 되는 자원으로 제품과 서비스에 대한 소비자의 욕구를 충족시켜야 했다. 그리고 마이크로소프트가 가지고 있는 전문기술은 주로 베이직에 관한 것으로 운영시스템을 만들 만한 기술력이 미비한 상태였다. 더구나 완성된 프로그램은커녕 그와 관련된 연구조차 진행한 바도 없으면서 게이츠는 정확히 3개월 후에 운영시스템을 납품하겠다는 계약을 체결했다.

그 당시 IBM은 비전이나 책임감은 없으면서 장난하듯 퍼스널 컴퓨터 사업에 손을 댔다는 평판을 듣고 있었다. 이 회사는 퍼스널 컴퓨터와 관련해서 이전부터 추진하고 있던 세 가지 프로젝트도 제대로 완수하지 못하고 있었다. 사실 IBM은 자사의 고유사업이었던 대형 고속 컴퓨터 사업 위주의 경영을 하고 있었다. 그래서 만약 IBM이 퍼스널 컴퓨터 시장에 흥미를 잃는다면, QDOS에 대한 마이크로프로세스의 투자는 무용지물이 될 수 있었다. 그래서 게이츠와 협상을 벌인 IBM의 간부는 다음과 같이 경고했다. "난 오랫동안 IBM에 근무해오면서 상당히 많은 제안을 해왔소. 하지만 그 가운데 많은 것들이 처음 제안대로 이행된 적이 없소. 그러니 너무 많은 희망을 걸지는 말아요." 더구나 IBM은 엄격한 비공개 원칙에 따라 다른 업체와도 계약을 체결하고 있었다. 이런 식의 계약은 작은 회사 입장에선 상당한 위협이었고, 업체들이 서비스나 기밀보장 측면에서 실수를 하는 날에는 상당한 손실을 입을 수도 있었다.

따라서 최소한의 안정성만을 보장하는 데도, IBM의 시류에 게이츠가 편승한 것은 모든 가정에 컴퓨터가 보급되리라는 자신의 비전을 믿었기 때문이다. 게이츠는 어떤 수고를 치르더라도, 그 비전을 실현하겠다는 확고한 결심과 많은 비전들을 가지고 있었다. 알테어가 처음 출시되었을 때, 게이츠는 다음과 같이 논평했다. "MITS는 알테어의 중요성을 잘 모르고 있다. 하긴, 그 중요성에 대해서 제대로 아는 사람은 아무도 없을 것이다. 하지만 우리는 모든 학교 관계자들이 컴퓨터를 하나씩 소유하는 날이 올 거라고 믿고 있다." 심지어 퍼스널 컴퓨터가 수백 대에 불과했던 1970년대 중반에도 게이츠는 "모든 가정과 책상에 컴퓨터를" 놓는다는 비전을 제시했다. 그가 이런 비전을 갖게 된 이유는 다음과 같은 자각 때문이었다. "많은 소프트웨어들이 개발되면, PC는 텍스트가 아닌 숫자와 그림, 심지어는 영화 비디오까지, 지금으로선 어려운 일들을 척척 다루는 도구가 될 것이다. 알렌과 나는…… 항상 PC의 쓰임새는 무한하기 그지없다고 말하고 다녔다."

그럼에도 불구하고 그는 소프트웨어가 하드웨어보다 더 중요하다고 믿었다. 그는 그 차이에 대해 다음과 같이 말했다. "여러분이 2년마다 그 성능이 두 배로 증가하는 마이크로프로세서를 가지고 있다면, 어떤 면에서는 컴퓨터의 성능은 거의 무한하다고 생각할 수 있다. 그렇다면 사람들은 다음과 같은 질문을 던질 수 있다. 이렇게 한 번 만들어 성능이 무한한 물건을 만드는 사업에 종사하는 이유는 무엇인가? 과연 부족한 자원은 없는가? 컴퓨터의 무한한 성능에서 오히려 중요한 가치로 작용할 수 있는 제한점은 없을까? 이 모든 질문들의 답은 한 가지 바로 소프트웨어였다."

마침내 MS-DOS는 단순히 CP/M의 판박이가 아니라는 사실이 입증되었다. 팀 패터슨은 이미 16비트 워드프로세서에서 작동하는 QDOS를 만든 바가 있었다. 그 당시 CP/M은 그런 프로세서에서는 사용할 수 없었다. 게이츠는 패터슨을 채용해서 그 프로그램을 IBM에 맞게 명령을 변경하도록 했다. 마이크로소프트는 패터슨의 도움으로 수많은 소프트웨어 변형판을 내놓을 수 있었다. 이로써 회사는 보다 앞을 내다볼 수 있었고, 더 좋은 파일 저장 시스템을 제공하게 되었다. 이처럼 DOS가 CP/M을 누르고 성공할 수 있었던 것은 IBM과 계약을 체결한 덕분이기도 하지만, 그 자체가 CP/M보다 사용하기 쉽고 적절한 시기에 등장한 데다 가격이 쌌기 때문이기도 하다. 다른 시장들과 마찬가지로 프로그램 시장에서도 시장지배력은 운영시스템의 개척자인 킬달도, 심지어 DOS 체제를 발명한 패터슨도 아닌 대량 소비시장을 계획하고 끈질기게 개척한 게이츠에게 돌아갔다.

게이츠는 컴퓨터 대량 소비시장에 대한 비전에 매달리면서 새로운 퍼스널 컴퓨터가 등장할 때마다 그것에 맞는 소프트웨어 프로그램을 작성함으로써 모든 생활을 마이크로소프트에 바쳤다. DOS, 윈도우, 마이크로소프트 오피스(Microsoft Office), 그리고 다른 프로그램들이 성공할 수 있었던 것은 퍼스널 컴퓨터 업계에 가장 우수한 소프트웨어를 공급해서 세계적인 리더가 되겠다는 게이츠의 일관된 결심 덕분이었다. 이전의 질레트, 이스트먼, 포드, 그리고 다른 끈기 있는 비전가들처럼 게이츠의 성공은 전적으로 운이 좋아서 얻어진 것이 아니었다. 더구나 게이츠는 운영시스템의 개척자가 아니다. 앞서 살펴본 사례들과 마찬가지로, 개척과 행운은 최후의 승자에 아무런 영향도 미치지 않는다. 오로지 비전과 끈기만이 가장 중요한 역할을 할 뿐이다.

얼마나 오랫동안 견딜 수 있을까

이쯤 되면 기업가나 경영자들은 이 상황에 딱 맞는 질문을 던질지 모른다. 도대체 얼마나 노력해야 하는 걸까? 이 의문점은 크고 작은 책임감을 직면한 경영자들이 끊임없이 제기하는 의문점이기도 하다. 다시 말해 정확히 언제 사업을 시작하고 그만두어야 하는 걸까? 또 언제 판매를 시작하고 중단해야 하고, 보유 주식은 언제 사고 팔아야 하는 걸까?

어떤 의미에선 이런 질문들은 너무 흔한 질문이라 할 수 있다. 그런데도 시대와 장소를 불문하고 언제나 적용되는 간단하면서 일반적인 답이란 없다. 정답은 특정 상황에서 얼마나 옳은 판단을 내렸느냐에 따라 달라진다. 그러나 몇 가지 논쟁점을 살펴보면 이 어려운 질문의 답을 찾을 수 있을지 모른다. 우리는 이들 논쟁점 중에서 비전의 역할, 제품의 도약, 기술 혁신의 원동력, 이 세 가지에 대해서 논의할 것이다.

비전의 역할

앞서 검토했던 역사적 사실 중 일부를 살펴보자. 우리가 연구한 비전가들은 시장 잠재성에 대한 자신의 비전을 확고히 믿고 있어서 중도에 일을 그만두지 않았다. 비전에 대한 확신은 지속적인 노력을 이끌어낸다. 특별히 비전가들은 특정 제품에 대한 대중의 욕구를 파악하고 기술력으로 그 욕구를 충족시킬 수 있다고 믿는다.

질레트는 일회용 면도날만 있으면 수많은 남성들이 직접 면도날을 갈아야 하는 불편함과 지겨움에서 완전히 해방될 것이라고 믿었다. P&G는 값이 싼 종이 기저귀만 있으면 그 당시 유행하고 있는 천 기저귀보다 훨씬 편할 거라는 사실을 간파했다. 소니의 공동 설립자인 이부카 마사루는 언젠가는 편하고 저렴한 비디오 녹화기가 각 가정의 흥미를 끄는 날이 온다는 사실을 깨달았다. 그밖의 다른 경우에서도 비전가들이 자주 직면하는 문제는 기술적인 장애물을 극복하는 것이었다. 그들의 비전은 어떤 해결책을 찾아야 할지를 제시한다면, 비전에 대한 확고한 신념은 끈기를 갖고 일을 추진할 수 있는 이유이자 동기를 제공한다.

제품의 도약

근본적으로 새로운 제품의 경우, 다음의 세 가지 요인에 의해 제품의 판매량이 크게 도약해서 성공할 가능성과 시기가 영향받는다. 그 세 가지 요인이란, 시범가격 대비 실제 가격, 시장 확대, 도약 이후의 시간 등이다. 이것들을 이해하기 위해서 우리는 도약에 대한 개념 그리고 핸드폰, 캠코더, 위성 TV 시스템과 같은 40개 이상의 내구 소비재를 분석해서 얻어진 결과들을 설명하겠다.

이들 제품을 역사적으로 분석한 바에 의하면 모든 제품의 라이프사이클은 전형적인 패턴을 보였다.(그림 6-1) 먼저, 처음 출시된 제품부문은 매출이 낮은 편이다. 그 제품들은 몇 년 동안 그렇게 매출이 낮은 상태로 있다가 친친히 상승하기 시작한다. 이런 현상이 일어나는 가장 큰 이유는 새로운 제품부문은 대체제품과 비교해서 달러당 효용(이윤)이 높지 않아서이다. 하지만 그 기간 동안 신제품은 지속적인 품질 향상과 가격 인하를 이루어낸다. 반면에 시장에서 완전히 자리 잡은 경쟁 제품들의 가격과 품질은 신제품과 같은 품질 향상이나 가

〈그림 6-1〉 제품의 라이프사이클

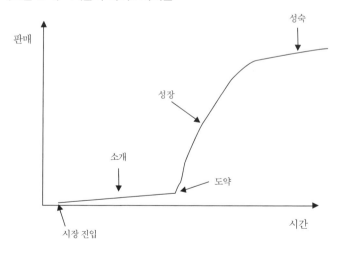

격 인하를 하지 않는다.

이런 과정은 새로운 부문이 시장에서 다른 어떤 제품에 비해 뛰어난 성과를 거둘 때까지 계속 진행된다. 바로 그 순간 매출이 급상승하면서 제품이 도약하게 된다. 제품의 매출은 1년 후에 400퍼센트 이상 상승하고 몇 년 동안 극적인 상승세를 탄다. 이런 제품은 바로 시장을 확대한다. 몇 년을 이런 상승세와 시장 확대를 거치면, 제품의 품질 향상이 더 이상 크게 늘지 않고 시장 확대 역시 줄어들며, 가격 인하도 안정세에 들어서고 성장률 역시 느려진다. 라이프사이클의 초기 완성기에 있는 또 다른 신제품이 시장에 들어온다.

제품의 라이프사이클이 갖고 있는 일부 특징들은 잘 알려져 있지만, 우리는 분석을 통해 각 단계별 원동력에 대해서 정확한 통계자료를 마련하고, 도약의 시기를 추정할 수 있는 공식 모델을 제시할 수 있다. 제품의 라이프사이클 각 단계들 가운데, 도약의 시기가 가장 중요하다. 해당 제품이 경쟁 제품에 비해 품질이 떨어지고 성장 속도도 느린 데다 수익마저 신통치 않으면 경영자들은 신제품에서 손떼야 하는 많은 압력을 받을 수 있다. 그래서 비슷한 제품이 어떤 과정을 거쳤는지 안다면 경영자로선 자신의 운영방식을 결정할 때 지침으로 삼을 수 있다.

40개 이상의 내구 소비재를 역사적으로 분석한 바에 따르면 다음과 같은 운영 지침을 얻을 수 있다.

- 도약의 시기는 세월이 흐르면서 대체로 짧아지는 추세이다. 제2차 세계대전 이전에는 18년이었으나 그 이후에는 약 6년쯤 걸렸고, 최근에는 5년으로 줄어들었다.
- 도약기에 시장 확대는 약 3퍼센트 정도이다. 그런데 이 수치는 세

월이 흐르면서 떨어지고 있다. 제2차 세계대전 이전에는 4퍼센트였으나 그 이후론 약 2퍼센트에 머물렀다.

• 가격은 시간이 흐르면서 꾸준히 떨어진다. 심지어는 도약기 바로 전까지도 그런 현상을 보인다. 최근 몇 십 년을 보면, 도약기의 가격은 출시 가격의 63퍼센트였다.

이런 정보를 이용해서 우리는 신제품부문이 도약할 가능성, 도약이 일어날 만한 가격 및 연도를 추정하기 위한 모델을 개발했다. 그림 6-2는 경영자가 실시한 가격 인하를 근거로 하여 한 제품부문에서 산출한 모델이다. 경영자들은 그들이 취급하고 있는 제품과 비슷한 제품의 샘플로서 이 모델을 활용할 수 있다. 가격에 대한 가치관, 시장 확대, 그리고 출시 연도를 이 모델에 적용시킬 수 있다. 만약에 신제품이 예상된 시기로부터 몇 년 지나도 도약하지 않는다면, 경영자들은 진지하게 해당 사업에서 손떼는 것을 고려해야 한다.

경영자들과 토론해보면 그들은 대체로 빠르게 도약하여 신제품이 거둘 수 있는 성과를 단시일에 보여주어야 한다는 압박감에 시달리고

〈그림 6-2〉 연간가격 인하에 따른 최저 도약 가능성

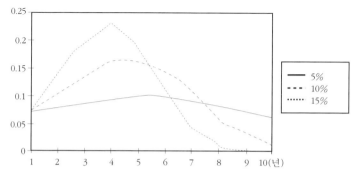

있었다. 그러나 신제품이 시장에 출시된 지 평균 5년에서 6년이 걸려서 도약하는 일은 상당히 급진적인 현상이다. 우리가 앞서 살펴본 사례를 보면 신제품을 개발하고 출시하기까지 더 많은 시간이 걸리는 편이다. 그런데도 경영자들은 압박감 때문에 성급하게 신제품에서 손떼는 경우가 있다. 그러므로 신제품의 경우, 역사적으로 비슷한 제품의 경험에 비추어 언제까지 버티고 언제 그만둘지를 결정할 지침을 마련해야 한다.

기술 혁신의 원동력

지난 20년 동안 진행된 역사적 연구에 의하면 생산의 근거가 되는 기술은 어떤 특정 패턴에 따라 라이프사이클을 진행하는 편이다. 특히 이 패턴들은 시간 대비 달러당 이익 차원에서 좀더 오래되었거나 새로운 기술을 향상시킬 계획을 세우면, 연속해서 S자 곡선으로 보이게 된다.

이 현상을 좀더 이해하려면 더 오래된 기술 T_1과 새 기술 T_2가 나와 있는 그림 6-3을 살펴보라. T_2는 더 오래된 기술 T_1이 완성기일 때 (a)라는 지점에 나타난다. 그러나 연구자들이 T_2에 대해서 배우고 그것을 이용할 무렵 T_2는 달러당 소비자의 이익 측면에서 개선되기 시작한다. 그리고 달러당 이익이 T_2가 기존의 기술인 T_1을 앞지르기 시작하는 (b)라는 지점이 나타난다. 만약 신제품이 이때 시장에 출시된다면, 그 제품의 매출은 (b)지점이나 그 이후에 급상승하게 된다. 오래된 기술에 의해 제작된 구제품의 매출은 그에 상응한 감소가 시작된다. 그리고 시간이 흐르면 T_2 역시 전반적으로 개선의 정도가 멈추게되며, 신제품에 의한 매출 역시 감소한다. 만약 이때 또 다른 기술이

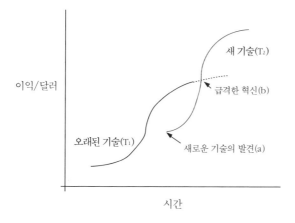

〈그림 6-3〉 기술 혁신의 동력

이익/달러

새 기술(T_2)

급격한 혁신(b)

오래된 기술(T_1)

새로운 기술의 발견(a)

시간

등장한다면, 이 사이클은 되풀이된다.

오래된 기술은 처음에는 수익 측면에서 신기술보다 훨씬 유리한 것처럼 보인다. 그때가 아마 b의 왼쪽 측면에 해당되는 부분일 것이다. 이런 상황은 오래된 기술에 들인 경험과 연구 때문에 일어난다. 하지만 좀더 오래된 기술은 더 연구를 해도 많이 개선되지 않을 수 있다. 이와는 반대로 신기술은 열등해 보이긴 해도 훨씬 빨리 개선된다.

그 예로 세기가 바뀔 무렵의 면도기와 면도날의 경우를 생각해보자. 처음에 얇은 금속으로 만들어진 면도날은 옛날 기술로 만들어진 면도날에 훨씬 미치질 못했다. 하지만 오래된 기술이 이미 완전한 단계에 올라섰고, 수십 년의 경험이 축적되었는데도 소비자들이 자주 면도날을 갈아야만 하는 문제를 해결하지 못했다. 얇은 금속을 이용한 니컬슨의 연구는 면도날의 품질을 꾸준히 향상시켰다. 이 면도날은 저렴하였기 때문에 간수를 잘해야 된다거나 정기적으로 갈아야 할 필요가 없다. 그러므로 신기술에 대한 투자는 오래된 기술에 투자할 때보다 투자된 달러당 더 많은 이득을 얻는다.

기술 변화의 S자 곡선은 경영자들에게 아주 중요한 실천 원리를 제시한다. 경영자들이 고려해야 할 상황은 다음과 같다. 첫째, 자신의 제품이 오래된 기술을 토대로 했는지 아니면 새로운 기술을 토대로 했는지 고려해야 한다. 둘째, 연구에 투자된 달러당 개량 효과는 오래된 기술과 새로운 기술, 어느 쪽이 효과적인지 고려해야 한다. 어떤 기술을 끈기 있게 고수하는 것은 그 기술이 새롭고 아직은 모자라는 점이 많지만, 기존의 기술보다 더 빨리 개선될 가능성이 있을 때 효과가 있다. 반면에 새로 등장한 경쟁 기술에 비해 월등한데도, 자신의 오래된 기술이 느리게 발전하고 전혀 개선되지 않을 때 끈기로 버티는 건 경솔한 행동이다.

마지막으로, 끈기란 주관적인 특성인 동시에 경영자나 기업인들이 모든 상황에서 똑같은 강도로 목적을 추구하며 무턱대고 발휘해야 하는 특성은 아니다. 끈기는 대량 소비시장에 대한 비전에 의해 유도되고 그 비전에 대한 확신에 의해 추진되어야만 한다. 그리고 특히 현재의 제품과 유사했던 신제품의 역사와 기술 변화를 연구한 뒤에 형성되어야 한다. 일반적으로 어떤 것이 옳은 결정인지 정확히 알기란 불가능하지만, 특별히 대량 소비시장의 가능성이 큰 신제품의 경우에는 끈기를 가지고 기다리는 편이 유리하다. 신제품이 도약하면, 몇 년 사이에 매출은 여러 배 급상승한다. 이런 매출 상승에 의한 수익은 상당히 크기 때문에 미래의 더 큰 수익을 위한 투자와 혁신을 추진할 수 있다. 이때 전반적으로 실패로 인한 희생에 비해 성공이 가져다 줄 보상이 훨씬 더 크다고 할 수 있다.

제6단계 : 끈기로 시장 공략

이번 장에서 살펴본 사례들은 다음과 같은 중요 원리들을 강조한다.

- 지속적인 시장지배자들의 핵심은 대량 소비시장을 겨냥하는 비전이다. 그러나 비전의 실현은 상당히 애매한 데다 많은 장애물과 싸워야 한다. 비전을 실현하는 길은 몹시 힘들고 종종 많은 시간이 걸린다.
- 당치 않게 요행을 바라고 갑작스런 발전을 기대하는 것, 이 두 가지는 끈기를 방해하고 성급하게 프로젝트를 종결시킨다.
- 피상적으로 관찰을 하면, 프로젝트의 성공은 운 좋은 기업가에게 찾아온 기회의 결과로 보일 수 있다.
- 시장 발전을 자세하게 연구해보면 운은 아주 작은 역할을 할 뿐이다. 사람과 사건이 합쳐져서 문제가 일어나고 해결책이 나오는 법이다. 그러나 해결책을 찾아내고 그것을 추진하는 것은 끈기 있는 비전이 있어야 가능하다.
- 수십 년이 흐른 뒤에 보면 신제품은 갑작스런 발전에 의해 얻은 결과물처럼 보일 수 있다.
- 성공의 과정을 자세히 연구해보면 성공이란 많은 사람들이 오랜 세월 동안 찾아낸 사소한 해결책들이 모여서 이루어진 결과라는 것을 알 수 있다. 각 해결책들은 바로 전의 해결책을 토대로 얻어졌다. 발전은 한 단계씩, 매일매일, 매시간 조금씩 이루어진다.
- 정복하기 힘들어 보이는 장애물과 더딘 발전, 오랜 기간 속에서 계속 노력을 기울이는 의지를 가지고 있는 회사들이 시장지배자가 된다.

제7장

부단한 혁신의 필요성

오늘날 기술은 끊임없이 변하고 있다. 소비자의 기호도 계속해서 바뀌는데, 때로는 기술 개발이 기호를 바꾸기도 한다. 기술과 소비자 기호의 변화는 시장을 계속해서 변화시킨다. 즉, 재래시장이 소멸되고 새로운 시장이 나타나거나, 여러 개의 시장이 새로운 형태의 시장으로 통합된다. 따라서 오늘날 시장은 끊임없이 발전하고 있다. 이런 맥락에서 지속적인 시장지배력을 장담하기란 어려운 일이다. 오히려 장기적인 리더십은 지속적인 혁신을 필요로 한다. 리더십을 유지하려면 회사는 언제든지 자사의 제품, 태도, 마케팅을 바꿀 수 있는 의지가 있어야 한다.

한 회사가 신제품을 가지고 시장에 진입하고자 할 때, 가장 중요한 것은 혁신이다. 제품이 회사의 비전을 완전하게 실현하지 못하고, 많은 개선을 요구할 수 있다. 하지만 혁신은 회사가 성공하고 자사가 진출한 제품부문을 지배할 때도 중요하다. 회사가 성공하고 수입이 좋을수록, 보다 많은 경쟁회사들이 그 회사의 점유율을 빼앗기 위해 노력한다. 경쟁회사들은 그들 특유의 혁신적 기술을 개발한다거나 우위에 있는 회사의 디자인을 개량할 수 있다. 회사가 경계심과 혁신적인 태도를 유지하지 못한다면 오래지 않아 보다 혁신적인 경쟁회사에게 리더십을 잃게 될 것이다.

회사의 내부에는 부단한 혁신 추진을 방해하는 두 가지 요소가 있는데 그것은 자기 만족과 기존 제품이 잠식당할지도 모른다는 두려움이다.

첫째, 경쟁회사들을 이길 만한 큰 성공을 거두면 지배적 기업은 자기 만족에 빠져들 수 있다. 지배적 기업의 경영진은 경쟁 제품들이 현재 자신들이 생산하는 제품을 따라올 수 없다든가, 자사의 기술력이 가장 뛰어나다는 식의 생각을 가지게 된다. 그런데 바로 이런 태도가 혁신을 가로막는 원인이 될 수 있다. 회사가 시장에서 보다 우위를 차지할수록 자기 만족은 더 커지게 되고, 그러다 보면 기술 혁신을 앞세운 경쟁회사 때문에 놀랄 가능성 역시 커지게 된다.

둘째, 기존 제품이 잠식당할지도 모른다는 두려움은 기술 혁신의 큰 장애물이 될 수 있다. 특히 신기술에 의해 만들어진 신제품들은 회사의 현재 제품을 시대에 뒤떨어진 것으로 만들 수 있다. 하지만 회사 입장에서는 현재 제품들을 제조하기까지 쏟은 정성과 자금을 생각해서 그 제품들이 사장될 수 있다는 사실을 인정하기 꺼린다. 심지어 유망한 신기술 개발에 성공했을지라도, 기존 제품의 매출과 수익이 잠식당할 것을 우려해서 신제품을 내놓기를 꺼려할지도 모른다. 그런 태도는 중요한 기술 혁신을 지연시킬 수 있다. 더욱 심각한 것은 신제품과 리더십 지속을 위해 필수적인 기술 혁신의 과정을 아예 말살시킬 수 있다는 것이다.

하지만 회사는 자신의 시장지배력을 유지하려면 기꺼이 부단한 혁신을 추진해야만 한다. 성공적인 혁신은 그 회사에 깊게 뿌리 박혀 있는 문화에서 비롯된다. 고위 경영진들은 처음부터 이런 문화를 정착시키지 못했다면, 강력하게 지원해야 한다. 그리고 그들은 가장 낮은 단계일지라도, 이런 문화가 조직 전체에 확산될 수 있도록 보장해야 한다. 이런 문화의 가장 중요한 요소는 시대에 뒤떨어지는 것에 대한 두려움이다. 실제로 기술 혁신을 토대로 번창한 회사들은 기술 변화에 의해 자사가 크게 다칠 수 있다는 사실을 늘 명심하고 있다.

우리는 이러한 원리를 세 가지 시장의 발달과정을 통해 설명하고자 한다. 특히 질레트의 역사 속에 있는 다양한 시기들은 부단한 혁신의 필요성, 혁신의 장애요소, 성공적인 혁신을 위해 치를 수밖에 없었던 희생에 대해서 생생하게 증언하고 있다. 1930년대 이전 질레트가 겪었던 일들은 빠른 성공에 의해 생긴 자기 만족이 어떤 식으로 오만을 낳게 되고, 그로 인해 어떻게 시장지배력의 상실 직전까지 가게 되었는지를 자세하게 보여준다. 이와는 반대로 현대에 들어서 질레트가 겪고 있는 일들은 스스로 자사의 주요 브랜드를 잠식했던 일이 어떤 식으로 연이은 기술 혁신의 성공으로 이어지는가를 보여주게 될 것이다. 두 번째로 살펴볼 시장은 인텔이 더 낮은 가격, 보다 높은 품질, 보다 많은 수익을 긍정적으로 순환시키기 위해서 어떤 식으로 자사의 현재 제품들을 잠식했는지를 보여줄 것이다. 그리고 세 번째 사례는 웹 브라우저 시장의 경우로, 지속적이고 빠른 기술 혁신이 시장에 일찍 진출하는 것보다 더 중요하다는 사실을 가르쳐줄 것이다.

자기 만족과 오만함으로 인한 침체

윌리엄 니컬슨이 질레트의 일회용 면도날의 디자인과 제작과정을 지휘하게 되자 매출은 매년 급속도로 증가했다. 니컬슨은 계속해서 디자인을 개발하면서, 수요를 감당할 수 있는 제조 설비의 확장을 지시했다. 이 무렵 수많은 회사들이 빠른 성장세를 보이는 이 시장의 점유율을 확보하기 위해 치열한 경쟁을 벌였다. 그러나 질레트는 이후 개량된 면도기의 특허권은 물론 일회용 면도기의 최초 특허권까지 장악하고 있었기 때문에, 직접 법적 소송을 걸거나 소송 가능성을 경고함으로써 모방제품의 출현을 사전에 차단했다. 따라서 최초 특허권의 만료기일인 1921년까지 어떤 경쟁회사도 질레트 면도기의 기본 디자인을 따라할 수 없었다. 심지어는 제1차 세계대전의 발발도 질레트의 성장을 가로막지 못했다. 오히려 질레트는 미국 정부에 전기 면도기와 면도날을 군용으로 납품함으로써 혼자서 면도하는 방식을 유행시켰다. 그리고 이 방식이 전쟁에서 돌아온 군인들의 습관으로 정착되면서 면도기 매출은 급상승하였다. 1926년 내내 질레트는 초기 회사 주식의 투자액이 100배 이상으로 늘어날 만큼의 큰 성장을 이룩했다. 더구나 질레트는 심각한 경쟁 한 번 치른 적 없이 안전 면도기 시장을 지배했다. 그런데 불행하게도 이런 성공이 자기 만족에 빠지게 하였다.

1926년 헨리 가이스만(Henry Gaisman)은 프로박(Probak)이라는 이중날 일회용 면도기를 설계해서 특허 출원을 했다. 가이스만은 면도기 시장에서 아마추어가 아니었다. 오토스트롭 안전 면도기회사(Autostrop Safety Razor Company)의 회장이었던 그는 킹 질레트보다 먼저 안전 면도기 시스템으로 특허를 출원한 적이 있었다. 하지만 질레트의 기술 혁신이 큰 발전을 이루는 동안, 면도기 시장에서 남아 있던 가이스만은 경쟁에서 낙오자가 되어야 했다. 1920년대 중반 가이스만의 회사 규모는 질레트의 일부에 불과했다. 그렇지만 가이스만도 여러 부문에서 혁신적인 신제품들을 계속해서 개발하고 있었다. 가이스만

이 그 당시 개발한 프로박 면도날은, 중심 부분이 부러지기 쉬운 특성을 줄여 면도기에 면도날을 단단히 고정시켜도 부러지지 않는다는 점만 빼고는 질레트의 제품과 비슷하였다. 그런데 가이스만은 현명하게도 프로박 면도날이 자사 제품은 물론이고 질레트 면도기에도 맞도록 디자인했다. 반면에 질레트 면도날은 프로박 면도기에는 맞지 않았다. 가이스만은 이런 기술 혁신을 앞세워 질레트측에 두 회사의 합병을 제안했다. 그러나 수년간에 걸친 협상이 실패로 끝나자 가이스만은 프로박을 시장에 출시하겠다고 질레트를 위협했다.

그러자 질레트의 이사진은 프로박의 위협에 맞설 수 있는 새로운 디자인의 면도날을 만들도록 지시를 내렸다. 하지만 선견지명 또는 정보 수집을 통해 가이스만은 프로박 면도기에 질레트 면도기의 여러 요소들을 반영하고, 자사가 개선시킨 디자인에 대해서는 특허권을 확보했다. 이런 조처와 함께 가이스만은 질레트와의 합병을 위해 자사의 제품 수요량을 질레트 시장점유율의 25퍼센트까지 끌어올렸다. 그리고 질레트가 새로운 제품을 출시하자, 가이스만은 질레트측에게 특허권 침해로 소송을 제기하겠다고 위협했다. 그러자 시장 내 자사의 지위와 기술적 리더십에 큰 자신감을 가지고 있던 질레트의 이사진은 가이스만에게 어디 한 번 소송을 제기해보라며 맞대응했다. 1930년 질레트의 회장은 공식 서한에서 다음과 같이 호언장담을 했다. "우리 회사가 자신의 특허권을 침해했다고 느끼는 사람이 있다면, 법정에서 만날 것을 제안합니다. 우리는 이미 어떤 법적인 논쟁이든 준비되어 있으며, 환영합니다." 아마도 자기 만족이 오만함으로 발전한 것 같다.

결국 가이스만은 소송을 제기하였다. 또한 그는 프로박을 시장에 출시했으며, 판매는 호조를 보였다. 가이스만이 이제 경쟁력을 갖추었다고 인식되자 금융시장에서도 신호가 왔다. 오토스트롭의 주가가 상승하는 동안, 질레트의 이사진은 주가를 끌어올리기 위해 노력했지만 질레트의 주가는 40퍼센트가 떨어졌다. 그리고 소송이 지연되자 질레트의 이사진은 더 이상 명쾌한 결론이 나지 않는 소송에서 재판관이 어떤 판결을 내릴지 걱정하기 시작했다. 결국 이사진은 어쩔 수 없이 두 회사의 합병을 승인하였다. 그런데 두 회사가 상대방의 회계 장부를 검토하는 과정에서 가이스만은 질레트가 지난 몇 년간 회사 실적을 부풀려서 기록한 사실을 알아냈다. 외국의 자회사에 대해 원가보다 높게 제품의 대금을 청구하고, 이렇게 해서 이루어진 매출에 대해 자회사에서 아직 그 제품들을 소비자들에게 판매하지 못했더라도 거래가 완성된 것으로 처리하는 것이 질레트의 방침이었다. 그리고 이렇게 부풀려진 매출을 근거로 여러 부서와 이사진의 보너스를 책정했다. 질레트에게 불리한 자료를 확보한 가이스만은 질레트의 이사진에게 그가 처음에 제안했던 것보다 훨씬 유리한 조건의 계약을 강요할 수 있었다. 그 결과 가이스만은 이 합병회사의 지배적 지분을 확보하게 되었다. 그리고 1년 후 질레트의 이사진은 주주 소송의 압력을 받아 전원 사퇴했으며, 가이스만이 질레트 안전 면도기회사(Gillete Safety Razor Company)의 회장직을 넘겨받았다.

이러한 질레트의 초기 역사를 살펴보면 한 회사의 아주 재미있는 심리상태를 볼 수 있다. 지속적인 성장과 독점에 가까운 시장지배 그리고 막대한 성공을 통해, 회사의 이사진들 사이에는 불패의 분위기가 형성되었다. 이사들은 점점 자기 만족에 빠져 혁신에 대한 태도가 느슨해졌기 때문에, 평범한 경쟁자들이 혁신을 선도하면서 독창적인 디자인에 대한 특허권을 획득한 다음에 질레트를 특허권 침해로 고소할 수 있었다. 겉으로 보기에는 자기 만족이 오만함과 경솔한 판단을 낳고, 궁극적으로는 경영권의 상실로 이어진 것처럼 보인다. 하지만 결과적으로는 질레트 회사 자체는 가이스만의 비전, 끈기, 리더십에 의해서 그리고 회사를 경영하기 위해 그가 선택한 사람들에 의해 살아남을 수 있었다.

선도 브랜드 잠식하기

가이스만은 미국의 대공황이 시작될 때 사업을 시작했다. 그때와 같이 경제적으로 어려운 시기에는 가격이 소비자들에게 면도기 시스템을 선택하는 주요한 기준이 되었다. 그래서 질레트는 보다 좋은 제품에 대한 연구를 지속하면서도, 저가의 경쟁 제품을 견제하기 위하여 값싼 면도날을 생산하는 데 주력했다.

대공황에 이어서 제2차 세계대전이 일어났다. 그리고 전쟁이 끝나자 질레트의 매출은 상승했다. 매출과 수익이 개선되면서 회사에서는 다시 혁신적인 제품을 개발해서 경쟁의 선두에 설 수 있는 연구에 관심을 갖기 시작했다. 특히 전기 면도기의 매출이 급속하게 커지면서 습식 면도기 시장을 심각하게 위축시킬 조짐이 있었다. 습식 면도기 시장에 속해 있던 경쟁사들은 보다 뛰어난 제품들을 준비하고 있었으며, 특히 쉬크는 질레트의 지위를 공격하는 왕성한 광고활동을 시작했다.

1950년대 질레트는 실리콘이 코팅된 탄소강 면도날을 사용하면 피부와 수염에 가해지는 압력이 줄어든다는 것을 밝혀내었다. 그 결과 당시 사용중인 면도날보다 훨씬 부드러운 면도기를 생산하였다. 회사 경영진 일부는 이 신제품이 킹 질레트의 일회용 양면 면도날 이후로 가장 중요한 것이라고 생각했다. 1960년 질레트는 신제품을 슈퍼 블루 블레이드(Super Blue Blade)로 출시해서 당시 자사의 주요한 브랜드인 블루 블레이드(Blue Blade)와 차별화했다. 이 신제품의 출시는 소극적인 광고와 프리미엄 가격에도 불구하고 대성공을 거두며 매출이 급상승했다. 6개월 안에 슈퍼 블루는 회사 매출의 4분의 1을 차지했다. 1961년 말에 질레트는 총 면도날 판매의 70퍼센트, 양면 면도날 시장의 90퍼센트를 차지했다. 질레트는 시장에 대한 완전한 지배권을 회복하였으며, 다른 회사는 이를 넘볼 수 없을 것처럼 보였다. 다시 한번 성공이 자기 만족으로 이어질 것처럼 보였다.

1962년 윌킨슨 스워드(Wilkinson Sword)는 질레트의 탄소강 면도날보다 세 배나 오래가는 스테인리스강 면도날 슈퍼 스워드 에지(Super Sword-Edge)를 출시했다. 윌킨슨 스워드는 영국 회사였으며, 원래는 날이 있는 도구(칼·낫·도끼 등)와 정원용 연장 사업을 했다. 실제로 윌킨슨이 스테인리스강 면도날을 처음 출시한 이유는 자사의 프리미엄급 정원용 연장의 판매를 촉진시키기 위해서였다. 이 회사는 질레트에서 생산한 탄소강 면도날보다 더 오래가기 때문에 스테인리스강 기술을 도입했다. 또 윌킨슨 스워드는 스테인리스강을 사용했을 때 면도가 거칠게 되는 문제를 해결하기 위해 질레트가 슈퍼 블루에 코팅한 것처럼 합성 화합물을 면도날에 코팅하였다. 슈퍼 스워드 에지는 엄청난 성공을 거두었다. 소비자들은 그 제품의 품질을 시험해보기 위해 몰려들었으며, 공급된 제품은 그 면도날을 이용할 수 있는 곳이면 어디서든지 쉽게 팔렸다. 영국에서 그 면도날은 단시일 내에 시장의 15퍼센트를 차지했다. 전세계적으로 질레트의 시장점유율은 윌킨슨의 시장 진입으로 인해 20퍼센트가 떨어졌다. 하지만 윌킨슨은 시장 수요를 감당하지 못했다. 윌킨슨은 미국에서의 면도날 공급을 자사의 정원용 연장 중에서 한 가지 이상을 구입한 소매상인들로 제한하였다. 더구나 윌킨슨은 현재의 수요량도 공급할 수 없는 시장에서 광고할 필요가 없다고 생각하였다. 기존의 경쟁회사들 역시 스테인리스강 면도날 시장의 잠재가능성을 알게 되자 시장에 진입하기 시작했다. 그 결과 1년 후 질레트의 시장점유율은 50퍼센트까지 떨어지면서 회사가 큰 타격을 받게 되었다.

그런데 아이러니하게도 질레트는 처음부터 스테인리스강 기술을 알고 있었다. 실제로 윌킨슨은 스테인리스강에 코팅하는 기술에 대한 특허권을 가지고 있던 질레트로부터 그 기술의 사용허가를 받아야 했다. 질레트는 스테인리스강 면도날을 출시할 것을 고려했지만, 세 가지의 전략적인 이유로 그렇게 하지 않았다. 첫째, 스테인리스강 면도날을 출시하면 블루 블레이드와 슈퍼 블루 블레이드와 같은 탄소강 제조에 필요한 많은 설비가 쓸모없게 될 것이다. 둘째, 스테인리스강 면도날의 원료비와 생산비가 탄소강 면도날의 두 배 정도이다. 셋째, 면도날의 수명이 탄소강 면도날의 세 배 이상이었기 때문에, 소비자들이 면도날을 구입하는 빈도수가 줄어들 것이다. 이러한 이유로 수익이 낮은 비싼 기술을 도입하는 것이 경영진에게는 이해가 되지 않았다. 그러나 그 분야의 초심자이던 윌킨슨 스워드는 그런 난관을 고려할 필요가 없었으므로 전후(戰後) 가장 치열한 경쟁에 시달리고 있던 질레트에게 도전장을 던질 수 있었다. 그러나 윌킨슨 스워드는 질레트를 파멸시키지 못했는데, 그 이유는 스테인리스강 면도날에 대한 수요를 십분 이용할 만한 충분한 생산능력을 갖추지 못했기 때문이다. 또한 윌킨슨은 면도날 판매사업을 새로이 구축하기보다는 스테인리스강 면도날을 사용하여 자사의 높은 수익을 내는 정원용 연장의 판매를 촉진하는 데 더 많은 관심이 있는 것 같았다.

윌킨슨으로 인한 경험에 자극을 받은 질레트는 기존 제품들을 잠식하는 희생을 무릅쓰고 기술 혁신을 수행하였다. 질레트는 1964년 자신의 스테인리스강 면도날을 출시해서 시장점유율에서 더 큰 손해를 보게 되었다. 질레트의 스테인리스강 면도날은 슈퍼 블루의 매출을 잠식하지는 않았지만, 경쟁사에게 빼앗긴 자사의 소비자들을 다시 쉽게 끌어들이지는 못했다. 그래서 질레트는 시장점유율을 회복하고 스테인리스강 면도날의 경우와 같은 큰 실패를 방지하기 위해서 보다 진보된 기술을 연구해야만 했다.

질레트에서는 수년간에 걸친 연구 끝에 1972년 트랙Ⅱ(TracⅡ) 이중 헤드 면도날과 면도기를 출시했다. 이번에는 질레트에서 이전의 성공한 브랜드가 이중 면도날 기술에 의해 시장점유율을 잃는 것을 무릅쓰고 제품을 출시하였다. 그런 다음 트랙Ⅱ가 여전히 최고조의 판매율을 유지하는 동안, 질레트는 또 다른 신제품인 아트라(ATRA) 회전 면도기를 1977년에 출시하였으며, 이번에는 이 제품이 트랙Ⅱ의 매출을 잠식할 것이라는 사실을 알고 있었다. 질레트는 1976년에 시장 진입이 임박한 빅(Bic) 일회용 면도기의 위협을 받았다. 질레트는 보다 값이 저렴한 일회용 면도기 때문에 단기 수익을 잠식당했지만, 신제품 개발을 계속해서 굿 뉴스(Good News) 이중날 일회용 면도기를 출시하였다. 이러한 방법에는 비용이 많이 소요되었지만, 질레트가 다시 면도기와 면도날 시장의 지배권을 회복하고 시장점유율을 늘리는 것과 같은 충분한 보상이 있었다.

질레트는 1989년에 새로 엄청난 기술 혁신인 '센서'(Sensor)를 출시했는데, 이중 면도날이 따로 움직이는 구조였다. 이 기술 혁신은 면도 성능이 좋았기 때문에 수익성이 적은 일회용 면도기로 인한 시장점유율 손실을 간단히 뒤집어버렸다. 마지막으로 센서가 위협받은 것은 아니었지만, 질레트는 1998년 마하 3(Mach 3)를 출시했으며, 그것은 세 개의 회전 면도날이 있는 새로운 면도 시스템이었다. 이 새로운 제품들은 한결같이 이전 브랜드의 매출을 잠식하였다. 하지만 질레트는 경쟁사들보다 앞서 신제품을 개발해서 면도기와 면도날의 시장점유율을 유지할 수 있었다.(그림 7-1)

되돌아보면, 이런 기술 혁신은 대부분 큰 성공을 거두었지만 당시에는 위험한 모험이었다. 기술 혁신이 성공하면 질레트의 기존 브랜드를 잠식할 위험이 존재하였지만, 그렇다고 해서 전체 시장점유율을 보장한다거나 높은 수익을 보장하는 것도 아니었다. 기술 혁신이 실패할 경우에는 연구 및 개발비로 들어간 엄청난 비용이 고스란히 부담으로 남을 위험이 있었다. 질레트는 마하 3에 7억 4천만 달러를 지출했는데, 이 금액에는 시장에서 제품을 효과적으로 판매하기 위해 지출한 수억 달러는 포함되지 않았다. 그런 거대한 투자비로 인해 실패에 대한 두려움이 커질 수 있으며, 회사 내의 혁신 정신을 위축시킬 수도 있었다. 그렇지만 질레트에서는 이런 일이 일어나지 않았다.

질레트의 회사 분위기는 혁신정신으로 어떻게 기술 혁신을 성공시키는가를 드러내고 있다. 제품에 대한 열정이 있기는 하지만, 기술 혁신은 거의 강박관념에 가깝다. 질레트는 항상 공장에서 수십 개의 면도기들을 시험하고 있었다. 질레트는 수백 명의 종업원들에게 직접 새로운 면도기 시스템을 경험해보도록 했다. 종업원들은 소비자의 면도 습관 및 면도시 미는 횟수, 면도한 피부의 감촉, 면도된 수염을 기준으로 한 잘린 양 등을 분석한다. 질레트에서 시제품의 시험을 담당하고 있는 부서장은 리포터에게 자신이 얼마나 열심히 제품을 헌신적으로 시험하고 있는가를 다음과 같이 설명했다. "우리가 피를 흘린 덕분에 여러분들은 집에서 안전하고 깨끗한 면도를 할 수 있었고 앞으로도 계속 그럴 것입니다. 나는 입사한 지 27년째로, 입사 첫 주에 이

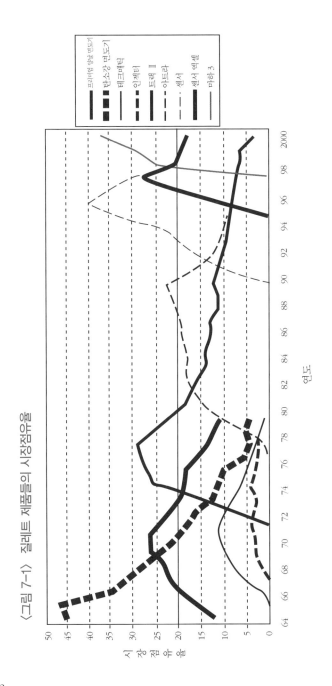

<그림 7-1> 질레트 제품들의 시장점유율

곳으로 오게 되었습니다. 그리고 하루도 빠짐없이 면도에 대해 시험해왔습니다."

기술연구소 부소장은 보다 훌륭한 제품을 개발하기 위한 연구의 세부 사항에 대한 질레트의 의도를 설명하면서 이렇게 말했다. "우리는 면도날 끝과 면도날 보호장치, 면도날의 각도, 면도기의 균형, 길이, 중량, 폭 등을 검사했다. 피부에는 어떤 화학반응이 일어나는가? 면도기를 밀 때 수염에는 어떤 현상이 일어나는가? 모낭에는 어떤 현상이 일어나는가? 우리는 얼굴을 가지고 있다. 또 누구보다도 면도에 대해서 많이 알고 있다. 나는 강박관념이라는 말이 지나치게 강한 말이 아니라고 생각한다." 실제로 세계에서 질레트보다 안면의 털에 대해서 많이 알고 있는 실험실은 아마 없을 것이다.

질레트는 이렇게 연구와 개발을 강조함으로써 면도기 시장에 대한 지배적인 우위와 높은 수익률을 유지할 수 있었다. 연구 및 개발이 다른 많은 분야로 다양해지면서 면도기 및 면도날의 매출이 이제는 전체 매출의 3분의 1정도에 지나지 않지만, 면도기와 면도날은 여전히 질레트 수익의 우위를 차지하고 있다.

그림 7-1을 보면 놀라운 현상을 볼 수 있다. 표면적으로 질레트 시장점유율은 약 65퍼센트로 안정적으로 보인다. 하지만 그 이면에는 계속해서 등장한 새로운 브랜드들이 신기술을 도입하면서, 그 브랜드만의 이미지를 창출하고, 이전에 성공했던 브랜드를 시대에 뒤떨어진 브랜드로 만드는 등 분투가 일어나고 있다. 무심코 도표를 살펴보면 시장점유율이 상당히 안정된 것으로 보기 쉽다. 그런데 만약 이런 관측자가 잘못해서 질레트를 면도기 시장의 개척자로 알고 있다면, 그는 개척자들이 상당히 오랜 기간 유리하다는 결론을 내리기 쉽다. 그러나 실제로는 시장에 진입한 회사들은 치열한 경쟁과 불안감, 끊임

없는 시장점유율의 변화에 시달리고 있다. 따라서 성공은 부단히 기술 혁신을 추진한 회사의 차지가 된다. 질레트는 과거의 실수를 통해 성공에 대한 자기 만족은 재난으로 이어진다는 교훈을 얻었다. 질레트의 계속된 성공은 기존의 제품을 쓸모없는 것으로 만들 수 있는 혁신적인 제품을 찾기 위한 노력에서 나왔다. 부단한 기술 혁신이야말로 질레트의 생명력임이 틀림없다. 이런 기술 혁신은 질레트가 면도기 시장의 우위를 계속해서 유지하도록 하는 원동력이 되고 있다.

지속적인 혁신을 위한 피드백 루프

인텔 사의 경험은, 지속적인 혁신을 통해 어떻게 경쟁자들을 견제할 수 있고 그 수익을 발생시키는가를 보여준다. 마이크로프로세서 시장은 면도 시스템 시장보다 훨씬 역동적이다. 그림 7-2는 연속적인 여러 세대의 인텔 칩에 대한 매출 유형을 나타낸 것이다. 인텔이 새로운 세대의 칩을 출시할 때마다, 이전 세대의 매출은 안정된 상태를 유지하다가 줄어들기 시작했다. 매출의 내력을 보면, 새로운 세대의 칩들은 각각 이전 세대 칩의 매출을 잠식한다는 것을 알 수 있다. 또한 매번 인텔은 칩의 출시 시기와 칩의 특성을 통제하였다. 각 세대의 칩을 개발하기 위해서는 많은 과학자들과 엔지니어들이 수년간에 걸친 연구 노력이 필요하다. 인텔은 새로운 칩을 생산하기 위해서 공장 설계를 완전히 바꾸지는 않았지만 기계설비를 재정비해야만 했다. 특히 처음부터 인텔은 컴퓨터 칩 시장을 거의 독점하고 있었다. 그런데 인텔이 자사의 제품들을 스스로 잠식한 이유는 무엇인가?

가장 뚜렷한 이유는 경쟁사들의 압력이다. 이것은 질레트가 기술

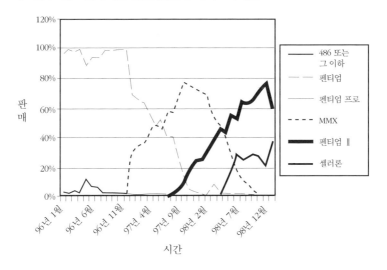

<그림 7-2> 연속적인 인텔 칩들의 라이프사이클

혁신에 투자하게 된 동기와 같은 이유이다. 인텔은 수익성 높은 사업을 하고 있었기 때문에 다양한 경쟁회사들이 시장에 진입해서 인텔의 시장점유율을 빼앗기 위해 노력했다. 또 그런 회사들은 인텔의 칩과 동일하거나 혹은 그보다 뛰어난 성능을 가진 칩들을 만들기 위해 자본을 투자했다. 예를 들어 해당 업계에서 오랫동안 거대 기업으로 존재한 모토롤라와 IBM이 거기에 속한다. 그외에 AMD는 비교적 소규모이기는 해도 상당 기간 경쟁해온 기업으로, 특허사용권 및 역설계, 자사 제품의 기술 혁신을 통해 인텔의 칩이 가진 성능을 그대로 복제하기 위해 노력했다. 역설계란 후발업체가 해당 분야에서 기술적인 선도업체가 얻은 특허권을 침해하지 않으면서 그 선도업체가 특허권을 얻은 제품과 똑같은 성능을 발휘할 수 있는 새로운 제품들을 설계하는 과정이다. 그렇게 하려면 후발업체는 선도업체의 설계에 대한 지식이 없는 엔지니어를 채용해서 선도업체 제품의 입력과 출력만을

관찰해서 새로운 설계를 개발하는 것이다. 이런 과정을 이용해서 AMD는 9년에 걸쳐서 인텔의 296칩을 복제했으며, 6년에 걸쳐서 386칩을 복제했다. 또 4년 걸려서 486제품을 복제했다. 인텔 사의 펜티엄에 대한 경쟁 제품인 AMD-K6를 출시하는 데는 채 1년도 걸리지 않았다. 보다 최근에 AMD는 동일한 실행 용량에서 인텔의 제품보다 뛰어난 칩을 출시하기도 했다.

이런 역사를 통해, 인텔은 기술 혁신에 실패하면 새로운 칩을 출시하는 과정에서 경쟁사들에게 선두를 빼앗길 수 있다는 것을 알았다. 그렇게 되면 시장점유율 및 매출에서 뒤처지게 될 것이다. 매출 손실은 경쟁의 선두에 머물러 있기 위한 혁신을 추진하는 데 필요한 수입 및 수익의 손실로 이어진다. 이 시장은 경쟁이 치열하기 때문에 새로운 세대의 칩을 개발해서 앞장서 가지 못하면 시대에 뒤떨어져서 급속하게 쇠퇴할 운명에 처할 수 있다. 업계에서 자주 인용되는 문구에서는 이런 말이 있다. "다른 사람이 우리 점심을 먹기 전에 우리가 먼저 먹어야 한다." 아니면 그런 현상에 대한 앤디 글로브의 설명이 더 자주 인용될 수도 있을 것이다. "편집광만이 살아남는다."

하지만 이 시장의 부단한 혁신에 대해서는 그에 못지 않은 또 다른 이유가 있다. 인텔은 설립자인 노이스와 무어가 가지고 있던, 하나의 칩에 보다 많은 트랜지스터를 압축할 수 있다는 비전과 열성을 바탕으로 성장했다. 무어는 칩의 연산능력이 12개월마다 두 배로 성장할 것이라고 예측했다(후에 그는 이런 예측을 18개월마다로 바꿨다. 그런 예측은 상당히 정확한 것으로 밝혀졌으며, 무어의 법칙이라고도 한다). 이런 움직임은 중요한 이점을 많이 유발한다. 첫째, 칩의 성능은 새로운 것이 나올 때마다 보다 강력해졌다. 성능이 보다 강력해진 칩은 보다 짧은 시간에 전과 동일한 임무를 수행할 수 있다. 또 그래픽

디스플레이나 3-D 비주얼, 비디오, 음성인식 등과 같은 보다 복잡한 임무들도 수행할 수 있다. 둘째, 칩의 크기가 보다 작아지기 때문에, 그 칩들을 사용하는 제품들의 크기가 더 작아지고 이동하기 쉬워지며 효과적인 것이 될 수 있다. 셋째, 크기가 더 작은 칩은 실리콘웨이퍼와 같은 비용이 비싸고 고순도의 원자재를 보다 적게 사용한다. 따라서 트랜지스터의 기능을 보다 크게 압축시킬수록 제품의 비용은 점차로 내려간다. 넷째, 크기가 더 작은 칩은 또한 전기 소모량이 적기 때문에 운용 비용도 내려간다. 다섯째, 한 개의 칩으로 여러 가지 기능을 수행하기 때문에, 노동자들이 여러 개의 칩들을 연결하기 위한 작업이 줄어들게 된다. 그러므로 전체 조립시간은 줄어들면서 제품의 신뢰도는 높아지게 된다.

따라서 트랜지스터의 압축은 보다 작아지면서 속도는 빨라지고 강력하면서도 품질은 더욱 좋아지고 가격이 싼 칩으로 발전한다. 그 결과 이런 칩들을 사용하는 컴퓨터들은 구세대 컴퓨터들보다 훨씬 유용하다. 이런 향상된 기능들은 새로운 소비자 집단의 관심을 끌게 되고, 컴퓨터 시장을 확대시키게 되므로 칩 시장도 따라서 커진다. 과거에 인텔이 새로운 칩을 출시하자 회사 수익은 급상승하면서 생산단가는 줄어들었다. 따라서 인텔의 경영진은 기술 혁신을 통해서 수익은 증가되면서도 생산비용은 줄어드는 이중의 이점이 생긴다는 것을 깨달았다. 또한 그렇게 함으로써 수익이 급속하게 증가했다. 경영진은 자신들이 거둔 성공에 긴장을 늦추지 않고 혁신의 속도 및 생산성을 유지하기 위해 보다 많은 연구에 수익을 재투자하기로 했다. 이런 수익은 보다 훌륭한 설계, 특히 보다 큰 압축을 위한 더욱 많은 연구를 하는 데 도움이 되었다. 따라서 진행주기는 보다 빠른 속도로 계속되었으며, 인텔은 거대 기업으로 발전했다.

비슷한 경우로 노이스와 무어가 1957년에서 1967년까지 페어차일드 반도체를 운영하면서 매출이 1억 3천만 달러까지 증가되었으며, 노동력도 1만 5천 명까지 증가했다. 노이스와 무어가 인텔을 설립했을 때, 회사의 매출은 1968년 2,672달러에서 겨우 5년 만에 6,600만 달러까지 증가했다. 인텔의 설립자들은 배당을 많이 하기보다는 수익을 연구와 개발 및 생산에 재투자했다. 그리하여 인텔은 연구를 통해 각각 8008, 8080 및 8086/8이라는 세 세대 칩을 생산할 수 있었다. IBM은 인텔 제품의 품질 및 혁신 정신에 강한 인상을 받고 자사의 첫 퍼스널 컴퓨터의 성능을 높이기 위한 마이크로프로세서로 8088을 선택했다. 퍼스널 컴퓨터의 매출이 올라가자 인텔의 매출도 올라갔다. 인텔은 설립자들의 정신에 자극을 받아 보다 효과적인 칩을 개발하기 위한 연구에 수익을 지속적으로 재투자했다. 인텔은 경쟁사들 중에서 선두를 유지했으며, 이후 몇 년 동안 계속해서 새로운 세대의 칩들로 업계를 이끌었다. 실제로 가격을 낮추면서 성능은 높이고 퍼스널 컴퓨터의 매출을 증가시킨 것은 이런 연속적인 여러 세대의 칩들이었다. 2001년 초 인텔 주가는 IBM을 앞질렀으며 페어차일드 반도체의 주가를 미미하게 했다.

인텔 역사의 아이러니는, 인텔이 설립되기 전에 이미 수십 년 동안 존재했던 거대 기업들이 지배하고 있던 업계에서 성장했다는 점이다. 더구나 인텔의 설립자인 노이스와 무어는 인텔에 의해서 퇴출될 여러 기업에서 일을 했었다. 그들이 그 회사들을 떠나게 된 이유는 고위 경영진들이 비전이 부족하였고 부단한 혁신의 중요성을 제대로 인식하지 못했기 때문이다. 또한 그들은 인텔의 설립자들인 노이스와 무어가 논쟁과 기술 혁신의 성과를 통해 혁신의 중요성을 강조했으나 이것을 이해하는 안목이 없었다. 이런 여러 사건들의 연대기를 통해서 업계에서 이전에 차지하고 있던 유리한 위치는 지속적인 성공을 결정하는 해결책이 아니라는 점을 알 수 있다. 일관성 있게 혁신에 전념하고 부단히 추구하기로 결정하는 것이 중요하다.

혁신에 대한 신속한 대응

인터넷이나 전자상거래 혹은 첨단 기술 제품과 관련된 시장은 매우 빠르게 발전하고 있다. 시장 분석가들은 속도가 그렇게 중요한 것이라면 시장 진입시기 역시 그에 못지 않게 중요한 것이라고 믿는다. 또한 시장 분석가들은 비록 첫 번째는 아니더라도 빨리 시장에 진입해서 이들 시장에서 강력한 지위를 확보해야 한다고 생각한다. 따라서 분석가들은 새로운 경제에서 시장 진입순서가 보다 중요한 것이라고 믿고 있다.

실제로 전략적 속도와 시장 진입순서에는 큰 차이가 있다. 기술은 빠르게 변하고, 기업들은 신속하게 움직인다. 경쟁에 의한 시장 변동은 몇 년이나 몇 달이 아닌 몇 주나 혹은 몇 일 만에 평가되고 있다. 하지만 그렇다고 해서 기업이 반드시 시장에 첫 번째로 진입해야 하며, 그렇지 않으면 모든 것을 잃는다는 뜻은 아니다. 이렇게 빨리 움직이는 시장에서는 소비자들의 브랜드 충성도 역시 빠르게 변하며 시장점유율도 마찬가지 현상을 보인다. 실제로 후발업체가 매우 뛰어난 제품을 공급할 경우, 시장점유율이 급격히 상승해서 100퍼센트에 이르는 경우를 볼 수 있다. 그와는 반대로 선구적으로 시장에 진입한 제품이라도 혁신의 속도를 유지하지 않으면, 그 제품의 시장점유율은 하룻밤 사이에 사라져버리고 만다. 이런 경우에 해당하는 사례가 웹 브라우저 시장이다. 이 사례를 통해서 제품의 혁신이 얼마나 빠른 속도로 개척자의 초기 리더십을 박탈하는지 그리고 시장에 첫 번째로 진입하더라도 제품의 품질이 떨어지면 소용없다는 것을 살펴보자.

5장에서 설명한 바와 같이, 버너스-리는 웹을 설계한 후에 자신이 개발한 브라우저를 체계적으로 개선할 수 있는 시간과 자원이 없었다. 버너스-리가 첫 번째로 개발한 브라우저는 월드 와이드 웹이라고 했는데, 그것은 그래픽 기반이었다. 하지만 그것은 NeXT 퍼스널 컴퓨터에서만 실행되었기 때문에 대중적이지 못했다. 그의 두 번째 브라우저는 라인 모드 프로그램이었으며, 어떤 컴퓨터에서도 실행할 수 있었다. 하지만 그것은 사용하기가 힘들었으며, 잘 팔리지도 않았다. 웹이 채택되는 속도에 박차를 가하기 원했던 버너스-리는 특히 대학생들이 더 좋은 브라우저를 개발할 수 있도록 장려했다. 그 결과 1990대 초에는 브라우저 개발이 여러 대학에서 컴퓨터 과학을 전공하는 학생들이 선호하는 연구 주제가 되었다. 그리하여 링크스 2.0(Lynx 2.0, 캔자스 대학), 첼로(Cello, 코넬 대학), 어위즈(Erwise, 헬싱키 대학), 바이올라(Viola, 버클리 대학)와 같은 브라우저들을 사람들이 이용할 수 있게 되었다.(표 7-1 참조)

1992년에 어바나 캠페인에 있는 일리노이 대학의 국립슈퍼컴퓨터애플리케이션연구소(NCSA) 소프트웨어 개발 그룹에서 연구자들이 여러 네트워크를 통합할 수 있도록 하는 소프트웨어를 개발하고 있었다. 그 그룹의 멤버인 데이브 톰슨(Dave Thomson)은 아직 소규모였던 월드 와이드 웹의 CERN 사이트와 거기에서 실행할 수 있는 브라우저들을 알게 되었다. 그것은 그 그룹의 책임자로 소프트웨어 그룹을 이끌던 조셉 하딘(Joseph Hedin)과 학생 연구원인 마크 안드레센(Marc Andreesen)의 주목을 끌었다. 안드레센은 사용자 친화적인 웹

〈표 7-1〉 초기의 브라우저들

유효날짜	프로그램	그룹	개발자	네트워크 시스템	플랫폼	모드
1989	링크스	캔자스 대학	마이클 그로브 와 스태프들	웹	유닉스	스크린
1991	WAIS	싱킹 머신 코퍼레이션	브루스터 카일	로컬	유닉스	라인
1991	고퍼	미네소타 대학	폴 린더와 마크 맥카힐	로컬		메뉴
1991. 3	월드 와이드 웹	CERN	팀 버너스-리	웹	NeXT	그래픽
1991. 5	라인 모드 브라우저	CERN	니콜라 펠로 우와 팀 버너스-리	웹	유닉스, 도스	라인
1991	바이올라	캘리포니아 주 버클리 대학	페이 웨이	로컬	유닉스	X-윈도우
1992. 4	어위즈	헬싱키 대학	에이리 렘크	웹	유닉스	X-윈도우
1992. 5	바이올라 WWW	캘리포니아 주 버클리 대학	페이 웨이	웹	유닉스	X-윈도우
1992. 7	마이더스	스탠퍼드	토니 존슨	웹	유닉스	X-윈도우
1993. 2	모자이크	NCSA	마크 안드레센 과 에릭 비나	웹	유닉스	스크린
1992. 12	삼바	CERN	로버트 칼라 우와 니콜라 펠로우	웹	매킨토시	맥-윈도우
1992~93	첼로	코넬 대학	토머스 브루스	웹	윈도우	PC-윈도우
1993. 3	링크스 2.0	캔자스 대학	루	웹		스크린
1993~95	아레나	휴렛팩커드	데이브 라게트	웹	유닉스	그래픽
1993. 11	모자이크	NCSA	안드레센과 스태프들	웹	윈도우	PC-윈도우

프로그램이 폭넓은 호응을 얻을 수 있을지 의심했지만 곧바로 유용한 브라우저를 개선시키는 일에 몰두했다. 또한 이 연구소의 우수한 프로그래머인 에릭 비나(Eric Bina)의 도움을 청했다. 두 사람은 자신들의 목표를 빨리 달성하기 위해 열정적으로 일하였다. 또한 함께 열심히 협동하면서 각자 보완적인 역할을 했다. 안드레센은 개발된 프로그램들에 대한 유효성을 평가하고 이 프로그램들을 공개 강연에서 소

개하기도 하였으며 새로운 기능들을 추천하는 등 기획자로서 능력을 더 발휘했다. 반면에 비나는 코드를 작성하고 다양한 기술적인 문제들을 해결하는 프로그래머의 역할을 했다.

그들이 협력하는 모습은 작가인 조지 길더의 설명에 생생하게 나타나 있다.

게이츠 같은 사람에게는 폴 알렌[혹은 잡스(Jobs), 스티브 오즈니아크(Steve Wozniak)]이 있어야 했다. 안드레센에게는 비나가 바로 그러했다. 안드레센이 곰 같다면 비나는 무뚝뚝하고 냉담했으며, 안드레센이 개방적이라면 비나는 신중했다. 안드레센이 확장형이라면 비나는 집중형이고, 안드레센이 의욕이 넘친다면 비나는 이해가 빨랐다. 안드레센이 방탕한 면이 있다면 비나는 검소했다. 또 안드레센이 지구 정복의 길을 나서면, 비나는 집에 남아 코드를 작성할 준비를 했다. 상당히 대조적이긴 했지만 서로를 완전히 신뢰하면서 보완적인 역할을 했던 이 두 사람은 1993년 1월부터 3월까지, 어떤 영감에 의해서 매우 고된 코드 작성 마라톤 끝에 모자이크를 탄생시켰다.

그들은 먼저 버너스-리의 라인 모드 브라우저를 더 빠르게 실행할 수 있도록 코드를 재작성하였다. 그런 다음에는 그래픽이 가능한 스크린 모드를 짜넣음으로써 그 기능을 강화했다. 두 사람은 이런 개선 과정에서 멀티미디어 기능을 추가했고, 이로써 모자이크라고 불리는 브라우저가 탄생할 수 있었다.

모자이크는 다른 이용 가능한 브라우저들에 비해 몇 가지 점에서 진보된 기능이 있었다. 첫째, 색상과 폰트, 전체 페이지 포맷팅 기능

232

으로 웹페이지를 선명하게 만들었다. 멀티미디어 기능들은 그림과 소리, 비디오에 링크할 수 있도록 했다. 둘째, 모자이크는 사용자들이 웹 사이트를 쉽게 검색할 수 있게 했다. 사용자들은 하이퍼텍스트 목록에 마우스의 위치를 지정하면 한 번의 클릭만으로 새로운 웹페이지로 바꿀 수 있었다. 셋째, 모자이크는 쉽게 다운로드해서 설치하고, 배우거나 사용할 수 있었다. 넷째, 가장 중요한 것은 안드레센은 프로그램의 기능을 향상시키고, 그 향상된 프로그램이 대량 소비시장에서 더 많이 채택될 수 있도록 최선을 다했다. 그는 사용자들과 계속 접촉하고 사람들이 원하는 기능들을 짜넣었으며 비판을 수용해서 프로그램의 기능을 개선하였다.

1993년 말 연구소는 다른 학생들을 고용해서 그 당시 크게 유행하고 있던 데스크톱 시스템인 윈도우와 매킨토시에서 사용할 수 있도록 모자이크를 개조했다. 이로써 모자이크는 빠르고 놀랄 만한 성공을 거두면서 연구팀은 그동안에 들인 노력의 성과를 얻었다. 즉, 출시한 지 6개월 만에 100만 명이 모자이크 소프트웨어를 무료로 다운로드했고, 1년 후에는 이 프로그램의 복사본이 1천만 개나 사용되었다.

그런데 분석가들은 가끔 모자이크의 성공 원인을 잘못 진술하고 있다. 사실 모자이크는 첫 번째 브라우저가 아니다. 그 이전에도 많은 브라우저가 있었으며, 그 중에는 몇 년 전까지 사용된 고퍼와 링크스가 포함된다. 모자이크는 웹에서 실행되는 첫 번째 브라우저도 아니었다. 버너스-리의 월드 와이드 웹과 라인 모드 브라우저가 웹에서 실행된 첫 번째 브라우저였다. 또한 모자이크는 유닉스에서 운영되는 첫 번째 브라우저도 아니었다. 그 이전에 AWIS와 바이올라가 있었다. 모자이크는 또 그래픽 기능이 있는 첫 번째 웹 브라우저도 아니었다. 바이올라WWW(ViolaWWW)만 해도 그래픽과 애니메이션을 실행할 수 있는 기능이 있었으며, 애플리케이션 기능(후에는 애플릿이라고 불렀다)이 포함되어 있었다. 끝으로 모자이크는 심지어 마이크로소프트 윈도우에서 실행되는 첫 번째 브라우저가 아니었을 수 있다. 첼로가 그보다 앞서 실행된 듯하다.(표 7-1 참조) 실제로 안드레센은 버너스-리와의 서신에서, 다음과 같은 말로 자신의 불리함을 인정했다. "나는 이 경기에 너무 늦게 끼어 들었어요." 모자이크는 성공했지만, 그것은 첫 번째였기 때문이 아니라 더 우수했기 때문이었다. 더구나 안드레센은 사용자들의 목적에 보다 알맞게 하기 위해 프로그램을 끊임없이 개량하는 데 전념했다.

그런데 많은 분석가들은 모자이크 개발에서 안드레센이 얼마나 중요한 역할을 했는지에 대해 잘못 진술하고 있다. 어쩌면 NCSA에게 브라우저 개발과 관련된 아이디어를 제시한 사람이 그가 아닐 수 있다. 아이디어 제공자는 아마도 톰슨이었는지 모른다. 안드레센은 모자이크 개발팀의 책임자가 아니었다. 그 팀의 책임자는 하딘이었다. 게다가 안드레센은 또 주요 프로그래머도 아니었다. 주요 프로그래머는 아마 에릭 비나였을 것이다. 안드레센은 다른 학생들과 이 프로젝트를 비밀로 진행한 것도 아니었다. 모자이크 개발은 NCSA에서 공개적으로 인정한 사항이었다. 안드레센이 이 프로젝트에서 한 일은 이 프로그램이 많은 사람들의 선택을 받을 수 있도록 제품을 개선하는 데 남다른 열정을 보였다는 것이다. 그는 계속해서 뉴스그룹들과 연락을 주고받으며, 사람들이 원하는 기능을 프로그램에 추가시켰다. 그리고 사용자들의 비판을 귀담아 듣고 신속하게 프로그램에 변화를 주었다. 안드레센은 NCSA에서 시장 연구원, 혁신가, 그리고 기획가로서 1인 3역을 했다. 버너스-리는 안드레센의 이런 열정에 대해 다음과 같이 말했다. "사람들은 모자이크에서 가장 혁신적인 것은 이미지가 추가된 것이라고 말하지만, 나는 안드레센이 가장 잘한 일은 모자이크를 매우 쉽게 설치할 수 있도록 만든 것이라고 본다. 그리고 그는 낮이건 밤이건 간에 언제든지 e-메일을 통해 버그를 고칠 수 있도록 지원했다. 버그에 대해서 보고하면, 두 시간 후에 그는 e-메일로 문제를 해결해주었다." 경쟁 프로그램들 가운데는 빠른 기술 혁신과 제품 개선에 대해서 안드레센의 열정을 따라갈 만한 리더가 부족했다.

그리고 속도가 아주 중요했다. 브라우저 시장에서는 영구성보다는 변화가 하나의 패턴이 되었다. 시장의 유행은 약 2년 사이에 WAIS에서 고퍼, 그리고 고퍼에서 모자이크로 바뀌었다. 더구나 이후 4년 동안 시장지배력은 모자이크에서 넷스케이프, 넷스케이프에서 인터넷 익스플로러로 이어졌다. 이런 리더십의 변동은 모두 빠른 속도로 이루어졌다. 그리고 위에서 말한 네 가지 유행 변화 중에 세 가지의 가장 뚜렷한 이유는 다름 아닌 빠른 혁신을 통한 우수한 기능의 등장이었다. 네 번째 경우에 해당되는 넷스케이프에서 인터넷 익스플로러로 유행이 바뀐 데는 기술 혁신과 함께, 다른 장에서 살펴보겠지만, 마이크로소프트의 노련한 자산 레버리지가 중요한 역할을 했다. 사실 시장 진입의 순서는 그렇게 중요하다고 볼 수 없다. 오히려 그것은 리더가 앞으로 있을 브라우저의 큰 변화를 주도하거나 인지하는 데 있어 방해요소로 작용되기도 했다.

기술 혁신의 순환

여기에서 설명한 세 시장의 발전과정에는 혁신의 순환이라는 중요한 공통점이 있다. 사실 어떤 브랜드도 영원히 지속될 수 없다. 새로운 브랜드가 등장해서 유행하고 당분간 시장을 선도하다가, 더 우수한 브랜드가 나타나면 선두 자리를 내주게 된다. 그림 7-2와 표 7-1을 보면 이런 현상을 확인할 수 있다. 자료만 있다면, 초창기 면도기와 브라우저 시장에서도 이와 비슷한 곡선이 나타날 것이다. 사실 다음 장에서 살펴보게 되겠지만, 이후 수년간 브라우저 시장에서는 이런 기술 혁신의 순환이 계속 이루어지고 있다.

이런 현상에서 가장 뚜렷하게 알 수 있는 내용은 부단한 혁신의 필요성이다. 혁신을 주저한다면 자칫 시장지배력을 잃을 수 있다. 프로박과 슈퍼 스워드 에지가 시장에서 기반을 잡게 된 이유도 질레트가 신속한 혁신으로 대처하지 못했기 때문이다. 기술 혁신의 실패는 시장점유율의 상실과 궁극적으로는 도산으로 이어질 수 있다. 인텔과 질레트의 리더십은 시장 개척의 이점을 이용했기 때문이 아니라 각자 부단히 혁신을 추진해왔기 때문에 얻어진 결과이다.

이러한 현상의 가장 뚜렷한 특징은 이런 패턴이 수십 년에 걸쳐 그것도 아주 다른 여타 시장에서도 나타난다는 사실이다. 면도날은 적당히 숙련된 기술에 의해서 만들어진 일회용 제품으로 나온 지 100년이 다 된다. 그에 비해 브라우저는 상대적으로 독특한 제품이라고 할 수 있는 소프트웨어 부문에 속하는 최신 제품이다. 연장, 전자제품, 세제, 의약품, 그리고 의료장비와 같이 상당히 많은 제품부문들이 이런 패턴을 보이고 있다.

이런 제품부문마다 가장 큰 차이를 보이는 것은 기술 혁신의 순환이 이루어지는 기간이다. 면도날의 경우, 그 기간은 약 10년이었다. 그리고 마이크로프로세서와 소프트웨어는 고작 몇 년에 불과했다. 더구나 일부 시장에서는 이 기간이 점점 짧아지고 있다는 증거가 곳곳에서 발견되고 있다. 따라서 혁신의 필요성은 이전에 비해 더 커졌다고 말할 수 있다. 그런데도 디지털 및 전자제품 시장의 분석가들이 속도를 전략의 가장 중요한 요소로 제시하는 것은 다소 잘못된 지적일 수 있다. 새로운 시장에 일순위로 진입하는 것은 그렇게 중요한 일이 아니다. 앞으로 시장 개척이 어떤 이점을 가지게 되든 그 기간은 필연적으로 짧아질 수밖에 없다. 중요한 건 시장이 끊임없이 변하고 있기 때문에 부단히 기술을 혁신해야 한다는 점이다.

그리고 제품의 라이프사이클 역시 혁신의 중요 장애요인 중 하나인 자기 만족이 얼마나 무익한가를 보여준다. 이번 장에서 살펴본 예들을 보면, 질레트와 인텔, 마이크로소프트와 같은 풍부한 재원을 가진 지배적인 회사들조차 자기 만족에 빠질 여유가 없다는 것을 알 수 있다. 비슷한 경우로, 자사의 제품을 잠식할까봐 두려워하는 것은 아주 잘못된 생각이다. 선도적인 회사가 스스로 자사의 기존 제품을 잠식하지 않는다면, 다른 경쟁회사들이 그 제품을 잠식하게 될 것이다.

제7단계 : 기술 혁신

이번 장에서 다음과 같은 중요 사항들을 다루었다.

- 기술과 시장은 끊임없이 변하면서, 한때 성공적인 제품들을 시대에 뒤떨어진 것으로 만든다. 심지어 기반이 확고한 회사일지라도 그런 변화에 많은 영향을 받는다. 따라서 지배 기업이 성공을 유지하려면 기꺼이 부단한 혁신을 꾀해야만 된다.

- 부단한 혁신을 추진하는 데는 두 가지 장애가 있는데, 그것은 과거의 성공에 대한 자기 만족과 기존의 제품에 의해 잠식당할지도 모른다는 두려움이다.

- 회사가 과거의 성공에 대해서 자기 만족에 빠지면 자사가 경쟁사보다 우월하다고 믿거나, 앞으로도 영원히 지속될 성공의 원리를 가지고 있다고 생각하기 쉽다. 이런 태도는 회사로 하여금 유망한 기술 혁신을 무시하거나 부정하게 만든다.

- 특히 현재 제품에 의해 이미 충족된 기능이나 그 제품이 진출해 있는 시장을 위해 신제품이 만들어지는 경우, 그로 인해 기존 제품이 잠식당할지도 모른다는 두려움은 더 커지게 된다. 사실 회사 입장에서는 현재 제품을 제작하기 위해 들였던 정성과 재정적 투자 때문인지, 그 제품을 쓸모없는 제품으로 생각하기 싫어한다. 그런 태도 때문에 신제품 개발에 필수적인 기술 혁신이 지연되거나 사장되기도 한다.

- 이와는 반대로 성공적인 혁신은 회사에 깊게 뿌리내린 문화를 통해서 이루어진다. 고위 경영진은 이런 문화를 강력하게 장려하고, 그것이 조직 전체에 확산될 수 있도록 보장해주어야 한다.

- 기술 혁신을 유발하는 가장 큰 동기는 기술이나 소비자 기호가

변하면서, 현재 제품이 시대에 뒤떨어진 제품이 될 수 있다는 두려움과 강박관념이다. 실제로도 혁신을 토대로 번창한 회사들은 경쟁회사들이 도입한 기술 혁신으로 자신들이 큰 타격을 입을 수 있다는 사실을 늘 명심하고 있다.

제8장

기술 혁신을 위한 조직 만들기

앞장에서는 시장지배력을 유지하는 데 부단한 혁신이 필요하다는 사실을 강조했다. 그리고 회사의 어떤 태도가 혁신의 가장 중요한 견인차로 작용하는지도 보여주었다. 이번 장에서는 자율성을 이용한 관료주의 타파, 현재의 고객보다 새로 생긴 시장에 주력하기, 연구소보다 인재 양성하기 등 회사가 어떤 중요한 독창력으로 기술 혁신의 속도와 성공을 증가시키는지를 설명할 생각이다.

관료주의는 혁신의 가장 큰 장애물이 될 수 있다. 크게 성공한 회사들은 현재의 사업을 운영하기 위해서 많은 직원을 거느리게 마련이다. 특히 수익이 증가하고 회사가 성장하는 시기에는 더 많은 직원을 채용하게 된다. 그리고 많은 수의 직원을 관리하다보면, 기술 혁신을 평가하고 어떤 결정을 내리기 위해서는 규율, 관례, 절차를 필요로 하는데 그 결과 관료주의가 형성된다.

그런데 이런 관료주의의 해독제는 자율성이라 할 수 있다. 자율성은 독립적인 임무, 목표, 예산과 같이 작은 단위들이 모여 만들어진다. 신제품 연구 및 개발 그리고 출시를 위임받았을 때, 그 단위들은 중앙관료의 간섭 없이 재빨리 새 시장을 파악하고 반응할 수 있다. 그러나 회사 역시 이런 단위들을 조직하고 지휘하기 위해서는 비전이 필요하다.

급진적인 혁신의 가장 큰 장애물은 경영진이 현재의 고객과 경쟁회사를 우선시하는 태도이다. 시장의 경쟁 열기가 뜨거우면, 경영자들은 현재 보유한 기술로 최선을 다해야 한다는 압박감에 시달리게 된다. 그 결과 경영자들은 새로 등장한 대량 소비시장을 희생하는 대신, 현재의 기술과 고객에 매달릴지 모른다. 이런 태도로 인해 회사는 새로 등장한 대량 소비시장을 위해 새로운 기술을 이용함으로써 경쟁회사를 능가할 수 있는 유망한 기술 혁신을 간과하게 된다. 현재에만 매달리면, 미래에 대한 기약을 잃는 셈이 된다.

조직의 혁신을 크게 방해하는 요소는 회사가 인재보다 연구소를 더 중시하는 태도이다. 특히 과거에 기술 혁신으로 성공한 회사일수록 이런 태도가 강조된다. 그러나 연구소는 성공적인 아이디어를 제시할 수 없지만 개인은 할 수 있다. 회사가 혁신을 추구할 때 인재는 가장 큰 힘이 된다. 특히 첨단 기술 시장에 진출한 회사는 가능하면 최고의 인재만을 고용해서 보유하고, 그들이 효과적으로 협동할 수 있도록 의욕을 고취시킬 필요가 있다. 그러기 위해서는 우선 회사는 시장에서 정기적으로 참신한 인재를 고용함으로써 혁신의 틀을 마련할 수 있다. 그런 다음 회사는 아이디어의 제휴와 상호 교류를 촉진할 수 있는 자율적이고 협조적인 환경을 제공해야 한다. 이런 환경은 혁신을 성공시키기 위해 새로운 아이디어를 개발할 때 필수적이다. 모든 조직체가 가장 중요하게 해야 할 일은 창의적인 인재를 보유하는 것이다. 각 개인들이 자신의 창작품으로 유명해지면서, 시장에서 그들에 대한 수요는 급격하게 상승하곤 한다. 따라서 회사는 적절한 신뢰와 보상, 자율성으로 그들을 고용할 필요가 있다.

　우리가 앞에서 다루었던 시장들의 지속적인 역사는 혁신을 조직할 때 발생하는 문제들과 기회들을 설명해준다.

관료주의 틀을 깨는 혁신

　제록스의 팔로 알토 연구소(Palo Alto Research Center, 약칭 PARC)의 이야기를 살펴보면, 혁신을 방해하는 관료주의 틀과 회사가 그 틀에서 벗어날 수 있는 조직 설계를 보여준다.

　1960년대 말까지 제록스가 복사기로 거둔 성공은, 그 회사를 수익률 높은 거대 기업으로 성장시키고 실제로 복사기 시장을 독점하다시피 했다. 복사기는 제록스의 성장을 담당할 제품이기 때문에, 제록스는 자사의 복사기를 시장의 최고 제품으로 만들기 위해서 노력했다. 뉴욕과 웹스터의 연구소는 물론 기타 다른 연구시설들은 현재 복사기 포트폴리오를 미세하게 조정해서 더 빠르고 더 확실하면서 값은 싼 제품으로 만드는 데 주력했다. 그러나 그들이 목적을 달성하는 과정을 보면, 회사 전체가 맨 처음 정전식 복사기술을 장려했던 이 회사의 CEO인 윌슨의 좌우명을 제대로 이해하지 못하고 있음을 알 수 있다. 윌슨의 좌우명이란 현재의 기술로 이룰 수 있는 발전은 한계가 있다, 더 큰 발전은 새로운 기술에 의해 이루어진다는 것이다. 정전식 복사기술로 인해 방수가공지와 카본지가 쓸모없는 물건으로 전락하는 것을 지켜본 윌슨은 새로운 기술이 나타나면 정전식 복사기술 역시 쓸모없는 기술이 될까봐 걱정했다. 그는 특히 디지털 기술이 광학을 대신할 수 있는 가능성을 우려했다.

그리하여 윌슨은 그 당시 제록스의 사장인 피터 맥컬로우(Peter McColough)에게 자신이 느끼고 있는 두려움에 대해서 다음과 같이 말했다.

> 우리는 지금 그래픽 정보로만 의사소통을 하고 있습니다. 종이에 적은 것을 복사해서 이 사람에서 저 사람한테 보냄으로써 정보를 공유하고 있죠. 하지만 앞으로도 계속해서 그 모든 정보들이 그래픽 형식일 거라고는 장담할 수 없어요. 지금 계속 발전되고 있는 컴퓨터의 경우 그래픽 형식과는 아주 다른 디지털 형식으로 정보를 다루고 있습니다. 따라서 우리 회사가 앞으로 10년이나 20년 후에도 계속 성공하려면, 그래픽 형식은 물론 디지털 형식의 정보도 다룰 수 있어야 합니다.

이처럼 윌슨은 종이가 필요 없는 '미래의 사무실'에 대해서 확실한 비전을 가지고 있었다. 그러나 제록스는 내부적으로 복사기로 거둔 성공으로 인해 자기 만족과 관료주의, 근시안적인 사고방식에 젖어 있었다. 이런 분위기는 미래의 사무실을 위해 새로운 기술들을 창의적으로 연구하는 데보다는 기존의 사업에나 어울렸다. 특히 웹스터 연구소의 분위기는 고무적이지를 못했다. 이 연구소는 개선된 복사기와 부속물을 시장에 내놓아야 한다는 압박감에 시달리고 있었다. 따라서 연구소 과학자들은 상당히 제한적으로 양성되었으며, 연구범위역시 한정적일 수밖에 없었다. 즉, 거의 모든 연구가 현재 제품을 개선하는 방향으로 진행되었을 뿐 새로운 아이디어나 연구방식을 도입하려는 시도는 거의 이루어지지 못하고 있었다. 또한 외부 과학자들이 이 연구소를 방문한다거나 이곳의 과학자들이 다른 연구소를 방문해서 자연스럽게 아이디어를 교류할 기회 역시 많지 않았다. 이로써 연구소는 외부에서 이루어지고 있는 연구의 속도와 수준에서 소외되고 있었다.

미래에 대한 윌슨의 비전을 어느 정도 이해하고 있던 맥컬로우는 회사가 새로운 기술을 개발하기를 바랐다. 그는 제록스가 현재 복사기 제품 라인을 지키기 위해 오래된 광학기술에만 의존하다가는 치열한 경쟁에서 10년도 채 버티지 못할 것이라고 생각했다. 사실 1970년 IBM이 처음으로 복사기를 출시하면서 제록스의 시장 독점은 끝나고 격렬한 경쟁의 시기가 시작되었다. IBM은 이미 컴퓨터 제품의 성공으로 대형 주식회사로 성장해 있었다. 그 당시 디지털 기술과 컴퓨터 기술은 크게 촉망받는 기술이었다. 더구나 컴퓨터가 아주 빠른 속도로 사무실의 중요 구성물이 되자, 컴퓨터 시장 역시 빠르게 성장하고 있었다. 제록스의 주력 시장은 바로 사무실 장비였다. 그러므로 컴퓨터 시장으로의 진입은 미래의 사무실을 위한 혁신적인 제품 개발에 필요한 기술과 빠른 성장세를 보이고 있는 시장에서 발판을 마련하는 일이기도 하였다.

맥컬로우는 이런 변화에 동참하기 위해서, 제록스의 연구를 책임질 비전가를 고용하고 싶어했다. 그는 적임자로 그 당시 포드에서 일하던 피터 골드먼(Peter Goldman)을 골랐다. 그러나 골드먼은 현재 제록스의 연구 책임자인 존 데소어가 사임하기 전까지는 맥컬로우의 제안을 받아들일 수 없다며 거절했다. 존 데소어는 제록스의 최초이자 유일한 '수석 과학자'였다. 그는 제록스가 할로이드라는 소규모 회사였을 때 윌슨에게 정전식 복사기술의 소유권을 사들이라고 충고했던 바로 그 사람이었다. 그는 또 제록스 914를 탄생시킨 연구의 감독자였으며, 제록스가 복사기 시장에서 리더십을 유지하는 데 중요한 역할을 했다. 그러므로 데소어는 제록스에서 영향력이 큰 지도자이자 우상이었다. 따라서 그런 그를 제거하기란 쉬운 일이 아니었다. 사실 회사가 성공을 거두고 그만큼 나이를 먹게 된 데소어는 시장의 변화나 미래의 욕구에 대해서 둔감해지기 시작했다. 그래서 새로운 인재와 참신한 아이디어를 통해 침체에 빠진 제록스의 연구 분위기를 회복시키고 싶었던 맥컬로우는 데소어의 퇴진을 종용했다. 그리고 이런 변화에 발맞추어 CEO인 윌슨 역시 데소어와 함께 사임할 것을 요구했다. 결국 윌슨은 이사회 회장으로 물러나고 맥컬로우가 CEO의 자리를 이어받았다. 그리고 피터 골드먼이 연구 및 개발부의 상무 이사로 이사회에 취임했다. 이런 상부의 변화는 제록스에게 새로운 연구 시대를 가져왔다. 그리고 이 시기에는 묘하게도 미래를 겨냥한 혁명적인 아이디어와 현재를 위한 개선책들이 함께 추진되었다.

컴퓨터 시장에 빨리 진출하기 위해서 맥컬로우는 두 가지 분야에 큰 투자를 했다. 첫 번째, 그는 컴퓨터 제조업체를 사들이기로 결심했다. 하지만 그 당시 주요 컴퓨터 제조업체들은 그의 제안을 거절했다. 마침내 절망감에 빠진 맥컬로우는 1969년 사이언티픽 데이터시스템 (Scientific Data Systems, 약칭 SDS)을 9억 2천 달러에 인수했다. SDS는 서던 캘리포니아에 위치한 회사로 규모는 작지만 빠른 성장률을 보이고 있었다. 이 회사는 시분할(時分割) 컴퓨터로 틈새시장에서 수익을 올리고 있었다. 그러나 SDS에는 IBM이나 디지털이큅먼트(Digital Equipment Corporation) 같은 시장지배자와 경쟁할 만한 재원과 혁신성이 없었다. 더구나 인수 당시 맥컬로우가 깨닫지 못했지만 SDS는 내리막길에 서 있었다. 결국 이 회사는 무용지물로 판명되었다. 6년 동안 손해만 보고 컴퓨터 시장을 겨우 1퍼센트밖에 차지하지 못하자 제록스는 SDS의 문을 닫아야 했다. 그해 제록스는 8,440만 달러를 상각처리하고, 제록스914를 출시 후 처음으로 적자를 기록했다.

맥컬로우가 두 번째로 투자한 분야는 범위와 내용, 성공에 있어서 첫 번째 투자와 큰 차이를 보였다. 그는 컴퓨터 시대를 겨냥해 첨단 기술 제품에 대한 기초 연구 및 개발에 전념할 팔로 알토 연구소를 설립했다. 연구소 설립은 제록스의 SDS 인수를 불만스러워했던 골드먼의 아이디어였다. 그는 디지털 기술 관련 기초과학분야를 집중적으로 연구하는 연구기금이 넉넉한 연구소를 구상하고 있었다. 그래서 그는 제록스가 다시 이류 컴퓨터업체를 사들이는 것보다 연구소를 마련하는 편이 맥컬로우가 목표한 바에 더 가깝다고 생각했다. 사실 제록스는 이미 웹스터에 광범위한 연구시설을 마련하고 직원 400명에, 7천만 달러의 많은 예산을 지원했다. 그러나 골드먼은 이 연구소가 현재 제품의 개선에만 치중함으로써 연구 환경이 제한적이라고 생각했다. 그가 생각하는 새 연구소는 AT&T의 벨연구소(Bell Lab)와 요크타운 하이츠에 있는 IBM의 왓슨연구소처럼 선구적인 연구로 이름을 떨칠 그런 곳이었다.

제록스의 경영진 역시 유명한 연구소를 하나 마련하고 싶어하던 터라, 맥컬로우는 골드먼의 제안을 받아들였다. 그는 이런 연구소의 필요성뿐만 아니라 첨단 기술 연구에 전념하는 연구소로서의 명성과 위신을 원했다. 그 결과 1970년 7월 1일 캘리포니아 주 팔로 알토에 새 연구소가 공식적으로 문을 열었다. 이후 10년 동안 제록스는 이 연구소에 아낌없는 지원을 보내면서도 회사의 다른 부서와는 독립적으로 운영되도록 했다.

과연 이러한 실험은 성공했을까? PARC는 기술 혁신의 독특한 창의성 측면에서 대단한 성공작이었다. 이 연구소는 퍼스널 컴퓨터 시대의 가장 위대한 기술들을 많이 선도했다. PARC가 주도한 기술 혁신의 목록은 인상적이지 않을 수 없다. 하드웨어 분야에선 레이저 프린터, 마우스, 퍼스널 컴퓨터와 휴대용 컴퓨터의 주요 구성품들이 PARC에서 개발되었다. 소프트웨어 분야의 경우, PARC는 그래픽 사용자 인터페이스(graphical user interface, 약칭 GUI), 겹치기 윈도우, 팝-업 메뉴, 그래픽 워드프로세서, 컬러 그래픽, 그리고 객체 지향 프로그래밍 언어를 개발했다. 더구나 PARC는 다른 회사에서 유사한 제품을 개발하고 상품화하기 수년 전, 때로는 10년도 전에 이미 이런 기술 혁신을 이루었다. 그래서 많은 경쟁회사들은 이런 제품들을 PARC 소속의 발명가들을 유혹해서 아이디어를 얻어내거나 PARC를 그만둔 엔지니어들에 의해 만들어내는 경우가 허다했다. 그러므로 미래의 사무실을 위한 제품 개발 측면에서 PARC의 생산성은 유수 대학과 대기업의 더 오래된 연구소의 생산성을 가볍게 추월했다. 사실 PARC는 기술 혁신 개발에 있어서 설립자가 계획했던 것보다 훨씬 많은 성과를 거두었다.

도대체 이런 막대한 생산성은 어디서 나온 걸까? 그것은 PARC의 계획이 지닌 네 가지 중요한 특징들이 이 연구소를 전국 모든 연구소와 차별되는 연구소로 만들고, 그 당시 컴퓨터 연구소 중에 가장 혁신적이고 생산적인 개척자로 만들었다.

첫째, 제록스는 캘리포니아 주 팔로 알토에 이 연구소를 세웠다. 이 지역은 버클리의 스탠퍼드 대학과 캘리포니아 대학과 가까웠기 때문에 이 유수 공과대학의 아이디어와 인재들을 활용할 수가 있었다. 사실 PARC의 인재와 아이디어들은 다름 아닌 인접한 스탠퍼드 대학 연구소의 더그 엥겔바르트가 추진한 생산적인 연구에서 나온 것들이다. 이 지역은 또한 컴퓨터용 부속물과 구성품을 개발하는 창업회사들의 온상이 되었다. PARC의 지리적 위치와 연구 분위기로 인해 다른 지역의 인재들이 쉽게 모이는 지역이 되었다.

둘째, 팔로 알토는 뉴욕 주 웹스터에 위치한 제록스의 주요 연구소들과 거리가 멀었다. 웹스터에서는 현재 기술(광학)을 이용한 현재 제품(복사기)의 품질 향상만을 집중 연구했으며, 제록스의 지나친 관료주의 문화에 빠져 있었다. 웹스터에 연구소를 세운 것은 연구소의 작업을 제록스의 현재 제품과 시장을 연결하기 위해서였다. 그러나 설사 웹스터의 연구원들의 철저한 간섭과 통제에 의해 실패하지 않았더라도, 이 연구소는 모회사의 관료주의 문화에 의해 방해 받는 위기를 겪었다. 피터 맥컬로우는 이 상황을 다음과 같이 설명했다. "여기 로체스터 사람들은 정전식 복사기술로 짜릿한 성공을 경험한 사람들입니다. 하지만 난 그들이 새롭고 다른 기술을 받아들일 만큼 적응력이 있다고는 생각하지 않아요. 만약 제록스에 새로운 기술을 도입해야 한다면, 완전히 새로운 환경에서 하는 편이 나을 겁니다." 제록스는 팔로 알토에 연구소를 세움으로써 연구원들이 효과 있을 것이라고 생각되는 방법은 그 어떤 것이든지 시도할 수 있는 자유를 주었다. 처음부터 어떤 선입견이나 모회사와의 아무런 연계 없이, PARC는 자유롭게 자신만의 혁신적인 문화를 계발해갔다.

셋째, 제록스는 이 새 연구소에 막대한 예산을 지원했다. 심지어 고위 경영진이 이런 투자에 상응하는 결과를 바로 볼 수 없었는데도, 오히려 수년간 예산을 증가시켰다. 맥컬로우에 의해 고용된 PARC의 초대 소장인 조지 패크(George Pake)는 맥컬로우에게 다음과 같이 말했다. "5년 안에 어떤 연구 결과를 보기란 너무 이릅니다. 하지만 확실한 건 10년이 되기 전에 상업적으로 유익한 수확을 거둘 것입니다." 제록스가 복사기 사업에서 거둔 높은 수익이 이런 장기적인 투자에 도움이 되었다. 하지만 골드먼 역시 이 연구소가 본래 목적을 달성할 만큼의 자금을 확보할 수 있도록 신경을 썼다. 그는 처음에는 100만 달러의 예산에 직원 25명 가량을 신청했고 몇 년이 흐르면서 예산은 500만 달러로 늘어났다. 그리고 10년이 다 되어 갈 무렵, PARC의 예산은 3천만 달러에 이르렀고, 직원은 400명으로 늘어났다.

넷째, 제록스는 전국에서 가장 우수한 인력을 뽑는다는 연구소장의 방침을 지지했다. 골드먼은 연구소를 위해 비전 있는 관리자, 과학자 그리고 엔지니어들을 고용하는 데 성공했다. 그가 초기에 고용한 인력 가운데는 나중에 PARC의 컴퓨터과학연구소의 부소장이 되는 로버트 테일러(Robert Taylor)도 포함되어 있었다. 테일러는 첨단방위프로젝트연구소(ARPA)가 ARPAnet을 설립했을 당시 그 기관의 컴퓨터 연구부의 부장이었다. 그는 박사도 엔지니어도 아니었다. 그가 받은 정규 교육은 컴퓨터 과학이 아닌 심리학이었다. 테일러는 ARPA에서의 경험을 통해 네트워크와 양방향 컴퓨터에 대해 확고한 신념을 가지게 되었다. 그는 컴퓨터가 숫자를 다루는 기계라기보다 커뮤니케이션 수단으로서 가장 효과가 있을 것이라는 비전을 가지고 있었다. 그는 또 컴퓨터의 미래는 네트워크 사용자들이 대화할 수 있도록 만드는 능력에 달려 있다고 믿었다. 이것이 ARPAnet을 만든 비전이자, 테일러가 PARC에 가져온 비전이었다. 그는 또한 인재를 제대로 알아보고 직원의 사기를 고무시켰다. ARPA의 부장으로 있을 때도 그 분야의 최고 연구원들과 친하게 지냈다. 따라서 아주 짧은 기간에 많은 뛰어난 연구원들을 PARC로 데려온 테일러는 10년간 계속해서 그들의 사기를 진작시키며 이끌어왔다. 제록스의 아낌없는 재정 지원과 연구소 내의 자유로운 문화, 팔로 알토의 온화한 기후가 주는 볼거리가 테일러에게 많은 도움이 되었다. 이런 특징들이 합쳐지면서 PARC는 젊고 혁신적인 연구원들에게 가장 바람직한 연구소가 되었다. 더구나 뛰어난 과학자 그룹이 모여서 연구를 시작함으로써 그들의 생산성과 존재만으로도 더 많은 인재들을 끌어 모았다.

1960년대 말과 1970년대 초를 돌아보면 제록스는 새로운 기술과 제품 그리고 시장을 얻기 위해 자사의 재원을 과감하게 투자했음을 볼 수 있다. 하지만 즉각적인 제품과 시장을 약속했던 SDS를 사들인 일은 10억 달러짜리 재난이 되고 말았다. 그에 비해 전혀 새로운 연구시설에 투자하는 것은 더 위험해 보였지만, 훨씬 적은 비용을 들였는데도 대단히 생산적인 일로 판명되었다. PARC에서 제록스는 급진적인 혁신을 이루기에 이상적인 분위기를 조성했다. 즉, 고무적인 환경, 최소한의 구성, 여유 있는 자금, 그리고 비전 있는 지도자들이 이끌고 모집한 뛰어난 인재들이 바로 그것이다. 이런 필수적인 구성요소들이 합쳐져 PARC를 그 당시 세계에서 가장 생산적인 컴퓨터과학연구소로 만들었다. 제록스가 시행한 두 가지 투자의 칭찬할 만한 점은 회사가 기꺼이 큰 위험을 무릅썼으며, 전도 유망한 새 시장으로 진입하기 위해 막대한 재원을 헌신했다는 것이다.

그러나 이런 성공을 시장에서도 유지하려면 회사는 이 기술 혁신들을 대량 소비시장에 맞는 제품으로 변형시켜야 한다. 이런 점에서 제록스는 그다지 성공적이질 못했다. 다음의 예들을 보면 기술 혁신의 상품화를 방해하는 조직의 특징들을 볼 수 있을 것이다. 아울러 이 예들은 그런 방해세력을 극복하기 위해서 회사가 할 수 있는 일들을 제시할 것이다.

적대적이면서 협력적인 환경에서의 혁신

제록스는 레이저 프린터의 실용 모형을 제일 먼저 개발한 회사이다. 그러나 레이저 프린터를 제일 먼저 상업화한 회사는 IBM이고 오늘날 시장지배자는 휴렛팩커드이다. 도대체 무대 뒤에서 무슨 일이 일어난 것일까? 왜 제록스는 레이저 프린터와 관련된 기술 혁신을 느리게 상품화한 걸까? 제록스의 레이저 프린터에 관련된 이야기는 관료주의에 의해서 혁신이 방해받고, 그와는 반대로 협력적인 환경에서는 혁신이 봇물처럼 쏟아지는 것에 대한 생생한 교훈이 된다. 우리는 여기서 맥컬로우가 왜 웹스터연구소의 억압적인 문화를 염려하고, PARC의 새로운 시설에 대한 희망을 걸었는지 다시 한번 확인할 수 있다. 이 경우 가장 중요한 점은 마이클 힐츠지크(Michael Hiltzik)가 자신의 책 『행운을 다루는 사람들』(Dealers of Lightning)에서도 열거했지만, 혁신을 위한 환경에 대해서 아주 귀중한 교훈을 찾을 수 있다는 것이다.

1960년대 제록스가 복사기를 만드는 핵심 기술은 전통 광학에 토대를 두고 있었다. 그러나 1960년 초 벨연구소에서 유망한 새 기술로서 레이저가 등장했다. 레이저는 단일 파장의 빛이 모인 강력한 광선으로, 그 속에 모든 빛 에너지가 담겨 있었다. 그 결과 레이저는 외과수술, 제조, 커뮤니케이션, 컴퓨터, 그밖에 전통적인 광학에 의지했던 영역에서 많은 쓰임새를 가지고 있었다. 특히 레이저는 잘만 개발하면 일반 광선 대신 복사기 수단으로 사용될 수 있었다.

그러나 그 당시 이런 잠재성을 간파하는 비전가가 필요했다. 게리 스타크웨더(Gary Starkweather)가 바로 그런 사람이었다. 그는 제록스의 웹스터연구소의 연구원으로 일하고 있었다. 스타크웨더는 전통 광선이 너무 미약하고 고르지 않아서, 속도와 신뢰도, 정확도 측면에서 복사기를 회사가 원하는 대로 한 단계로 위로 끌어올리기 힘들다는 사실을 알았다. 그래서 그는 이런 점에서 레이저의 장래성을 깨달았다. 그는 레이저가 가지고 있는 특별한 성질 때문에, 정보를 나르게 하기 위해서는 강도를 조절시킬 수 있을 거라고 어림했다. 이런 정보는 현재 기술로 만들고 있는 복사기보다 더 우수한 복사기를 만드는 데 이용할 수 있었다. 그 당시 레이저는 값이 비싸고 위험한 데다, 빨리 타버리는 문제점을 가지고 있었다. 그래서 스타크웨더의 몇몇 동료들과 제록스의 상관들은 레이저가 별로 비싸지 않은 사무실 복사기에 얼마나 활용될 수 있을지를 예견하지 못했다. 더구나 웹스터연구소는 현재 제품이 소비자의 욕구에 더 잘 맞을 수 있도록 계속해서 개선해야 된다는 큰 중압감에 시달리고 있었다. 따라서 제록스는 레이저 기술 연구에 아무 지원도 해주지 않았던 것이다.

스타크웨더의 유일한 수단은 혼자서 실험하는 것이었다. 그는 짬짬이 시간과 장비를 모아서 레이저 기술을 이용한 복사기 시제품을 완성했다. 그러나 그의 복사기는 너무 원시적이라서 복사 품질이 좋질 않았다. 결국 그의 노력은 동료와 상관의 비웃음거리밖에 되지 않았다. 그들은 스타크웨더가 복사가 가능하게 레이저 광선을 적절하게 조절하지 못할 거라고 주장했고, 또 레이저 광선이 너무 강력하기 때문에 이미지를 끌어내는 데 사용되던 셀레늄 층을 태워버릴 거라고 믿고 있었다. 스타크웨더의 노력은 35년 전 체스터 칼슨이 겪었던 것과 똑같은 불신과 냉소를 받았다. 그런데 아이러니한 것은 정전식 복사기술의 발명자인 칼슨과 그 복사술을 지원했던 윌슨 같이 외로운 비전가들의 끈기에 의해 설립되어 큰 성공을 거둔 연구소가 스타크웨더를 불신했다는 사실이다. 그런데도 스타크웨더가 계속해서 연구한 까닭은 무엇인가? 그것은 자신이 만든 시제품에서 얻은 이미지가 칼슨의 시제품에서 얻었던 것에 비해 그렇게 나쁘지 않았다는 사실을 확인한 후, 레이저의 잠재성에 대해서 확고한 신념을 가졌기 때문이다.

그래서 스타크웨더는 레이저 프린터를 개발하기 위해 계속 연구를 진행했다. 그는 자신을 그렇게 만든 동기에 대해서 다음과 같이 말했다. "마음 깊숙한 곳에서 확실한 가능성을 느끼는 무언가가 있다면, 어떤 역경을 헤치고서라도 그것을 실현해야겠다고 생각할 겁니다." 그는 레이저가 셀레늄 도체를 아예 긁거나, 못 쓰게 만들지는 않는다는 것을 알아냈다. 그 이유는 레이저는 일반 광선이 필요로 하는 시간의 아주 짧은 순간만 도체와 부딪쳐야 하기 때문이었다. 또한 스타크웨더의 연구에 의하면 레이저 광선은 조절할 수 있었다. 만약 그가 레이저 광선을 디지털 정보에 맞게 조절할 수만 있다면, 인쇄에도 사용 가능했다. 그 경우 정전식 복사기술로 한 페이지씩 스캔하는 대신에 컴퓨터에서도 이미지를 만들 수 있었다. 이것이 바로 레이저 프린터의 핵심이었다.

그러나 스타크웨더의 이런 노력을 '미쳤다'라고 생각한 그의 동료 및 상관은 막대한 경비 낭비라고 말했다. 스타크웨더의 끈질긴 실험에 대해서 이야기를 들은 과장은 그에게 심각한 결과를 들먹이며 다음과 같이 위협했다. "당장 실험을 그만두게. 안 그러면, 자네 밑에 있는 사람들을 모두 내보낼 걸세." 지원 부족에 절망한 스타크웨더는 신문에서 읽은 적이 있던 PARC로 전근을 보내줄 것을 요청했다. 그는 직접 팔로 알토를 찾아가 면접시험을 치렀다. PARC의 연구원들은 스타크웨더의 연구 결과에 큰 관심을 보였다. 그러나 PARC의 부장은 웹스터연구소와 마찰을 일으키고 싶지 않았다. 그래서 자기 자신을 위해서라도 이번 일에 끼어들기를 주저했다. 스타크웨더의 상관 역시 강하게 반대했다. "없던 일로 하게나, 스타크웨더. 자네가 웨스트 코스트로 전근 가는 일은 절대로 없을 거야. 그러니 그 레이저인가 뭔가를 가지고 장난 좀 그만 치게나."

완전히 낙담한 스타크웨더는 연구소 부사장인 피터 골드먼에게 보고를 올리는, 선행 제품 개발부의 책임자인 조지 화이트(George White)를 찾아갔다. 그 전까지 화이트는 스타크웨더가 말한 내용을 들어본 적이 없었다. 그러나 그는 핵 물리학 박사로서 1960년대 중반 레이저 기술 분야를 연구하고 있었다. 화이트는 레이저 기술에 대한 스타크웨더의 믿음에 공감했다. 그는 스타크웨더와 웹스터의 동료들이 완전히 다른 사고방식을 갖고 있기 때문에 서로 다른 세상에서 살고 있다는 사실을 깨달았다. 화이트는 다음과 같이 말했다. "웹스터에서는 화학만 파고들고, 복사기에 이차적인 효과들만 미조정했다. 하지만 그들은 레이저 기술이라는 새로운 세상으로 나가는 길을 알지 못했다." 스타크웨더가 그의 부서에 그대로 남아 있는다면, 설령 지원을 받더라도, 그곳의 분위기는 그를 파멸시키진 않겠지만 상당히 숨막히게 했을 것이다. 화이트는 다음과 같은 결론을 내렸다. "스타크웨더가 창의성을 모두 발휘하도록 도와주는 세력이 없다면, 그의 프로젝트는 잘해야 더디게 진행될 것이요, 나쁘면 아예 취소가 될 것이다. 그리고 만약 그가 렌즈와 반사경을 만들기 싫어한다면 다른 직장을 찾아야 했다." 사실 이 말은 스타크웨더의 상사가 스타크웨더를 위협했던 내용과 비슷했다.

화이트는 이 일을 골드먼에게 바로 보고했다. 두 사람은 제록스의 연구그룹이 가지고 있는 태도야말로 그들이 근절시켜야 할 태도라는 것을 깨달았다. 그래서 그들은 스타크웨더를 PARC로 전근시키는 일에 흔쾌히 동의했다.

스타크웨더는 1971년 1월 PARC로 일자리를 옮겨갔다. 그곳이 문을 연 지 딱 6개월 만의 일이었다. 그는 처음에 PARC의 건물과 장비가 기본만 갖춘 상태인 것에 충격을 받았다. 하지만 그는 곧 이 연구소가 웹스터에 있는 제록스의 연구소 본부가 가지고 있던 억압적인 문화와 규율에서 벗어나 있다는 것을 깨달았다. 웹스터 시절과 달리 간청이나 애원하지 않아도 연구 자금은 넉넉하게 지원되었다. 하지만 무엇보다 가장 중요한 것은 이 새로운 기술의 잠재성을 알아보고 흥분할 줄 아는, 비전을 가진 동료들이 있다는 사실로 스타크웨더는 미래의 사무실을 위한 혁신적인 제품들을 만들기 위해 열심히 일할 수 있었다. 레이저 프린터는 컴퓨터를 보다 개인적이고 사용이 쉽게 만들어줄 제품들을 개발하고 있던 PARC의 목적과도 절묘하게 맞았다. 연구소는 스타크웨더의 프로젝트처럼 급진적인 기술 혁신은 적극 지원해주는 분위기였다. 그는 자신이 꿈꾸던 프로젝트를 연구할 수 있는 일생일대의 기회를 잡은 셈이었다. 2년 후 많은 노력과 생각이 같은 연구원들의 도움 끝에, 스타크웨더는 다른 사람들이 불가능하다고 생각했던, 레이저 프린터의 원형을 개발해냈다. 이 제품은 곧바로 PARC에서 사용되었다.

혁명적인 기술이면서 현재 회사의 복사기 사업과 유사한데도, 제록스는 레이저 프린터를 그 즉시 받아들이지 않았다. 그래서 이 제품은 1977년 제록스 9700으로 발매되기 전까지 몇 년간을 개발상태로 남아 있어야 했다. 하지만 제록스 9700이 출시되면서 이 제품은 제록스 제품 중 가장 수익율이 높은 제품이 되었으며, 제록스가 PARC에 투자했던 비용보다 더 많은 돈을 벌어주었다. 게다가 인쇄술은 물론 복사술에서도 제록스의 지위를 보장해주고, 최소한 20년간 레이저 사용을 급증하게 만들었다. 사람들이 자기만의 세계관에 빠져 헤어나지 못하는 것은 흔히 있는 경우로, 웹스터에 있던 스타크웨더의 상관은 그때까지도 제록스 9700의 중요성을 전혀 이해하지 못한 듯했다. 스타크웨더는 이 일에 대해서 다음과 같이 말했다. "수년 뒤에 웹스터연구소로 돌아간 나는 그 옛날 내가 떠나지 못하게 막았던 상관과 우연히 마주쳤습니다. 그가 내게 던진 마지막은 이랬습니다 '자네 아직도 그 레이저인가 뭔가를 가지고 노나?' 그 당시 레이저 프린터는 1년 매출이 20억 달러인 제품이었는데도 말이죠."

제록스의 레이저 프린터에 관한 이야기는 거대 관료조직이 급진적인 혁신의 장애물임을 이야기하고 있다. 이들 장애물은 회사가 현재 제품에만 매달리고 경쟁적인 기술을 고려하기 꺼려하는 태도이다. 이런 분위기는 심지어 기술 혁신에 가장 전념해야 되는 연구소 내에도 만연되어 있었다. 이런 분위기는 창의적인 과학자들을 억압하고 실험을 방해하고 혁신의 진행을 무력하게 만들 수 있었다. 간혹 개인이 급진적인 기술 혁신을 개발하는 경우가 있다. 하지만 그러기 위해서는 그들은 관료주의적인 절차와 규칙을 간파하는 비전과 이런 관료주의의 타성과 완고함을 대항해 뜻을 굽히지 않겠다는 결심이 필요하다. 그럼에도 불구하고 재원과 피드백에 대한 필요성이 크기 때문에 아무리 뛰어난 개인일지라도 반드시 협조적인 환경을 필요로 한다. 이런 환경은 PARC 같은 회사 외부에 설립한 독립적인 연구소나, 페어차일드 반도체처럼 완전히 다른 회사로 옮겨가거나, 또는 인텔처럼 새로 창업을 함으로써 만들 수 있다. 제록스의 경우, 운 좋게도 PARC가 스타크웨더에게 이런 협조적인 환경을 제공했다.

인재가 혁신을 일으키는 방법

인재에 대한 투자가 얼마나 중요한지 넷스케이프의 네비게이터(Navigator)와 NCSA의 모자이크 사이에 벌어진 격렬한 브라우저 전쟁을 간단하게 살펴보는 것으로도 확인할 수 있다. 1993년 NCSA는 모자이크가 큰 인기를 누리면서 브라우저 시장의 선두로 나섰다. 1993년 말 NCSA는 매주 사용자 200만 명에, 소프트웨어 다운로드 횟수만도 수천 번에 이른다고 주장했다. 1994년 말 NCSA로부터 유일하게 라이선스를 받은 스파이글라스는 모자이크 1천만 개를 판매했다고 주장했다. 모자이크의 성공으로 인해 스파이글라스는 1994년 6월 기업공개(IPO) 형식으로 주식을 공개했는데, 회사 가치는 2,400만 달러로 평가되었다. 1994년 3월 당시 넷스케이프는 이 세상에 없었다. 어쩌면 NCSA가 보다 창의적인 인재를 확보했더라면 아예 생기지도 못했을지 모른다. 그러나 1995년 12월 무렵 넷스케이프는 브라우저 시장의 확실한 리더가 되었고, 모자이크는 무대 뒤로 사라졌다. 그 결과 오늘날 대부분의 인터넷 사용자들은 모자이크라는 이름조차 들을 기회가 없어졌다.

어떻게 해서 이런 극적인 변화가 발생한 것일까? 누구는 성공하고, 누구는 실패하는 원인은 무엇인가? 두 회사의 가장 중요 차이점은 창의적인 인재에 대한 투자의 유무이다. 이 차이는 비전과 철학, 그리고 공동 설립자인 짐 클라크(Jim Clark)가 세운 넷스케이프의 내부와 NCSA의 내부에 확립된 경영 스타일의 확실한 차이에서 나왔다.

1986년 래리 스마(Larry Smarr)가 일리노이 대학에 설립한 NCSA는 컴퓨터 연구에 있어서 세계 최고의 연구소였다. 이 연구소는 미국 국립과학재단과 일리노이 주, 일리노이 대학, 다양한 개인 회사, 그리고 몇몇 연방 기관들로부터 보조금을 지원받았다. 수년간 이 연구소는 재능 있는 연구원과 학생들을 끌어 모았으며, 높은 수익의 소프트웨어들을 생산했다. 1990년대까지 NCSA 설립자의 목적에 걸맞는 평판을 쌓았다. 이 연구소는 380개의 대학들과 회사보다 더 많은 약 6천

명 사용자들을 위해 고성능 컴퓨터를 제공하였다. 이로써 이곳은 '정보 고속도로의 중서부 중심지'로 알려지게 되었다. 1990년 이 연구소 출신의 연구원 두 명이 스파이글라스를 세우고 NCSA에서 만들어진 소프트웨어를 상품화했다. 그러나 NCSA의 가장 유명한 성공작은 모자이크였다. 일리노이 대학의 NCSA에서 모자이크 개발 그룹의 책임자는 조셉 하딘이었으나 정신적인 지도자는 아마도 마크 안드레센이었던 것 같다. NCSA에서 일하던 학생들은 최신식 컴퓨터, 개인 사무실, 그리고 최첨단 프로그램을 연구할 수 있는 기회를 누렸기 때문에 부러움을 샀다. 하지만 그들은 학생 신분이기 때문에 시간당 6달러라는 임금을 받고 일했다. 1993년 모자이크가 큰 성공을 거두자, 일리노이 대학으로 소프트웨어 신청, 라이선스 계약제의, 지원 약속이 물밀듯이 쏟아져 들어왔다. 대학측은 이 제품에 대한 엄청난 수요를 감당할 능력도 없었고, 이 제품의 상업적인 잠재성을 이용할 위치도 못 된다는 사실을 깨달았다. 그래서 스파이글라스가 이 소프트웨어에 대한 모든 라이선스 업무를 담당하기로 계약을 체결했다.

　NCSA에게 이 일과 관련해서 해야 할 일은 모자이크를 만들어낸 인재들을 제대로 대접하는 것이었다. 창의적인 인재를 다루는 일은 대학과 일반 회사가 달랐다. 대학은 개인이 발명한 물건에 대해서 그 개인이 저작권을 가지도록 하면서, 그런 창의적인 인재를 고용해서 데리고 있는 것에 대한 공로를 인정받았다. 그러나 회사는 대개 자사의 재원과 연구소에서 이뤄진 창의적인 연구결과에 대해서 회사가 저작권을 소유하는 대신, 그 연구를 담당한 재원에 대해서는 회사 내부적으로 그 공로를 인정해주면서 보상까지 했다. NCSA처럼 대학이 설립한 연구기관은 그 두 가지 측면에서 회사에 비해 뒤처지는 위기에 처하게 되었다. 대학들은 저작권을 소유함과 동시에 연구원들이 생산한 창의적인 연구결과에 대한 공로마저 새치기했다. 적어도 모자이크를 만들어낸 팀에 대해서 NCSA의 태도가 바로 그랬다.

　1993년 12월 마크 안드레센이 졸업하자 조셉 하딘은 그에게 연구원으로 계속 남아줄 것을 부탁했다. 하지만 안드레센에게는 현재 진행 중인 모자이크 프로젝트를 지휘하지 못하게 했다. 하딘은 아예 안드레센으로 하여금 모자이크 프로젝트에서 손뗄 것을 요구했다. 그가 이런 타협안을 낸 것은 NCSA가 안드레센을 쉽게 조정하기 위해서 또는 모자이크를 처음 만들어낸 사람으로부터 분리시켜, 그 프로그램의 원작자를 강조하기 위한 시도였는지도 모른다. 모자이크에 대한 기사를 많이 다루었던 『뉴욕 타임스』(*New York Times*)의 존 마크오프 (John Markoff) 기자는 비나와 안드레센을 인터뷰하면서, 그들이 모자이크 개발에 맡았던 역할에 대해서는 언급하지 않았다. 기사에는 이들 프로그래머에 대한 이야기보다 스마와 하딘에 대한 이야기만 실렸다. 이 기사는 프로그래머들의 감정을 상하게 만들었고, 결과적으로 그들과 NSCA 경영자 사이의 의사소통이 단절되었다. 더구나 NCSA의 경영진은 모자이크를 일컬어, 1986년 NCSA가 설립되면서 칼리지(Collage)라는 멀티미디어 하이퍼텍스트 시스템 개발을 위해 진행된 연구 프로그램 중 최고의 것이라고 말하곤 했다. 그 예로 스마는 프로그램 연구에서 모자이크 프로젝트의 위치를 다음과 같이 설명했다. "나중에 모자이크의 중요 요소가 되는 것들은 1986년부터 연구된 것들이다." 그 결과 안드레센과 그의 동료들은 NCSA가 모자이크에 기여한 자신들의 공로를 인정해주기는커녕 적절한 보답조차 하지 않는다는 생각을 가지게 되었다. 이에 절망감에 빠진 안드레센은 일리노이 주의 NCSA를 떠나 실리콘 밸리로 갔다. 거기서 그는 짐 클라크를 만났다.

짐 클라크는 실리콘그래픽사(Silicon Graphics Inc, 약칭 SGI)의 설립자이자 전직 CEO인데, 이 회사는 최고급 3차원 그래픽 워크스테이션의 생산업체로 유명한 회사였다. 워크스테이션은 영화「쥬라기 공원」(Jurassic Park)에 등장하는 공룡들에게 생명력을 부여하는 데 많은 도움이 되었다. 이 회사는 한 대당 약 5만 달러 정도 판매할 수 있는 틈새시장을 확보하고 있었다. 그러나 선 마이크로시스템(Sun Microsystems)과 휴렛팩커드가 비슷한 특징에 더 개량된 워크스테이션을 훨씬 낮은 가격에서 판매하자 SGI는 워크스테이션 시장에서의 지위를 잃게 되었다. 이런 몰락을 자초한 SGI의 경영방침과 전략에 큰 좌절감을 느낀 짐 클라크는 회사를 나왔다. 그는 신기술로 인해 대량 소비시장에서 일어나는 빠른 변화에 발맞출 수 있는 회사를 다시 세우기로 마음먹었다. 특히 그는 이런 회사를 구성하는 데 있어서, 그가 리드할 만한 젊은 인재들을 구하고자 했다. 그때 SGI에 있던 그의 오랜 친구가 마크 안데르센에게 연락할 것을 제안했다.

두 사람의 만남은 서로 보완이 되어줄 수 있는 인재들의 만남이었다. 클라크는 시장 경향에 대해 예리한 통찰력을 가진 반면, 안드레센은 소프트웨어 장래성에 대한 통찰력을 가지고 있었다. 또한 클라크가 사업기획의 달인이라면 안드레센은 소비자가 쉽게 사용할 수 있도록 소프트웨어를 만드는 데 달인이었다. 두 사람은 혁신적인 소프트웨어 개발에 전념할 새로운 회사를 위해 각자의 기술을 투자하기로 결정했다.

몇 주간 브레인스토밍을 거친 뒤, 안드레센은 클라크에게 그들에게 최고의 성공을 안겨줄 제품은 모자이크를 제압할 뛰어난 브라우저라는 생각을 심어주었다. 안드레센은 전 동료와 함께라면, 현재 새로 등장한 월드 와이드 웹의 최고 애플리케이션이라 할 수 있는 모자이크를 크게 능가하는 아주 새로운 프로그램을 디자인할 수 있었다. 안드레센이 이런 목표를 세운 것은 아마도 NCSA에서 겪은 좌절감 때문이기도 하지만, 갑자기 형성된 브라우저 시장에 대한 비전과 자신의 능력에 대한 자신감을 가지고 있었고 모자이크의 한계를 간파했기 때문이다. 그때까지도 클라크는 과연 브라우저로 돈을 벌 수 있을지에 대해 확신이 없었다. 하지만 그는 모자이크의 빠른 성장과 매력을 예리하게 감지했다. 게다가 SGI에서 겪은 일로 인해 대량 소비시장의 중요성 역시 예리하게 알아차렸다. 그는 모자이크처럼 수백만 소비자를 끌어모으는 제품은 프리미엄을 붙여서 팔아선 안 된다는 것을 알고 있었다. 오히려 작은 마진이 투자자에게 막대한 수익을 보장했던 것이다.

클라크는 일단 안드레센의 지식과 인맥을 얻게 되자 브라우저의 시장성에 대해서 자신감이 생겼다. 그는 이 시장에서 성공의 열쇠는 시장성 있는 제품을 만들어낼 인재라고 강하게 믿었다. 그런 의미에서 NCSA에 대한 환상을 버린 모자이크의 원래 프로그래머들이야말로 클라크가 내린 선택 중에서 가장 확실한 선택이었다. 안드레센의 충고에 따라 클라크와 안드레센, 이 두 사람은 그 즉시 연구팀을 모집하기 위해 일리노이 주로 날아갔다. 연구팀원 중 네 명은 졸업을 앞둔 학생으로 의욕에 차서 계약서에 사인했다. 그들은 그 당시 진짜 월급을 받게 된 것보다 항상 하고 싶었던 일을 할 수 있다는 것에 기뻐했다. 또 다른 팀원인 에릭 비나는 함께 일하기로 했으나 그곳에 남아, 일리노이 대학 캠퍼스를 떠나서 일하기로 했다. 한 팀원은 이 계약에 대해서 다음과 같이 말했다. "난 항상 안드레센에게는 사업가 기질이 있다고 생각했어요. 만약 그가 일을 벌인다면 아주 큰 일을 벌일 거라고 믿었죠. 그때 우리도 끼워주기 바랐어요." 안드레센과 클라크, 이 두 명의 공동 설립자는 링크스 2.0을 개발한 프로그래머들 중 한 사람인 로우 몬툴리(Lou Montulli)도 새로운 팀원으로 맞아들였다. 따라서 몇 번의 발빠른 움직임 끝에 짐 클라크는 그 당시 주요 브라우저인 모자이크와 링크스의 개발을 담당한 핵심 인재들과 계약을 체결하게 되었다. 이로써 그는 약삭빠르게도 브라우저 경쟁에서 주도권을 차지할 수 있었다.

아이러니한 일은 모자이크로 막대한 수익을 얻었던 NCSA와 스파이글라스가 자사의 프로그래머들이 빠져나가는 데 수수방관한 것이다. 그보다 더 아이러니한 일은 이들 프로그래머를 고용한 짐 클라크는 모자이크에 관한 이야기를 들은 지 얼마 안 된 데다 아직 회사조차 없었다는 사실이다. 사실 NCSA의 무관심한 태도와 행동이 인재들이 떠나는 데 도움이 된 듯하다. 짐 클라크와 NCSA의 인재에 대한 대우의 차이를 고려해보자.

NCSA에서 모자이크를 연구했던 학생들은 시간당 6달러 85센트를 받았다. 그리고 이 제품이 성공하자 NCSA는 막대한 명성과 로열티를 얻었다. 1994년 스파이글라스는 총수입 360만 달러에서 130만 달러를 챙겼다. 그리고 모자이크 판매로 얻은 총수입의 7.5퍼센트를 일리노이 대학의 몫으로 주었다. 일리노이 대학이 특허권과 저작권으로 얻은 수입은 그 총계가 200만 달러에서 300만 달러로, 대부분이 모자이크를 통해 얻은 수입이었다. 그러나 이 두 기관은 이 막대한 부를 프로그래머들과는 나눌 생각을 전혀 하지 않았다. 교육기관의 경우, 적어도 고용한 학생에 대해서 그런 성향을 보였다. 더구나 안드레센은 대학측이 그의 팀이 누려야 할 명성을 가로채고 있다고 느꼈다. NCSA 경영진들은 최근 들어서야 모자이크팀의 창의적인 연구를 인정했다. 하지만 그들은 모자이크는 궁극적으로 연구소 작품임을 강조했다. 이런 주장에는 기술 혁신에 가장 큰 역할을 한 것은 인재가 아닌 연구소라는 의미가 포함되어 있었다.

NCSA가 연구소 인재들을 제대로 인정하지 않았지만, 짐 클라크는 이 연구소의 진정한 가치를 간파했다. NCSA가 뛰어난 학생들을 낙담시키자 클라크는 이 절호의 기회를 놓치지 않고, 마크 안드레센과 함께 넷스케이프를 설립했다. 짐 클라크는 나이 50세인 자신이 사장이라는 직함을 가지고 이제 22세인 안드레센에게는 기술부문 부사장이라는 직함을 주었다. 이 회사에 투자한 건 클라크 혼자였지만 그는 회사의 소유권을 안드레센과 그의 팀원들과 나눠 가졌다. 그는 관대하게도 안드레센과 그의 팀이 가진 전문지식을 300만 달러의 가치를 가진 것으로 평가했다. 비록 회사는 아무 수입이 없었지만 클라크는 학생들에게 6만 5천 달러(1994년 당시)라는 넉넉한 첫 연봉에 회사 주식 1만 주를 보태주었다. 그 당시 클라크의 창업에는 연구소도, 건물도, 고객도 없었다. 그가 가진 거라고는 모자이크를 능가하는 브라우저를 만들어낼 팀원 여섯 명의 재능에 대한 확실한 믿음이었다.

그 당시 전세계 수많은 개인과 단체들은 더 좋은 브라우저를 만들기 위해 연구하고 있었다. 여기에는 NCSA와 스파이글라스, 전세계 대학의 컴퓨터 과학과 학생들도 포함되었다. 경쟁은 치열했지만 클라크의 발빠르고 대담한 조처는 이 경쟁에서 결정적인 작용을 했다. 그는 모자이크와 직접적으로 연관 있고, 그것을 더 개선시킬 수 있는 인재들을 확보했다. 더구나 클라크의 아낌없는 투자와 계약조건은 인재들의 의욕과 헌신을 불러일으켰다. 1994년 봄 대학을 졸업한 팀원들은 곧바로 프로젝트 연구에 몰입했다. 다음 장에서 더 자세하게 살펴보겠지만 이런 인재들의 협동은 브라우저 시장과 인터넷의 양상을 급진적으로 바꾸었다.

혁신으로 살아가기

　오늘날 마이크로소프트는 시가 수천억 달러의 대기업이다. 이 회사는 스프레드시트와 워드프로세서 분야에서 지배적인 시장점유율을 확보하고, 퍼스널 컴퓨터용 운영시스템 시장은 거의 독점하다시피 했다. 마이크로소프트는 그밖에 많은 다른 시장의 리더로서 혁신적인 제품을 가지고 있는 소규모 회사들을 꾸준히 인수했다. 사실 경쟁회사와 미국 법무부는 마이크로소프트가 다양한 소프트웨어 시장을 실제로 독점했거나 독점을 시도했다는 이유로 고소하기도 했다. 이 고소 내용이 사실이라면, 마이크로소프트는 거의 천하무적이라 할 만큼 강력한 지위에 올랐다고 말할 수 있다.

　그러나 이 회사는 편집증에 사로잡혀 있었다. 편집증에 사로잡힌 이 회사 직원의 말을 들어보자. "우리들 머릿속에는 자기 만족에 빠지면 안 된다는 생각이 자리잡고 있다." 이런 편집증은 회사가 계속해서 기술 혁신을 하지 못한다면 회사가 침체에 빠지고 망한다는 믿음 때문에 생기게 되었다. 브라우저 시장에서 빌 게이츠와 격돌했던 짐 클라크는 게이츠에 대해서 다음과 같이 말했다. "미국의 비즈니스 시장에 대해서 빌 게이츠만큼 잘 이해하고 있는 사람은 아무도 없다. 또한 빌 게이츠는 그의 회사가 해당 산업을 완전히 지배하고 있고, 다른 산업부분도 지배할 수 있는 능력과 현금을 가지고 있다는 사실로 인해 자신의 큰 야망을 단 한 순간이라도 늦추거나 접을 사람이 아니다……. 게이츠의 마이크로소프트는 마치 그들의 존재를 위협하는 적들에게 포위라도 당한 것처럼 회사를 운영했다."

　이런 편집증이 마이크로소프트가 부단한 혁신을 생활의 일부분으로 여기게 만들었다. 이전 혹은 주변의 어떤 다른 회사들과는 달리,

마이크로소프트는 혁신에 의해 살아남았고 그로 인해 번창하고 있다. 회사 전체가 기술 혁신 위주로 돌아갔다. 기술 혁신에 대한 마이크로소프트만의 법칙은 전에는 아무도 생각하지 못했던 급진적인 신제품을 생각해내는 게 아니었다. 그들이 생각하는 혁신이란 소비자의 욕구를 보다 잘 충족시키기 위해 꾸준히 제품의 품질을 높이는 그런 기술 혁신이었다.

이 회사가 소프트웨어 사업에 종사하기 때문에 자연스럽게 혁신 정신이 생긴 것은 아니다. 사실 마이크로소프트가 등장하기 전, 많은 회사들을 둘러싸고 일어났던 성공과 실패의 순환과정만 살펴봐도 이 사실을 깨달을 수 있을 것이다. 여기 대단한 아이디어를 가진 소기업가가 있다. 그는 작은 회사를 세우고, 그 회사는 혁신적인 제품을 세상에 내놓는다. 이로써 회사는 큰 성공을 거두고, 주가는 치솟으며, 기업가 자신은 부자가 된다. 이 회사는 부유한 대기업으로 계속 발전하자 자기 만족에 빠진다. 자기 만족은 정체와 부패를 양성한다. 이때 시장 외곽에 있던 소기업이나 새로운 사업가들이 재빨리 기술 혁신을 도입한다. 이 기술 혁신 중 일부는 인기를 얻으면서 과거의 승리자를 시대에 뒤떨어진 기술로 전락시킨다. 일단 회사가 성공을 거두면 그 다음에는 빠른 속도로 퇴보하게 마련이다.

그런 예들은 많다. 워드프로세서 시장을 생각해보자. 1970년대 문서 작성 기계 중 IBM의 타자기가 선두를 지키고 있었다. 대부분의 타자기가 재래식 전자타자기였지만 마그네틱 메모리와 전자 워드프로세서 기능이 포함되어 있는 타자기도 많았다. 그러나 1970년대 말, 왕의 전용 워드프로세서가 등장하면서 메모리 타자기는 쓸모가 없어지게 되었다. 왕은 타자기 시장의 강력한 지배자로 성장하였으나 차세대 기술 혁신의 물결을 타지 못했다. 그에 비해 퍼스널 컴퓨터는 가격이 떨어지면서 대중화되었고, 적절한 소프트웨어로 인해 왕의 전용 워드프로세서 기능말고도 다른 많은 기능이 추가되었다. 워드스타가 왕을 대신해서 가장 인기 있는 프로그램이 되었다. 그러나 워드스타는 계속 나온 PC 세대를 쫓아 기술 혁신을 하지 못했다. 그 결과 워드스타 대신 워드퍼펙트가 선도적인 소프트웨어의 자리를 차지했다. 그러나 워드퍼펙트 역시 적당한 때 기술 혁신을 하지 못해 시장지배력을 마이크로소프트의 워드(Word)에 내주어야 했다. 그런데 오늘날 워드가 아직도 그 우위를 지키고 있는 중요 이유는 마이크로소프트가 계속해서 기술을 혁신하고, 소비자를 위해 더 우수한 특징의 새로운 버전을 정기적으로 출시했기 때문이다. 이와 마찬가지로 스프레드시트에서도 시장지배력은 비시캘크(VisiCalc)에서 로터스(Lotus) 1-2-3, 로터스 1-2-3에서 마이크로소프트 엑셀(Excel)로 바뀌었다.

게이츠는 이들 부문과 다른 많은 부문에서 이와 똑같은 양상이 반복되는 것을 목격했다. 사실 마이크로소프트의 막대한 재원과 많은 성공 제품이 있었는데도 게이츠는 시대에 뒤떨어지는 것에 대한 두려움을 다음과 같은 말로 표현했다. "우리는 그동안 우수한 제품들을 많이 만들어왔다. 하지만 그 모든 제품들이 아주 빠른 속도로 구식이 되어가고 있다 ……. 따라서 우리 회사의 최후 역시 몇 년 뒤에 (정확한 연도는 모르겠지만) 찾아올지 모른다." 게이츠가 분발한 이유는 비단 한때 성공한 기업이 혁신 실패로 도산을 맞는 것에 대한 두려움 때문만은 아니었다. 그에게는 미래에 대한 비전이 있었고, 그 비전을 실현하겠다는 큰 야망이 있었다. 그의 비전이란 다름 아닌 미래에 소프트웨어 해법에 있어 최고 강자가 되는 것이다. 게이츠는 기술 혁신이 자신의 비전을 실현시켜줄 수단이라는 사실을 잘 알고 있었다. 그래서 마이크로소프트의 신조가 바로 부단한 혁신이다.

게이츠는 운영전략에 아주 중요한 세 가지 구성요소를 포함시킴으로써 혁신의 분위기를 유지했다. 그 세 가지 요소란, 아주 우수한 인력 고용하기, 자유로운 조직 유지, 직원을 소규모에 집약적인 직무 위주의 그룹으로 조직하기이다.

　이 전략에서 중요한 요소 중 하나인 똑똑한 인재를 고용하기 위해 게이츠는 많은 투자를 했다. 그는 우선 해당 산업에서 가장 우수한 인력을 고용하기 위해 애를 썼다. 그는 다음과 같이 말했다. "우리에게 제일 중요한 요소는 언제든지 우수한 인력만을 고용한다는 것이다. 그 일을 잘 해내는 데는 특별한 방법이 따로 없다. IQ에 대해서 말하자면 소프트웨어를 작성할 만한 사람을 뽑으려면 당신이 바로 엘리트여야 한다……." 가장 똑똑한 사람을 고용하면 몇 가지 유리한 점이 있다. 똑똑한 사원은 어떤 문제가 생기면 그 해결책을 찾아낸다. 소프트웨어 회사에서 가장 중요한 일은 사람들이 정보로 인해 겪는 문제점에 대한 해법을 제시해야 한다는 것이다. 그런데 똑똑한 사원은 더 빠르거나 더 좋은, 그도 아니면 보다 효과적인 해법을 제시할 능력을 가지고 있다. 이 점에 대해서 스티브 발머(Steve Ballmer)는 다음과 같이 말한다. "똑똑한 사람들은 아주 많은 것을 배울 수 있다. 우리에게 필요한 사원은 바로 일 중독에 걸린 인재이다." 즉, 최고 인력에 대한 투자는 마이크로소프트가 앞으로 부딪치게 될 문제들의 해결책을 보장한다. 게이츠는 이 문제에 대해서 다음과 같이 말한다. "우리 회사에서 최고 인력 20명만 데려가 보라. 그러면 그때부터 마이크로소프트는 별 볼일 없는 회사가 될 것이다."

　게이츠는 유수한 대학의 연구소 출신 졸업생들을 원했다. 젊고 이제 막 대학을 졸업한 인력은 막대한 장점을 지니고 있다. 그들은 마이크로소프트의 사원이 필수적으로 가져야 할 조건인 장시간 근무에 적합한 시간과 성향, 동기를 가지고 있을 확률이 가장 높기 때문이다. 그리고 더 중요한 것은 졸업한 지 얼마 안 되는 인력은 최소한 틀에 박힌 방법을 고집하지 않으며, 새로운 아이디어에 개방적일 가능성이 매우 높다. 따라서 새로운 졸업생들의 쇄도는 회사 내에 혁신의 분위기와 원동력을 생생하게 지켜줄 수 있다. 더구나 미국에서 최고 대학의 연구소 출신 졸업생들은 각자 영역에서 선도적인 연구원들의 가르침을 받았다. 따라서 그들은 근면함, 연구심, 혁신은 물론 연구 아이디어까지 가지고 회사에 입사할 수 있다.

게이츠의 전략 중 두 번째 구성요소는 비형식적인 회사 조직이다. 엄격한 조직은 군대나 판매집단처럼 조직적인 집단에 적합하지만 창조적인 집단한테는 치명적일 수 있다. 엄격한 조직은 창의력 발휘를 제지한다. 회사 관례나 프로젝트 승인이나 변경에 대한 규율은 귀한 에너지를 소진시키면서 독창력과 창의력을 꺾는다. 이와는 대조적으로 개방성과 자발성은 창의력을 육성한다. 그래서 마이크로소프트의 연구직 사원들은 고정적인 근무시간이나 복장, 스케줄이나 작업 습관이 없다. 사원들은 평상복 차림에, 작업 중 장난을 치고, 마이크로소프트 캠퍼스에서 실습할 수 있는 기회를 많이 가지고 있다.

게이츠의 세 번째 구성요소는 극도의 목표 위주 작업윤리이다. 마이크로소프트의 근무환경은 어려운 문제들을 짧은 시간에 한정된 직원으로 집중적으로 연구해서 해결할 것을 요구한다. 직원들은 리더 한 명의 작은 그룹으로 조직해서, 특별한 프로그램 작성 임무를 담당한다. 그런데 이 그룹들은 의도적으로 인원이 부족하게 짜여지는데, 게이츠는 그룹이 작을 때 맴버간의 의사소통이 보다 잘 이뤄지며, 제한된 인원으로는 달성하기 힘들어 보이는 일이 오히려 최선을 다하게 만든다고 믿고 있었다. 게이츠는 본보기를 보이며 직원들에게 할당된 문제를 해결하는 데 전념할 것을 요구했다. 직원들은 낮에 오랜 시간 일하고도 밤늦게까지 일했고, 심지어는 주말 내내 일하기도 했다. 마이크로소프트 캠퍼스에는 카페인 음료는 무상으로 제공되었고 식사 역시 많이 보조되거나 무료였다. 빌 게이츠는 이런 상황에 대해서 다음과 같이 말했다. "나는 일을 위태로운 지경으로 몰고 가는 것을 좋아했다. 그러다보면 최고의 능력을 발휘하는 경우가 있다."

이런 경영원칙은 그 당시 컴퓨터 업계의 다른 대기업인 IBM의 경영원칙과는 전적으로 반대되는 것들이다. 이 사실은 마이크로소프트가 급격한 성장을 이루며 IBM을 따돌리고 컴퓨터 소프트웨어 업계의 선두 세력으로 나서는 동안 특히 두드러졌다. IBM은 대규모 네트워크로 조직된 많은 수의 직원들에 의존했다. 그리고 IBM의 프로젝트팀은 인원이 부족하기보다 필요 이상으로 인원이 과다 배치되었다. IBM의 직원 중 대부분은 기존 가치에 충실하면서 새로운 가치를 만들도록 훈련받는다. 따라서 창의적인 문제 해결자들은 인력의 아주 작은 부분만을 차지한다. IBM의 직원들은 규율과 절차라는 무거운 부담을 지고 일해야 했다. 그래서 복잡한 승인과정이 요구되는 혁신은 거의 이루어지지 않았다. 진급과 부수입이 직원들의 근면을 이끌어낸 동기가 되었다.

이 두 회사의 성과는 크게 차이가 났다. 마이크로소프트는 다양한 쓰임새의 소프트웨어 제품들을 연이어 출시했다. 심지어 특정 소프트웨어 버전이 성공을 거두지 못했을 때도 마이크로소프트는 프로그램이 소비자의 관심을 끌면서 판매에 성공을 거둘 때까지 계속해서 기술 혁신을 추진했고 새로운 버전을 출시했다. 그리고 성공하더라도 회사는 결코 기술 혁신을 멈추지 않았다. 마이크로소프트는 소비자에게 보다 유용한 제품을 만들기 위해, 성공한 제품의 개량품을 계속 발매했다. 이와는 대조적으로 PC시장에 늦게 진출한 IBM은 XT와 AT를 제외하고는 새로운 버전의 PC 출시도 늦게 했다.

마이크로소프트는 현재 선두로 있는 운영시스템, 브라우저, 그래픽 유저 인터페이스, 워드프로세서나 스프레드시트 같은 시장의 개척자가 아니었다. 소비자들은 자신이나 다른 사람이 마이크로소프트의 어떤 제품을 샀다는 이유만으로 그 회사의 다른 제품을 구입하지 않는다. 만약 그런 일이 벌어진다면, 마이크로소프트는 출시한 모든 제품마다 성공을 거두고, 처음 출시한 제품 역시 성공을 거듭할 것이다. 하지만 윈도우와 엑셀, 워드의 일부 버전은 실패했고, 머니(Money)와 마이크로소프트 네트워크(Microsoft Network) 같은 많은 제품의 최신 버전들은 아직 시장지배자가 아니다. 하지만 마이크로소프트가 일단 어떤 부문의 시장지배력을 가지게 되면, 계속해서 시간이 변하더라도 리더십을 잃는 법이 없었다. 그러므로 이 회사의 혁신 정책이 효과가 있었다고 말할 수 있다. 이와는 반대로 IBM은 과거 우위를 점했던 일부 중요 시장에서 리더십을 잃어버렸다. 그 가장 좋은 예가 초기 워드프로세서 타자기와 퍼스널 컴퓨터 부문이다.

마이크로소프트가 일부 소프트웨어 시장에서 성공적인 리더가 된 것은 그 시장에 맨 먼저 진출했기 때문이 아니라 뛰어난 인재들을 사원으로 뽑아 그들의 의욕을 고취시키고 고용상태를 유지함으로써 부단히 혁신정책을 추진했기 때문이다.

혁신적인 조직 만들기

이번 장과 앞의 장들에서 살펴본 사례들은 시장지배력을 유지하는 데는 부단한 혁신이 절대적으로 요청된다는 점을 강조하고 있다. 혁신의 원동력은 바로 인재들이다. 유능한 인재들은 어려운 문제들을 빠른 시일에 해결하고, 새로운 아이디어를 내놓으며, 서로의 아이디어를 보다 발전시켜서 혁신의 분위기를 고무시킨다. 제록스가 PARC에서 거둔 성공은 주로 새로운 아이디어에 전념할 수 있었던 조직 내의 뛰어난 인재들이 이룩한 업적이다. 마이크로소프트가 혁신을 유지하고 계속해서 경쟁회사를 앞서가기 위해서, 게이츠는 대학을 갓 졸업한 뛰어난 인재들을 이용했다. 특히 첨단 기술 제품의 분야에선 이런 인재들이 효과적인 혁신에 아주 중요한 역할을 한다. 그런데 이때 경영자가 저지를 수 있는 가장 큰 실수는 기술 혁신을 일으킬 창의적인 연구원보다 연구소를 더 중요하게 생각하는 것이다. NCSA의 모자이크가 넷스케이프의 네비게이터에게 선두를 내주게 된 주된 이유는, 영리하게도 넷스케이프의 클라크가 모자이크 개발을 담당했던 인재들을 신입사원으로 뽑았기 때문이다.

그러나 인재들만으로 불충분하다. 어떤 성과를 얻기 위해서는 이런 인재들에게 독립성, 자유, 재정적인 지원을 보장하는 환경이 필요하다. 사업장에서 이런 분위기 조성에 방해되는 것은 관료주의와 현재 제품 및 고객에게만 매달리는 태도이다. 스타크웨더와 안드레센이 겪은 일을 보면 확실하게 알 수 있다. 스타크웨더의 상관은 웹스터의 연구소에서 일하고 있으면서도 스타크웨더의 레이저 연구가 얼마나 중요한 가치를 지니는지 알아보지 못했다. 웹스터의 연구 환경은 기존 고객을 위해서 현재 제품만을 개선하는 일에만 치중하다보니 레이저 기술 같은 급진적인 기술 혁신은 끼어들 틈이 없었다. 사실 이런 제한적인 연구 환경은 만약 고위 경영진이 스타크웨더를 협조적인 환경의 PARC로 전근을 보내지 않았더라면, 스타크웨더는 직장을 잃고 제록스는 높은 수익의 레이저 프린터 사업을 시작하지 못했을 것이다. 이와 유사하게 안드레센이 처음에는 NCSA에서 그리고 나중에는 넷스케이프에서 누렸던 자유와 독립성은 큰 성공을 거둔 기술 혁신의 수단이 되었다. 이와는 반대로 모자이크를 만들었던 노력들은 그후 관료화가 되면서 활동이 정지되더니 마침내 소멸되고 말았다.

따라서 자율적인 환경 속에서 임박한 대량 소비시장을 집중 공략할 수 있도록 특별한 인재가 부단한 혁신을 추구할 수 있는 강력하고 조직적인 힘이 있어야 한다.

제8단계: 조직 구성

- 회사의 구성은 혁신에서 중요한 역할을 한다. 관료주의 대 자율성, 연구소 중심 대 인재 중심, 기존 고객 우선 대 새로 생긴 대량 소비시장 중시, 이 세 가지의 조직적 요소는 혁신에 대한 회사의 반응과 속도에 영향을 미친다.

- 관료주의는 회사의 활력을 떨어뜨리고 중심을 와해시키며, 비전을 어둡게 만든다. 그리고 혁신은 이런 과정에서 길을 잃게 된다. 관료주의는 아예 혁신 그 자체를 억압하거나, 우연히 맞닥뜨렸을 때도 그 가치를 인식하지 못하는 수가 있다.

- 이와는 반대로 혁신을 조장하는 위대한 인물은 혁신 연구를 위해 자율적이고 협조적이며 의욕을 고취시키는 환경을 조성한다. 자율성은 기술 혁신이 아무런 방해도 받지 않고 활발하게 이루어질 수 있게 도와준다.

- 혁신에 대해서 미묘하지만 크게 방해작용을 하는 것은 경쟁보다는 기존 고객에게만 전념하는 경영진의 태도이다. 이런 편견을 가진 경영진은 신기술을 이용해서 새로운 대량 소비시장으로 진출할 때, 경쟁회사보다 한 발 앞서기 위해 필요한 유망한 기술 혁신의 가치를 알아차리지 못한다. 그러나 새로운 시장을 담당했던 승리자들은 오히려 현재의 문제점과 위기로 이런 편견들을 극복하게 된다.

- 혁신의 가장 중요한 구성요소는 인재이다. 연구소와 건물만으로는 성공적인 신제품을 만들어낼 수 없다. 그러나 창의적이고 유능한 개인은 그런 신제품을 만들 수 있다. 회사는 가능한 최고의 인력을 고용해서 그들의 사기를 고취시키고 계속해서 그들을 보유할 필요가 있다. 그런 인재들이 자율적이고 협조적인 환경에

모이기만 한다면, 자극과 제휴, 그리고 상호 아이디어의 교류가
자발적으로 일어난다.

제9장

금융자산의 조성과 헌신

Will&Vision
Will&Vision Will&Vision

신제품 아이디어를 정하고, 대량 소비시장 고객의 관심을 유발하며, 새 시장에서 우위를 확보하기 위해 애쓰는 회사들에게 금융 헌신은 아주 중요한 요소다. 금융 헌신은 안정된 지위나 수익성 없이 후발주자로 시장에 진입한 회사에게 특히 중요하다. 이런 후발주자들은 종종 그보다 일찍 시장에 진입해서 안정된 지위를 확보한 회사들과 경쟁해야 한다. 새로 진출한 회사가 안정된 회사와의 경쟁을 통해 시장에서 발판을 마련하려면, 상당히 많은 금융자산을 필요로 한다. 더욱이 이런 시장 진입자가 마켓리더까지 되려면 정말 막대한 금융자산이 소요된다. 시장 발전의 겉모습만 관찰한 사람들은 이 요소의 중요성을 모를 수 있다. 그러나 모든 기업가나 신제품 관리자는 금융자산의 필요성을 정확히 알고 있다. 그런데 도대체 왜 자산이 이토록 필요한 걸까? 지금부터 그 이유들을 살펴보자.

대량 소비시장의 이점 중 하나는 제품을 대량으로 제조하고 판매함으로써 제품 단가를 낮출 수 있다는 것이다. 하지만 대량 소비시장을 목표로 삼는다는 것은 대규모 경영을 하겠다는 뜻이 담겨 있다. 회사측은 대규모 공장이나 설비에 투자하고, 많은 종업원을 고용해야 하며, 대형 연구시설을 건설하고 원료는 대량으로 구입해야 한다. 마케팅 비용 역시 상당히 많이 들 수 있다. 이밖에 회사는 유통 시스템을 구축하고 판매부를 조직해서 유통업체에 물건을 공급하고 새로운 고객을 확보해야 한다. 그리고 많은 시장에서 자사 제품을 판매할 시장을 개발하거나 기반을 다진 경쟁회사 제품과의 차별화를 위해 대대적으로 광고할 필요도 있다. 일부 시장에서는 자사 소비자들의 수요를 자금으로 지원해야 할 때도 있다. 이 모든 활동에는 엄청난 금융자산이 요구된다.

이와 동시에 신제품이 성공하거나 시장에서 우위를 차지하기 전까지는 이 모든 비용을 조달할 만큼의 충분한 수익이 발생하지 않는다. 투자에서 매출까지 불과 몇 개월밖에 안 걸리는 경우가 있는가 하면 몇 년씩 걸리는 경우도 있다. 따라서 후발주자는 단기간에 충분한 매출을 올리는 회사나 장래에 얼마 정도 매출이 있을 거라는 보장이 없더라도, 막대한 자산을 헌신해야만 한다.

특히 금융자산의 필요성은 금융자산의 입수와 그 자산을 기꺼이 사용할 의향, 이 두 가지로 구성되며, 이 중에 어느 한 쪽이 부족해도 전체적인 노력이 실패로 돌아갈 수 있다. 시장에 진출한 대기업이나 소기업들은 각자의 꿈을 이루기 위해 가지고 있는 모든 자산을 투자하려는 의향을 가지고 있다. 하지만 그들은 자산이 빈약하거나, 가지고 있는 자산이 필요량에 미치지 못할 수 있다. 안정적인 대기업의 경우 금융자산은 충분할 수 있다. 하지만 여러 층의 관료체계가 자산 헌신의 방해가 될 수 있다. 또한 현재 맡은 일이 주는 압박감은 새로운 시장에 금융자산을 헌신하는 일을 위험하거나 심지어는 어리석은 일로 만들 수도 있다.

이런 문제는 급진적인 신개념을 가지고 새롭게 시장에 진출한 회사일수록 심각해진다. 기술 혁신이 급진적일수록 자산의 필요성은 더욱 커진다. 동시에 기술 혁신이 급진적일수록 회사의 수익은 불확실하다. 외부 투자자들은 급진적인 아이디어를 회의적인 시각으로 바라보며, 그로 인해 회사는 자본시장에서 금융자산을 조성하기가 어려워진다. 따라서 급진적인 신개념을 가진 시장 진입자는 자신의 아이디어를 실행하기 위해서 분명하고 단호하게 자산을 헌신할 의지와 능력을 반드시 갖추어야 한다.

그렇다면 이런 헌신은 어디서 나오는가? 의심할 바 없이, 그것은 새로운 시장 진입자의 비전에서 나온다. 경쟁회사들이 다른 사업 개념을 적용하고 있고, 외부 자본가들이 새로 등장한 사업방식의 장점을 미처 알아보지 못할 때, 시장 진입자가 사업을 시작할 수 있도록 동기부여하는 것이 바로 이 비전이다. 모든 자산을 헌신하거나, 아니면 다른 사람이 비전의 실현을 위해 자산을 헌신하도록 만들 수 있을 만큼 강하고 확실한 비전을 가진 회사들이 성공을 지속시킬 수 있다.

시간이 지난 후에 보면, 시장 진입자가 새로운 사업으로 성공을 거둔 후에는 그 수익으로 인해 당시의 위험이 축소되어 보일 수 있다. 따라서 관측자들은 시장 진입자가 겪어야 했던 큰 불확실성과 사업에 필요한 자금을 조성하거나 헌신하는 과정에서 겪었던 어려움을 제대로 인식하지 못할 수 있다.

종종 해당 사업의 가치에 회의가 제기될지라도, 금융 헌신은 진행되어야만 했다. 그 결과 그와 같은 상황에 처한 경영자들은 새로운 사업을 비밀로 하는 경향을 보이기도 한다.

이제부터 살펴볼 네 가지 사례들은 금융 헌신이 시장에서 영구적인 성공을 얻는 데 얼마나 중요한 역할을 했는지, 그런 헌신의 과정 중에 부딪친 어려움들, 그리고 그럼에도 헌신의 자세를 유지하게 했던 비전의 중요성들을 보여주게 될 것이다.

실패할 뻔했던 큰 투기

페더럴 익스프레스의 기원과 초기의 노력, 그리고 최후의 승리를 보면, 지속적인 시장지배력을 달성할 때 끈기와 비전이 얼마나 중요한지를 알 수 있다. 하지만 이 두 요소는 특히 금융 헌신의 필요성을 강조한다.

예일 대학교를 졸업한 프레드릭 스미스는 미 해병대에 입대하여 베트남에서 군복무를 했다. 스미스는 군복무에 월등한 실력을 발휘해 해군 대위로 진급하고, 2년이라는 짧은 기간에 은성 훈장과 동성 훈장, 두 개의 명예상이기장, 해군 추천 메달, 베트남 용맹 십자훈장을 받았다. 스미스가 베트남에서 얻은 경험은 그를 의지력 강하고 적극적인 사업가로 만들어주었다. 또한 그곳에서 형성된 그의 소양은 사업 초기 자본 조성을 쉽게 만들어주었다. 1969년 군에서 제대한 그는 미국으로 돌아와 자기 재산으로 개인 사업을 시작했다. 그는 사업가인 부친이 창업한 지주회사인 프레드릭 스미스 엔터프라이즈 회사(Frederick Smith Enterprise Company)의 공동수탁자가 되면서 수백만 달러의 유산을 받았다. 스미스는 38.5퍼센트의 신탁지분을 갖고, 나머지 지분은 그의 누이들이 소유했다. 1971년 엔터프라이즈 회사의 이사장으로 취임한 스미스는 누이들의 지원을 받으며 이 회사를 소극적인 투자회사에서 보다 적극적인 투자회사로 바꾸기 위해 노력했다.

1969년 8월 스미스는 아칸소 주 리틀록에 있는 항공기 회사의 지배적 이권(利權)을 취했다. 그는 이 회사로 중고 법인 제트기를 사고 파는 적극적인 사업을 벌였다. 스미스는 일부 거래에서 개인 돈을 사용하여 많은 돈을 벌어들였다. 이 사업을 성공적으로 운영한 그는 지역 은행들의 신뢰를 얻을 수 있었다. 그러나 이보다 더 중요한 사실은 그가 이 사업을 통해서 속달 우편 서비스의 필요성을 절실하게 느꼈다는 점이다. 스미스는 그때 경험에 대해서 다음과 같이 말했다. "미국 어느 곳이든 발송된 항공화물을 제때에 안전하게 받을 수 없다는 사실에 무척 화가 났다. 리틀록으로 발송된 부품을 받는데, 어떤 때는 이틀이 걸리는가 하면 또 어떤 때는 닷새나 걸렸다. 정말 예측불허였다."

이 문제로 인해 스미스는 예일 대학교 재학시절 학기말 리포트에 썼던 속달 우편 서비스의 장점을 다시 생각하게 되었다. 이 문제를 해결하기 위해 뭔가 해야겠다고 결심한 그는 많은 미국 회사들이 공통으로 가지고 있는 수요를 충족시킬 회사를 창업해야겠다는 제안을 냈다. 그 회사는 오로지 속달 우편을 확실하게 배달하는 일에만 전념하는 회사여야 했다. 많은 회사들이 돈을 지불하고 이 서비스를 사용할 것이라고 자신한 스미스는 다음과 같은 말을 했다. "여러분은 두 가지 서비스를 제안하실 수 있습니다……. 시간을 준수해야 하는 서비스를 택하신다면, 운송업자는 항상 가격이 싼 방법보다 확실한 방법을 택할 것입니다. 이것이 바로 시간준수 서비스의 핵심입니다."

스미스는 이 사업을 위해 25만 달러의 투자금을 지원받기 위해 엔터프라이즈 회사 이사회를 소집했고, 그는 이사회에서 나중에 그에 상응하는 개인 돈을 내놓겠다고 약속했다. 이사회는 그의 제안을 흔쾌히 받아들였다. 스미스는 이렇게 마련한 돈을 가지고 1971년 페더럴 익스프레스를 설립했다. 그는 사업에 착수하자마자 연방준비은행으로부터 하룻밤 만에 수표들을 운송하겠다는 계약을 따낼 계획을 세웠다. 그 당시 수표가 해당 목적지에 도착하기까지 이틀 이상의 시간이 걸렸다. 스미스는 회사 이사회에 팬아메리칸월드항공〔Pan American World Airway, 약칭 팬암(Pan Am)〕으로부터 팰콘 20(Falcon 20)이라는 팬 제트기 두 대를 구입하는 데 필요한 360만 달러의 대출 보증을 요청했다. 그는 제트기 구입으로 연방준비은행 이사회에 자신의 진심을 입증할 수 있을 것이라고 주장했다. 스미스는 팬암과의 계약만 성사되면, 다른 융자를 얻어 제트기를 더 구입할 수 있을 것이라고 자신했다. 팬암은 스미스에게 아주 괜찮은 가격에 제트기를 구입할 수 있는 조건을 제안했다. 엔터프라이즈 회사 이사회는 스미스의 요청을 받아들여 두 대의 제트기를 구입했다. 하지만 얼마 안 있어 스미스는 첫 번째 장애물에 부딪쳤다. 연방준비은행은 일반 운송업체와는 거래할 수 없었기 때문에, 각 은행들이 독자적으로 결정을 내리기로 했다.

스미스는 자신의 아이디어를 계속 고수했다. 그는 이 아이디어의 장점을 금융업자들이 확인할 수 있도록, 각기 다른 시장조사 회사 두 곳에 속달 우편 서비스의 수요 측정을 의뢰하였다. 이와 같은 이중조사는 위험을 덜 뿐 아니라 조사결과의 신뢰성을 높을 수 있었다. 이 두 회사는 속달 우편 서비스의 수요에 대해 일치된 결과를 내놓았다. 그들은 이 시장의 가치를 10억 달러로 추정했으며, 창업비용으로는 700만 달러에서 1,600만 달러가 필요하고, 이렇게 창업한 회사는 1년 후면 손익분기점을 넘을 수 있을 거라고 평가했다. 그들은 또 고객들은 비행기와 수송 트럭을 모두 갖춘 서비스업체의 통합 서비스를 바라고 있다는 사실을 일러주었다.

그러나 스미스는 이런 조사결과가 나오기도 전에, 23대의 팰콘기를 2,910만 달러의 가격에 구입하겠다는 사전계약을 팬암과 체결했다.

그는 이전에 아칸소 지역 은행에서 단기대출을 받아 일반시장에서 여덟 대의 팰콘기를 구입한 적이 있었다. 팬암 제트기를 아주 싼 가격에 구입한 스미스는 설령 페더럴 익스프레스가 망한다 해도, 이 제트기들을 일반시장에 판매해 수익을 올릴 수 있을 것이라고 생각했다. 그래서 그는 다시 한번 엔터프라이즈 회사의 이사회를 설득해서 이 옵션 계약의 보증금으로 지불할 100만 달러의 지급 보증을 받아냈다. 이로써 초기에 구입한 10대의 팰콘기까지 합쳐 무조건 총 33대의 대규모 편대를 마련한 스미스는 자신이 한 일을 자랑스럽게 생각했다.

하지만 비행기 인수시기가 다가왔건만, 그때까지도 페더럴 익스프레스는 사업을 시작하지 못하고 있는 데다, 스미스는 계약을 완료할 자금이 부족했다. 그 당시 재정 압박을 겪고 있던 팬암은 현금이 절대적으로 필요했다. 그래서 팬암은 1972년 9월과 11월, 그리고 1973년 1월 스미스에게 그가 계약했던 비행기를 빨리 구입하라고 엄청난 압박을 가했다. 그때마다 스미스는 팬암이 다른 사람에게 그 비행기를 팔까봐 걱정했다. 그렇게 되면 그는 유리한 조건으로 비행기 함대를 구입할 수 있는 사전 계약권을 잃는 동시에 속달 우편 서비스를 시작하는 데 필요한 비행기 함대도 날아갈 수 있었다. 그래서 스미스는 매번 힘겨운 협상과 제트기 가격이 오르는 고통을 참으며, 사전계약의 조건을 변경하기 위해 애를 썼다.

페더럴 익스프레스측 변호사는 스미스와 팬암의 세 번째 협상에 대해서 다음과 같이 말했다. "팬암의 수석 부사장 중 한 사람은 정말 상종 못할 인간이다. 나는 23일간 뉴욕에 머무르면서, 팬암이 팰콘기를 우리가 아닌 다른 사람에게 팔지 않겠다는 계약을 맺기 위해 노력했다. 그런데 그 부사장이라는 사람은 고집불통에 아주 심술궂은 사람이었다. 우리는 이전에 맺은 계약을 그대로 유지하기 위해 단호한 태도를 보여야만 했다. 매번 계약은 결렬 직전까지 갔다. 페더럴 익스프레스는 이렇게 점점 힘들어져만 가는 협상 속에서 이제 거의 죽은 거나 마찬가지가 되어갔다." 마침내 스미스는 놀랍게도 1973년 5월 15일까지 비행기를 인수하기로 했다. 이 날짜는 페더럴 익스프레스에게 죽느냐 사느냐 기로에 서는 중요한 날이 되었다. 더구나 그가 비행기를 인수하지 않았던 3월 31일부터 하루에 한 대당 1,500달러씩 보상금을 지불해야만 했다.

1973년 1월 말 회사는 파산했다. 훗날 스미스는 그때 당시를 '약간의 위기'였으며 회사는 그대로 망할 수도 있었다고 말했다. 그는 두 달 전 회사의 재정상태를 완화시키기 위해 뉴욕의 증권 인수업체인 화이트, 웰드 앤 컴퍼니(White, Weld & Company)와 계약을 체결해서 2천만 달러의 장기 대출금을 조성했다. 스미스는 지불보증을 위해 가족의 자금 중 150만 달러를 더 회사에 투자했다. 그러나 이렇게 대출을 받았는데도, 그는 아칸소 주의 리틀록에 있는 한 은행으로부터 다시 200만 달러를 빌려야 했다. 스미스는 이 대출금을 얻기 위해 멤피스의 한 변호사와 엔터프라이즈 회사의 이사회 간사가 서명한 보증서를 작성했는데, 이 보증서에는 그가 가진 순재산은 720만 달러이며, 은행 대출금은 회사의 주식 배당금으로 지급보증하겠다고 적혀 있었다. 사실 이 보증서는 스미스가 위조한 것으로 주식 배당금 자체가 허위사실이었다. 1년 후 이 위조 사실이 발각되면서 회사는 다시 위기에 빠졌고, 스미스에게도 새로운 문제들이 일어났다. 그 당시 스미스는 극심한 압박을 받고 있었다. 이 일로 인해 다른 담보물을 제시한다 해도, 화이트, 웰드 앤 컴퍼니는 1993년 3월 말까지 페더럴 익스프레스를 위해서 장기대출을 해줄 수 없게 되었다. 어쨌든 팰콘기 구입의 최종 시한은 점점 다가오고 있었다.

화이트, 웰드 앤 컴퍼니는 스미스가 대기업가이자 금융업자이며 제너럴 다이나믹스(General Dynamics)의 지배권을 보유하고 있던 헨리 크라운(Henry Crown)을 만날 수 있도록 주선했다. 스미스는 크라운에게 페더럴 익스프레스가 가지고 있는 이점에 대해서 깊은 인상을 심어주었다. 그리고 정밀한 조사와 진지한 협상 끝에 크라운은 스미스가 팰콘기를 구입하는 데 필요한 대출금을 마련해주기로 했다. 마침내 최종 시한 3일 전 제너럴 다이나믹스는 페더럴 익스프레스에게 총 2,370만 달러에 달하는 대출을 보장했다. 하지만 그 대신 스미스는 막대한 대가를 치러야 했다. 제너럴 다이나믹스는 자사가 페더럴 익스프레스의 지분 80.1퍼센트를 1,600만 달러에 구입한다는 사전계약을 요구했던 것이다. 그렇게 되면 스미스의 지분은 8퍼센트로 줄어들었다. 다른 대안이 없었던 스미스는 제너럴 다이나믹스의 요구를 받아들임으로써 팰콘기를 인수할 수 있었다. 하지만 그가 직면한 문제는 거기서 끝나지 않았다.

1973년 3월 페더럴 익스프레스는 사업을 개시하였다. 처음에는 사업 진척 속도가 느렸다. 사업 첫날 열한 개 도시를 네트워크로 구성했는데도, 회사가 처리한 화물은 겨우 여섯 개뿐이었다! 시간이 흐르면서 화물의 수도 점차 증가하기는 했지만, 매출은 여전히 운영비용을 밑돌았다. 페더럴 익스프레스는 수송량과는 상관없이 서비스 보장을 위해 최소한의 종업원과 역시 최소한의 트럭과 비행기를 보유하고 있어야 했다. 이 회사는 1973년 9월 말까지 780만 달러의 영업손실을 입었다. 더구나 회사는 화물 운송을 위해 비행기를 개조해야만 했다. 비행기 구입비용을 비롯해 개조비용, 영업손실금, 이자 부담금까지 합하면 1973년 9월까지 총 4,700만 달러에 달하는 거대한 부채가 쌓였다. 프레드릭 스미스와 엔터프라이즈 사는 자신들의 투자금이 고스란히 이 손해 금액 속으로 사라지는 것을 속수무책 지켜볼 수밖에 없었다. 거기다 리틀록의 여러 은행에서 받은 대출 역시 채무 불이행 중이었다. 스미스는 채권자 중 리틀록의 워덴 은행(Worthen Bank)과 가장 껄끄러운 관계에 놓였다. 이 은행은 매주 대리인을 보내서 스미스에게 지나치게 많은 부채를 줄일 것을 요구했다. 만약 이 은행이 저당권을 행사한다면, 사업은 훨씬 더 엉망진창이 되면서 페더럴 익스프레스는 파산선고로 법정에 서야만 했다. 설상가상으로 제너럴 다이나믹스로부터 받은 대출금도 지불기한이 넘어 있었다. 더구나 제너럴 다이나믹스는 자사의 대출금을 보통주주권으로 전환할 수 있는 옵션을 실행하기를 꺼려했다. 이로써 페더럴 익스프레스의 상황은 점점 더 절박해져만 갔다.

그래서 스미스는 기대 반 낙담 반 상태로, 자금을 조달할 방법을 찾기 시작했다. 시카고 제일은행과 체이스 맨해튼 은행을 포함한 은행 채권단들은 자진해서 새로 대출금을 늘려주었지만, 그 대신 스미스 일가에게 더 많은 담보물을 요구했다. 스미스는 엔터프라이즈 이사회를 설득해서 페더럴 익스프레스에 150만 달러를 추가 투자하고 덧붙여 250만 달러의 추가대출을 하도록 했다. 그 결과 엔터프라이즈의 총 투자금은 540만 달러에 이르렀고, 스미스의 총 투자금은 개인 자금 250만 달러로, 이 금액에는 엔터프라이즈의 투자금 중 그의 몫인 38퍼센트는 포함되지 않았다. 1973년 11월 스미스는 이렇게 엔터프라이즈의 투자를 통해 은행 채권단으로부터 5,200만 달러의 대출을 얻어냈다. 그는 우선 이 대출금으로 회사의 초기 채권자들의 빚을 갚았다.

그러나 회사는 여전히 곤란에서 벗어나질 못했다. 선적물량은 1974년부터 1975년까지 꾸준히 증가추세에 있었지만 수익으로는 전환되지 않았다. 1975년 5월까지 회사는 약 2,900만 달러에 달하는 누적 손실을 입었다. 게다가 아직 4,900만 달러라는 큰 부채가 남아 있었다. 페더럴 익스프레스는 이 손실을 만회하기 위해 힘겨운 협상을 수반하는 두 번 이상의 어려운 자금조달 과정을 겪어야만 했다. 이 와중에 그가 이전에 저지른 위조행위가 발각되면서, 스미스의 경영권은 위협을 받았다. 하지만 채권자들은 스미스가 바로 페더럴 익스프레스이며, 그가 없으면 회사는 회생하기 힘들다는 사실을 깨달았다. 더구나 그는 이 회사의 비전을 끝까지 믿고 있었고, 종국에는 꼭 성공할 것이라고 굳게 확신함으로써 경영진과 직원의 사기를 고취시켰다.

페더럴 익스프레스는 대인(對人) 직접 판매와 광고전략에 예리한 변화를 주자, 1975년 내내 선적물량이 꾸준히 증가하기 시작했다. 그리고 1975년 7월 회사는 처음으로 월간 흑자를 기록했다. 그것은 스미스가 회사를 설립한 지 4년 만의 일이요, 그 유명한 학기말 리포트가 나온 지 9년 만에 일어난 일이었다. 이듬해인 1976년 회사는 소형 항공화물 업계에서 지배적인 운송업체가 되었다. 그리고 바로 그해 처음으로 연간 흑자를 기록했으며, 그때부터 선적물량과 수익이 급격하게 증가하기 시작했다.(그림 9-1) 그러자 경쟁상대들이 페더럴 익스프레스를 주목하기 시작했지만 스미스는 이미 그들을 맞설 준비가 되어 있는 데다 가격과 서비스 변화로 적극 대처했다. 1983년까지 페더럴 익스프레스는 선적물량과 수익 면에서 이 시장에서 지배적인 기업이 되었다. 프레드릭 스미스는 10억 달러에 이르는 연간 총수입으로 업계의 거물이 되었고, 예일 대학교 재학 시절 써낸 그의 학기말 리포트는 전설이 되었다.

스미스가 5,200만 달러라는 큰 자금을 조달했던 1972년 7월에서 1973년 11월까지, 그는 자금을 확보하고 이전에 돈을 빌린 금융업자들의 채무이행 요구와 담보물 처분을 막는 데 모든 시간을 소비했다.

〈그림 9-1〉 페더럴 익스프레스의 초기 성장

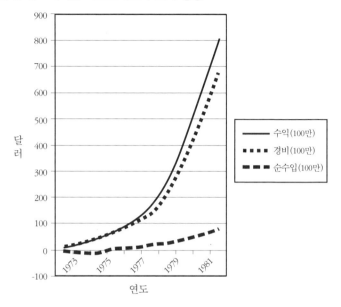

청문회가 진행되는 동안, 그는 대리인단에게 이 시기에 대해 다음과
같이 말했다.

이 세상, 그 어느 누구도 그해 내가 어떤 일을 겪었는지 짐작조차
못할 겁니다. 난 내 이름을 기억하는 것조차 신기할 정도라서, 여
러분들이 내게 묻고자 하는 자세한 상황을 기억할 수 있을지 모르
겠군요. 그해 난 정신적인 충격과 함께 엄청난 압박감에 시달려야
했습니다. 정말 많은 사건들이 일어났고, 아주 많은 곳을 돌아다
녀야 했으며, 투자 은행가, 제너럴 다이나믹스, 그리고 멤피스를
찾아온 수많은 사람들을 셀 수 없을 정도로 만나야 했습니다. 나
는 그 기간에 회사를 운영하기 위해 애썼던 것 외에는 실질적으로

어떤 일을 했는지, 그 구체적인 내용은 기억나지 않습니다.

스미스는 회사를 운영할 자금에 대해서 협상을 벌이는 일 말고도 회사 창업과 관련된 많은 업무를 아주 짧은 시간에 처리해야만 했다. 우선 그는 규제완화를 위해 정부 기관과는 세 번에 걸쳐 협상을 벌였다. 즉, 1972년에는 자신의 팰콘기의 화물 운송을 방해하는 중량제한을 개정하기 위한 협상을 벌였고, 1973년 11월에는 석유무역 금지(oil embargo) 기간에 충분한 가솔린 할당량을 얻기 위해, 1975년 여름에는 대형 제트기 비행 허가를 받기 위한 협상을 했다. 스미스는 또 지방 공무원들과의 협상을 통해 멤피스에 있는 항공기의 새로운 항로 중심지를 개발해야 했다. 그는 팰콘 제트기를 제조해야 했는데, 리틀록에 있는 소규모 비행기 공장을 인수함으로써 해결했다. 그리고 스미스는 비행사와 트럭 운전사, 판매원, 사무직원, 관리자들을 채용하고 훈련시키는 일을 감독해야 했다. 또 그는 모든 종업원들을 모집하고, 그들에게 고임금보다는 밝은 미래를 약속해야 했고, 상황이 어렵고 임금이 체불되더라도 회사에 남도록 해야 했다. 무엇보다 중요한 것은 그의 서비스를 이용할 새로운 사업을 확보해야 했다.

1974년 초 스미스의 누이들과 은행은 그가 변호사의 서명을 위조했음을 발견하고 소송을 제기했다. 문서 위조 혐의로 기소가 된 스미스는 최고 징역 5년형의 판결을 기다려야 했다. 이사회는 그를 축출하기로 하고 한때 실제로 새로운 CEO를 찾기도 했다. 하지만 페더럴 익스프레스의 고위 경영진과 스미스와 가까운 사이였던 직원들은 만약 스미스가 해고되면 단체로 회사를 그만두겠다며 이사회를 위협했다. 스미스 역시 재판에서 자신의 행동을 적극적으로 변호했다. 그는 자신과 엔터프라이즈 이사회는 하나이자 동일한 존재이며, 대출 업무를 많은 은행가들은 그가 변호사 대신 사인을 한 사실을 알고 있었다고 주장했다. 배심원들은 스미스에 유리한 판결을 내렸다. 아마도 배심원은 스미스가 베트남전에 참전했던 사실과 페더럴 익스프레스를 살리기 위해 그가 선택한 대담한 시도, 그리고 극심한 위협 속에서 보여준 불굴의 의지에 마음이 움직였던 것 같다.

사실 스미스가 거둔 최후의 승리만을 과대선전하다보면, 페더럴 익스프레스를 설립하면서 겪어야 했던 큰 곤경들을 건너뛰는 경우가 종종 있다. 그러나 스미스의 학기말 리포트는 이 새로운 운송 시스템에 대한 세부사항이나 어려움과는 거리가 멀었다. 이 리포트는 이 새 시스템에 대해서 보다 자세하게 설명하지 않은 데다가, 그 시스템을 운영할 때 수반될 어려움 역시 예견하지 못했다. 따라서 그 당시 식견이 있는 독자들이 보기에 이러저러한 면에서 리포트의 내용은 전혀 실현 불가능한 것처럼 보였다. 페더럴 익스프레스는 스미스가 사업을 시작하기 전까지 전혀 예상하지 못했던 수많은 어려움이 내포된 대규모 사업이었다. 심지어 시장조사에서도 이런 어려움은 파악되지 않았고, 사업에 필요한 자금조달에 대해서도 지나치게 과소평가한 감이 있었다. 실제로 이 프로젝트는 몇 번에 걸쳐 실패할 뻔했다. 성공은 오로지 그의 담대한 노력에 의해서 이루어진 것이다.

1975년부터 1980년까지 페더럴 익스프레스의 사장이었던 아트 바스(Art Bass)는 스미스가 회사에 기여한 바를 다음과 같이 말했다. "처음 3, 4년 동안 이 회사는 대여섯 번은 파산할 뻔했어요. 하지만 스미스는 전혀 포기하려 들지 않았어요. 세상에, 정말 대단한 고집이었죠. 그는 허풍과 용기만으로 기적을 일군 셈이에요. 그가 한 일에 대해서는 이렇게밖에 표현할 수 없답니다."

역설적이지만 새 천년의 전환기를 앞두고 인터넷 사업의 발전은 구

경제에 속하는 회사들을 위협하였다. 하지만 실제로 이런 현상은 페더럴 익스프레스와 속달 우편 사업에 종사하는 다른 회사들의 의욕을 고취시켰다. 기술 발전과 규모의 경제는 배달을 보다 효과적으로 할 수 있게 해주었다. 더구나 전에 비해 가처분소득이 높아진 소비자들 가운데는 그런 서비스를 이용하기 위해 돈을 지불하는 소비자의 수가 늘어났다. 스미스는 이런 급진적인 경제 발전을 예측하지는 못했지만, 이런 경제 발전으로 사람들은 고가치의 빠른 운송서비스라면 언제든지 돈을 지불할 것이라는 그의 비전은 두드러졌다.

회사 소유주가 금융 긴축에서 살아남기

넷스케이프는 1994년 4월 4일 모자이크 커뮤니케이션(Mosaic Communication)으로 통합되었다. 6개월 후에는 첫 번째 제품인 넷스케이프 모자이크(Netscape Mosaic)의 베타버전을 출시했다. 1994년 12월에 출시된 이 브라우저의 첫 번째 버전은 엄청난 성공을 거두었다. 그 달 말에는 이 브라우저의 다운로드가 1천만 건에 달했다. 회사가 설립되고 약 1년 동안, 소비자들이 그 제품의 3,500만 카피를 다운로드함으로써 넷스케이프는 시장지배자가 되었다. 이런 빠른 발전으로 인해 창업자들은 회사 경영을 시작한 지 16개월 만에 기업공개(IPO)를 할 수 있었다. IPO는 대성공을 거두었으며, 1990년대 이루어진 IPO 중에서 가장 성공적인 사례가 되었다. 그날 하루에만 회사 직원 중 40명이 서류상 백만장자가 되었다. 창업자인 짐 클라크의 주식 가치는 6억 6,300만 달러에 달했으며, 서류상 수익은 초기 투자금의 132배가 넘었다. 부주의한 관찰자는 이렇게 회사가 급속하게 발전된 원인으로 설립자의 행운, 그리고 1990년대에 인터넷과 첨단 기술 분야의 창업을 도왔던 벼락경기를 꼽는다. 하지만 이런 피상적인 설명은 그 속에 담겨 있는 진실을 감추게 된다. 사실 이 회사의 창업자와 창업 초기 종업원들은 브라우저의 대량 소비시장에 대한 분명한 비전을 가지고 있었으며, 그 비전을 실현시키기 위해 혁신적으로 노력하고, 그 일을 위해 자신이 가지고 있던 모든 것을 기꺼이 희생할 수 있다는 의지가 있었다.

회사가 일찍이 엄청난 성공을 거두면 사람들은 초창기에 부딪쳤던 많은 위험들을 간과하는 경우가 있다. 회사가 직면하고 있는 어려운 문제들을 이해하려면 창업자의 입장이 되어 보아야 한다. 짐 클라크와 마크 안드레센은 사업을 시작하면서 다른 조직의 지원을 전혀 받지 못했다. 그들 앞에는 수많은 경쟁회사들이 줄지어 서 있었으며, 그 중에는 훨씬 훌륭한 시설을 갖추고 넉넉한 자금 지원을 받아서 더 큰 성공을 거두고 있는 회사도 있었다.

그 중에서 가장 강력한 곳이 일리노이 대학의 국립슈퍼컴퓨터 애플리케이션연구소(NCSA)였다. NCSA는 컴퓨터와 소프트웨어 디자인에 관한 한 10년이 넘는 역사를 가지고 있었으며, 최초의 컴퓨터 연구소라는 명성과 혁신적인 소프트웨어들을 생산한 전력이 있었다. 미국 국방부와 일리노이 대학, 일리노이 주 정부, 미국국립과학재단과 같은 유수한 자금 지원책이 있었다. 이 연구소는 숙련된 직원들을 고용하고 있었으며, 컴퓨터 과학 전공 학생들로 이루어진 의욕 있고 임금이 싼 대규모 연구원단을 이끌고 있었다. 가장 중요한 것은 이 연구소는 그 당시 브라우저 시장을 선도하면서 빠른 속도로 대중화되었을 뿐만 아니라 일찌감치 로열티 유행을 불러일으켰던 모자이크의 특허권을 가지고 있었다는 점이다.

또 다른 경쟁회사인 스파이글라스는 역사는 짧지만, NCSA에서 나온 소프트웨어를 성공적으로 상업화한 경력을 가지고 있었다. 이 회사 역시 일리노이 대학과 NCSA의 인재집단이 이끌어갔다. 스파이글라스는 모자이크에 대한 사용권을 여러 기업에게 양도할 수 있는 권리가 있었다. 이 회사는 이미 아홉 개의 대기업과 모자이크의 특허권 사용에 대한 계약을 체결하였다. 스파이글라스와 계약을 맺은 기업으로는 마이크로소프트를 비롯해 IBM 네트워크 시스템사업부, 디지털 이큅먼트, AT&T, FTP 소프트웨어회사, NEC 시스템연구소 등이 있었다. 마이크로소프트는 200만 달러의 라이선스 사용료를 내고 모자이크를 윈도우 95와 묶기로 스파이글라스와 계약을 맺었다. 경쟁자로서 잠재성을 가지고 있던 다른 대규모 단체들은 캔자스, 미네소타, (버클리 소재) 캘리포니아 대학 및 CERN과 비슷한 일을 하는 부서들을 가지고 있었다. 이들은 연구소를 계속 운영하고 있는 데다 그 당시 소프트웨어는 무상으로 배포되고 있었기 때문에, 그 어떤 단체도 새로 개선된 브라우저를 개발해서 무상으로 배포할 수 있었다. 그 때문에 짐 클라크의 넷스케이프 브라우저는 가격 하락과 시장 잠식의 위협에 노출되어 있었다. 이런 단체들 말고도 대규모 상용 소프트웨어 업체들의 존재도 희미하나마 위협이 되고 있었는데, 웹 브라우저의 잠재가능성을 깨닫게 된 마이크로소프트 같은 대기업들이 경쟁에 뛰어들기 시작했다.

『비즈니스 위크』의 한 기사는 클라크가 직면하고 있는 상황을 다음과 같이 요약하였다. "SGI의 초창기와는 달리, 클라크는 즉각 경쟁에 돌입하고 있다. 최소한 열 개 회사가 NCSA의 모자이크를 상용화할 수 있는 라이선스를 사들인 상태이며, 시애틀의 SPRY 주식회사는 이미 자사의 에어 모자이크(AIR Mosaic)를 수송 중이다. 게다가 IBM과

노벨(Novell) 같은 재원이 넉넉한 컴퓨터와 소프트웨어 메이커들은 웹 브라우저로 경쟁 중이다."

　클라크는 자기 회사를 신속하게 운영하고 회사의 운명을 지배하기 위해, 개인 돈 300만 달러를 회사 자금으로 사용했다. 최초의 모자이크 소프트웨어 프로그램을 만들었던 인재들을 계속해서 그의 관리 밑에 두려면 그 정도의 자산이 필요했다. 그 이유는 이 프로그램의 성공으로 인해, 그것을 개발한 연구원들은 다른 곳에서도 쉽게 제안을 받을 수 있었기 때문이다. 그 예로 안드레센은 클라크와 힘을 합치기 전에, 대학 졸업 후 첫 직장에서 연봉 8만 달러를 받았다. 스파이글라스는 계속해서 소프트웨어 및 하드웨어 업체에게 새로운 버전의 NCSA 모자이크의 라이선스를 팔고 있었기 때문에, 클라크는 가능한 빨리 스파이글라스를 따라잡은 뒤 추월하고자 노력했다. 그래서 그는 햇병아리 회사를 빠르게 확장시키면서, 프로그래머, 사무직원, 판매직원, 관리자들을 고용했다. 사업을 시작한 지 2개월이 채 되지 않아 종업원 100명인 회사로 성장하게 되었는데, 모든 직원들에게는 임금과 스톡옵션, 사무실, 사무집기가 필요했으며, 특히 엔지니어들은 최첨단 기술의 프로그래밍을 할 수 있는 값비싼 워크스테이션이 필요했다. 따라서 초기 투자금은 이러한 경비로 아주 빠른 속도로 소모되었다.

　클라크는 이런 식의 현금 유출로 인한 불안을 다음과 같이 묘사하였다. "새로운 벤처사업에 자금을 투자하는 일은 모래시계와 비슷하다. 처음에는 모래(시간이나 돈)의 공급량이 무한한 것처럼 보인다. 소량의 모래가 일정하게 떨어지고 있건만, 실제로는 전체적인 양의 변화를 알 수가 없다. 그리고 모래의 양이 4분의 1쯤 떨어졌다면, 갑자기 유출되는 속도가 빨라지는 것처럼 보인다." 1994년 여름 클라크는 현금이 곧 바닥날지 모른다는 두려움에 휩싸였다. 실제로 클라크가 비용에 대해서 너무 걱정하자, 회사 직원은 그가 새로 구입한 장비가 배달되는 모습을 보고 더 큰 걱정에 휩싸이는 것을 막기 위해 장비 구입 사실을 숨겨야 했다. 클라크는 당장 수입원이 없는 상태였기 때문에, 사업 진행에 필요한 추가 자본에 대해서 걱정하지 않을 수 없었다. 그래서 그는 기회주의적인 벤처캐피털리스트 집단에게 조정당할 위험을 무릅쓰고 외부 자금을 끌어들이기 위해 모색하였다.

클라크는 우선 SGI를 운영할 때, 자금을 조달했던 벤처캐피털리스트 집단 두 곳과 접촉했다. 사실 SGI의 주요 지분을 소유하고 있던 그 두 집단은 클라크와 경영진이 대립할 때 그를 지지하지 않았기 때문에, 그들과의 관계는 그다지 긍정적이라 할 수 없었다. 클라크는 그 두 집단에게 넷스케이프를 설립하면서 자신이 지불했던 것보다 3배나 많은 액수로 주식을 살 것을 요구했다. 두 곳은 즉시 그의 요구를 거절했다. 벤처캐피털리스트들은 자신들의 능력을 믿은 데다, SGI에서 자신들보다 훨씬 융통성을 보인 클라크를 겪어봤기 때문에 그의 제안을 거절해버렸다. 그러나 시간이 흐르면서 그들은 그런 조치가 큰 판단착오였음을 알게 되었다. 그 당시 클라크는 그 거절에 크게 당황하지는 않았다. 그는 넷스케이프에 대한 자신의 비전과 그것의 가치를 확신하고 있었다. 계속해서 자금원을 찾아다닌 클라크는 벤처캐피털 회사인 클레이너 퍼킨스 코필드 앤 바이어(Kleiner Perkins Caufield and Byers, 약칭 KPCB)로부터 긍정적인 대답을 들었다. KPCB는 클라크가 제시한 비율에 따라 회사의 지분에 500만 달러를 투자하기로 계약을 맺었다. 클라크 자신도 동일한 비율로 200만 달러를 추가로 투자해서 자신 소유의 주식 지분이 낮아지는 것을 막았다. 따라서 1994년 중반까지 클라크는 500만 달러를 투자했는데, 그것은 SGI와의 고용 계약 해제로 받은 주식의 3분의 1에 해당되는 액수였다.

클라크가 가장 괴로웠던 일은 스파이글라스와 NCSA, 그리고 일리노이 대학과의 저작권 분쟁이었다. 모자이크를 개선하기 위해 많은 개인과 그룹들이 연구했지만, 넷스케이프의 작업은 다음 몇 가지 이유에서 NCSA와 NCSA의 협력업체들에게 관심과 분노를 샀다.

첫째, 클라크와 안드레센은 회사 이름을 모자이크 커뮤니케이션이라고 했으며, 소프트웨어의 이름을 넷스케이프 모자이크라고 칭했다. 안드레센과 그의 동료들은 자신들이 최초로 모자이크의 코드를 작성했다는 점에서, 모자이크라는 이름에 강한 소유의식을 가지고 있었다. 하지만 그들은 NCSA의 자금 지원을 받고 그곳의 직원으로 모자이크를 개발했기 때문에, 그들이 NCSA의 소유로 라이선스까지 받은 모자이크라는 이름을 사용하는 것은, NCSA가 보기에 명백한 저작권 침해였던 것이다.

둘째, 넷스케이프 커뮤니케이션은 당시의 모든 상용 사용자들과 달리, 스파이글라스로부터 모자이크 소프트웨어에 대한 라이선스를 받지 않은 상태였다. 그래서 NCSA와 스파이글라스는 넷스케이프도 라이선스 사용료를 지불할 거라고 기대하고 있었다.

셋째, 넷스케이프는 1994년 여름부터 가을 초까지 언론에 많이 보도되었다. 실리콘 밸리의 유망한 신설 기업에 대해 관심의 고삐를 늦추지 않았던 기자들은 넷스케이프가 많은 가능성을 가지고 있다고 생각했다. 그 회사의 설립자는 바로 짐 클라크와 마크 안드레센이었다. 클라크는 현재 회사 가치가 수십억 달러에 이르는 SGI의 창업자였고, 안드레센은 모자이크를 개발한 팀을 리드했던 젊은이였다. 안드레센이 『타임』(Time) 같은 주요 잡지의 표지에 등장하면서, NCSA의 역할은 폄하되기 시작했다. 그곳은 우수한 학생들을 착취하며 그들의 의사를 방해하는 등 공명정대하지 못한 곳으로 표현되었다.

넷째, 1994년 10월에 발매된 넷스케이프의 베타버전은 크게 성공했다. 언론의 호평을 받았으며 하루 다운로드 횟수가 수천 건에 달하기도 했다. 그런 성공을 거둔 주요한 이유는 넷스케이프의 속도가 모자이크보다 열 배나 빨랐기 때문이었다. 서버들이 그래픽, 사운드, 그리고 비디오를 통해 웹상에 보다 풍부한 자료를 제공했기 때문에, 소비자가 브라우저를 선택할 때 다운로드 속도는 가장 중요한 기준이 되었다. 그때나 지금이나 필요한 페이지를 다운로드하기 위해 무한정 기다리는 것은 따분한 일이었다. 넷스케이프의 뛰어난 속도는 모자이크의 기세를 아주 많이 꺾어버렸다. 따라서 스파이글라스와 NCSA는 자신들의 안정된 로열티 수입이 점점 줄어들고 있다는 사실을 알아차렸다.

일리노이 대학과 NCSA는 자신의 권리를 보호하기 위해 몇 가지 조치를 취했다. 그들은 언론에 자신들의 소프트웨어는 등록상표명인 NCSA 모자이크(NCSA Mosaic)로 불리고 있다는 사실을 알렸다. 그리고 지적 재산권과 학생들이 대학에 충실해야 될 필요성에 대해서 공식 발표를 했다. 또한 넷스케이프에 대해서 법적 조치를 취할 것임을 경고하면서, 명백한 저작권 침해에 대해서는 그에 준하는 적절하고 명백한 해답을 요구하기로 했다.

하지만 넷스케이프는 그 상황을 다르게 보고 있었다. 넷스케이프가 처음에 사업을 시작했을 때, 클라크는 자신이 모자이크 프로젝트팀에서 고용한 프로그래머들에게 완전히 새로 시작해야 된다는 확고한 지시를 내렸다. 비록 모자이크 자체는 공공연히 사용되고 있었지만 프로그래머들은 그 프로그램의 어떤 코드도 이용해선 안 되었다. 그리고 가능한 한 그들이 모자이크용으로 만들었던 코드 라인들을 기억속에서 지워야만 했다. 클라크는 이런 식으로 해야 신생 기업이 저작권 침해에 따른 손해 배상에서 벗어날 수 있다고 믿었다. 얼마 전까지 대학생이었던 프로그래머들은 그들의 모교가 모자이크를 설계한 그들의 공로에 대해서 빚을 지고 있다고 느꼈다. 그러나 모자이크의 코드를 작성했다는 이유만으로 자신들이 모자이크라는 이름에 대해서 권리가 있다고 믿은 것은 학생들의 잘못이었다. 그래서 클라크는 대학교측의 우려를 불식시키기 위해 자사의 주식 1만 주와 함께 넷스케이프 코드를 시험할 기회를 제공하기로 했다.

NCSA는 넷스케이프의 코드를 자세하게 시험도 해보지 않고, 전직 연구소 직원들이 새로운 프로그램을 개발하는 데 연구소 소유의 지식을 이용했다는 주장을 폈다. 그래서 NCSA와 일리노이 대학은 넷스케이프가 다운로드되거나 판매 혹은 라이선스를 받은 모든 프로그램에 대해서 로열티를 지불해야 된다는 주요 요구 사항을 철회하지 않았다. 넷스케이프에서는 그 프로그램을 무료로 제공하는 대신, 자사의 사이트에 광고를 올려주거나 기업체 사용자에게 판매를 해서 수입을 올릴 계획을 세우고 있었다. 따라서 다운로드한 모든 프로그램에 대해 로열티를 지불함으로써 넷스케이프는 전략 손상 외에도 거금을 손해보게 되었다. 한편, 넷스케이프가 맨 처음 고용했던 6명의 직원들은 대학측의 주장은 지나치며 부당하다고 생각했는데, 그 이유는 모자이크의 원본 코드를 작성한 사람이 다름 아닌 그들 자신이었기 때문이다. 따라서 그들은 법적 조치를 취하겠다는 NCSA의 공식적인 위협에 대해서 씁쓸함을 느끼지 않을 수 없었다. 안드레센은 "그들은 기본적으로 회사 문을 닫게 만들려고 했다. 그들은 우리를 도둑으로 몰기 위해 언론 플레이를 한 셈이다. 그건 정말 괴상한 일이었다."

1994년 가을까지 고립상태가 이어지자 넷스케이프의 성공 가망성은 치명적인 손상을 입었다. 그 당시 소프트웨어에 대한 관심이 크게 높아지면서 소프트웨어의 라이선스를 받으려는 기업들과의 계약이 점점 증가하고 있는 추세였다. 이런 때 저작권 침해 분쟁에 휩싸인다면, 그 즉시 계약이 중단될 수도 있었다. 그렇게 되면 회사는 과거에 맺은 판매 계약을 이행하기 힘들고, 새로운 자본 조성마저 힘들어지는 상황을 맞이할 수 있었다. 그리고 일단 소송이 제기되면 몇 년까지는 아니더라도 최소한 몇 달 동안을 그런 상태로 보내야 했다. 하지만 그 와중에도 시장은 계속 발전해갔고 넷스케이프는 보유 현금이 바닥나기 시작하고 있었기 때문에 이 신생 기업은 바로 눈앞까지 와 있는 파멸을 직시해야 하는 상황이었다. 거기다 법적 수수료 역시 회사의 재원을 갉아먹고 있었다. 클라크는 그 당시 상황에 대해서 다음과 같이 말했다. "우리는 그때까지 매달 약 100만 달러씩 써대고 있었는데, 그 돈의 대부분은 바로 내 개인 돈이었다." 회사는 수입이나 자산이 전혀 없기 때문에 현금 고갈이라는 상황을 버텨내기 힘들었다.

이런 의미에서 NCSA는 유리한 입장에 있었다. 법적 조치를 취할 것이라는 위협만으로도 신생 기업의 매출과 자금 조달 기회를 위협하기에 충분했다. NCSA는 넷스케이프가 지나친 자금 출혈로 서서히 죽어갈 때까지 소송을 끌 수 있었다. 따라서 NCSA로서는 타협해야 할 직접적인 동기가 없었다. 클라크와 그의 변호사들은 자신들의 정당성을 증명하면서 다른 한편으로는 대학 직원들과 협상하려고 했다. 클라크는 모자이크라는 이름에 집착을 보이고 있는 회사 직원들의 강력한 반대를 물리치고 마침내 이름을 바꾸기로 했다. 회사의 이름을 모자이크 커뮤니케이션에서 넷스케이프 커뮤니케이션으로 변경했으며, 브라우저의 이름 넷스케이프 모자이크에서 넷스케이프 네비게이터로 변경했다. 막연한 불안감과 어떻게든 해결책을 찾아야겠다는 생각에 시달리고 있던 클라크는 NCSA에게 넷스케이프의 주식 5만 주를 제안해보았으나 NCSA는 그것마저도 거절했다.

마침내 절망에 빠진 그는 공식적인 구원책으로 회사가 몇 달 전 캘리포니아에서 제기했던 소송에 전념하면서, 일리노이 대학에게 저작권 위반의 여부를 가리기 위해 넷스케이프 네비게이터의 코드를 검사할 것을 요구했다. 이 소송은 서로의 감정을 자극하면서 길고 지루한 공판으로 이어질 위험을 무릅쓰고 제기한 것이었다. 사실 넷스케이프 코드는 처음부터 새로 작성되었으며, 이미 그 이름까지 변경한 후라 NCSA가 이 회사에 영향력을 행사하는 것은 어려웠다. 대학과 NCSA 직원들은 자신들의 지위에 한계가 있고 법적 소송이 무익하다는 것을 알고 있었다. 1994년 12월 말 그들은 약 300만 달러에 달하는 로열티를 일시불로 받겠다는 계약 조건에 동의했다. 그 요구조건을 받아들인 넷스케이프는 아무 간섭 없이 브라우저 시장에 진입하였다.

넷스케이프는 1994년 12월에 첫 번째 버전의 브라우저를 출시했다. 이 소프트웨어의 다운로드 횟수가 증가하기 시작해서 한 달에 1천만 카피가 다운로드되었다. 1995년 7월경에는 총 다운로드 횟수와 매출이 4천만 카피에 달했다. 같은 해 수입으로 7,500만 달러를 벌어들였으며, 그것은 전년도 총투자액의 7배에 달하는 것이었다. 회사는 뛰어난 성과에 힘입어 1995년 8월 9일 처음으로 기업공개를 할 수 있었다. 그날 회사 주식은 28달러로 개장해서 최고 74.75달러를 기록했다가 58.25달러로 폐장했다. 넷스케이프는 이런 가격을 통해 22억 달러의 시장 자본을 확보할 수 있었다. 1995년 12월 이 회사의 가치가 70억 달러로 성장했다. 클라이너 퍼킨스의 지분은 2억 5,630만 달러로 초기 투자금의 51배에 달하는 것이었다.

클라크의 말에 따르면, 대학은 넷스케이프와 타협한 지 2주 만에 아주 유리한 조건으로 마이크로소프트에게 모자이크의 라이선스를 내

304

주었다. 그리고 1년 후 스파이글라스는 마이크로소프트에 모자이크의 PC 버전에 대한 평생 사용권을 800만 달러에 팔았다. 역설적이게도 일리노이 대학은 전에 자신의 학생들이 창업한 회사에게는 넘겨주길 거부했던 것을 결국에는 다른 주에 있는 돈 많은 회사에 넘기고 말았다. 이로써 일리노이 대학은 그 대학의 아량 넓은 동창회원이 될 수 있었던 부유한 기업가 그룹과의 관계가 소원해지게 되었다. 이 대학은 넷스케이프에서 처음 제시했던 조건을 받아들였다면, 1995년 8월 넷스케이프에 대한 지분의 가치는 처음 제시받은 300만 달러보다 훨씬 많이 늘어났을 것이다. 초기 시장지배자였던 NCSA는 이런 근시안적인 태도로 인해 인재는 물론이요 소프트웨어 시장과 엄청난 이익 분배 기회, 그리고 일부 동창회원의 애교심까지 잃게 되었다.

언론 보도에서는 넷스케이프의 빠르고 큰 성공은 자주 강조하지만, 이 모험적인 사업에 그에 못지 않은 재정적인 위기가 있었다는 점에 대해서는 그냥 지나치는 성향을 보인다. 넷스케이프가 성공할 수 있었던 것은 클라크가 회사를 위해 용감하게 모험을 감행했으며, 치명적일 수 있는 소송의 위협 속에서도 끝까지 버틴 결단력이 가장 큰 역할을 했다. 이와는 반대로 모자이크가 실패한 것은 NCSA가 모자이크의 성능을 개선하기 위한 소프트웨어에 대한 투자보다는 로열티에 더 많은 관심을 기울인 것이 가장 큰 이유였다.

자금 확보를 위한 경쟁

면도 시스템을 개발할 수 있는 야금학자를 찾기 위해 킹 질레트가 기울인 노력이 질레트 회사의 창업에 들인 노력의 반이라면, 나머지 절반은 제품을 상품화할 수 있는 자금을 확보하기 위한 노력과 관계 있다.

야금학자를 찾아다니던 질레트는 화학자이자 발명가인 윌리엄 니컬슨을 만났다. 처음에는 다소 회의적이던 니컬슨이 질레트의 디자인을 연구해보더니, 이 프로젝트에 열정적으로 몰입하게 되었다. 니컬슨은 이 디자인의 성공 여부는 품질 좋은 면도날을 저렴한 비용으로 생산하는 데 달려 있다는 사실을 깨달았다. 그는 자신이라면 그런 제품을 생산할 수 있는 기계를 만들 수 있을 거라고 자신했지만 그러자면 약 5천 달러의 비용이 필요하다고 추정했다. 이러한 추정은 1901년의 기준으로 한 가치로 그 당시 이곳 저곳을 돌아다니는 세일즈맨이었던 질레트의 자산으로는 어림도 없는 액수였다. 왜냐하면 그는 이미 혼자 실험을 하면서 저축한 돈을 거의 다 써버렸기 때문이었다. 질레트는 이렇게 말했다. "나는 언제나 꽤 넉넉한 봉급을 받았지만, 저축은 아주 조금밖에 할 수 없었다. 그 이유는 내가 쓸데없이 낭비하는 사람이라서가 아니라 시간과 돈이 있으면 무엇인가를 실험했기 때문이다."

그래서 질레트와 니컬슨, 그리고 다른 세 명의 후원자들은 제조장비를 갖출 수 있는 자금을 조성하기 시작했다. 1901년 9월 사장은 질레트가 맡고 다른 사람들은 이사로서 회사를 설립했다. 질레트는 이 회사의 이름을 질레트 안전 면도기 회사로 짓고 싶었지만 질레트 못지 않게 이 회사에 기여했다고 생각한 니컬슨이 반대의사를 표명했다. 그래서 이사회는 니컬슨의 의견을 존중해 회사의 이름을 아메리칸 안전 면도기 회사(American Safety Razor Company)라고 정했다. 그 다음 이 낙관적인 이사회는 10달러짜리 주식 5만 주를 토대로 회사의 총 자본금을 50만 달러로 정했다.

특허권 보유자인 질레트는 17,500주를 받고, 니컬슨과 다른 네 명은 12,500주를 나눠 가졌다. 그리고 나머지 주식의 가격은 한 주당 0.50달러로 할인해서 500주를 한 묶음으로 판매함으로써 자본금을 조성하고자 했다. 그러나 이 회사의 주식을 사기 위해 사람들이 몰려드는 일 따위는 벌어지지 않았는데 그 당시 이 회사는 매출은커녕 제조설비 심지어 시제품조차 없었던 것이다.

이 회사 소유주들은 그해 남은 기간 동안 사람들을 설득해서 주식 한 묶음에 250달러씩 열세 묶음을 팔아 3,250달러의 자본금을 조성할 수 있었다. 투자자들의 대부분은 창업주들과 친분이 있는 부자들로서 현실적인 투자 목적도 있었겠지만 개인적인 호의를 표시하기 위해 이 주식을 구입해주었다. 마침내 이 회사 이사 중 한 명인 헨리 사쉬(Henry Sache)가 일곱 묶음을 구입해줌으로써, 니컬슨이 필요로 하는 5천 달러의 자금이 얼추 모아졌다. 질레트는 은혜에 보답하는 뜻으로 사쉬에게 자신에게 배당된 주식 중에서 2,500주를 주었다.

그러는 동안 니컬슨은 이미 파트타임으로 이 프로젝트 작업을 착수하고 있었다. 그는 회사 주식을 더 많이 받는 대신, 임금은 주당 40달러를 받기로 했다. 니컬슨은 먼저 보스턴에서 쓰레기 집하장 가까운 곳에 조그만 작업실을 임대했다. 니컬슨은 면도날의 크기와 형태에 대해서는 일찌감치 결정을 내리고 있었다. 그가 당장 해야 할 주요한 일은 여러 번 사용해도 날이 날카롭게 유지되도록 면도날의 재료인 얇은 철판을 단단하게 만드는 것이었다. 이것이 질레트 발명의 급소로서, 질레트의 설계를 연구했던 다른 사람들도 이 문제에서 좌절했다. 이후 8개월 동안의 집중적인 노력 끝에 니컬슨은 이 문제를 해결하고 면도날을 제조할 준비가 되었다고 선언했다.

니컬슨의 작업으로 초기 자본금 5천 달러가 금방 떨어지고, 회사는 소액 대출금으로 간신히 연명해갔다. 니컬슨은 뉴욕에 있을 때 사업 파트너였던 사람에게서 회사의 지배적 지분인 51퍼센트를 주는 대신 15만 달러를 제공받을 수 있었다. 하지만 이런 거래는 니컬슨 자신은 아무 실속도 차리지 못했던 이전 사업들과 비슷한 점이 많았다. 하지만 그에게는 다른 대안이 없었다. 회사의 주식은 한 주당 0.25달러로 내렸지만 팔리지 않고 있었다. 회사의 자금이 거의 바닥나면서, 질레트는 점점 빈약해져만 가는 재정상황과 더불어 자신의 꿈도 함께 희미해짐을 느꼈다.

회사가 거의 파산할 지경에 이르렀던 그해, 창업자들은 좀더 자금을 조성하기 위해 갖은 노력을 다했다. 그러나 어느 시점에 이르자 그들은 회사를 정리할 생각까지 하게 되었다. 바로 그때 질레트는 자신의 부자 친구이자 고객이기도 했던 존 조이스(John Joyce)를 우연히 만났다. 사실 질레트는 전에 조이스를 사업에 끌어들였다가 실패한 적이 있었다. 질레트는 그때 조이스에게 빌린 2만 달러를 아직 갚지 못한 상태였기 때문에 여태껏 조이스에게 자신의 면도기를 사용해보라고 권유한 적은 있지만, 이 사업에 그를 끌어들일 엄두는 못 내고 있었다. 하지만 이 우연한 만남에서 질레트는 절망적인 자금 부족으로 인해 붕괴 직전에 이른 자신의 최근 사업에 대해서 조이스에게 털어놓았다. 조이스는 양조업과 공익사업 분야에 치밀한 투자를 해서 자수성가한 사람으로 질레트의 회사를 지원해줄 만한 재력가였다. 일단 질레트의 면도기와 면도날부터 시험해본 그는 제품에 대해 만족을 표시했다. 그래서 조이스는 질레트의 사업을 도와주겠다는 제안을 했다. 하지만 그는 과거 질레트와 함께 한 사업이 실패했던 경험 때문인지, 이번에는 좀더 신중한 자세를 보였다.

그는 먼저 10만 달러어치의 채권을 8퍼센트에 사들이는 데는 동의

했지만 너무도 비싼 대가를 요구했다. 즉, 조이스는 채권의 액면가에 상당하는 회사 주식말고도, 채권을 40퍼센트 할인 가격에 사고자 했던 것이다. 거기다 사업 진행과정이 만족스럽지 않을 경우, 3만 달러 어치만 구입하고 거래는 취소할 수 있다는 조건에서 채권을 분납 형식으로 구입하겠다고 했다. 가혹한 조건이긴 했지만 다른 대안이 없었던 회사의 이사진은 1902년 10월 조이스와의 거래를 승인했다. 그해 12월 조이스는 이 신생 기업에 9,500달러를 투자한 뒤 회사의 운영에 적극 뛰어들었다.

다시 현금이 유입되자 니컬슨은 상업적인 생산을 위해 기계를 설비하기 시작했다. 하지만 이때부터 니컬슨은 자신의 기대뿐만 아니라 질레트와 조이스의 기대까지도 만족시켜야만 했다. 따라서 이 시기는 니컬슨에게 아주 힘든 시기가 되었다. 그러나 1903년 4월 조이스가 총 1만 8천 달러를 투자한 후에 니컬슨은 시험용 면도기 및 면도날 샘플을 생산할 수 있었다. 같은 해 상업 판매와 함께 제한적으로나마 광고도 시작했다. 상품화가 큰 구조책이긴 했지만, 1903년 말까지 이 회사가 판매한 것은 고작 면도기 51개와 면도날 169개뿐이었다!

10년간의 오랜 꿈이 실현되고 있는 바로 그때, 질레트의 운명을 바꾸는 일이 일어났다. 그 당시 질레트는 여전히 크라운 코르크 앤 실 회사의 정식 직원으로 순회 세일즈맨으로 일하고 있었다. 이 회사에서는 질레트의 훌륭한 실적에 대한 보상으로 승진과 함께 유럽으로 전출시켰다. 하지만 질레트는 그런 제안을 받아들이기 싫었다. 그는 질레트 회사의 주요 창업자로서 그 회사의 사장(비록 봉급은 없었지만)이었다. 사실 그 무렵 회사의 이름은 질레트 면도기와 면도날 회사(Gillette Razor and Blade Company)로 바뀌어 있었다. 그래서 질레트는 이 중요한 시기에 런던으로 전출되지 않고 본국에 남아 질레트 회사만을 위해 일할 수 있도록 회사 이사진에게 봉급을 달라는 요구를 했다. 하지만 자신의 자금으로 회사를 구했던 조이스는 질레트의 요구에 대해서 아무런 조치도 취하지 않았다. 질레트는 그때 당시의 비통한 심정에 대해서 다음과 같이 회고하였다. "회사의 사장은 나였지만, 내 밑에 있는 사람들은 회사 자금은 사업 개발에만 써야 된다며 나의 희망사항을 묵살했다." 그래서 질레트는 이사직은 고수하되 사장직을 사임한 채 가족들과 함께 런던으로 이사했다. 하지만 그는 얼마 안 있어 이번 이사에 대해 아주 심각한 불안증세를 가지게 되었다.

질레트가 떠난 지 몇 개월 후 구매자들이 제품에 대해 크게 만족하고 있다는 사실을 입증하는 추천장들이 회사에 도착했다. 소비자들은 면도가 부드럽게 되며, 면도날에 베일 염려가 없는 데다 무엇보다 날을 갈지 않아 시간을 절약할 수 있다는 점에 극찬을 보냈다. 어떤 소비자는 큰 만족을 표시하며, 질레트 면도기를 이용할 수 없다면 수중에 수천만 달러가 생긴다 해도 아무 소용이 없을 거라고 주장할 정도였다. 이런 추천자의 숫자는 점진적인 매출의 속도와 발맞추어 늘어 갔다. 니컬슨은 이런 수요를 거의 따라가지 못할 정도가 되었다. 불행하게도 제작과정상의 문제로 인해 생산량은 매주 목표량인 2천 세트에 미치질 못하면서 매주 손익분기점에 해당하는 1,250세트를 밑돌았다. 니컬슨은 이런 문제점을 해결하기 위해, 계속 쌓여만 가는 대출금과 운영비말고도 자금을 더 끌어들여야 했다. 따라서 매출 상승에도 불구하고 회사는 또 다시 자금 압박을 받아야 했다. 바로 이때 조이스는 이런 난관을 극복해 줄 몇 가지 현명한 계획을 제안했다.

그의 첫 번째 제안은 주주들이 자기 소유의 주식 반을 내놓자는 것이었다. 그렇게 되면 회사에선 우선 그것들을 현재 주주들에게 한 주당 최소 1.50달러에 내놓고, 그래도 안 팔린 주식은 똑같이 한 주당

1.50달러에 주식시장에서 판매하기로 했다. 질레트가 보기에 이런 방법은 일종의 기만행위로 자신의 주식보유 비율을 떨어뜨리기 위한 계획으로 보였다. 그는 조이스가 회사 채권을 구입한 대가로 자기 소유의 주식을 내준 뒤 이제 고작 9천 주밖에 가지고 있질 않았다. 그런데 이제 조이스 역시 질레트와 함께 회사의 주요 주주였다. 따라서 질레트는 이번 제안을 조이스가 자금 조성을 가장해서 회사에 대한 지배권을 점유하려는 시도라고 의심했다. 그러나 다행히도 이 제안은 주주들의 만장일치 승인을 받아야 했으므로, 질레트는 즉시 거부권을 행사했다.

조이스의 두 번째 제안은 질레트 면도 시스템의 해외 판권을 매각하자는 것이었다. 시카고에서 온 조이스의 친구들은 로열티와 해외영업을 위한 투자금 10만 달러를 내고, 전세계적으로 질레트 면도기를 제작·판매하는 일을 맡겠다고 나섰다. 1904년 8월 29일에 이사회는 투표를 통해 사장에게 조이스의 친구들과 이와 같은 계약을 체결할 수 있는 전권을 부여했다. 그 소식을 들은 질레트는 또다시 분통을 터뜨렸다. 전세계에 질레트의 면도 시스템을 제작·판매하는 일은 사실 그의 비전에서 가장 핵심적인 사안이었다. 질레트는 미국의 소비자들이 그 시스템을 좋아한다면, 전세계의 다른 지역에 있는 소비자들도 그에 못지 않게 좋아하리라는 사실을 믿어 의심치 않았다. 질레트는 좋은 기회가 될 수 있는 이번 계약을 헐값에 넘기는 불공정한 거래라고 믿었다. 그래서 그는 그 즉시 미국행 배에 몸을 실었다.

마침 제때 보스턴에 도착한 질레트는 사장과 이사들로 하여금 그들이 내린 결정을 번복하도록 설득했다. 그 무렵 니컬슨은 보다 우수한 면도날을 만들 수 있는 방법을 개발해낸 동시에 생산과정의 문제 역시 해결했다. 이로써 매출은 급상승하기 시작했다. 1904년 12월에만 회사는 거의 2만 세트의 면도기와 면도날을 판매했다. 한 해의 전체 매출은 총 9만 1천 세트에 달했으며, 여분의 면도날은 1만 패키지 이상 판매되었고, 회사 운영은 잘 돌아가게 되었다. 회사는 질레트의 설득으로 사업 확장에 필요한 높은 수익률의 해외시장을 구할 수 있게 된 셈이다. 질레트는 이런 설득과정과 아울러 점점 향상되는 회사 경기에 힘입어 회사에서 몇 가지 특혜를 얻게 되었다. 즉, 이사회는 투표를 통해 조이스를 신임 사장, 질레트를 부사장으로 임명하고 두 사람에게 각각 1만 8천 달러씩의 봉급을 주었다. 질레트는 자기 가족을 다시 보스턴으로 이사시킨 다음에 회사가 해외시장으로 진출하는 것을 감독했다. 회사는 1906년 런던에 판매사무소를 설치했으며, 같은 해 파리에는 생산공장을 세웠다. 그리고 1906년에는 독일에 유통센터를, 캐나다에 공장을 세웠으며, 멕시코에는 판매본부를 설치했다. 회사를 설립할 수 있게 해준 비전이 이제는 다국적기업의 설립에 큰 도움이 되었다.

마침내 질레트의 비전이 성과를 거두게 되었다. 암흑기를 끈기와 금융 헌신으로 극복해내고 결실을 거둔 셈이었다. 회사의 급속한 성장과 함께 질레트의 개인적 운명도 극적으로 개선되었다. 더구나 질레트는 회사의 주식을 빈틈없이 거래함으로써 회사 주식 중에서 1만 4천 주를 축적할 수 있었다. 이로써 질레트는 자신이 기대했던 것 이상으로 부유해졌다.

그러나 조이스와 질레트 사이의 알력은 불행하게도 두 사람이 회사에 대한 지배권을 다투면서 더욱 악화되었다. 그런데 1910년 조이스는 질레트와 다른 이사들이 다시 회사의 주요 주주가 되도록 했다. 그리고 조이스 자신은 1916년까지 그 지위를 유지했다. 질레트는 백만장자가 되어 캘리포니아로 이주했지만 회사의 이사직은 그대로 고수했으며, 1932년 사망할 때까지 명예회장직을 역임했다. 질레트는 회사의 일에 적극적인 관심을 표하며, 기탄없이 조언을 해주었기 때문에 회사로선 그를 환영하지 않을 수 없었다. 무엇보다 중요한 것은 면도기로 세계적인 대량 소비시장을 겨냥했던 그의 비전을 질레트 사의 문화로 정착시킬 수 있었다는 점이다.

완벽한 서비스를 위해 수익 포기하기

일부 독자는 아마존이 웹에서 널리 확산되면서 성공을 거둔 것에 익숙하겠지만, 대부분의 독자들은 그 성공의 이면에 감추어진 원인에 대해서는 잘 모를 것이다. 혹자는 이 회사가 첫 번째 인터넷 서점이기 때문에 성공을 거둔 것이라 생각할 수 있다. 하지만 아마존은 첫 번째 인터넷 서점은 아니다. 하지만 지금은 온라인 판매업계의 최고가 됨으로써 먼저 등장했던 다른 인터넷 서점들을 빠르게 앞질렀다. 이런 성공은 "아직 때를 못 만난 수익을 은행에 저금하는 대신, 새로운 시장을 위해 부단히 재투자"한 것과 깊은 연관이 있다. 아마존이 1995년 일반에게 공개된 이후 어떤 일들을 성취했는지 살펴보자. 이 회사는 연간 매출이 전혀 없는 상태에서 이제는 연간 매출 30억 달러의 회사로 성장했다. 아마존의 주식시장 가격은 (인터넷 주식이 엄청나게 위축된 후에도) 약 50억 달러이다. 그리고 『애드버타이징 에이지』는 1999년 아마존을 선도적인 인터넷 브랜드 3위, 전세계적으로 16번째로 가장 명성이 있는 회사로 꼽았다.

도대체 어떤 방식으로 운영을 했길래 그렇게 짧은 시간에 그 많은 성과를 올린 것일까? 빠르게 성장하는 인터넷에서 많은 회사들이 기회를 잡았으며, 아마존 역시 그런 기회를 놓치지 않았다. 제프 베조스 (Jeff Bezos)는 인터넷에서 책을 팔 수 있는 기회를 모색했다. 하지만 이런 좋은 사업기회를 인식한 사람은 비단 베조스 혼자만은 아니었 나. 그럼에도 불구하고 베조스가 다른 사람에 비해 두드러지는 이유 는 그만의 독특한 비전과 금융 헌신 때문이다. 베조스는 초창기부터 인터넷에서 책을 판매하는 대량 소비시장을 마음속으로 구상하고 있 었다. 그의 비전은 미국뿐만 아니라 전세계에 초점을 맞추었다. 훗날 그의 비전은 음악과 전자제품, 소프트웨어, 기타 많은 품목들로 확대 되었다. 그의 이런 광대한 비전은 오로지 성장을 위해 회사수익을 포 기하고 금융자산을 대량으로 헌신할 수 있도록 의욕을 고취시켰다.

1994년 베조스가 처음으로 커더브라㈜(Cadabra, Inc.)로서 아마존 (Amazon)을 설립했을 당시, 이미 다른 많은 사람들이 인터넷 사업의 가능성을 인식하고 있었다. 사실 베조스는 맨 처음 자신이 일하고 있 는 뉴욕의 투자관리 회사의 업무차 인터넷 사업의 가능성을 모색했다. 그러나 업무 도중 서적판매가 새롭게 등장하고 있는 인터넷에 가장 가 능성이 있는 사업이라는 생각을 하게 되었다. 그런 결론은 베조스의 비 전을 자극했다. 베조스는 좋은 인터넷 서적상은 속도와 편리함, 전문서 비스, 폭넓은 관심사 제공은 물론, 웹에서도 정성껏 판매에 전념할 필 요가 있다고 생각했다. 그는 또 처음부터 아주 다른 소매점을 만들려면 막대한 금융자산을 필요로 하기 때문에, 일곱 자리 숫자의 수입은 포기 하기로 했다. 베조스의 비전과 끈기, 그리고 금융 헌신은 페더럴 익스 프레스가 발전하는 데 필요했던 것과 비슷한 점이 많다.

베조스가 사업을 시작했을 때, 이미 다른 인터넷 서점들이 기선을 장악하고 있었다. 아마도 1991년에 자사의 도메인 이름(clbooks.com) 을 등록한 컴퓨터 리터러시(Computer Literacy)가 첫 번째 인터넷 서점인 것 같다. 그 회사의 판매 과정은 당시에는 일반적으로 사용되는 기술이었던 이메일에 의존하였다. 그리고 웹 브라우저 사용이 보편화되자 두 개의 기업이 더 서적 판매를 위해 웹 사이트를 구축했다. 이 사이트 중에 북스닷컴(books.com)은 아마존이 사업을 시작한 1994년에 이미 40만 개 이상의 타이틀을 제공하고 있었다. 여러분이 북스닷컴과 커더브라㈜ 중 어느 것이 1994년에 선도적인 온라인 서점이었는지 분석가들에게 묻는다면, 거의 만장일치로 북스닷컴을 지지했을 것이다. 하지만 현재 선도기업은 누가 뭐래도 아마존이다. 그렇다면 도대체 아마존이 이렇게까지 성공하게 된 근본 원인은 무엇일까? 그것은 대량 소비시장에 대한 비전의 영향을 받은 금융 헌신이 결정적인 역할을 했다고 말할 수 있다.

금융 헌신을 통해 성공하려면 금융자산에 대한 접근수단과 자산을 이용하겠다는 의지가 필요하다. 아마존의 역사에는 분명히 이런 두 가지 요소가 분명하게 드러나 있다. 회사 초창기에 아마존 자금의 대부분은 베조스와 그의 가문에서 나온 것이었다. 1994년 베조스는 5만 달러 이상을 개인적인 투자와 대출로 마련했지만 그가 세운 신생 기업에서는 그보다 훨씬 많은 금액의 손실을 입었다. 1995년 회사에서 자금이 필요할 때 베조스는 가족을 설득해서 2만 5천 달러를 투자했다. 가족의 금융자산은 아마존이 자사의 웹 사이트를 출발시키던 초기시절, 회사 유지에 많은 도움이 되었다. 아마존은 빠른 속도로 책을 판매할 수 있다 해도, 이용이 쉽고 많은 정보를 제공하는 웹 사이트를 구축하는 데는 시간이 걸렸다. 아마존에서는 이 사이트를 지원하기 위해, 소비자에게 인터넷 소매점의 새로운 표준이 될 만한 고객서비스를 제공했다. 그러나 베조스는 아무 수익도 없는 초대형 시장을 준비하는 데 자기 가족들의 투자금을 너무 빨리 소진함으로써 회사 전체를 위태롭게 만들었다.

1995년 7월 아마존은 마침내 자사의 웹 사이트를 공개할 준비가 되자, 초기에는 어느 정도의 성공을 거두었다. 하지만 마케팅 부문에 20만 달러를 투자했고, 제품 개발에 17만 1천 달러를 투자했는데도, 연간 매출은 51만 1천 달러에 지나지 않았다. 거기다 이러저러한 경비로 인해 사업 운영 첫해에는 30만 달러의 적자를 봐야 했다. 아마존이 이때 실패로 사업을 마감했다면, 거의 전적으로 제프 베조스와 그의 가족이 그 모든 손해를 감당했을 것이다. 베조스는 계속해서 자신의 비전을 좇기 위해서 다른 사람들에게 자산을 투입하도록 설득해야 했다. 1995년 말 그는 몇 명의 개인 투자자들에게서 약 100만 달러를 투자받았다. 자신의 사업을 일으키기 위해서는 이 정도 추가 자본은 기꺼이 끌어들이겠다는 베조스의 의지는 확고했다. 그는 "우리는 수익이 될 수 있는 일을 하고 있는 중이며, 다시 그 수익을 회사의 장래에 투자하고 있습니다." 하고 말했다. 그는 또 "아마존을 지금 당장 수익성을 올리는 회사로 만들겠다고 결심한 경영팀이 있다면, 그것이야말로 제일 멍청한 결정이라고 말해주고 싶습니다."

다음 해 아마존은 보다 큰 금융자산을 끌어들임으로써 회사에 대한 투자금을 계속해서 증가시켰다. 최고의 벤처캐피털 회사인 KPCB는 아마존의 주식 13퍼센트를 갖는 대신 800만 달러의 투자금을 지원해 주었다. 이런 추가 자본과 함께 1996년에는 마케팅 비용이 급격하게 증가하기 시작했다. 『월스트리트 저널』, 『뉴욕 타임스 북 리뷰』, 『USA 투데이』에 대대적으로 광고가 게재되었다. 아마존은 계속해서 웹 사이트와 컴퓨터 시스템에 자금을 지출하면서 제품 개발에만 240만 달러를 투자했다. 시간이 지나면서 소비자들은 제품목록과 운송상태에 대해 거의 즉각적인 반응을 보내왔다. 소비자들은 온라인 비평을 읽거나 쓸 수 있었으며, 마침내 아마존은 자사의 모든 소비자들에게 직접 책을 추천할 수 있는 기능을 개발해냈다. 아마존에서는 소비자들이 자사의 사이트에서 많은 즐거움을 발견하는 동시에 더 많은 책들을 구입할 수 있는 기능들을 제공하고자 했다. 그리고 이런 투자로 인해 조금씩 기대했던 성과들이 나타나기 시작했다. 그 예로, 1996년 『타임』은 아마존닷컴(Amazon.com)을 훌륭한 웹 사이트 열 개 중의 하나로 선정했다.

소비자들을 완전하게 만족시키기 위해서라면 기꺼이 자산을 헌신하고자 했던 아마존의 의지는 심지어 운송부문까지 확대되었다. 아마존은 책들이 항상 좋은 상태로 도착하도록 과잉포장으로 운송한다는 명성을 얻게 되었다. 그보다 중요한 것은 아마도 아마존이 자신의 창고 수용량은 5만 입방 피트에서 28만 5천 입방 피트로 넓혀서 소비자들에게 보다 빠르게 책을 배달할 수 있도록 한 점일 것이다. 이런 모든 투자정책으로 인해 51만 1천 달러이던 매출이 1996년에는 1,600만 달러로 증가되었는데도, 순손실액이 20배가 증가한 600만 달러에 이르렀다. 이런 엄청난 수치를 봐도, 베조스에게 중요한 것은 즉각적인 수익성이 아니라 소비자를 만족시키기 위한 투자를 통해 선도적인 서적상이 되는 것임을 알 수 있다.

1997년 5월 아마존은 필요한 금융자산을 획득하는 다음 단계로 처음으로 공모(公募)를 실시했다. 그날 하루 4,500만 달러의 자산이 조성되었으므로 그해 내내 계속해서 투자할 수 있게 되었다. 마케팅 투자비용은 610만 달러에서 4천만 달러까지 증가했고, 제품 개발비용은 240만 달러에서 1,300만 달러까지 증가하였다. 아마존은 방문자들이 자사의 웹 사이트로 연결되는 접속률이 가장 높은 열 개의 웹 사이트 중 여섯 개 사이트의 방문객들을 유치하기 위해 돈을 지불하기도 했다. 야후(Yahoo)를 비롯해 AOL, 넷스케이프, 지오시티즈(Geocities), 익사이트(Excite), 알타비스타(AltaVista)는 자사의 홈페이지에 아마존의 로고가 눈에 띄게 배치한 뒤, 클릭 한 번으로 바로 아마존 웹 사이트로 들어갈 수 있게 해주었다.

1997년 베조스의 비전이 다시 한번 시험에 들게 되었다. 아마존은 난생 처음으로 그들 못지 않게 막대한 투자를 감행할 능력과 의향을 가진 경쟁자를 만난 것이다. 반스앤노블(Barnes and Noble)이 그들의 구매력을 이용해서 베스트셀러들을 아주 싼 가격에 제공하기 위한 목적으로 웹 사이트를 개설한 것이다. 하지만 베조스는 반스앤노블을 상대하기 위해 신속하게 저가정책을 선포했다. 그리고 다시 수익을 포기하고 회사의 장래를 위해 투자를 감행했다. 베조스는 이렇게 말했다. "우리 회사는 단기적인 수익성이나 월스트리트의 반응을 고려하기보다는 장기적인 시장지배력을 염두에 두고 계속해서 투자 결정을 할 것이다. 그리고 또한 시장지배력의 우위를 확보할 만큼 충분한 수익성이 예측되는 곳에는 소극적인 투자가 아닌 대담한 투자를 결정할 것이다."

그해의 매출은 1,500만 달러까지 크게 늘어났지만, 저가정책과 대량 투자로 인해 310만 달러의 순손실이 발생했다.

1998년 아마존은 보다 넓은 기반의 인터넷 소매업자가 되길 원했던 베조스의 더 큰 비전을 추구하고자 서적 이외의 영역으로 판매를 확장할 준비를 했다. 아마존은 음반 판매에 투자했으며, 자사의 기존 소비자 기반을 재빨리 레버리지해서 사업을 시작한 지 3개월 만에 선도적인 온라인 음반 소매업체가 되었다. 아마존은 또 비디오 부문까지 사업영역을 확장해서 단 6주 만에 온라인 비디오 소매업체의 선두가 되었다. 전체 매출이 급속하게 확장되는 추세 속에, 1998년의 매출은

6,100만 달러에 이르렀지만, 아마존은 보다 더 큰 사업체가 되기 위해 계속해서 하부조직을 구축했다. 베조스는 자신의 의도를 분명하게 밝히는 자리에서 다음과 같이 말했다. "우리는 탁월한 운영과 높은 효율성으로 수천만 소비자들을 만족시키며, 총수입이 수십억 달러인 회사로서 기반을 구축하기 위해 앞으로도 계속 적극적인 투자정책을 펼 것이다."

이런 헌신의 일환으로 1998년 아마존은 자사의 창고 수용량을 두 배로 늘렸다. 그리고 몇몇 다른 영역에도 투자했다. 이 회사는 5,500만 달러로 영화 정보가 가득한 인터넷 데이터베이스는 물론 영국과 독일의 선도적인 서점을 인수했다. 이런 투자로 인해 아마존 웹 사이트의 오락적인 가치는 증가되었고 고객들로 하여금 자사 사이트에 좀더 오래 머물거나 보다 자주 방문할 수 있도록 만들었다. 1998년 8월 아마존은 1억 8천 달러를 들여 온라인 가격비교 쇼핑 서비스를 마련하였다. 이런 조치를 통해 이 회사의 관심분야가 단지 책이나 음반, 비디오 판매에 머물고 있지 않음을 알 수 있었다. 마지막으로 아마존은 자사의 고객들에게 좀더 폭넓은 서비스를 제공하기 위해서 9천 달러를 들여 온라인 주소와 달력 서비스를 마련하였다. 이런 것만 봐도 이 회사는 자신을 단순한 인터넷 서점 이상으로 생각하고 있다는 사실이 분명하게 드러난다.

1999년 아마존은 자사의 높은 주가를 이용해서 보다 큰 금융자산을 이용하였다. 이 회사는 12억 5천만 달러의 채권을 발행했으며, 그 채권은 후에 주식으로 전환할 수 있었다. 회사는 이런 자본의 유입을 통해 자신의 사업을 구축하는 과정에서 공격적인 투자를 할 수 있는 자산을 확보했다. 마케팅 비용과 판매 비용은 4억 달러까지 증가되었으며, 제품 개발비용은 1억 6천만 달러까지 증가했다. 아마존의 보관시설은 단 12개월 동안에 30만 입방 피트에서 500만 입방 피트까지 확장되었다. 이러한 확장을 통해 연간 100억 달러 상당의 제품을 운송할 수 있는 능력을 갖추었다. 베조스는 아마존을 아주 큰 인터넷 기업으로 만들 계획을 세우고 있었다.

베조스는 경매를 비롯하여 장난감, 소비재 전자제품, 주택 보수 용품, 비디오게임, 소프트웨어, 모든 종류의 제품을 판매하는 지역 상인들의 대규모 네트워크 액세스를 추가함으로써 계속해서 아마존의 제품 공급능력을 확대시켰다. 이외에도 아마존은 몇몇 회사에 수백만 달러를 투자했으며, 자사의 웹 사이트에서 이런 제휴회사와 링크가 가능하게 했다. 이러한 광범위한 제품 포트폴리오를 지원하기 위한 광고비는 1998년 1,700만 달러에서 1999년 7,500만 달러까지 증가했다. 오늘날에도 아마존은 마케팅에 대한 투자를 계속하고 있으며, 가장 최근인 2000년 휴가철에는 최고의 온라인 광고주였다.

아마존이 성공하는 과정에서 금융 헌신이 얼마나 중요한 역할을 하였는지 다른 온라인 서점인 인터넷 북숍(Internet Bookshop)과 비교해보면 보다 분명해진다. 1994년 영국의 대릴 매톡스(Darryl Mattocks)는 제프 베조스가 미국에서 했던 것과 똑같은 생각을 하고 있었다. 그것은 인터넷의 기능을 이용해서, 가장 큰 실제 서점에서 팔 수 있는 것보다 더 많은 책을 제공하는 것이다. 두 사람은 자신의 서점이 세계에서 가장 큰 서점이라는 주장을 입증해 보였다. 하지만 두 사람은 시장에 대해서 다른 비전을 가지고 있었으며 스타일도 상당히 달랐다.

베조스는 전세계를 자신의 시장으로 보았으며 이 시장이 완전한 기능을 발휘하기를 원했다. 반면에 매톡스는 보다 작은 영국 시장에 관심을 기울였으며, 자신의 사업을 조심스럽게 발전시켰다. 베조스는 '큰 것을 빠르게 얻기 위해' 1,100만 달러를 조성했지만, 매톡스는 8

만 달러와 자신의 신용카드를 사용해서 사업을 시작했다. 『이코노미스트』의 기사에 따르면, "자금 조성이 원활했던 베조스가 매톡스를 크게 앞선 일은 그다지 놀라운 일이 아니다." 두 회사는 비슷한 시기에 주식을 공개했다. 인터넷 북숍은 1천만 달러의 자산가치를 가지고 있었지만, 아마존은 약 5억 달러의 가치가 있었다. 그때부터 아마존은 계속해서 자사의 지배적 입지를 구축하기 시작했다. 아마존은 1998년 영국에 자사의 웹 사이트를 개설하면서 곧바로 영국 시장에서도 선도적인 온라인 서점이 되었다.

그리고 베조스와 아마존의 다른 초기 투자자들은 각자 금융 헌신에 대한 엄청난 보상을 받았다. 아마존은 선도적인 온라인 소매업체가 되었으며 이 회사의 브랜드는 유명해지면서 존중받고 있다. 또한 아마존은 우수한 소비자 서비스를 제공하고 있다는 명성을 얻었다. 회사는 이제 거의 30억 달러에 달하는 매출을 올리고 있으며, 160개가 넘는 나라에 소비자가 있다. 2000~2001년에 모든 인터넷 주식시장이 위축되었지만, 아마존은 여전히 50억 달러 정도의 주식시장 가치를 가지고 있으며 베조스 자신은 억만장자가 되었다. 가족 지분은 1억 달러의 가치가 있으며, 다른 많은 투자자들은 수백만 달러를 가진 부자가 되었다.

아마존이 앞으로도 성공한다는 보장이 있는 것은 분명히 아니다. 하지만 인터넷 대량 소비시장에 대한 베조스의 비전과 적극적인 금융 헌신 그리고 자신의 비전을 실현시키기 위해 자산의 위험을 기꺼이 감수하는 마음으로 인해 아마존은 그 어떤 인터넷 소매업체보다 가장 오래 성공을 지킬 수 있는 최고의 입지를 마련할 수 있었다.

실제적인 자산 헌신

위대한 새로운 벤처사업의 발전에는 거의 항상 엄청난 금융자산이 필요하다. 좋은 아이디어만으로는 절대로 충분하지 않다. 좋은 아이디어는 제품 연구 및 제조기술 발전, 마케팅 부문으로 구체화시킬 수 있는 확실하고 끊임없이 투자할 수 있는 끈기를 필요로 한다. 이 기간에는 비용이 수익을 초과하기 때문에 새로운 벤처회사는 여러 해 동안 자립할 수 없다. 경제학자들은 전반적으로 금융시장을 활용하는 것이 효율적이라고 믿고 있다. 이 말의 뜻은 아이디어만 좋다면 그것을 뒷받침할 자금을 얻을 수 있겠지만, 나쁜 아이디어는 금융자산의 부족으로 자연스럽게 폐기될 것이라는 뜻이다. 이러한 원칙은 경제 전반에서 수많은 투자 선택에 적용될 수 있을 것이다. 하지만 앞서 살펴본 사례들처럼, 개인사업가들이나 경영자들은 자신이 하고자 하는 사업의 장점에 대해서 의심 많은 투자자들을 끊임없이 설득해야 하기 때문에, 새로운 시장을 마련하는 데 필요한 자금을 얻기까지 큰 어려움을 겪어야 한다.

자산의 규모가 제한적인 개인이나 소규모 기업의 입장에서는 필요한 자금을 얻는 일은 도저히 극복하기 힘든 일이 되기도 한다. 이런 사람들은 자신들이 추구하고자 하는 대량 소비시장에 대해서 분명한 비전을 가지고 있어야 하며, 그 비전을 실현시키기 위한 적극적인 헌신을 해야 한다. 그런 다음에는 그런 비전을 공유할 수 있는 금융자산을 가진 사람들을 설득해야 한다. 이 장에서 설명한 질레트의 노력은 개인이 성공하기 위해서 혼자 해결해야 하는 일의 범위가 얼마나 큰지 설명해주는 사례이다. 앞장에서 설명한 할로이드(후의 제록스)의 노력 역시 소규모 기업이 성공하기 위해서 겪어야 하는 어려운 문제를 잘 설명해주는 사례였다.

멀리 떨어져서 보면, 개인적인 자금을 이용하는 것이 이런 부담을 어느 정도는 줄여줄 수 있는 것으로 생각될 수 있다. 하지만 그렇게 성공한다고 해서 모든 문제가 완전하게 해결되는 것은 아니다. 짐 클라크와 제프 베조스, 프레드릭 스미스의 경우 개인과 가족 소유의 상당한 자금을 이용하기도 했지만, 결국에는 더 큰 자산을 필요로 했다. 프레드릭 스미스는 자신이 마음속으로 그리고 있는 완벽한 규모의 회사를 만들기 위해 자금이 필요했다. 짐 클라크는 인터넷 신생 기업이 자금을 소모하는 속도 때문에 자금이 필요했다. 제프 베조스는 새로운 형태의 소매업을 시작하면서, 고품질 소비자 서비스를 제공하고자 하는 대규모 투자정책 때문에 자금이 필요했다. 이들은 자금에 대한 절박한 필요성 때문에 개인 투자자와 궁극적으로 금융시장에서 자금을 얻을 수밖에 없었다. 이 모든 경우, 개인 자산의 이용은 개인에게 그 모든 모험의 위험을 증가시킨다. 따라서 재력이 있는 사람의 입장에서 금융 헌신에 대한 필요성은 제한된 금융자산밖에 없는 개인이나 소규모 기업 못지않게 크다.

비슷한 경우로, 자금원이 풍부한 대기업은 유망한 벤처사업에 쉽게 자산을 배치할 수 있다고 생각될 것이다. 하지만 이 책에서 살펴보는 사례에서는 이런 기업들도 그에 못지 않게 자금을 구하기 위해 노력한다는 것을 알 수 있다. 자금 확보를 위한 경쟁은 언제든지 존재한다. 더구나 정말로 유망한 벤처사업들을 알고 있는 사람은 대개 한 사람이나 불과 몇몇밖에 안 된다. 그 회사 내의 사람들에게도 벤처사업의 가치에 대해서 납득시킬 필요가 있다. 게다가 크게 성공한 기업들에게는 대개 관료조직이 부담으로 작용한다. 따라서 필요할 때 자산을 투입하는 문제는 여전히 큰 고충이 따른다. 일부 비전가들은 이런 관료조직이나 고위 경영진에게 새로운 벤처사업의 장점에 대해서 납득시킬 필요가 있다. 우리가 다음 장에서 살펴보게 될 제록스와 마이크로소프트 역사의 여러 단면을 보면, 자금을 구하기 위해 얼마나 치열한 싸움이 벌어지는지 알 수 있을 것이다.

비전가가 이런 싸움을 하고 있는 동안 가장 큰 유혹은 보다 큰 기업이나 투자팀에게 사업체를 '매각'하는 것이다. 그런데 이런 매각이 위험한 것은, '자금은 있지만 비전이 없는' 다른 투자자들이 회사를 인수할 수 있다는 것이다. 그런 사람들은 원래의 비전을 훼손하고, 대량 소비시장의 개발이나 시장지배력 획득에 실패하면 단기간에 수익을 올리는 방향으로 사업 방향을 조정할 것이다. 질레트가 조이스에게 의존했기 때문에, 조이스는 초기 질레트 회사의 운명을 통제할 수 있었다. 조이스는 작은 단기이익을 위해 혁신적인 제품의 국제적 판권을 매각하려고 했다. 회사를 위해 엄청난 국제적 기회를 살릴 수 있었던 것은 질레트가 신속하게 전세계적인 대량 소비시장에 대한 비전을 회복시켰기 때문이다. 오늘날 질레트의 국제적 운영은 회사의 매출과 수익의 주요한 원천이다. 비슷한 경우로, 프레드릭 스미스는 전국적인 속달 우편 서비스에 대한 자신의 비전을 유지하고 실현시키기 위해 수년간 참을성 없는 은행과 투자자들의 압력에서 버틸 수 있었다.

제9단계 : 자산 조성

- 금융 헌신은 어떤 회사가 처음으로 시장에 진입할 때, 특히 그 회사가 기반이 확실한 경쟁회사를 만나거나 막대한 창업비용이 필요할 때 중요하다.
- 대량 소비시장의 수요를 충족시키기 위해 대규모 운영을 하려면 제품 연구와 제작 그리고 마케팅 분야에서 주로 금융자산이 필요하다.
- 이와 동시에 회사의 새로운 제품이 성공을 거둘 때까지는 그에 소요되는 비용을 감당할 만큼의 충분한 수익이 발생하지 않는다.
- 금융 헌신은 금융자산의 이용 가능성과 사업에 그 자산을 헌신할 수 있는 의지로 구성된다.
- 대기업과 시장에 새로 진입하는 소기업은 자신들의 전자산을 기꺼이 투자할 용의는 있으나 가진 자산이 부족할 수 있다.
- 새로 시장에 진입하는 대기업들은 금융자산은 충분하지만 그 자산을 새로운 사업에 투자할 의지가 없을 수 있다.
- 기술 혁신이 급진적일수록 혹은 회사운영 규모가 클수록, 금융자산에 대한 필요성은 커진다. 그러나 기술 혁신이 급진적일수록 수익은 불확실해지며 회사 내부와 외부 자산가들의 투자 의지는 줄어든다.
- 자기 자신이나 다른 사람들이 회사가 비전을 실현할 수 있도록 금융자산을 헌신하도록 동기를 부여할 만큼 확실한 비전을 가진 회사라면 지속적인 성공을 거둘 수 있다.

제10장

자산 레버리지 실행하기

어떤 제품부문에서 지배적 위치를 차지한 회사는 종종 새로 등장한 관련 부문이나 시장에 늦게 뛰어들어도 선두가 될 수 있다.(그림 10-1) 대형 고속컴퓨터 시장에서 우위를 지키던 IBM은 꽤 늦긴 했어도 PC 시장에 진출하자마자 우위를 확보할 수 있었다. 그리고 PC 운영시스템에서 우위를 보이던 마이크로소프트 역시 브라우저 시장에 빠르게 진출해서 브라우저 시장을 지배하고 있다. 이처럼 지배회사가 시장에 늦게 진출했지만 성공을 거둔 다른 제품부문으로는 다이어트 콜라의 코크(Coke)와 액체세제의 타이드(Tide)가 있다. 이런 새로운 제품부문에서는, 일단 후발주자가 시장에 진입하면 선구적인 브랜드나 현재 시장의 시장지배자는 빠른 속도로 그 입지를 잃고 있다.

도대체 이런 지배 회사들은 어떤 특별한 장점을 가지고 있길래 관련 분야에 늦게 진출했어도 성공할 수 있었던 걸까? 그 유리한 점은 회사가 이전 제품부문에서 확실한 위치에서 축적한 자산에 있다. 이 자산들은 일반자산과 특정자산, 두 가지로 분류할 수 있다.

일반자산이란 회사가 한 부문에서 다른 부문으로 쉽게 전환시킬 수

〈그림 10-1〉 새로운 범주에 들어가기 위한 특수자산의 역할

있는 자산으로, 그 가치는 그대로 유지된다. 회사의 브랜드명, 명성, 고객기반 혹은 인재 등이 일반자산에 속한다. 예를 들면, 워드프로세서가 인기를 얻자 마이크로소프트는 자사의 유명한 운영시스템의 브랜드명을 자사의 새로운 프로그램에도 붙여 마이크로소프트 워드(Microsoft Word)라고 명명했다. 일반자산의 중요 특징은 많은 변화 없이 전환이 가능하다는 것이다. 마이크로소프트는 유능한 프로그래머들을 최소한도의 재교육으로 운영시스템 작업에서 워드프로세서 작업으로 투입시킬 수 있었다.

그러나 일반자산의 전환 능력은 그렇게 쉽게 판단할 수 있는 성질의 것이 아니다. 자산 전환에는 필연적으로 위험이 따르므로 반드시 신중하게 다루어야 한다. 그 예로, 마이크로소프트가 별 특징 없는 워드프로세서를 판매한다면, 이 회사 모(母)부문에서 얻었던 명성에 금이 갈 수 있다. 운영시스템 설계를 담당하던 프로그래머들을 워드프로세서 설계에 투입하면, 운영시스템 시장에서 지켜오던 기술적인 리더십이 위험해질 수 있다. 따라서 한 회사가 이전의 제품부문에서 차지했던 입지를 희생하지 않고, 현명하게 일반자산을 전환해야 할 필요가 있음을 이야기할 때 레버리지(leverage)라는 용어를 사용한다.

특정자산이란 현재의 제품, 기술, 제조시설, 영업사원 혹은 유통시스템처럼 새로운 부문으로의 전환이 쉽지 않은 자산을 의미한다. 예

를 들면 IBM이 퍼스널 컴퓨터 시장에 진입할 계획을 세웠을 때, 자사의 영업사원과 유통체계의 이용이 용이하지 않았다. 그 이유는 그것들이 대기업 위주로 운영되고 있었기 때문이다. PC 시장은 더 넓은 시장이었다. 퍼스널 컴퓨터는 가정용으로 구입할 소비자는 물론 중소기업과 대기업에도 팔렸다. 이와 마찬가지로 타자기가 전자제품으로서보다 믿을 만하고 가격 역시 덜 비싸졌을 때, IBM의 판매 및 서비스 담당 직원들은 보다 새로운 타자기를 판매할 소매 유통경로에는 적합하지 않았다. 그런 상황에서 회사가 신규 부문으로 진입하거나 기존 부문에서 경쟁력을 유지하려면, 자사의 특정자산을 희생시킬 수도 있다. 또 다른 예로 IBM이 퍼스널 컴퓨터를 만들어 시장에 출시했을 때, 이 회사는 컴퓨터의 부품을 자사의 다른 부서가 아니라 외부에서 구입하고 새로운 제조시설과 영업사원, 유통시스템을 개선하였다. 경우에 따라서 그런 조처는 특정자산을 잠식할 수 있다. 마이크로소프트가 인터넷 익스플로러의 출시를 계획하고 있을 때, 잠재적인 마케팅 전략으로 인해 마이크로소프트 네트워크(Microsoft Network)와 같은 기존 제품의 매출이 감소될 뻔했다. 따라서 현재 자산의 레버리지로 제품부문을 확대하고자 할 때는 일반자산의 전환이나 특정자산의 희생이 요구된다.

앞의 예에서 살펴보았지만, 자산 레버리지에 있어서 가장 큰 장애는 신규 부문이 기존 부문을 실제로 위협하거나 그럴 가능성이 보일 만큼 확대되는 것이다. 퍼스널 컴퓨터의 출현이 대형 고속컴퓨터 판매에 위협을 주는가? 컴퓨터 프린터의 판매가 복사기 판매에 위협이 되는가? 이런 위협이 커지면 커질수록 회사가 신규 부문으로 진입하기가 힘들어진다. 만일 기존 부문에서 특정자산을 가지고 있는 회사의 경우, 신규 부문이 기존 부문을 위협한다면 그 회사는 특정자산에서 축적해온 가치의 대부분 또는 전부를 잃는 위험에 처할 수 있다. 회사가 신규 부문에 진입하여 우위를 차지하려면 자사의 특정자산을 기꺼이 잠식시킬 각오를 해야 한다. 예를 들어 퍼스널 컴퓨터가 인기를 얻을 때 왕(Wang)이 새로운 워드프로세서 시장에 들어가서 경쟁하려고 했다면 워드프로세서 전용기 개발에 투자했던 자산을 잠식시켰어야 했다. 특히 경영자가 그 자산을 모으는 데 평생을 바쳤거나 자산이 회사 그 자체를 연상시킬 경우에는 그런 조처를 취하기가 어렵다. 그럼에도 불구하고 자산 레버리지에 실패한다면 신규 부문에서 막대한 기회를 상실하거나 현재 부문에서 강한 입지를 잃을 수 있다.

　자산 레버리지의 두 번째의 장애는 지나치게 비용에 집착하는 것이다. 시장 진출에는 필연적으로 위험이 뒤따른다. 기존 시장에서 지배적인 위치에 있던 회사일 경우 그 위험은 더욱 커지는데, 그 이유는 신규 시장으로의 진출은 그동안 기존 부문에서 우위를 차지하기 위해 개발해왔던 자산의 일부를 손해보거나 희생시킬 수 있기 때문이다. 비용을 너무 엄정하게 분석하다보면, 회사는 신규 시장으로 진출을 거부하고 자사가 모아온 자산을 보호하기 위해 매우 방어적인 태도를 취할 수 있다. 경영자들은 비용을 무시해도 안 되지만, 신규 부문과 관련 부문에 잠복중인 잠재적인 대량 소비시장의 문이 열렸을 때의 혜택에 대해서도 충분히 검토해야 한다. 경영자들은 이런 대량 소비시장을 만족시키고자 할 때, 신기술이 가져올 막대한 이익 역시 고려해야 할 것이다. 이미 앞장에서 설명했듯이 그런 이익에는 제조원가의 절감, 품질 개선, 생산성 증가가 포함된다. 이렇게 새로운 시장기회에 대한 적절한 평가를 위해서는 현재 비용에 집착하기보다는 미래 비용과 이익에 대해서도 충분히 분석해야 한다. 이번 장에서 살펴볼 사례들은 이 두 가지 방법의 차이점을 자세하게 보여줄 것이다.

자산 레버리지의 세 번째 장애는 시장에 대한 근시안적인 시각이다. 근시안적인 시각을 가진 경영자들은 현재의 제품과 고객에만 지나치게 매달리게 되고, 급부상하거나 발전중인 시장에서 일어나고 있는 소비자나 기술 변화가 제공하는 새로운 기회들을 보지 못할 수 있다. 이 문제는 수년간 효율적으로 회사를 경영하고 경쟁회사들을 성공적으로 물리친 결과 기존 부문에서 우위를 차지했던 회사를 곤혹스럽게 할 것이다. 그런데 성공과 우위는 자기 만족과 근시안적인 시각을 불러올 수 있다. 이런 회사의 경영자들은 신규 부문의 등장 앞에서 해당 시장을 무시할 수도 있으며, 신규 부문의 성장을 의심하거나 그 가치를 단번에 부정할 수도 있다. 이런 근시안적인 시각은 시장에 진입할 때와 장기적인 우위를 차지하고자 할 때 필수적인 비전과는 정반대되는 것이다.

자산 레버리지에 있어서 네 번째 장애는 관료주의이다. 이런 문제는 오래된 제품부문에서 장기간 도전 한 번 받지 않고 리더십을 지켜왔던 회사인 경우 특히 심각하다. 이런 회사는 규모가 커지면서 관료적으로 변한다. 회사는 많은 부서들과 보다 많은 계층의 경영간부들을 통합하게 된다. 회사 내 다양한 기관을 대표하는 관리들은 위원회를 조직하여 결정을 내린다. 그런데 이런 의사결정 과정은 시간이 오래 걸리고, 대범하고 급진적인 내용은 결정대상에서 제외되는 경향이 있다. 따라서 회사의 경영방식은 속도는 느리고, 경계심만 늘어서 우유부단해진다. 반면에 걸음마 단계인 신규 부문은 빠른 속도로 성장한다. 신규 부문에서 경쟁중인 회사는 독립적인 사고, 신속한 결정과 빠른 움직임이 필요하다. 제품부문의 참신성은 대담하거나 이전과는 완전히 다른 기술이나 디자인, 회사의 구조, 전략을 요구한다. 그러므로 관료주의는 지배기업이 성공적으로 신규 부문에 진입하거나 장기간 우위를 차지하는 데 걸림돌이 될 수 있다.

지배기업이 이런 문제들을 극복할 한 가지 방법은 독립적인 부서를 신설하고 전문 경영인의 지도 아래 사업단위를 개선하는 것이다. 이 단위들은 기존 제품부문을 담당하는 경영진의 간섭을 받는 일 없이 독립적인 권위를 가지고 신규 시장에 진입할 수 있어야 한다. 또 다른 방법은 회사가 최우수품을 개발한 다음, 이 제품의 시장기회를 알아보고 가장 유망한 시장에 진입할 수 있도록 자산을 배정하는 것이다. 세 번째 방법은 시장 변화를 조사하고 새로운 시장기회를 개척하는 일에만 전념할 수 있는 경영진을 따로 두는 것이다. 이때 담당 경영진은 미래지향적인 동시에 외향적이어야 한다. 또한 그들은 현재 업체가 겪고 있는 진통과는 거리를 두어야 한다. 그리고 이 경영진들은 회사의 직원들과 비전을 공유하고 그들로 하여금 신규 시장에 대담하게 뛰어들어서 성공을 목표로 적극적으로 경쟁할 수 있도록 사기를 고취시키고 방향을 지시할 수 있어야 한다. 예를 들면, 최근 빌 게이츠는 미래를 대비한 확실한 비전을 세우는 일에 전념하고자 마이크로소프트의 CEO 자리를 포기했다.

신규 시장의 등장은 관련 부문을 지배하던 회사에게 큰 도전이라 할 수 있다. 신규 제품부문은 회사가 자사의 지배력을 확장할 수 있는 큰 기회를 제공한다. 여기서 얻은 지배력은 회사로 하여금 많은 일반 자산과 특정자산을 축적할 수 있도록 해준다. 그렇지만 신규 부문에서의 성공은 그 부문으로의 지배력을 확대하기 위해 회사가 자사의 자산들을 얼마나 효율적으로 레버리지를 하는가에 달려 있다. 사실 신규 시장으로 진출할 때는 일반자산에 손해를 입거나 특정자산을 잠식당할 위험을 감수해야 한다. 따라서 회사는 이 기회를 활용하고 싶은 충동과 부문 확장에 적극적으로 끼어들었다가 현재 입지를 상실할

지도 모른다는 두려움 앞에 굴복하고 싶은 충동 사이에서 분열이 일어날 수 있다. 우리는 몇 가지 사례를 통해 이런 도전의 강도를 자세히 살펴볼 생각이다. 특히 찰스 슈왑(Charles Schwab)의 온라인 중개업 진출과 미래형 사무용품 시장에 대한 제록스의 잠재력, 마이크로소프트의 웹 브라우저 시장 진출 그리고 IBM의 PC 시장으로의 진출, 이 네 가지 사례를 집중적으로 살필 것이다. 그리고 앞장에서 다루었던 몇몇 친숙한 회사에 대한 이야기로 다시 돌아가서, 그들의 경험을 통해 자산 레버리지의 위험과 이점을 소개하고, 자산 레버리지를 통한 성공 사례로 아주 새로운 회사를 언급할 것이다.

온라인 트레이딩을 장악하기 위해 현재 입지를 희생하기

1990년대 후반 동안 온라인 주식거래는 전국적으로 폭발적인 관심을 보였다. 이 새로운 거래 시스템으로 인해 개인 투자가들은 자기 컴퓨터를 이용해서 낮은 거래 수수료로 전문가처럼 주식거래를 할 수 있었다. 초창기 몇몇 회사들이 이 신규 시장에 적극적으로 뛰어들었다. 자사의 웹 사이트로 인터넷 거래 서비스를 처음으로 제공한 회사는 1994년 아우프하우저(K. Aufhauser & Co.)였다. 그리고 1995년 아우프하우저를 인수한 아메리트레이드(Ameritrade)가 이 새로운 온라인 시장에 발을 들여놓았다. 같은 해 다른 경쟁회사인 롬바드(Lombard)가 웹을 기반으로 하는 거래를 시작했다. 4개월 안에 롬바드의 거래 중 12퍼센트가 웹 사이트상에서 이루어졌다. 1996년 초 E*트레이드(E*trade)가 겨우 14.95달러의 낮은 가격으로 주식 거래를 제공하면서 웹을 기반으로 하는 시장에 진입했다. 그러나 이에 앞서 1992년 초에 E*트레이드는 아메리카 온라인(AOL)과 컴퓨서브를 통해서 온라인 투자서비스를 제공한 적이 있었다. 1996년 5월까지 E*트레이드는 이미 인터넷상에서 거래의 35퍼센트 이상이 이루어지고 있었다. 1997년 아메리트레이드는 8달러에 인터넷 주식거래를 제공함으로써 이 시장의 경쟁력을 강화시켰다.

이 기간 동안 몇몇 분석가들은 이런 상황을 주식중개업에서 고정수수료가 폐지되었던 1970년대 중반에 비유했다. 그 당시 어음할인 중개업자들은 종래의 전문 서비스 중개업자들의 강력한 경쟁자로 나타나기 시작했다. 이런 회사들 중에서 최고는 찰스 슈왑이었다. 이 새로운 인터넷 중개업자들은 어음할인 중개업자와 종래의 전문 서비스 중개업자 모두에게 도전했다. 이런 새로운 온라인 중개업자들은 인터넷을 이용했기 때문에 많은 사람들은 그들이 새롭고 급속도로 성장하는 시장을 지배할 만한 독창적인 기술을 갖고 있을 것이라고 생각했다. 1996년 『비즈니스 위크』에서 인용된 문장을 생각해보자. "슈왑이 롬바드와 E*트레이드 같은 전문 서비스 회사에 했던 일이 슈왑 자신과 전문 서비스 회사들에게도 일어날 것이다."

투자자들이 어음할인업자들에게 관심을 보이기 시작하자 종래의 전문 서비스 회사들은 어음할인 중개업자들에게 시장점유율을 잃거나 가격을 어음할인업자 수준으로 인하함으로써 마진을 잃어야 하는 딜레마에 빠졌다. 1996년 찰스 슈왑은 온라인 중개업자들로부터 똑같은 위협을 받게 되었다. 찰스 슈왑은 모든 거래의 25퍼센트에 달하는 온라인 거래를 과반수 이상으로 만들었다. 410만 개의 온라인 계정으로 고객들에게 "아직까지 누가 뭐라 해도 온라인 중개업자의 왕은 슈왑"이었다. 그런데 슈왑은 어떻게 1996년 심각한 위협에서 벗어나 오늘날 온라인 중개업의 왕이 될 수 있었을까?

슈왑의 역사는 자산 레버리지의 이점을 설명할 수 있는 가장 좋은 예이다. 발전하고 있는 온라인 시장으로 자사의 기존 능력을 전환함으로써 이 회사는 다른 온라인 중개업자들보다 늦게 시장에 진입했지만 빠른 속도로 이 신규 시장을 지배할 수 있었다. 하지만 그런 조치에는 당연히 위험과 희생이 뒤따랐다. 슈왑은 온라인 고객들에게 더 나은 거래를 제공함으로써 현재 고객들을 소외시키는 위험을 감수해야 했다. 또한 이 회사는 온라인 사업에 뛰어들면서 낮은 수익과 극심한 가격경쟁에 직면했다.

그의 이름을 내건 회사의 리더이자 창시자였던 찰스 슈왑은 온라인 거래에서 부상하는 시장과 그 시장을 위해 자신의 현재 자산을 어떻게 레버리지해야 되는지에 대한 비전을 가지고 있었다. 슈왑은 폭넓은 고객기반을 비롯해 강력한 브랜드명과 기술력, 그리고 뛰어난 고객 서비스에 대한 명성이라는 네 가지 중요 분야에서 자산을 이용하였다. 슈왑의 역사에는 한 회사가 현재 시장과 관련이 있는 신규 시장으로 자사의 능력을 전환시킬 때 자산 레버리지의 원리를 어떻게 적용할 수 있는지에 대해서 몇 가지 중요한 교훈이 담겨 있다. 우리는 슈왑의 역사를 통해 전형적인 주식거래 중개인의 능력을 가지고 있던 슈왑이 어떻게 새로운 온라인 중개시장의 지배자가 될 수 있었는지를 살펴볼 것이다.

찰스 슈왑 사는 1970년대 중반 중개업의 규제 해제로 부상하였으며 할인 중개사업에 있어서 기술적인 리더이자 혁신가로 회사의 기반을 다졌다. 이 회사는 기술 응용을 통해 낮은 비용으로 우수한 고객 서비스를 제공함으로써 적당한 가격으로도 높은 가치를 제공하였다. 그러나 슈왑은 오로지 낮은 가격으로만 경쟁하지 않았다. 이 회사는 가장 낮은 가격을 제시하기 위해 애쓰기보다는 적당한 가격으로 월등한 서비스를 제공하는 데 초점을 맞추었다.

슈왑이 최초로 기술 혁신을 일으킨 것은 아니지만, 이 회사는 1980년대에서 1990년대까지 계속해서 몇 가지 기술 혁신을 일으켰다. 1985년 슈왑은 온라인 거래와 퍼스널 컴퓨터를 통해 검색할 수 있는 도스 기반의 소프트웨어 프로그램인 이퀄라이저(Equalizer)를 출시했다. 이 프로그램은 고객들이 전화로 자신의 퍼스널 컴퓨터를 슈왑의 컴퓨터에 연결할 수 있는 다이얼 호출 서비스를 이용했다. 1989년 슈왑은 텔레브로커(Telebroker)를 도입했다. 이 새로운 저(低)비용 채널은 자동화 전화 기능이 추가됨으로써 슈왑의 서비스 확대를 가능하게 했다. 이것은 새로운 시스템으로 거래를 실행하는 고객들에게 슈왑이 할인된 가격을 제공할 수 있게 해주었다.

1993년 슈왑은 윈도우용 스트리트스마트(StreetSmart) 소프트웨어를 도입했다. 이 소프트웨어 프로그램은 이퀄라이저 소프트웨어의 특징을 확대했으며, 차세대 윈도우 운영시스템과 호환될 수 있도록 만들어졌다. 이런 기술적인 혁신들과 더불어 슈왑은 폭넓은 소매점 네트워크를 개방함으로써 다른 할인중개업과 차별화했다. 이런 소매점들은 많은 고객들이 직접하는 거래를 더 원했기 때문에 경쟁자들이 대적할 수 없는 서비스를 슈왑이 제공할 수 있게 해주었다. 또한 이런 상점들이 실제로 존재했기 때문에 많은 고객들은 슈왑에 투자하는 것을 더 안전하게 느꼈다.

전반적으로 여러 부문에서 이루어진 슈왑의 기술 혁신들은 인터넷 상거래가 나타나기 시작할 때까지 어음할인 중개업에서 지배적인 위치를 차지하는 데 도움을 주었다. 많은 주식거래 회사에게 인터넷은 심각한 위협이었다. 그러나 슈왑에게 있어서 인터넷은 대단한 기회가 되었으며, 이런 기회는 회사가 신규 시장으로 자산을 전환할 수 있었기 때문에 가능한 것이었다.

1994년 다른 회사들이 인터넷을 통해서 온라인 거래를 제공하기 시작했을 때, 슈왑은 신규 시장으로 곧바로 뛰어들지는 않았지만 조심스럽게 움직이기 시작했다. 1995년 초 웹 사이트를 개설했지만 현재와 미래의 고객들에게 정보를 제공할 뿐이었다. 온라인 거래에 곧바로 뛰어드는 것은 기존의 중개업에서 대단히 위험한 것이었다. 온라인 거래가 더 저렴하기 때문에 고객들이 온라인 계정으로 빨리 바꿔버린다면, 그것은 수입과 이익에 막대하고 즉각적인 감소로 이어진다는 것을 의미한다. 한 가지 요소만 평가해서 슈왑이 빨리 시장으로 뛰어든다면 50퍼센트의 수입감소를 초래할 수 있었다. 슈왑은 온라인 거래가 아직 초기일 때 고객들 사이에서 빠르게 전환을 권장하기 위해서 뛰어들지 않았다. 슈왑의 놀라운 능력은 늦게 뛰어들더라도 성공할 수 있다는 것을 의미했다.

1995년 후반까지 새로운 인터넷 중개업자들은 계속해서 빠른 속도로 계정을 늘려갔다. 그러는 동안 전통적인 중개업자들은 계속해서 인터넷으로 옮기기를 거부했다. 그들은 이 시장이 어디로 향하고 있는지 알지 못했다. 스미스 바니(Smith Barney)의 웹 사이트 마케팅 부사장조차도 한 치 앞의 변화를 예견할 수 없었다. 인터넷 거래에 대해서 질문받을 때면, 그는 간단하게 "우리 고객들은 원치 않는다."라고 말했다.

그렇지만 1995년 후반까지 찰스 슈왑은 인터넷을 기반으로 하는 중개업은 어떻게 될 것인가에 대한 비전을 발전시켰다. 그는 자사 사람들에게 신속히 움직일 것을 지시했다. 그는 인터넷이 중개업에 있어서 미래를 대표한다고 생각했다. 그리고 이런 미래는 슈왑이 이미 갖고 있는 많은 자산 위에 있었다. 먼저, 강력한 브랜드명이 슈왑의 웹 사이트에 신규 고객들을 끌어들일 것이다. 둘째, 막대한 기존 고객들이 인터넷 거래에서 엄청난 잠재 고객들을 제공했다. 셋째, 슈왑의 기술진들이 인터넷으로 이동하기 위해 필요한 컴퓨터 시스템을 개발할 준비가 되어 있었다. 실제로 슈왑은 우선 9개월에서 12개월 사이에 200만 달러로 웹 사이트를 구축하기 위해서 외주 업체들로부터 입찰을 받았다. 슈왑은 전력을 다해서 이 일을 더 빨리 진행시켰기 때문에, 웹 사이트를 회사 내부에서 단지 100만 달러로 3개월 만에 완성시켰다. 넷째, 슈왑이 가지고 있는 기존의 소매점들로 인해 그의 웹 사이트는 신생 온라인 중개업자들보다 특별히 유리해졌다. 고객들이 매우 드물게 실제 거래를 요구했는데도 이 자산으로 인해서 슈왑은 가상의 경쟁자들과 비교해서 확실한 실체를 가진 존재이기도 했다.

찰스 슈왑의 인터넷은 어떻게 될 것인가에 대한 비전은 그의 회사가 수년 동안 수행해온 것과 일치했다. 인터넷은 슈왑이 고객들에게 제공할 수 있는 서비스와 장점을 확대하는 수단이 되었다. 이런 서비스들은 전통적인 전화와 소매점 유통을 통해서 제공할 수 있는 서비스보다 훨씬 저렴한 가격으로 제공될 수 있었다. 슈왑은 적당한 가격으로 양질의 서비스를 계속해서 제공할 수 있었다. 경쟁 기업들은 시장이 확립되길 기다리고 있었던 반면에 슈왑은 시장이 어떻게 될 것인가에 대한 비전을 가지고 확실하고 신속하게 행동할 수 있었다. 슈왑은 미래의 시장을 당시의 위대한 하키선수에 비유했다. "웨인 그레츠키처럼 우리는 퍽이 가는 방향으로 달리기를 원한다." 1995년 후반과 1996년 찰스 슈왑은 이 시장이 어디로 향하고 있는가에 대한 비전이 있었다. 『포춘』에 따르면 "척 슈왑은 사람들이 어떻게 그들의 개인 자산을 처리할 것인가에 대한 비전이 있다"고 했다.

그의 회사에서 시작된 슈왑의 비전은 행동으로 옮겨졌다. 그는 e.슈왑(e.Schwab)이라고 부르는 서비스를 통해 온라인 거래를 제공하기 위해서 슈왑 안에 부서를 만들기 시작했다. 1996년 1월 e.슈왑은 전국 적으로 확대됐다. 이 서비스는 고객들이 인터넷에서 자유로이 계정을 열 수 있도록 하였다. 고객들은 e-메일을 통해서 슈왑과 교신했으며, 매달 대표전화로 통화할 수 있도록 하였다. e.슈왑의 저가 서비스가 갖는 특징은 더 낮은 수수료로 더 많이 보상받는다는 것이다. 서비스 개시 2주 만에 2만 5천 명의 고객들이 등록했다. e.슈왑을 통한 주식 1천 주의 거래 가격이 39.95달러에서 29.95달러로 떨어졌다. 1996년 말까지 슈왑은 60만 개의 온라인 계좌가 있었다. 1997년 동안 이 숫자는 두 배인 120만 개가 되었으며, 절반 이상이 기존 고객들의 것이었다. 기존 고객을 기반으로 해서 레버리지하는 슈왑의 능력은 가장 가까운 경쟁자인 DLJ디렉트(DLJdirect)보다 세 배나 많은 계좌를 갖고 있는 것으로 알 수 있다. 그것은 E*트레이드나 아메리트레이드와 롬바드보다 훨씬 더 많은 것이었다.

그러나 곧 문제가 드러나기 시작했다. 슈왑의 몇몇 온라인 고객들이 자신들이 오프라인 고객들보다 낮은 수준의 서비스를 받는 것에 대해 기분 나쁘게 생각했다. 직원들은 계속 전화상으로나 또는 상점을 방문한 고객들에게 직접 그들이 같은 서비스를 받을 수 없는 이유에 대해서 설명해야만 했다. 이런 상황은 슈왑의 비전을 시험하는 것이었다. 하지만 찰스 슈왑과 그의 공동 최고 경영자인 데이비드 포트럭(David Pottruck)은 인터넷이 주식중개업을 근본적으로 확실하게 변화시킬 것이라고 확신했다. 『포춘』에 따르면, "공동 최고 경영자인 슈왑과 포트럭은 웹의 변형기술에 기꺼이 그들 회사의 미래를 도박할 것이다."라고 했다. 소수의 고객을 위해 온라인 계좌를 제공하는 것보다 완전히 인터넷을 수용하기로 결정했다. 1997년 후반 슈왑은 폭넓은 서비스로 고객 모두에게 인터넷을 통한 온라인 거래를 29.95달러에 제공했다.

많은 고객들이 대폭 개선된 새로운 온라인 계좌로 이동하기 시작했다. 처음 다섯 달 동안 50만 개의 새 계좌가 개설되어, 자산이 400억 달러에 달하였다. 슈왑과 포트럭은 회사에 대한 부정적인 영향을 예견했다. 그리고 그것은 적중하였다. 너무 많은 사람들이 낮은 가격으로 거래했기 때문에 평균 수수료가 1997년 4사분기에 63달러에서 1998년 1사분기에는 57달러로 떨어졌다. 슈왑의 경험은 온라인 고객들이 자주 거래하지만 이에 따른 수익이 당장 가시적으로 나타나는 것이 아니라는 것을 말해준다. 1998년 1사분기 슈왑의 수입은 3퍼센트 떨어졌고, 1997년 4사분기와 비교해서 세금을 포함한 이익은 16퍼센트 감소하였다. 주가 역시 52주 최고가에서 20퍼센트까지 떨어지면서 고전을 면치 못했다.

1998년 말에 이르러 슈왑의 이런 고집은 보상을 받기 시작했다. 슈왑의 강한 브랜드와 뛰어난 기술력, 훌륭한 고객 서비스가 성과를 얻었다. 연간 수입이 19퍼센트 증가했고 세전 순이익이 29퍼센트 증가했다. 주식시장 또한 슈왑의 비전을 인정하기 시작했다. 6월과 12월 사이에 슈왑의 주식이 158퍼센트로 오르면서 거의 세 배 정도 많은 자산 총액으로 회사를 경영한 메릴린치보다 슈왑의 주식 시가 총액이 더 높았다.

오늘날 슈왑은 400만이 넘는 온라인 계좌가 있다. 3년 전의 36퍼센트에 비하면 거래의 대부분이 인터넷상에서 이루어지고 있다. 저비용의 인터넷 유통경로는 슈왑이 정당한 가격으로 계속해서 우수한 서비스를 제공할 수 있게 만들었다. 슈왑은 브랜드명의 강점을 레버리지함으로써 그들만의 방법으로 온라인 졸부들을 무찔렀다. 메릴린치가 슈왑보다 더 평가되기 시작했지만, 슈왑의 주식 시가 총액은 1996년 이후로 네 배 가까이 뛰어올랐다. 현재 사업을 레버리지하고 그것을 주요사업인 온라인 중개업으로 전환한 찰스 슈왑의 비전은 개인적으로 보상받고 있는 중이다. 그가 인터넷으로 사업을 옮기고 난 후 5년 만에 슈왑의 개인 순자산의 가치는 다섯 배 가까이 성장했으며, 요즘도 6억 달러를 육박한다.

영역 싸움에서의 자산 낭비

제록스는 미래의 사무실을 개발하기 위해서 팔로 알토 연구소 (PARC)를 설립했다. 모든 미래지향적인 계획들이 그런 것처럼, 당시의 제록스의 관리자들은 미래 사무실의 모습이 어떻게 될지 또는 어떤 변화가 예상되는지에 대한 생각이 없었다. PARC는 놀라울 정도로 성공적인 실험이었다. 이 연구소에서는 컴퓨터의 개념과 컴퓨터가 사람을 위해서 할 수 있는 일에 대한 생각을 바꿀 만한 급진적인 기술혁신들을 많이 개발했다. 주요 기술 혁신은 다음과 같다.

- 데스크톱 레이저 프린터와 레이저 복사기의 선조인 레이저 컴퓨터 프린터가 1971년 생산되었다. 이것은 IBM이 자체적으로 레이저 프린터를 도입하기 4년 전 일이었다. 레이저 프린트 자체는 주요 제품부문이 되었으며 아직까지도 종이복사와 관계가 있다.
- 자바(Java)의 선조 격인 객체 지향적 프로그래밍 언어인 스몰 토크(Smalltalk)는 1971년 개발되었다.
- 초창기 퍼스널 컴퓨터인 알토(Alto)는 1973년 생산되었다. 이 날짜는 MITS가 알테어를 상업화해서 퍼스널 컴퓨터의 대량소비 신

규 제품부문을 도입하기 2년 전 일이다.

- 창이 여러 개로 겹치고, 팝업 메뉴와 데스크톱 모니터 위에 그래 픽을 쓸 수 있는 비트맵 그래픽은 1974년 개발되었다. 이 날짜는 애플이 리사(Lisa)에 이런 기능들을 포함시키기 8년 전이며, 마이 크로소프트가 첫 번째 윈도우 운영시스템에 포함하기 11년 전이 다. 퍼스널 컴퓨터의 운영시스템은 또 다른 대형 신규 부문이 되 었다.

- 퍼스널 컴퓨터 네트워크 시스템인 이더넷(Ethernet)은 1971년 개 발되었으며, 1975년까지 컴퓨터가 프린터의 네트워크를 지원해 주기 위해서 사용되었다. 1990년대 컴퓨터가 급속도로 연결되면 서 네트워크 자체가 또 다른 주요 부문이 되었다.

- 트루폰트(화면으로 보고 있는 것을 그대로 표시할 수 있는 것)를 가 진 그래픽 워드프로세서 프로그램인 집시(Gypsy)는 1975년 준비 가 되어 있었다. 사용자가 키보드를 갖고 스크린상에 있는 문서 전체를 작성할 수 있었으며 마우스를 갖고 움직일 수 있고, 편집 하고, 잘라내고, 필요할 때마다 붙여 넣고, 레이저 프린터로 인쇄 해낼 수 있었다. 마이크로소프트의 워드보다 10년 정도를 앞선 이 런 소프트웨어는 궁극적으로 타자기와 워드프로세서 전용기를 대 신하였다.

- 서류가방 크기의 휴대용 컴퓨터인 노트테이크(Notetake)는 1978 년 준비되었다. 그것은 오스본 I (Osborne I)이 시장에 출시되기 3년 전 일이었다.

복사기 사업에서의 성공과 풍부한 기술 혁신의 포트폴리오를 고려 해보면, 당시 세계에서 자산이 가장 풍부한 회사는 제록스였을 것이

344

다. 제록스는 다섯 개의 신규 부문인 워드프로세서, 운영시스템, 랩톱 컴퓨터, 레이저 프린터 또는 퍼스널 컴퓨터 중 어느 한 곳을 지배함으로써 거대 기업이 될 수도 있었다.

그러나 제록스는 이런 자산들을 효과적으로 레버리지하지 않았다. PARC 자체는 성공적이었지만, 모기업은 그곳의 작품에 대해서 거의 이해하지 못했고 그것의 상업적인 가치도 알지 못한 채 PARC의 기술 혁신 대부분을 반대하거나 지연시켰다. 제록스는 마지못해 PARC에서 개발된 주요 기술 중 레이저 프린터, 이더넷, 스타(Star) 컴퓨터 시스템(퍼스널 컴퓨터 시스템), 이 세 가지만 시장에 내놓았다. 첫 번째 것은 부분적인 성공을 거두었고, 두 번째 것은 평균적인 사업이 되었으며, 세 번째 것은 속도가 너무 늦고 가격이 비싸서 실패했다. 이렇게 제록스는 이런 기술 중에서 겨우 한 부문에서만 상업적인 성공을 거뒀다.

왜 이런 일이 생겼을까? 제록스의 실패는 경영 책임자들이 회사의 현재 자산을 레버리지하기를 꺼려하고 새로운 기술의 상업화를 달가워하지 않았기 때문에 일어났다. 당시 제록스의 최고 경영자 피터 맥컬로우는 관리자들을 이끌고 사업을 이끌어가기보다는 관리자들의 의견을 따르는 쉬운 길을 선택했다. 적절한 설명을 위해서 제록스가 유망한 기술 혁신이었던 레이저 프린터와 알토 퍼스널 컴퓨터를 어떻게 다루었는지 살펴보자.

레이저 프린터의 지체

1971년 말까지 게리 스타크웨더의 고집과 PARC의 지원으로 레이저 프린터의 실용 모델을 성공적으로 완성했다. PARC의 엔지니어들은

PARC의 실험실에 설치된 알토를 기본으로 분포된 컴퓨터 시스템에 레이저 프린터를 설치하고 작동시켰다. 그들의 연구 노력을 격려하기 위해 로렌스 리브모어 국립연구소(Lawrence Livemore National Laboratories)에서 레이저 프린터 다섯 대를 주문했다. PARC의 연구원들과 연구소 부소장인 피터 골드먼은 주문을 맞추기 위해서 열심히 노력했다. 그렇지만 최종결정권은 제임스 오닐(James O' Neil)에게 있었다.

오닐은 새로운 기술과 상품 소개를 임무로 하는 정보기술 그룹을 이끌고 있었다. 그가 제록스로 오기 전에는 포드에서 일을 했는데, 그곳은 경비 관리를 수익성 보장의 중요 수단으로 보고 있었다. 사실 자동차산업에서는 작은 비용절감이라도 수백만 개의 제품에 적용되면 막대한 경비절감을 낳았다. 그런데 1960년대 10년간 성공이 이어지면서 제록스는 막대한 수익을 올리며 급속한 성장률을 기록했지만 돈을 헤프게 쓰기 시작했다. 그 결과 1960년대 후반 제록스의 경비 운영은 아주 통제불능 상태가 되었다. 그러자 맥컬로우는 제록스의 경비 조절을 위해 포드나 IBM, 다른 대기업에서 재정관리인을 영입하기로 했다. 제록스가 비용절감의 문제에 대해서 심각한 강박관념을 보이자 재정관리인 오닐은 정보기술 그룹의 책임자 자리를 맡았다. 그러나 그런 중요한 자리는 엔지니어나 시장에 대한 비전을 가진 사람에게 더 잘 어울렸을 뻔했다. 두 명의 분석가는 오닐의 역할을 평가하기를 "그는 건식 복사기술은 물론 엔지니어링이 뭔지도 모르는 사람이었다."고 했다.

오닐은 포드에서 일할 때 자신이 개발한 엄격한 비용관리 원칙을 제록스에 그대로 적용했다. 그는 레이저 프린터가 너무 새롭고 검증되지 않은 제품이라서 리브모어 국립연구소의 주문을 충족시키려면, 상당히 많은 정비요원들이 그 일에 매달려야 하며, 제록스의 기술자들 역시 그 장비에서 발생하게 될 문제를 해결하기 위해 불려다닐 거라고 생각했다. 그는 레이저 프린터가 자사의 주력 제품인 복사기처럼 잦은 수리가 필요하다면 계약기간 동안 15만 달러의 경비가 들 것이라고 평가했다. 오닐은 레이저 프린터 시장에 대해서 전혀 아는 바가 없었다. 따라서 그는 아주 전형적인 근시안적이고 비용위주의 분석을 내렸다. 그리고 그 분석은 퍼스널 컴퓨터 시장이 분산되면서 부상하게 될 프린터 시장에 대한 비전이 빠져 있었다. 또한 어떻게 하면 현재의 고객 기반과 제조시설 그리고 영업사원을 이용해서 새롭게 떠오르는 시장에 진출해서 우위를 차지할지에 대해 아무런 구상도 담겨 있지 않았다.

특히 오닐의 주장에는 두 가지 결함이 있었다. 첫째, 레이저 프린터는 종래의 프린터나 복사기에 비해서 움직이는 부품이 거의 없기 때문에 보수가 덜 필요하며 보다 안정적인 제품이었다. 실제로 PARC의 엔지니어들은 이미 그 제품의 뛰어난 성능을 경험한 바 있었다. 둘째, 소규모이기는 해도 다섯 대의 프린터를 설치하는 일은 비용은 들겠지만 시장을 시험해본다는 측면에서 가치있는 일이었다. 이번 설치로 해서 대규모 시장 출시를 하려면 필수적으로 어떤 점을 개선해야 할지를 시험해볼 수 있었다. 실제로 1949년 제록스의 전(前) CEO인 윌슨이 건식 복사기술을 토대로 만든 모델 A라는 할로이드 최초의 복사기를 출시할 때, 그 역시 무모한 모험을 감행했다. 그러나 이 모델은 의도했던 시장에서 실패했다. 이것을 구입한 모든 회사가 제품을 반품했던 것이다. 그러나 이 기계는 다른 틈새시장을 찾아냈다. 이 프린터는 그 당시 이용되던 옵셋 인쇄기용 페이퍼 마스터를 만드는 데 적합했다. 이 틈새시장에서 생긴 작은 수입원은 제품 향상을 연구하는 데 도움이 되었다. 하지만 보다 중요한 건 할로이드는 대량 소비시장을 겨냥해 제품을 어떻게 개선할 것인가를 경험을 통해서 배우게 되었다는 것이다. 이런 노력에 의해 10년이 훨씬 지난 후에 나온 모델 914의 성공을 가져오게 되었다.

오닐은 리브모어 연구소에 레이저 프린터 판매를 거부했다. 그러자 골드먼은 격분하지 않을 수 없었다. 그는 이로써 제록스가 혁신적인 기술로 경쟁회사를 물리칠 좋은 기회를 잃게 되었으며 시험 판매를 해볼 기회조차 날려버렸다고 생각했다. 레이저 프린터는 그후 2년간 실험실에 처박혀 있어야 했다. 1974년 제록스의 제품평가위원회는 제록스의 차세대 복사기를 어떤 기술로 지원할지를 고려해야 했다. PARC의 레이저 프린터나 종래의 기술을 바탕으로 한 슈퍼 프린터, 이두 가지 중 하나를 선택해야 했던 위원회는 슈퍼 프린터 쪽으로 기울었다. 그 당시 골드먼은 "기술에 대해서 아무것도 모르는 멍청이들이 결정하고 있다"며 격분했다.

슈퍼 프린터로는 시장이 요구하는 속도를 따라잡지 못할 거라고 생각한 골드먼은 레이저 프린터가 유리한 결정이 나도록 끼어들어야겠다고 생각했다. 그래서 그는 최종 결정이 내려지기 이틀 전 회사 비행기로 제품평가위원회의 위원 2명을 데리고 PARC로 날아가서 그 장치를 보여주었다. 위원들은 충분한 감명을 받았고, 레이저 프린터에 유리한 결정을 내렸다. 그러나 불행히도 그것은 레이저 프린터에게는 의미 없는 승리였다. 위원회는 레이저 기술은 인정했지만, 골드먼이 원했던 것처럼 상품화할 제품으로 선정하지는 않았던 것이다. 그 결정대로라면 레이저 프린터는 1년 후에나 시장에 진출할 수 있었다. 위원회는 레이저 프린터는 제록스의 차세대 초고속 광학 복사기 9000시리즈를 출시한 후에 시장에 내보내길 원했다. 그러나 레이저 프린터의 출시는 1977년까지 미루어졌다. 아마도 동부 해안에 자리잡고 있던 위원회가 자신들이 이미 잘 알고 있는 제품에 대한 애착이 너무 크다보니, 서부 해안에서 개발된 낯선 제품에 등을 돌린 것일 수도 있다. 그렇지 않으면 아마도 연구원들과 엔지니어들이 오랫동안 고생해온 신제품 9000시리즈를 사장시킨다는 것이 정략적으로 어려운 일이었을 수도 있다. 더구나 골드먼이 고용된 이래, 그는 조급한 이상주의자로 여겨지면서 제록스에서 그의 영향력은 점차로 줄어들었다.

마침내 1977년 레이저 프린터는 9700프린터로 시장에 출시되었다. 그것은 스타크웨더와 그의 동료들이 실용 모델을 만든 지 6년 만의 일로서, 그동안 아예 제품을 사장시킬 뻔했던 두 차례의 중대한 결정에도 불구하고 이루어진 일이었다. 그러나 IBM이 IBM 3800이라는 레이저 프린터를 출시한 지는 이미 2년이 지난 데다가, 일본의 캐논, 독일의 지멘스(Siemens) 역시 레이저 프린터의 출시가 임박했거나 이미 출시된 상태였다. 제록스의 출시 지연은 일차적으로 기존의 제품을 보호하는 데 관심을 가졌던 관료조직 내부에서의 사소한 알력의 결과였다. 결과적으로 제록스는 이 대형 신규 시장을 이끌며 자사의 혁신적인 연구에 대한 재정적인 수확을 거둘 기회를 놓치고 말았다.

알토의 탄생과 소멸

알토(Alto)는 매우 혁신적이면서 상대적으로 장점이 많은 퍼스널 컴퓨터였다. 이 컴퓨터는 PARC의 엔지니어링 능력의 결실이자, 컴퓨터의 미래는 '개인별로 보급된 컴퓨터'에 달려 있다는 테일러의 비전이 낳은 결실이었다. 그의 비전은 각 개인이 자신만의 컴퓨터를 갖고, 그 컴퓨터가 다른 사람 소유의 비슷한 컴퓨터와 연결되는 것을 의미했다. 이처럼 컴퓨터는 계산 도구만이 아닌 커뮤니케이션의 도구도 될 수 있었다. 테일러는 이러한 용도에 가장 중요한 특징은 바로 정보 제시라고 믿고 있었다. 그가 비디오 화면을 누르면 컴퓨터와 사용자 사이에 쉽고 즉각적인 의사소통이 가능했다. 이와는 대조적으로 그 당시 소형 컴퓨터나 대형 고속컴퓨터의 시간분할은 초기 모드인 일괄처리 방식에서 중요했다. 그러나 시간분할과 일괄처리 방식은 사용자들이 단 한 개의 크고, 멀리 떨어져 있는 비싼 컴퓨터에 의존해야 했다.

PARC의 엔지니어들은 초기 소형 컴퓨터 실험을 통해 얻은 자료를 이용해서 약 4개월 만에 알토를 만들어냈다. 그것은 실험실에서 즉각적인 히트를 쳤다. 알토는 책상 아래에 놔두어도 될 만큼 작았지만 독립성과 네트워크가 보장되었다. 이 컴퓨터는 성능과 기능면에서는 소형 컴퓨터에 버금갔으나, 각 개인이 자신만의 컴퓨터로 장만해도 될 만큼 비싸지 않았다. 계산에 의하면, 알토 한 대의 단가는 PARC의 소형 컴퓨터를 개인용으로 만드는 단가보다 저렴했다. 알토는 또 이더넷 접속구를 가지고 있었는데 그것은 다른 알토는 물론 제록스의 레이저 프린터와의 네트워크가 가능하게 해주었다. 아마도 알토의 가장 큰 매력은 모니터로 그림과 글씨를 볼 수 있었다. 그뿐만이 아니었다. 일찍이 더그 엥겔바르트의 실험실에서 연구되었던 내용을 토대로 개발된 마우스를 이용하면 모니터 화면 안을 돌아다닐 수 있었다.

알토는 1973년 4월에 운영되었다. 이 날짜는 MITS가 알토에 비해 기초적인 알테어를 상품화하기 2년 전이며, 애플 I 컴퓨터가 출시되기 3년 전이고, IBM의 첫 번째 PC가 시장에 나오기 8년 전이며, 맥킨토시(Macintosh)가 등장하기 11년 전이었다. 맥킨토시의 그래픽 사용자 인터페이스(GUI)의 경우, PARC에서 개발했던 것에 영향을 받았다. 알토는 1975년까지 PARC 비트맵 방식의 그래픽과 창 겹치기, 그리고 집시 워드프로세서가 완성되면서 매우 유용한 장비가 되었다. 이제 알토는 당시의 소형 컴퓨터보다 훨씬 사용자 친화적인 특징들을 갖추게 되었다. 그래서 알토를 본 사람들은 그 즉시 가지고 싶어했지만, PARC는 그런 수요를 따라가지 못했다. 1973년 PARC에는 공장 두 곳이 세워졌다. 그리고 이듬해 서던 캘리포니아에 위치한 제록스의 SDS 공장에서 소규모 생산이 이루어졌다. 이 공장에서는 약 60대의 알토를 생산했는데, 여기서 생산된 알토의 대부분은 PARC에서 사용되었다. 옹호자 부족으로 인해, 알토의 대량생산은 이뤄지질 못했다.

1970년대 중반에 제록스는 PARC의 소장으로 존 앨런비(John Ellenby)를 선임했으며, 그는 이 컴퓨터의 제한생산을 지휘했다. 앨런비는 이 목적에 맞도록 알토를 다시 고안했으며, 그가 고안한 컴퓨터는 원가를 절감시켰으며 보수 역시 보다 간편해졌다. 이 새로운 컴퓨터에는 알토Ⅱ라는 이름이 붙여지면서, 1976년 조립라인이 가동되기 시작했다. 알토Ⅱ는 사용자들에 의하면 대단한 컴퓨터였다. 앨런비는 약 1,500대의 알토를 생산해서 제록스와 몇몇 선정된 연구소와 대학에 보급했다.

알토에 대한 성공적인 반응으로 인해 이 제품의 상품화가 그럴 듯해 보였는데, 특히 이 컴퓨터를 디자인한 엔지니어들에게는 더 그럴 듯해 보였다. 드디어 1970년대 중반 첫 번째 기회가 찾아왔다.

당시 워드프로세싱 시장은 빠른 변화를 보이며 발전하고 있었다. IBM은 메모리 기반의 타자기로 시장을 장악하고 있었는데, 메모리 기능이 추가된 이 타자기의 사용자는 문서를 다시 치지 않아도 텍스트의 원본을 복사ㆍ편집ㆍ저장할 수 있었다. 타자기의 인기와 이 장비로 인한 사무 능률의 증가 가능성 때문에 HP, 3M, 그리고 왕(Wang)을 포함한 여러 회사들이 워드프로세싱 사업에 관심을 가졌다. 이 모든 회사 중에서, 복사기 시장에서 우위를 차지하고 있던 제록스가

IBM과 맞서 경쟁하기에 가장 좋은 입지를 가지고 있었다. 그래서 1975년 1월 제록스는 워드프로세싱 시장으로의 진입을 담당할 사무용품부(Office Products Division)을 신설했다. 그리고 이 부서를 위해 관리자, 위치 선정, 제품, 이 세 가지 중요 사항을 정해야 했다.

첫 번째 선택 사항은 해당 부서의 책임자를 정하는 것이었다. 그 당시 PARC는 이미 향후 20년간 워드프로세서의 특징이 될 하드웨어나 소프트웨어를 개발하고 있었다. 따라서 PARC 출신의 앨런비 같은 엔지니어나 과학자를 책임자로 선택하는 것이 가장 합당했다. 그러나 제록스는 일찍이 IBM에서 일한 적이 있고, 지금은 제록스의 기술팀을 맡고 있는 밥 포터(Bob Potter)를 책임자로 임명했다. 그런데 불행하게도 포터는 사무자동화 부문에 새롭게 등장한 기술들의 잠재성을 모르고 있었다. 그는 대량 소비시장에 대한 비전이 아닌, 제록스의 고위 경영진들과 타협할 수 있는 자신의 능력을 기준으로 결정을 내렸다. 제임스 오닐과 같은 재정관리인이 득세하고 있던 제록스는 비용에 대해서 강박관념을 보이고 있었다.

다음으로 결정할 문제는 제조시설의 위치 선정이었다. 제록스는 당연히 자사의 복사기 사업의 근거지인 동부 해안의 제재와 영향력을 벗어날 수 있는 곳에 제조시설을 세우기로 결정했다. 후보지로는 팔로 알토와 달라스, 텍사스가 선정되었다. 제조시설을 PARC와 가까운 곳에 설치하면 그곳의 기술과 전문기술을 끌어들일 수 있었다. 하지만 비용을 중시했던 제록스는 달라스를 선택했다. 그 이유는 달라스는 설비비와 인건비가 아주 적게 들었기 때문이다.

세 번째로는 시장에 출시할 제품을 선정해야 했다. 포터는 타자기를 기반으로 하는 워드프로세서를 개발하기로 결정했다. 그러기 위해서 그는 시장에 널리 알려진 기술에만 주력했다. 그러나 그 기술은 빠른 속도로 변하고 있는 데다 알토에서 운영되고 있던 PARC의 집시 프로그램에 의해 포터가 생각하고 있는 워드프로세서는 쓸모없는 기술이 되고 있었다. 그럼에도 불구하고 제록스의 고위 경영진들은 그 사실을 전혀 알지 못했다. 직접 PARC를 방문한 적이 있는 포터 역시 그 사실을 간파하지 못했다. 포터가 처음으로 개발한 메모리 타자기 800은 너무 값이 비싸고 시대에 뒤떨어진 제품이었다. 경쟁회사들은 이미 더 향상된 기능에 800보다 가격이 더 저렴한 제품으로 눈을 돌린 상태였다. 그 결과 800은 완전한 참패를 경험했다. 이 제품의 전직 판매원 중 한 사람은 다음과 같이 말했다. "우리는 시장에 유행이 지난 제품을 내놓은 셈이죠. 손님과 눈을 맞추며 '네, 그렇습니다. 꼭 이 기계를 사실 필요는 없습니다'라고 말할 때는 정말 힘이 들더군요. 제록스에서 7년이나 일해왔지만 그 제품처럼 반품을 많이 당한 제품은 처음 봤어요."

　그러나 실패의 원인을 제대로 파악하지 못한 포터는 다시 브라운관 방식의 850 모델을 계획했지만 그 역시 오래된 기술을 기반으로 하고 있었다. 그 무렵 알토Ⅱ가 거둔 성공에 크게 만족한 앨런비는 전국 시장을 겨냥해 퍼스널 컴퓨터인 알토Ⅲ를 대량생산할 계획을 세웠다. 앨런비는 워드프로세서 생산에 주력하고 있던 달라스를 주요 생산지로 염두에 두고 있었다. 그런데 그곳은 이미 타자기 기술에 투자를 하고 850 생산에 전념하고 있었다. 제조시설과 업무능력, 유통시스템 같은 특별자산은 구식 타자기 기술에 매여 있었다. 결국 포터와 앨런비로 대표되는 두 부서는 각자의 제품을 밀어붙이고 상대의 제품을 밀어내야 했고 제록스는 850과 알토Ⅲ 중 하나를 선택해야만 했다. 이 일은 겉으로 보면, 미국 서부에 있는 제록스의 두 부서간의 사소한 알력처럼 보였지만 실제로는 회사의 미래를 위해 자산관리를 어떻게 할 것인가에 대한 아주 중요한 의견충돌이었다. 제록스는 우선 해결책을 얻기 위해 대책위원회를 소집했다.

제록스 내부와 대책위원회 사이에는 알토Ⅲ가 850보다 우수하다는 사실에 동의를 표하는 사람들이 많았다. 그러나 문제는 비용이었다. 포터는 850을 생산하는 데는 5천 달러가 들지만 알토는 훨씬 더 많은 비용이 든다고 주장했다. 알토의 경우 초창기 제한생산 때의 비용을 기준으로 했을 때 1만 5천 달러의 생산비가 들었다. 그러나 앨런비는 컴퓨터 부품비로 대표되는 제조원가가 급속도로 떨어지고, 대량 소비 시장을 겨냥해 대량생산을 하면 규모의 경제를 펼칠 수 있다는 사실을 들어 알토Ⅲ도 5천 달러에 생산할 수 있다고 주장했다. 제록스와 독립된 기술단 역시 앨런비의 의견에 동의를 표했다. 대책위원회에도 처음에 알토Ⅲ에 유리한 결정을 내렸다. 그러나 PARC는 본사에 대한 정치적인 영향력이 부족했다. 달라스측의 압력과 새로 부상한 시장에 대한 비전 부족, 그리고 비용에 대한 강박관념으로 인해 제록스의 간부들은 850에 유리한 결정을 내렸다.

앨런비의 견적서가 다소 낙관적이긴 했지만, 그 당시 시장의 분위기는 혁신적인 기능제품이라면 언제든지 최고 가격을 지불할 준비가 되어 있었다. 그 예로, 1976년 중반 왕(Wang)은 문서를 보고 편집할 수 있는 CRT 스크린이 장착된 워드프로세서 전용기를 출시했다. 3만 달러라는 엄청난 가격에도 불구하고 이 제품은 그 즉시 히트를 쳤다. 왕은 이 신제품을 보고자 시연회에 몰려든 방문객의 수요를 따라가지 못할 정도였다. 2년 후 이 제품으로 왕은 메모리를 기반으로 하는 전통 방식의 타자기를 밀어내고, 해당 부문의 선두가 되었다.

가격 그 자체는 제품 출시에 장애가 되지 않았다. 한 예로, 1960년 윌슨이 이끌던 제록스가 처음으로 큰 성공을 거둔 복사기 914는 2만

9,500달러라는 놀라운 가격으로 출시되었다. 제록스는 엄청나게 비싼 제품이라는 충격을 덜기 위해서, 현명하게도 장비를 임대해주고 복사할 때마다 요금을 받는 방법을 생각해냈다. 이 방법은 판매를 부추겼을 뿐만 아니라 수년간 꾸준한 수익을 가져왔다. 그 결과 이 제품의 가격을 대량 소비시장에 맞게 다시 책정할 수 있었다.

그러나 여전히 타자기가 인기를 누리고 있을 때, 퍼스널 컴퓨터를 위해 타자기를 희생시키자면 상당한 비전과 용기가 필요했을 것이다. 더욱이 달라스 지사가 타자기에 쏟아 부은 정성을 고려했을 때 그것은 대담한 결정이 아닐 수 없었다. 그러나 고위 경영진에게는 그런 자질이 부족했던 것 같다. 왜냐하면 제록스는 알토Ⅲ를 거부하고 850을 승인했던 것이다. 앨런비는 이제 알토는 끝났다는 사실을 깨달았다. 세계 최초로 상업적인 퍼스널 컴퓨터가 될 수 있었던 제품이 평범한 타자기 류를 보호하고 비용만을 걱정한 회사방침에 의해 사라져야 했다. 어떤 면에서 보면 회사는 일관성을 보였다고 할 수 있다. 제록스는 사무용품부의 위치와 관리자 및 제품을 결정하면서, 워드프로세싱과 퍼스널 컴퓨터 부문에서 빠르게 급부상하는 시장에 자사의 막대한 자산으로 영향력을 미칠 생각을 하기보다는 오로지 비용만을 결정의 기준으로 삼았다.

그리고 드디어 850이 시장에 출시되지만 그 제품은 가격만 지나치게 비쌌지 별다른 기능을 보여주지 못했다. 실제로 사무용품부는 출범한 지, 첫 6년은 겨우 1사분기에만 수익을 올렸다. 특정자산에 대한 집착으로 인해 회사는 너무 비싸고 시대에 뒤처지는 제품에 매달려야 했던 것이다.

실패 분석

제록스는 퍼스널 컴퓨터를 자체적으로 생산해서 사용했던 최초의 회사였다. 이 회사는 또 그래픽 사용자 인터페이스를 비롯해 마우스, 레이저 프린터, 워드프로세서용 소프트웨어, 이더넷 등 많은 퍼스널 컴퓨터 관련 제품들을 최초로 만들어 사용했던 회사이기도 했다. 그리고 제록스는 PARC에서 미래의 사무실을 목표로 개발한 이 놀라운 기술들의 출입을 관리하고 있었다. 더구나 이 회사는 이런 기술들을 시장에 쉽게 소개할 수 있는 기술진과 명성, 브랜드명과 같은 일반 자산을 가지고 있었다. 이 회사는 또 제조시설, 영업사원, 유통체계와 같은 특별자산을 가지고 있었는데 이는 기술 혁신을 시장에 소개할 때 적용할 수 있었다. 더욱이 그 당시 제록스는 복사기 같은 사무용품 제품에 주력하고 있었기 때문에, PARC 기술의 상업화는 미래의 사무실에 대한 맥컬로우의 비전을 자연스럽게 실현하는 일이 될 수 있었다. 그러나 제록스는 이 모든 자산의 레버리지를 실행해서, 시장성 있는 제품으로 전환하는 데 실패했다. 게다가 레이저 프린터마저 뒤늦게 상업화했다. 이 일에 대해서 변명하는 사람들은 제록스의 실패 원인으로 문화충돌, 복사기 주력의 정당화, 큰 규모를 꼽았다. 우리는 이 설명이 제록스가 자산 레버리지에 실패한 진정한 이유인지, 아니면 피상적인 변명인지 좀더 자세히 알아볼 필요가 있다.

제록스의 실패한 운영방식을 변호하는 이들은 캘리포니아에 위치한 PARC와 동부 해안에 자리잡은 본사와 연구소들간의 문화적인 갈등을 탓한다. 앞서 말한 모든 기술들이 PARC에서 나온 것이지만 신제품 생산을 결정할 권한은 본사의 고위 경영진에게 있었다. 그런데 이 두 그룹은 서로 사이가 틀어져서 함께 일한 적이 거의 없었다. PARC

의 과학자들은 뉴욕 웹스터의 직원들이 편협하고, 구식 기술에 사로 잡혀 있으며 미래에 대한 이해가 없는 사람들이라고 비웃었다. 반면에 웹스터에서 일하는 직원들은 PARC의 과학자들을 오만하고 자기주장만 강하며 비판적이라고 생각했다. 이런 두 그룹간의 진지한 대화의 부족은 생산적인 사업계획을 방해했다.

그러나 이것은 다분히 피상적인 견해이다. 두 그룹간의 문화적인 차이는 서로 완전히 다른 임무를 수행하고 있었다는 점을 고려한다면 이해가 가는 일이었다. 또한 새로운 기술을 만들어내는 과학자와 생산된 제품을 관리하는 실무진 사이의 신경전은 다른 대규모 조직에서도 쉽게 발견되는 현상이다. 회사의 고위 간부는 그런 생산적인 결과를 위해 그런 신경전을 조절할 의무가 있다. 이것이 바로 리더십의 특징이다. 그런데 제록스의 경우 고위 간부는 리더십 발휘에 실패했을 뿐만 아니라 혁신적인 신기술을 거부하거나 지연시키는 희생을 치르며, 현재 제품을 보호하는 쪽을 선택했다. 더구나 당시 제록스의 CEO는 단호한 태도를 취하지 못했다. 그는 PARC에 신기술 개발권한을 주었고 그곳에서 발명된 혁신적인 제품을 잘 알고 있었다. 하지만 압력을 받자, 그는 회사의 고위 간부의 의견을 따라갔다. 이런 면에서 맥컬로우는 제록스의 전 CEO인 윌슨과 대조된다. 제록스 914가 성공할 수 있었던 것은 윌슨이 할로이드의 빈약한 재원과 인력, 그리고 15년 이상 정전식 복사기술을 개발해온 설비시설을 레버리지했기 때문이다. 반면에 맥컬로우는 고위 경영진을 지휘해서 제록스의 자산 레버리지를 통해 PARC에서 개발된 신제품에 이용하는 데 실패했다.

어떤 분석가들은 이런 기술 혁신들이 당시 제록스의 복사기 산업과는 너무 동떨어진 것이었다는 말로 이 회사의 운영실책을 변호한다. 이런 기술 혁신은 제록스의 핵심 사업인 복사기 사업을 분산시켜서 제록스의 시장지배력을 약화시킬 수 있었다. 그런 생각은 1980년대와 1990년대에 유행했던, '하던 일을 계속하라' 또는 '핵심 능력'에 집중하라는 비즈니스 명언과 일치하는 것이었다. 실제로 지난 30년간 회사들이 사업 다각화를 위해 노력했던 역사를 살펴보면, 그런 회사의 대부분이 실패한 것으로 판명났다. 관련이 없는 시장으로의 다각화는 회사 경영을 혼란하게 했고 기업의 중심이 분산될 수 있으며, 회사를 강하지 않은 영역으로 끌어들이기만 했을 뿐 예상했던 시너지 효과를 낳지 못했다. 더구나 1970년대 중반 복사기 시장은 잘 돌아가고 있었다. 사실 그때까지도 복사기는 여전히 수백만 달러의 시장을 이루고 있었다. 제록스가 PARC의 기술 혁신을 채택하는 것이 부적절하고 해로운 사업 다각화에 지나지 않는 것일까? 제록스는 복사기 생산에 주력하는 편이 더 낫지 않은가?

이런 논쟁의 문제점은 PARC에서 개발된 신기술이 당시 제록스의 주력 사업과 밀접한 관련이 있었다는 데 있다. 사실 이 기술들은 정전식 복사기술이 할로이드의 고유 사업인 사진 인화지 사업과 관련이 있었던 것처럼 복사기 사업과 아주 가까운 관계였다. 퍼스널 컴퓨터에 워드프로세서 기능이 생기면서, 프린터는 복사기의 후계자로 인식되었다. 문서가 컴퓨터를 통해서 작성되고 유포되면서 프린터와 퍼스널 컴퓨터의 중요성은 늘어갔다. 실제로 PARC의 기술들은 제록스가 지향하는 종이가 필요 없는 미래의 사무실을 만들겠다는 맥컬로우의 목적에 부합되는 것들이었다. 더구나 제록스는 복사기 시장의 문을 더 이상 걸어 잠글 수 없다는 것을 알았다. 제록스는 IBM과 같은 대기업과 일본에서 수입된 값싼 복사기의 도전을 받고 있는 중이었다.

제록스의 운영이 실패한 데 대해 분석가들이 내세우는 세 번째 원인은 회사의 규모가 크다보니 기술 혁신의 성공적인 상업화를 방해했다는 것이다. 이 견해대로라면, 제록스는 대기업이었으며 모든 대기업들은 필연적으로 무기력한 과정을 겪다가 시장에서 사라져야 했다. 이 마지막 논점은 그냥 지나치기 쉽다. 하지만 수많은 대기업들이 시장의 변화에 역동적이고 혁신적으로 대처하면서 남아 있다. 이 책에서 그런 예로 마이크로소프트와 인텔, 질레트의 사례를 살펴보았다.

문화, 중점사항 그리고 규모는 1970년대 제록스의 실패에 대한 피상적인 변명이다. 제록스가 실패한 진짜 이유는 특정자산을 잠식당할지 모른다는 두려움과 자산에 대한 강한 집착이었다. 이런 태도는 관료체제 내부의 비용에만 집중한 시각에서 기인하며 조직화된 전투지에서 쓰러질 수 있다.

이 점에서 제록스는 1970년대 후반 마이크로소프트와 비교된다. 제록스는 관료체제였고 위험을 싫어했으며 내부지향적인 반면, 마이크로소프트는 열정적이고 위험을 추구하며 신기술을 위한 잠재력 있는 대량 소비시장을 개척했다. 결국 제록스는 게이츠에게 리더의 자리를 넘겨주었다. 그는 변화하는 시장상황에 대한 마이크로소프트의 약점을 정확하게 알고 있었으며, 마이크로소프트에 대한 그의 비전으로 조직 전체를 이끌고 있었다. 이렇게 다른 모습은 제록스를 떠나 마이크로소프트에 합류한 찰스 시모니(Charles Simonyi)에게서 볼 수 있다. 제록스의 PARC에서 시모니는 '보는 대로 출력되는' 디스플레이로 그래픽 방식의 워드프로세서 프로그램 브라보(BRAVO)를 개발했다. 1980년까지 인재들이 PARC를 떠나고 제록스는 많은 PARC의 기술들을 미뤄두면서 시모니는 회사에 눈을 뜨게 되었다. 친구의 충고로 그는 마이크로소프트를 방문했고 빌 게이츠와 인터뷰했다. 또한 그는 제록스 본사를 방문하는 대신 마이크로소프트에 합류했다. 그는 두 회사를 이렇게 비교했다. "우리는 사양사업과 떠오르는 사업에 대해서 이야기했다. 제록스에서는 분만실로 가기 전에 무덤으로 가는 것 같았고 나는 그걸 느낄 수 있었다. 마이크로소프트는 문자 그대로 100배는 더 빨리 많은 일을 할 수 있었다. 6년 후 우리는 시장 평가에서 제록스를 따라잡았다."

이렇게 제록스는 뚜렷한 비전과 전문경영 없이 20세기의 기술을 위한 재정적인 지원을 기꺼이 하려 하지 않았다. 동시에 근시안적인 비전과 관료체계, 그리고 자본 잠식에 대한 불안으로 어려움을 겪었다. 마이크로소프트의 성장과 성공은 회사의 분위기가 마켓리더로 떠오르게 하는 데 결정적인 영향을 끼친다는 것을 알 수 있다.

미래의 이익을 위한 현재 투자의 희생

2000년 6월 7일 토머스 펜필드 잭슨 판사는 마이크로소프트 주식회사의 사업 분리를 요구하는 명령을 내렸다. 판결은 이미 예상되었지만 이 소식은 신문의 머릿기사를 장식했다. 당시 마이크로소프트는 세계적인 브랜드 중의 하나였으며 자본 규모면에서도 가장 큰 회사의 하나였고, 미국 경제사에서 가장 유명한 성공담을 자랑하는 회사였다. 판결은 회사가 운영시스템 시장을 독점했으며, 불법적으로 브라우저 시장을 독점하려고 한 것 때문에 내려졌다. 사건이 어떤 식으로 결말나든지 이것은 사건의 단순성과 막대한 성공, 그리고 피고인의 평판 때문에 이정표적인 판결이 될 것이다. 사건의 발단은 마이크로소프트가 새로운 웹 브라우저인 인터넷 익스플로러를 윈도우에 끼워서 판매한 것이다.

강매라는 상황 때문에 기자들은 인터넷 익스플로러를 출시하려는 전반적인 전략을 간과했을 수도 있다. 끼워팔기에 관한 논쟁은 마이크로소프트의 전략에 있어서 중요한 교훈을 던지고 있다. 기본전략은 대담하고 영리하며, 격식을 벗어난 대단한 성공이었다. 전략은 급속도로 성장하는 불확실한 인터넷 시장에서 발판을 다지기 위해 회사의 이름과 기술, 자산 분배를 레버리지하는 것을 포함했다. 전략은 매우 공격적인 것이었다. 사건은 항소로 뒤집어질 수 있기 때문에 불법적인 성격은 제쳐두고라도 전체적인 전략은 기대한 효과를 가져왔다. 우리의 관심은 법적인 문제보다 마이크로소프트의 전략에 있다.

빌 게이츠는 1990년 초 월드 와이드 웹의 발전을 잘못 판단했다. 컴퓨터 시장의 처음 15년 동안은 데스크톱 시대에 속했다. 데스크톱 컴퓨터의 주요 구성요소는 세 가지로 마이크로프로세서, 운영시스템, 응용 소프트웨어다. 마이크로소프트는 운영시스템과 응용 소프트웨어에 있어서 시장을 장악하면서 성장했다. 마이크로소프트와 게이츠는 퍼스널 컴퓨터시장에서 최고의 소프트웨어를 보급하기 위해 노력했다. 게이츠는 다음과 같이 말했다. "지난 20년, 우리의 비전은 간단하게 요약할 수 있다. 우리는 컴퓨터 성능의 발달이 더 가치있는 소프트웨어를 만들 것이라는 것을 알았다. 우리의 대응은 최고의 소프트웨어 제품을 보급하기 위한 조직을 만드는 것이었다." 폭발적인 퍼스널 컴퓨터 판매와 운영시스템과 응용 소프트웨어에 있어서 마이크로소프트의 우수한 제품들은 마이크로소프트를 대기업으로 만들었다.

인터넷은 퍼스널 컴퓨터 부문의 새로운 혁명을 의미했다. 브라우저는 그 자체가 운영시스템의 한 종류인 반면, 큰 용량과 수많은 응용기술들은 종전의 응용기술들을 구식으로 만들어버릴 위험이 있었다. 1990년대 중반까지 월드 와이드 웹은 신규 시장과 제품을 만들어내면서 급속도로 성장했다. 대부분의 사람들이 인터넷이 어디로 갈지 또는 어떻게 인터넷에서 이익을 낼 수 있을지에 대해서 잘 몰랐다. 게이츠와 마이크로소프트 또한 몰랐다. 넷스케이프 사의 설립자 짐 클라크에 의하면 게이츠는 "내가 만일 버튼 하나를 눌러서 인터넷 전부를 날려 버릴 수 있다면 그렇게 하겠다. 인터넷을 통제하는 법을 모르겠다"고 말했다고 한다. 게이츠의 판단착오는 초기 브라우저 시장에서 값비싼 대가를 치렀다. 1996년 5월까지 넷스케이프는 브라우저 시장의 85퍼센트를 점유했으며, 이와는 달리 인터넷 익스플로러는 겨우 4퍼센트만을 점유했다. 실제로 선두이익 이론에 따라, 많은 분석가들은 넷스케이프의 초기 시장 장악을 다른 회사가 넘볼 수 없을 것이라고 생각했다. 포레스터(Forrester) 연구소 주관의 캠브리지 매사추세츠 분석에 따르면 마이크로소프트의 노력에도 불구하고 넷스케이프는 이미 브라우저 시장을 독점했다고 분석했다. 컴퓨터센터 관리자는 "마이크로소프트가 너무 늦게 출발했다. 넷스케이프는 시장을 장악하고 있으며, 마이크로소프트나 다른 어떤 회사가 지배권을 뺏어가도록 옆에서 지켜보고만 있지 않을 것이다."라고 말했다.

넷스케이프의 급속한 성장을 지켜보면서 마이크로소프트는 인터넷의 잠재력과 인터넷을 무시하는 것에 대한 위험성을 알았다. 더욱이 웹 사용자들이 빠르게 증가하고, 넷스케이프의 성공에 대한 언론의 관심은 월드 와이드 웹의 중요성을 인식시키는 기회가 되었다. 이런 상황은 게이츠가 인터넷 시장 진출의 중요성을 인식하게 만들었다. 1994년 4월 게이츠는 인터넷에 관련된 주요 기술진들을 데리고 은퇴했다. 회의에서 게이츠는 회사가 인터넷의 도전을 받아들일 것을 결정했다. 1년 이후 게이츠는 '인터넷 파동'이라는 제목의 메모에서 다음과 같이 말했다. "나는 중요성에 대한 견해를 넓히면서 여러 단계를 겪어왔다. 이제 나는 인터넷을 가장 중요한 것으로 인정한다. 이 메모에서 나는 인터넷에 대한 우리의 집중이 우리 사업의 모든 부분에서 중요하다는 것을 명확히 하고 싶다."

마이크로소프트의 인터넷에 대한 접근의 변화는 마이크로소프트가 특별했다는 것을 의미한다. 놀라운 신기술을 대하는 많은 기업들이 그런 것처럼 마이크로소프트도 처음에는 인터넷을 무시했다. 이것은 대형 고속컴퓨터 부문에서 시장을 장악하고 있던 IBM이 처음에 퍼스널 컴퓨터 시장의 중요성을 무시했던 것과 다르지 않다. IBM은 막대한 연구비와 연구자들로 자체적으로 마이크로프로세서와 퍼스널 컴퓨터 운영시스템을 생산할 수 있었다. 그러나 수익이 나는 대형 고속컴퓨터시장을 잠식한다는 두려움과 성공에 대한 근시안으로 경영자들은 퍼스널 컴퓨터 시장의 장악을 위해서 필요한 변화를 거부하거나 지연시켰다. 제록스가 복사기 시장에서의 지배 때문에 레이저 프린터의 상업화를 거부하거나 지연했던 것처럼, 마이크로소프트도 처음에는 인터넷이란 신개척지를 중요하게 생각하지 않았다.

그렇지만 마이크로소프트는 대기업이기도 했지만 혁신적인 회사였다. 기술적인 혁신을 추구하며 경쟁자에 대해선 가차 없었다. 인터넷의 중요성이 확실해지자 마이크로소프트는 전력을 다해 시장으로 뛰어들었다. 중요한 것은 이런 변화가 바로 위에서부터 일어나서 조직 전체에 퍼져야만 하며 진짜 희생을 각오해야만 한다. 마이크로소프트는 게이츠가 인터넷의 필연성을 인정하면서 인터넷 사업을 시작했다. 변화는 빠르게 회사 전체에 퍼졌다. 게이츠의 새로운 전략은 두 개로 이루어져 있었다. 하나는 인터넷 사용자와 경쟁사들이 채택한 프로토콜의 확장과 수용이고 다른 하나는 전력을 다해 인터넷에 몰두하는 것이었다. 게이츠는 1995년 12월 그의 생각의 변화와 새로운 전략을 다음과 같이 설명했다. "인터넷 분야에서 경쟁은 다시 한번 치러질 것이며, 우리는 모든 인터넷 프로토콜을 수용할 것이다……. 윈도우용은 매우 간단하다. 우리는 최고의 인터넷 고객이 되길 바란다. 우리는 통합을 통해서 그렇게 할 것이다……. MSN, 우리는 인터넷 온라인 서비스가 인터넷을 완전히 수용할 수 있는 방법에 대해 이야기하게 될 것이다. 이것이 마이크로소프트와 인터넷에 대한 나의 생각이다. 우리는 인터넷의 중심이다. 우리가 집중하는 모든 것에서 우리는 중심이며, 인터넷에 집중해서 바로 그 중심이 된다."

새로운 전략을 수행하기 위한 변화는 회사와 경영자들이 감수해야 하는 희생이 뒤따른다. 게이츠는 네 개의 혁신적인 조처로 자산을 레버리지하려는 의지와 열의를 보여주었다. 이런 행동은 회사의 특정자산 일부를 희생하는 것이며 새로운 브라우저를 위해 일반자산을 전환하는 것이었다.

첫째, 인터넷 익스플로러를 위해서 MSN을 포기했다. 그때까지 마이크로소프트는 인터넷 서비스 제공업자들이 인터넷의 성장에서 나오는 중요한 사업 기회라고 예상했다. 초기 AOL의 성장과 성공은 마이크로소프트가 유사한 서비스를 가질 필요가 있다고 생각되었다. 그 결정의 결과가 MSN의 탄생이었다. 1996년까지 마이크로소프트는 MSN을 구축하는 데 수백만 달러의 돈을 투자했으며, MSN을 지원하기 위해서 1년에 50억 달러 이상을 쏟아 부었다. 마이크로소프트 부사장 스티브 발머는 MSN이 앞으로 3년 안에 1억 달러 이상의 손해를 입을 것이라고 예상했다. MSN을 홍보하기 위한 전략의 하나는 MSN 아이콘을 데스크톱 윈도우에 영구적인 형태로 집어넣고 고객들이 윈도우를 새로 설치할 때마다 서비스 이용을 위한 등록을 선택하도록 했다. 당시 데스크톱 윈도우는 소비자들의 퍼스널 컴퓨터 평가에서 최고로 평가되었다. 마이크로소프트는 MSN을 위한 코너를 마련해두었다. 이렇게 대량 홍보를 통해서 서비스를 공격적으로 시장에 내놓으면서 MSN을 공짜로 대중들에게 공개했다.

게이츠는 두 가지 이유로 MSN보다 인터넷 익스플로러가 마이크로소프트에 더 좋은 기회를 의미한다고 생각했다. 하나는 마이크로소프트는 소프트웨어 회사였다. 이런 면에서 인터넷 익스플로러는 MSN보다 더 적합했다. 둘째, 인터넷 익스플로러는 마이크로소프트가 운영시스템과 응용소프트웨어에서 했던 것처럼 소프트웨어 표준 설치에 대한 기회를 제공했다. 마이크로소프트에서 MSN으로 중추역할을 하기엔 인터넷 접속 분야는 너무 세분화되어 있었다.

브라우저 시장에 미래가 있다고 판단하고 마이크로소프트는 그 결정을 따랐다. 1996년 5월 12일 마이크로소프트는 AOL과 계약을 체결했다. AOL은 인터넷 익스플로러를 브라우저로 채택하는 대신 마이크로소프트는 데스크톱 윈도우에 AOL의 아이콘을 넣어주는 것이었다. 인터넷 익스플로러는 당시 1억 명이 넘는 AOL의 가입자들의 선택을 받을 수 있는 좋은 기회였다. AOL은 새로 팔리는 90퍼센트의 퍼스널 컴퓨터 데스크톱에서 바로 볼 수 있게 되었으며, 이전의 것들은 모두 윈도우 95로 업그레이드되었다. 결과적으로 MSN은 데스크톱 윈도우 상에서 유일한 인터넷 서비스 제공이라는 위치를 잃었다. MSN의 관리자는 이런 상황을 견디지 못하고 사퇴했다. 게이츠는 MSN과 인터넷 익스플로러로 효과적으로 돈을 벌었다. 마이크로소프트는 MSN보다 새롭지 않고 위험성이 큰 인터넷 익스플로러를 위해 예정된 신제품인 MSN을 포기했다. 이와는 반대로 제록스, IBM과 다른 많은 실례들에서 보듯이 관료체계의 대기업은 신상품을 위해서 기존의 제품을 포기하는 일이 거의 없었다.

AOL과의 전략적 제휴의 중요성은 마이크로소프트가 주식시장을 잃지 않았다는 것이다. 1996년 3월 중순까지 넷스케이프 사의 주식은 1995년 12월 최고치에서 절반으로 평가되었다.

　마이크로소프트가 인터넷 익스플로러를 위해서 포기한 것은 MSN만이 아니었다. 게이츠는 그의 전략을 '수용과 확대'라고 말했다. 그것은 자체에서 생산하기보다는 현재의 표준 프로토콜들을 수용하고 그것들을 확대한다는 것을 의미했다. 그런 전략은 늦게 시장에 진입하면서 성공하는 데 있어서 중요하다. 마이크로소프트는 버너스-리에 의해 개발되고 넷스케이프에 의해 더욱 개발된 HTML을 수용했다. 또한 JAVA 소프트웨어 특허가 있는 선 마이크로시스템과 계약을 체결했다. 그렇게 함으로써 마이크로소프트는 개발중이었던 멀티미디어 응용 소프트웨어 블랙버드(Blackbird)를 포기했다.

　게이츠가 인터넷에 대한 그의 목표를 보여준 두 번째 방법은 즉각적인 인터넷 익스플로러 개발계획에 관한 것으로 마이크로소프트는 인재와 자원으로 신제품에 막대한 투자를 하도록 조직했다. 인재들은 마이크로소프트 사 최고의 자원이었다. 인터넷 익스플로러를 빨리 개발하기 위해서 마이크로소프트는 브라우저 특별 연구진을 구성했다. 이 특별 연구진은 벤저민 실브카(Benjamin Slivka)를 선두로 80명의 프로그래머들로 구성되었다. 이 그룹은 가장 총명하고 능력있는 프로그래머들이 속해 있었다. 넷스케이프의 네비게이터처럼 강력하고 혁신적인 인터넷 익스플로러 개발에 있어서 인재들은 중요했다. 마이크로소프트는 인터넷 익스플로러의 첫 번째 버전을 개발하는 데 50억 달러를 투자했다. 투자의 결과는 확실했다. 몇몇 기관들이 인터넷 익스플로러 3.0을 넷스케이프의 네비게이터 3.0보다 더 우수하거나 비슷하다고 평가했다.

　세 번째로 마이크로소프트는 인터넷 익스플로러와 서버용 소프트웨어를 둘 다 무료로 배포했다. 이것은 대기업에 있어서 독특한 전략이었다. 처음에 넷스케이프는 브라우저를 무료로 주었지만 서버용 소프트웨어는 허가받고 사용하도록 했다. 나중에 브라우저도 49달러의 비용을 받기 시작했다. 그때까지 마이크로소프트는 제품을 무료로 팔았다. 이런 전략은 소프트웨어에도 적용됐고, 각 단위의 한계비용은 제로에 가까웠다. 마이크로소프트는 마이크로소프트 네트워크의 사용에 대해서는 비용을 부과했지만 요금은 한 달 동안의 서비스에만 부과했지 소프트웨어 자체는 비용을 받지 않았다. 인터넷 익스플로러의 가격을 0달러로 맞춤으로써 마이크로소프트는 브라우저 시장에서 시장점유율을 높이기 위해 운영시스템과 응용기술 분야에서의 확고한 위치를 레버리지하려는 의지를 보여주었다.

네 번째로 마이크로소프트는 가장 중요한 자산인 윈도우 95를 인터넷 익스플로러를 위해 레버리지하였다. 마이크로소프트는 윈도우 95에 인터넷 익스플로러를 끼워넣었다. 윈도우는 지배적인 운영시스템이었고 윈도우 95는 가장 인기 있었기 때문에 이런 새로운 배포방법은 전략적으로 대단한 성공을 거두었다. 소비자들이 인터넷 익스플로러를 선택하든 안 하든 간에 인터넷 익스플로러는 소비자들이 운영시스템을 통해서 실행 브라우저로 인터넷 익스플로러를 선택할 가능성을 높게 만들어놓았다. 마이크로소프트는 인터넷 익스플로러를 윈도우에 통합하기 시작했다. 그래서 두 개의 프로그램 사이의 연결이 매끄럽다. 이런 행동의 의미를 평가하기 위해서 각각의 시장 규모를 생각해봐야 한다. 1996년 3월경 넷스케이프는 약 1억의 사용자들이 있었다. 이와는 달리 마이크로소프트는 매년 새로운 윈도우 복사본을 사용하는 5억의 사용자들이 있었으며, 15억의 윈도우 사용자들이 전세계 시장에서 접속할 수 있었다. 인터넷 익스플로러를 윈도우에 끼워넣음으로써 게이츠는 넷스케이프보다 150배 더 큰 시장으로 확대할 수 있었다. 또한 게이츠는 다른 모든 마이크로소프트 사의 응용 소프트웨어들이 웹으로 전환할 준비가 되어 있다고 말했다.

1970년대 제록스의 분위기와는 달리 1990년대 마이크로소프트는 빠르고 확실했다. 최고경영자 자신이 신제품 결정에 적극적으로 개입했다. 그는 회사를 어디로 이끌고 가야 할지에 대한 분명한 비전이 있었다. 그 비전은 회사 전체에 퍼지고 중요한 부문에 자원을 집중했다. 특히 마이크로소프트는 브랜드명과 인터넷 익스플로러 같은 신제품에 일반자산을 신속하게 전환할 수 있는 능력이 있었다. 동시에 인터넷 익스플로러의 수익을 위해서 MSN이나 블랙버드 같은 특정자산을 포기했다. 이런 전략적인 자산 레버리지는 인터넷 익스플로러의 급성장에 중요한 역할을 했다.(그림 10-2) 1996년 12월까지 전략 발표 후 1년 만에 인터넷 익스플로러의 시장점유율은 4퍼센트에서 24퍼센트

〈그림 10-2〉 시간의 경과에 따른 브라우저 시장의 점유율 변화

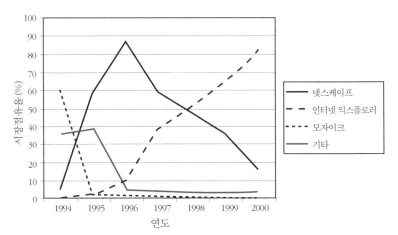

로 뛰어올랐다. 같은 해 넷스케이프의 시장점유율은 최고 87퍼센트에서 70퍼센트로 감소했다. 그로부터 인터넷 익스플로러의 점유율은 브라우저 시장을 장악할 때까지 급속히 성장했다.

자율성 vs 관료주의

IBM 퍼스널 컴퓨터의 발달과 성장, 성공과 몰락은 자신의 세력권을 보호하기 위한 관료체계에 의한 시도 중에서 효율적인 자산 레버리지를 위해 노력하는 극적인 사례이다. 이런 경우에 자율적인 그룹은 IBM의 자산 일부를 신규 부문 진출을 성공적으로 하기 위해서 레버리지하면서 관료체계를 앞지를 수 있다. 그런 진출은 희생이 필요하며 관료체계의 권력으로 남아 있는 것은 마침내 자율성을 삼켜버리고 신규 진출을 방해했다. 처음에 IBM은 퍼스널 컴퓨터 시장을 무시했다. 당시 IBM은 높은 판매 이익과 대규모 대형 고속컴퓨터 사업으로 거대화되고 있었다.

대형 고속컴퓨터 시장은 퍼스널 컴퓨터 시장과 구별되는 두 가지 특징이 있었다. 첫째, 각 장비의 비용이 100만 달러 이상으로 이것은 회사가 막대한 수수료를 벌 수 있게 해주었다. 1년 판매나 임대로 버는 수수료는 만족할 만한 이익을 내는 데 기여했다. 반대로 퍼스널 컴퓨터는 개당 600~3천 달러의 가격 범위에서 팔렸다. IBM의 경영자들은 퍼스널 컴퓨터를 위한 대량 소비시장의 잠재력을 미처 알아보지 못했으며, 퍼스널 컴퓨터 사업이 대형 고속컴퓨터 사업으로 이익을 내는 것만큼 수익이 있을 것이라 생각하지 않았다. 둘째, 비싼 장비는 폭넓은 보수와 서비스가 필요했다. IBM은 이것을 위해 많은 엔지니어들과 판매인력이 있었다. 이런 전문적인 판매력과 완벽한 브랜드명, 그리고 막대한 연구개발비 예산으로 IBM은 대형 고속컴퓨터 시장에서 확고부동한 위치를 차지했다. 그 결과 회사는 자기 만족적이고 관료적이며, 대형 고속컴퓨터 시장에 대한 근시안적인 시각으로 힘을 잃어갔다.

이와는 달리 퍼스널 컴퓨터 시장은 빠르게 변하는 기업들과 신속한 기술, 그리고 경쟁적인 위기로 특징된다. 더욱이 시장은 '무어의 법칙'에 따라서 움직였다. 특히 마이크로프로세서와 메모리 칩의 성능은 18개월마다 두 배가 되었다. 이렇게 18개월마다 혹은 더 빨리 회사는 신제품으로 준비가 되어 있어야만 했다. 이런 기술 속도를 따라잡는 회사들은 이익을 냈고 그렇지 않은 회사들은 사라졌다.

대규모의 연구소와 연구팀 그리고 풍부한 경험으로 IBM은 스크래치에서 퍼스널 컴퓨터를 개발할 수 있는 전문기술이 있었다. 그리고 소프트웨어와 하드웨어 둘 다 개발할 수 있는 인력과 시설이 있었다. 그러나 전문기술을 버려두었을 뿐만 아니라 회사는 열정을 성공으로 바꿀 만한 회사 분위기가 부족했다. IBM에서 신규 계획은 여러 위원회의 승인을 받아야만 했다. 결정은 한 명의 책임있는 관리자가 아니라 위원회에서 이루어졌고 가끔 여러 위원회를 거쳐야 했다. 전(前) IBM의 이사는 당시의 상황을 이렇게 묘사했다. "IBM은 안정적이고 그래서 약간은 지루한 그러나 풍요로운 스위스 같았다. IBM은 모든 결정을 확인하는 위원회가 있었다. 안전층이 너무 많아서 틀린 결정은 내리기 힘들었고 때로는 어떤 결정도 전혀 내릴 수가 없었다."

느린 개발기간 이외에 길고 복잡한 승인과정은 대범하고 혁신적인 기술들을 없애버렸다. 하드웨어 기술 외에도 퍼스널 컴퓨터 시장에서의 성공은 소프트웨어 기술에 달려 있었다. 하지만 소프트웨어 개발은 하드웨어 개발보다 더 회사 중심의 업무가 되어 있었다. 몇몇의 프로그래머들은 새로운 프로그램을 만들기 위해서 열심히 일했다. 가끔 전 과정이 몇 달 만에 이루어지기도 했다. IBM은 소프트웨어 개발작업을 위해 대규모 프로그래머팀을 조직했다. 각 팀들은 코드의 다른 방향을 연구했고 가끔은 목표에 있어서 서로 다투거나 갈등을 빚었다. 작업은 해결책 없이 몇 년을 끌었다.

이렇게 1970년대 IBM은 너무 관료적이고 의사결정이 느려서 퍼스널 컴퓨터 부문에서 성공할 수 없었다. 이 기간 동안 IBM은 이미 퍼스널 컴퓨터를 개발하기 위한 세 가지 시도를 했으나 어떤 것도 결과가 나오지 않았다. 특히 워드프로세서 전용기에 컴퓨터 기능을 추가하는 프로젝트는 신제품에 상관없이 4년 동안 추진되었다. 이런 실패에 있어서 중요한 문제는 훌륭한 소프트웨어, 특히 운영시스템을 만들 능력이 없었다는 것이다.

퍼스널 컴퓨터의 탄생

퍼스널 컴퓨터 시장이 경쟁을 시작했다. 1975년 MITS가 최초로 퍼스널 컴퓨터 알테어를 상업화했다. 알테어 300과 장비들은 억만장자 기업에게 위협이 되지 않아 보였다. 1977년 세 개의 퍼스널 컴퓨터가 시장에 나왔다. 코모도(Commodore)의 PET, 라디오 세이크(Radio Shake)의 TRS-80, 그리고 애플의 애플Ⅱ였다. 이것들은 빠르게 인기를 얻었다. 이런 장비들의 성공은 IBM을 자극했고 퍼스널 컴퓨터 시장은 잠재력을 갖게 되었다. 1980년까지 퍼스널 컴퓨터 시장은 판매에 있어서 1억 달러의 획을 그었다. 대형 고속컴퓨터 시장에서 IBM의 성공에 익숙했던 경영자들은 관심을 갖기 시작했다. IBM 내의 엔지니어들은 시장에서 이용가능한 구성요소들을 갖고 장난치면서 퍼스널 컴퓨터의 원형을 개발해냈다. 애플 컴퓨터는 IBM의 사무실을 뚫고 들어와 경영자를 위한 업무 보고서용으로 사용되었다. 세계에서 가장 큰 컴퓨터 회사에게 그것은 수치스러운 일이었다. IBM의 회장 캐리는 "내 사과(Apple)가 어딨지?"라고 말한 것으로 유명하다.

플로리다 주 보카 라톤에 있는 IBM 지사 관리자였던 윌리엄 로위 (William Lowe)는 도전을 받아들이기로 결심했다. 그는 퍼스널 컴퓨터를 위한 설계분야에서 일했던 엔지니어에게 도움을 요청했다. 그의 도움으로 로위는 IBM의 회사경영위원회에 IBM 퍼스널 컴퓨터에 이용가능한 부품과 소프트웨어 사용을 제안하는 보고서를 제출했다. 위원회는 회의적이었다. 경영자들은 낮은 이익에 대한 문제와 대형 컴퓨터를 위한 판매망과 연구 및 제조, 자원의 제한을 이유로 들었다. 특히 위원회는 중요해 보이지 않는 프로젝트에 투자할 재정적인 자원이 부족하다고 주장했다. 그러나 캐리는 로위의 제안에 진지한 관심을 가졌다. 그래서 그는 로위에게 거래를 제안했다. 로위가 1년 안에 프로젝트를 완성할 수 있다면 그의 제안을 승인하겠다고 했다.

IBM에서 1년 안에 무엇인가를 끝낸다는 것은 놀랄 만한 일이었다. 하지만 로위는 기한을 받아들이고 결정권을 위임받았다. IBM은 새로운 퍼스널 컴퓨터의 설계와 제작을 보카 라톤에 있는 로위의 부서에 위임했다. 그 위치는 뉴욕 아몬크에 있는 IBM 본사의 영향과 관찰에서 멀리 떨어진 장소였다. 게다가 로위는 캐리에게 직접 보고했기 때문에 IBM의 관료체계에서 자유로웠다. 몇 달 만에 로위는 승진해서 로체스터와 뉴욕으로 이동했으며, 돈 에스트리지(Don Estridge)가 보카 라톤에 있는 프로젝트를 넘겨받았다.

에스트리지는 이런 조정에 대해서 다음과 같이 말했다. "IBM은 벤처 자본주의자처럼 행동했다. 우리에게 관리지침서와 돈을 주고 스스로 알아서 행동하도록 해주었다." 그의 팀에 있던 한 사람은 IBM의 다른 부서와 그의 부서 분위기를 비교하면서 다음과 같이 말했다. "팀에서 일하기 전에 IBM에서 프린터 개발을 도왔다. 그 프린터는 7년 동안이나 개발중에 있는 것이었다. 나는 계속해서 '나와라! 나와라!'라고 말했지만, 프린터는 설계 변경과 관료체계에서 묻혀버렸다. 한동안 IBM에서는 이런 일이 흔했다……. 퍼스널 컴퓨터 부서에서 일하는 30일 동안 내린 결정이 처음 14년 동안 IBM에서 내린 결정보다 더 많았다고 해도 과장이 아니다."

부서가 회사 본사에서 멀리 떨어져 있다는 점에서 보면 보카 라톤 프로젝트는 제록스의 팔로 알토에 있는 PARC 연구소와 유사했다. 하지만 PARC 연구소와는 달리 보카 라톤은 연구센터가 아니라 생산부서였다. 1년 안에 퍼스널 컴퓨터 출시를 완전히 위임받은 곳이었다. 1년이라는 기한은 제품의 일차적인 성공에 있어서 중요한 요소이자 이유가 된다는 것을 입증했다.

로위가 직면했던 첫 번째 결정 중의 하나는 퍼스널 컴퓨터의 다양한 구성요소들을 구입할 것인가 자체 생산할 것인가 하는 것이었다. IBM은 퍼스널 컴퓨터 구성요소를 만들 수 있는 시설과 기술인력, 실험이 있었으며 IBM은 전통적으로 구입보다 자체 생산을 했다. 그렇게 하는 것은 제품에 대한 권한을 회사 소유로 하고 제품의 표준 품질을 일정하게 유지할 수 있게 하기 위해서였다. 그러나 이런 경우 로위는 기한일까지 시간이 촉박했다. 더욱이 회사 내에서 구성요소를 만들려면 다른 부서에 의존해야 하고, 많은 위원회에 보고하고 조사받아야 할 가능성이 있었다. 그렇게 하면 프로젝트는 당연히 지연될 것이었다.

그래서 로위는 시장에서 바로 사용가능한 대부분의 구성요소들을 사기로 결정했다. 로위는 운영시스템으로 마이크로소프트의 DOS와 인텔의 칩을 사용했다. 그는 인텔의 16비트 프로세서 8088을 선택했다. 이 칩은 인텔의 8086만큼 빠르진 않았지만 가격이 저렴했고 IBM의 소형 컴퓨터에 위협적이지 않았다. 로위는 '개방형 구조'로 장비를 설계했고 여러 개의 확장 슬롯을 달았다. 다른 회사들은 퍼스널 컴퓨터의 주변 부품들을 팔았고 제품의 유용성을 확대했다. 로위는 주변 부품들을 공급하는 제조업자들을 격려하기도 했다.

구매정책에서 제외된 유일한 것은 기본입출력체제(BIOS)였다. BIOS는 기본(Basic), 입력(Input), 출력(Out), 체제(System)의 약자이며, 하드웨어와 소프트웨어를 연결하는 코드의 한 종류이다. BIOS는 원래 킬달에 의해 만들어졌다. IBM의 BIOS는 회사가 소유하고 있었고 IBM의 소유권에 의해서 보호받았다. BIOS는 퍼스널 컴퓨터를 독창적으로 만든 유일한 구성요소였다.

보카 라톤 부서에 있는 직원들은 1980년 가을부터 1981년 7월까지 열심히 일했다. 1981년 8월 로위가 위임받은 1년이 기한을 맞게 되었다. IBM은 퍼스널 컴퓨터인 IBM PC를 시장에 내놓았다. 제품은 바로 대성공이었다. 막대한 광고 캠페인과 소매유통, 가격경쟁력을 지원받으면서 판매는 예상을 뛰어넘었다. 1981년 말까지 회사는 1만 3천 대를 팔았다. 1년 안에 판매는 20만 대에 도달했다. 거의 수요를 따라갈 수 없었다. 몇 년 안에 IBM은 총 1억 달러의 판매고를 올리면서 퍼스널 컴퓨터 시장의 25퍼센트를 장악했다. 퍼스널 컴퓨터의 수익은 곧 대형 고속컴퓨터와 소형 컴퓨터의 수익을 합친 것과 같아졌다. 회사의 시장가치는 75억 달러까지 뛰었다. IBM은 PC XT와 PC AT 두 가지 제품을 뒤따라 내놓았다.

여러 요인들이 PC의 성공에 기여했지만 가장 일차적인 것은 브랜드명이었다. 퍼스널 컴퓨터 시장은 급속히 성장하고 있었다. 그러나 사무실용 장비에 대한 투자는 신중했다. 사람들은 왜 컴퓨터 제조의 선조격인 IBM이 시장에 뛰어들었는가에 대해 궁금해했고, IBM이 대안으로 무엇이 있을지 보기 위해서 기다렸다. IBM이 시장에 뛰어들었을 때, IBM은 신규 부문에서도 정통성을 인정받을 수 있었다. 새로운 퍼스널 컴퓨터는 IBM의 브랜드였다. IBM의 우수한 서비스와 품질로 승부를 걸 수 있었다. 이런 면에서 IBM은 대형 고속컴퓨터 시장에서 쌓아온 명성을 성공적으로 퍼스널 컴퓨터 시장에서도 사용했다. 동시에 다른 회사에서 모든 구성요소를 조달함으로써 그리고 신제품 공장과 판매망을 완전히 갖춤으로써 IBM은 많은 특정자산을 희생했다. PC로 인한 IBM의 성공은 일반자산의 능숙한 레버리지와 축적된 특정자산을 기꺼이 움직여서 새로운 특정자산을 만든 덕분이었다.

IBM PC의 몰락

IBM PC의 성공은 기업의 성공이 지속되지 않는다는 교훈을 가르쳐 주었다. 실제로 IBM은 거의 변하지 않았다. 그 결과 퍼스널 컴퓨터 시장에서 IBM의 성공은 기업이 본받아야 할 새로운 경영모델이 아니라 한순간의 잔치가 되었다.

컴퓨터 시장에서 IBM의 지배가 계속될 거라는 믿음과 1년으로 예정된 기한으로 로위는 소프트웨어의 사용 허가를 받아서 시장으로 진출했다. 로위는 당시 작은 기업이었던 마이크로소프트 사의 소프트웨어를 허가받고 사용했다. IBM은 마이크로소프트가 소프트웨어의 소유권을 갖고 퍼스널 컴퓨터 시장의 다른 경쟁기업에게도 같은 소프트웨어를 사용할 수 있도록 했다. 마찬가지로 인텔의 마이크로프로세서에도 칩에 대한 예외조항 없이 사용했다. 그래서 인텔은 다른 기업에 똑같은 칩을 자유롭게 팔 수 있었다. IBM은 자체 칩을 개발하려고 하지 않았다. 이렇게 인텔과 마이크로소프트는 퍼스널 컴퓨터 시장에서 발판을 다진 반면, IBM은 BIOS의 특허만을 보호했다.

이 개방형 구조는 PC 액세서리와 부품 부문에서 건전한 경쟁을 할 수 있도록 했지만, 다른 기업들이 PC를 복제하고 그들만의 모델을 시장에 내놓을 수 있게 만들었다. 몇 년 안에 컴팩은 IBM의 BIOS에 반대되는 기술을 만들어냈다. 곧 델과 휴렛팩커드, 그리고 다른 업체들이 같은 방법으로 퍼스널 컴퓨터 시장에 뛰어들었다. 처음에는 그들은 신모델로 IBM의 선두를 따라가는 것으로 만족했다. IBM은 인텔 286 프로세서를 기반으로 하는 두 가지 모델 XT와 AT를 시장에 내놓았다. 그러나 인텔이 386칩을 시장에 내놓았을 때, IBM은 바로 신모델을 발표하지 못했다. 컴팩과 같은 경쟁기업들은 선두를 따라잡기 위해서 386칩을 사용했고 IBM은 곧바로 퍼스널 컴퓨터 시장에서 선두 자리를 잃었다. 그후 하드웨어 시장은 빠른 속도로 성장했다.

이 시장에서 기업의 이익을 얻기 위한 마지막 시도로 IBM은 PC 운영시스템 시장에 뛰어들었다. 그러나 IBM은 마이크로소프트와 경쟁을 해야 했다. 1990년대 초 IBM은 마이크로소프트만큼 많은 엔지니어들과 재정적인 자원이 있었다. 그래서 IBM은 OS/2라는 새로운 그래픽 방식의 운영시스템을 계획함으로써 IBM의 지배를 주장할 수 있는 자신감이 있었다. IBM은 OS/2 개발을 위해 마이크로소프트와 계약을 체결했지만 DOS 때와 달리 프로그램의 독점 사용권을 보유했다. 그러나 여기서도 IBM은 대형 고속컴퓨터 시장을 보호하려고 했다.

첫째로 IBM은 OS/2가 대형 고속컴퓨터 시장과 적절하게 타협할 것을 주장했다. PC 소유자들이 IBM의 대형 고속컴퓨터를 쉽게 설치할 수 있는 방법으로 대형 고속컴퓨터의 유용성을 확대하는 반면, 시장에 대한 IBM의 주도권을 서서히 늘려가기 위한 것이었다. 그러나 대형 고속컴퓨터와의 호환성을 보장하기 위해서 OS/2는 용량이 크고, 실수가 많고 느린 프로그램이 되었다. 동시에 값싼 마이크로 프로세서를 기반으로 한 서버들은 대형 고속컴퓨터의 중요성을 약화시켰고 호환성에 대한 필요성을 둔화시켰다. 둘째, IBM은 소프트웨어 개발에 있어서 관료체계의 이해관계 때문에 시스템 설계를 마이크로소프트에 위임했다. 마이크로소프트는 OS/ 2를 개발했지만 그들의 그래픽 방식의 운영시스템인 윈도우보다 더 빠르게 만들진 않았다. 윈도우는 대형 고속컴퓨터에 필요한 어떤 호환성에도 자유로웠다. 윈도우는 더 빠르고 안정적인 운영시스템으로 판명되었다. 윈도우와 OS/2가 시장에 나왔을 때 윈도우가 훨씬 빠르고 안정적이어서 윈도우는 급속히 시장을 점유했다. 마침내 IBM은 퍼스널 컴퓨터 시장에서 소프트웨어와 하드웨어 모두를 잃었다.

이런 손실의 근본원인은 대형 고속컴퓨터사업을 지키려고만 했던 IBM의 관료주의였다. 이런 태도는 퍼스널 컴퓨터 시장을 위해서 대형 고속컴퓨터사업의 자산을 희생하려고 하지 않았기 때문에 생겼다. 보카 라톤 부서가 성공했는데도, 회사는 그 부서를 독립적인 사업으로 분리하려고 하지 않았고 부서의 리더에게 독립적인 권한을 위임하지도 않았다. 부서가 성공적으로 성장하자 IBM은 부서를 기업의 범주안에 흡수해서 관료체계의 새로운 층으로 묶어두려고 했다. 부서의 신설 초기 IBM은 로위를 IBM의 다른 부서로 임명했고, 나중에 원래 있던 설계팀의 대부분이 부서를 떠났다. 일부는 더 작은 회사에 합류했고 다른 사람들은 이직을 요구했다. 그들은 PC 부문은 너무 많은 일을 요구하지만 보수는 불충분하다는 것을 알았다. 이처럼 IBM은 개인에 대한 배려와 보상능력에 문제가 있었다. 이런 IBM의 경영원리 때문에 사직하게 된 에스트리지는 다음과 같이 말했다. "우리는 IBM에 맞추고 싶었습니다. 그 이유는 그렇게 하는 것이 고객을 위하는 일이었기 때문이죠."

더구나 많은 하드웨어와 소프트웨어업체들은 퍼스널 컴퓨터가 컴퓨터 부문에서 혁명을 일으키리라는 것을 알고 있었다. 퍼스널 컴퓨터로 인해 사람들은 개별적으로 컴퓨터를 활용할 수 있었으며, 한 개뿐인 중앙컴퓨터의 변덕과 한계성에서 벗어날 수 있었다. 심지어 IBM은 자사의 PC가 이런 혁명을 실현시키고, PC 시장이 급속도로 발달하면서 대형 고속컴퓨터 시장을 능가하게 되었지만(그림 10-3) 그때까지도 이 신규 시장에 대해 비전을 갖지 못했다. IBM은 관료주의에 깊

〈그림 10-3〉 퍼스널 컴퓨터와 대형 고속컴퓨터 시장의 추이

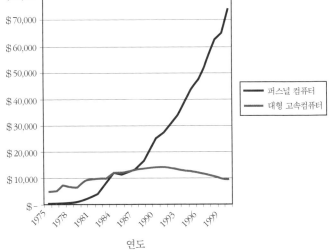

연도

이 물들어 있었기 때문에 퍼스널 컴퓨터 시장은 언제나 대형 고속컴퓨터 사업 다음으로 밀렸다.

많은 IBM의 경영자들은 퍼스널 컴퓨터를 이익을 얻을 수 있는 기회로 보지 않고 대형 고속컴퓨터 사업을 위협하는 것으로만 생각했다. 그들은 대형 고속컴퓨터 사업을 보호하기 위해서 개인용 컴퓨터 시장을 느리게 진행했다. 더욱 강력한 개인용 컴퓨터를 개발하기 위한 노력은 IBM의 대형 고속컴퓨터 사업과 이미 쓸모없이 되어버린 소형 컴퓨터 사업을 포기해선 안 되는 짐이 지워졌다. IBM의 걱정은 개인용 컴퓨터가 IBM이 대형 고속컴퓨터 시장에서 벌어들인 만큼 수익을 낼 수 없을 것이라는 점이었다. 만약 IBM의 대형 고속컴퓨터 사업이 개인용 컴퓨터 사업으로 대체된다면 대형 고속컴퓨터 사업을 잠식하고 이익기반을 없애버릴 것이라는 옹호적인 입장도 있다. IBM을 거인으로 키운 전 최고경영자 토머스 왓슨(Thomas J. Watson, Sr.)은 "IBM이 대형 고속컴퓨터에서 벌어들인 많은 이익 때문에 너무 오랫동안 대형 고속컴퓨터에 매달려 있다고 생각한다는 존(아커)의 기사를 읽지 못했나?"라며 생각에 잠겨 말했다.

자산의 장점과 단점

시장의 지배기업이 주요 사업과 관련있는 신규 시장으로 진입할 때, 기업의 지배력을 확대할 수 있는 유리한 위치에 서게 된다. 이런 신규 시장을 '부문확대'라고 한다. 지배를 확대하기 위한 기업의 능력에 있어서 중요한 것은 기업의 특정자산과 일반자산이다. 그러나 위의 사례에서 보여주는 것처럼 자산은 기업의 시장확대에 있어서 도움과 방해가 될 수 있는 칼의 양날과 같다.

제록스와 IBM은 퍼스널 컴퓨터 시장을 지배하기 위해서 각 기업의 핵심사업인 대형 고속컴퓨터와 복사기에 있는 막대한 자산을 효과적으로 레버리지하는 데 실패했다. 반면에 마이크로소프트와 찰스 슈왑은 각각 웹 브라우저와 온라인 거래라는 새롭게 부상하는 시장을 지배하기 위해서 그들의 현재 자산을 레버리지할 수 있었다.

이런 시장들의 발전과정을 따라가다보면 자산 레버리지에 있어서 몇 가지 흥미로운 반전을 볼 수 있다. 예를 들면 윌슨이 제록스를 경영할 때, 할로이드는 사진기술을 개발할 한정된 자산을 레버리지해서 수십 년 동안 복사기 시장을 지배했다. 그러나 맥컬로우가 제록스를 경영할 때 레이저 프린터, 개인용 컴퓨터, 워드프로세서와 같은 관련 시장으로 들어가기 위한 막대한 자산을 레버리지하는 데 실패했다. 제록스가 그 부문에 대한 기초기술과 세 부문의 시장을 위한 첫 번째 제품이 있었는데도 말이다. 차이의 원인은 효과적으로 자산을 레버리지하려는 경영자가 가진 의지의 차이다. 일반자산은 기업이 이전 시장에서의 위치가 약화되거나 자산의 질이 떨어질 위험이 있지만 신규 시장으로 쉽게 전환할 수 있다. 특정자산은 쉽게 전환되지 않는다. 왜냐하면 신규 시장은 현재 시장을 위협할 수 있기 때문에 기업은 이런 특정자산을 잠식당한다는 불안 때문에 신규 시장으로 들어가는 데 실패할 수 있다.

예를 들어 할로이드를 만들어낸 제록스의 최고경영자 윌슨은 사진기술의 잠재력을 내다보고 그 기술을 시장으로 가져오기 위해서 노력했다. 그렇지만 맥컬로우는 관료체계와 비용중심정책, 자본잠식에 대한 불안으로 프린터, 개인용 컴퓨터, 워드프로세서 부문으로 제록스가 진출하는 것을 방해했다. 독립부서를 만들고 관리자에게 부서를 위임하고 적절한 시기에 퍼스널 컴퓨터가 시장에 나옴으로써 IBM은 브랜드명과 인재들을 효과적으로 레버리지했고 그 결과 시장을 빠르게 지배했다. 그러나 그 부서를 관료체계 아래 통합한 후 IBM은 신규 시장에 대한 지배력을 상실했고 장점을 낭비했다. IBM의 경영자들은 개인용 컴퓨터 시장으로 나가기를 꺼려했고, 기업의 대형 고속컴퓨터 사업에 대한 특권을 개인용 컴퓨터 시장에 넘겨주지 않을까에 대해서 더 걱정했다. 제록스의 경영자들도 특정자산을 희생하지 않고 복사기 판매에 지장을 주지 않으려고 레이저 프린터를 시장에 내놓기 꺼려했다. 이런 사례들은 인터넷 익스플로러를 위해 MSN이나 블랙버드를 포기한 마이크로소프트나 온라인 거래시장을 수용하기 위해서 확실한 사업모델의 위험을 감수한 슈왑과 대조가 된다.

제10단계 : 자산 레버리지 구축

- 한 부문을 지배하고 있던 회사는 늦게 시장에 뛰어들더라도 신규 관련 부문에서 선두가 될 수 있다. 선두가 되려면 지배기업은 이익이 불확실하더라도 미래의 이익을 위해서 현재 자산을 기꺼이 레버리지할 수 있어야 한다.

- 기업의 자산은 넓게 일반자산과 특정자산으로 분류할 수 있다.

- 일반자산은 최소한의 가치 손실로 상대적으로 쉽게 한 부문에서 다른 부문으로 전환할 수 있는 것들을 말한다. 기업의 브랜드명, 명성, 고객기반, 인재 등이 이에 속한다. 회사는 이런 자산들을 능숙하게 신규 부문으로 전환할 수 있어야 한다.

- 특정자산은 신규 부문으로 쉽게 전환할 수 없는 것이다. 현재의 제품, 기술, 제조시설, 영업사원, 유통시스템 등이 이에 속한다. 회사는 현재 시장에서 유망한 부문으로 진출하기 위해서 이런 자산들을 기꺼이 포기할 필요가 있다.

- 자산 레버리지의 첫 번째 장애는 신규 부문이 이전 부문을 위협할 수 있을 정도로 확대될 수 있다는 것에 대한 불안이다. 신규 부문에서 판매성장은 이전 부문에서 대가를 치를 수도 있다. 더욱이 지배기업이 신규 부문으로 들어가는 것은 신규 부문의 성장을 촉진시킬 수도 있고 이전 부문을 약화시키거나 촉진시킬 수도 있다. 그런 불안이 신속하고 효율적으로 자산 레버리지를 실행하는 데 장애가 된다.

- 자산 레버리지의 두 번째 장애는 비용에 대한 강박관념과 편협한 생각이다. 기업은 신규 부문의 마케팅에서 나오는 수익과 함께 비용을 늘릴 필요가 있다. 신제품을 위해서 대량 소비시장을 개척할 때 이런 이익은 막대해질 수 있다. 또한 대량생산과 신기술 개발

로 미래 비용을 현재 비용보다 훨씬 더 많이 줄일 수 있다.

- 자산 레버리지의 세 번째 장애는 과거의 성공이나 현재 제품의 성공에 대한 집착에서 오는 근시안적인 견해이다. 이런 태도는 기업이 신규 부문에서 기회를 찾거나 시기에 맞게 적절히 대응하는 데 방해가 된다.

- 자산 레버리지의 네 번째 장애는 관료주의이다. 지배기업은 많은 간부와 위원회 그리고 수많은 운영규칙과 관례들이 있다. 이런 구조는 의사결정 과정을 느리게 만들고 독창성을 없애며, 타성을 낳는다.

- 이런 문제들을 극복하기 위해서 지배기업은 신규 시장에 진입할 때 최소한의 간섭만을 받는 독립부서를 개발할 필요가 있다. 또 다른 방법은 최우수 제품을 개발하고 그 제품에 재원과 인재를 할당해서 시장기회를 알아내어 가장 유망한 시장에 진출을 하는 것이다. 세 번째 방법은 고위 경영진이 시장 발전을 조사하는 책임을 맡아서 회사가 최고의 신규 시장기회를 활용하도록 이끄는 것이다.

11장

새로운 명제에 대한 평가

대략적인 시장 관측으로 인해 많은 사람들은 가장 먼저 시장에 진입한 회사가 그 시장의 장기적인 리더라는 결론을 얻고 있다. 특히 지난 20년간의 많은 경험적인 증거가 이런 결론을 뒷받침하고 있다. 경제학자들과 심리학자들은 선두주자가 지속적인 시장지배자가 되는 이유를 설명하기 위해 복잡한 이론을 개발해왔다. 몇몇 학자들은 시장 개척의 막대한 이익에 대한 공식 이론과 경험적인 증거, 그리고 관찰 내용의 일치를 거론하며 시장 개척이 마케팅의 제1법칙이라고 주장한다.

하지만 이 책에서는 이런 경험적인 데이터의 중요한 세 가지 오류에 대해서 논하였다. 첫째, 과거의 연구들은 실패한 개척자들을 무시했다. 둘째, 관찰자와 몇몇 기업들이 스스로 현재 시장지배자들을 시장 개척자라고 잘못 규정하고 있다. 셋째, 몇몇 분석가들은 시장을 너무 좁게 정의해서 개척의 개념을 의미 없게 만들었다. 이런 세 가지 문제들이 다음의 요소, 즉 개척자의 생존, 성공률, 안정적인 시장점유율, 리더십 지속에 대해서 과장된 평가나 상향된 평가를 내리는 심각한 편견과 오류를 낳았다.

우리는 시장이 발달함에 따라 역사적인 분석이 시장 개척자에 대한 진정한 이점에 대해서 정확한 평가를 내릴 것이라고 생각하였다. 몇 년에 걸친 폭넓은 연구에 의하면 대부분의 개척자들은 실패했고 낮은 시장점유율을 갖고 있으며, 대부분 마켓리더가 되지 못했다. 특히 우리가 선택한 샘플의 개척자 중 3분의 2는 실패한 것으로 나왔다. 평균적으로 개척자들의 6퍼센트만 안정된 시장점유율을 갖고 있고, 개척자의 9퍼센트만이 시장지배자로 남아 있었다.

이런 결론은 시장에 처음 진입한다고 해서 커다란 수익이 되지 않다는 것을 의미한다. 대신에 우리는 비전, 끈기, 기술 혁신, 금융 헌신 그리고 자산 레버리지, 이 다섯 가지 요소가 지속적인 시장지배력의 중요 요소임을 알았다. 우리가 제시한 명제는 현재 학계와 경영 일선에 널리 알려져 있는 명제와는 큰 차이가 있다. 우리의 결론들이 관습적인 지식과 상충하기 때문에, 우리의 조사방법과 결과에 대해서 많은 의문이 제기되었다. 이 장에서는 그런 의문점에 대해서 답을 하도록 하겠다.

시장점유율의 지속성은 어떻게 된 것인가

대략적인 관측에 의하면 선도 브랜드는 그렇게 빨리 그들의 시장지배력을 상실하지 않는다. 그보다 시장지배력이 영구화되는 경향이 있다. 많은 기사들이 이런 시장점유율의 지속성을 입증하고 있다. 그 예로, 제1장에서 언급한 『애드버타이징 에이지』의 기사를 보면, 25개의 시장지배자 중 19개가 최소 60년 동안 그들의 리더십을 유지하고 있다.(표 11-1) 최근 『하버드 비즈니스 리뷰』(*Harvard Business Review*)의 한 기사는 "50년 전 시장지배자였던 브랜드 중 많은 수가 오늘날에도 여전히 시장지배자이다."라는 주장을 폈다.

　시장 개척자들은 시장에 진입할 당시에는 시장지배자였기 때문에, 장기적인 리더십에 대한 이런 기사들은 개척자들은 성공적이지만은 않다는 우리의 조사결과에 대한 신빙성을 떨어뜨렸다. 그래서 우리는 우리의 연구결과를 보다 잘 이해해보자는 시도에서 이 기사들을 연구했다. 비록 많은 기사들이 장기적인 리더십에 대해서 주장하고 있지만, 그 주장의 대부분이 공통적으로 『애드버타이징 에이지』를 언급하고 있음을 알았다. 그래서 그 기사에서 언급된 연구를 철저하게 조사해보는 것이 급선무였다. 우리는 연구를 통해 몇 가지 문제를 제기했다.

　첫째, 그들의 연구 결과가 의존하고 있는 1923년의 데이터에서 너무 멀리 떨어진 시기에 연구가 이루어졌다. 둘째, 1923년을 최초의 해로 선택한 점도 자의적이고 의심스럽다. 셋째, 이 기사는 저자의 이름이 없다. 이 기사의 출처는 한 조그만 커뮤니케이션 및 마케팅 리서치 회사의 사장이 제공한 것으로, 이 분야에 대한 그의 전문성을 입증하는 그 어떤 정보도 제공하지 못하고 있었다.

　『애드버타이징 에이지』의 기사는 우리에게 브랜드 리더에 대한 원본 자료를 제공하는 1923년의 한 책에 대해서 더 깊은 연구를 해야 할 단서를 주었다. 이 원본을 연구한 결과 우리는 25개 시장지배자 중 19개가 적어도 60년 이상 리더십을 유지하고 있다는 너무나 잘 알려진 '사실'에 대해서 아주 놀라운 점을 발견했다. 비록 장기적인 리더십에 대한 연구내용이 마케팅 교과서, 마케팅 기사, 그리고 대량 소비시장 관련 출판물에서 널리 보고되고 있지만, 그 모두가 편견에 치우친 부문의 샘플을 근거로 하고 있다. 원래 1923년의 연구대상은 25개의 부문이 아니라 100개 부문이었다. 따라서 25개의 부문이란 아마도 장기적인 리더십을 설명하기 위해서 선택적으로 추출된 부문인 것 같다. 그러므로 이 특별한 기사는 결점투성이고, 시장 개척자의 장기적인 안정성에 대해서 제대로 된 결론을 내리지 않았다고 볼 수 있다.

그렇다면 장기적인 리더십이란 실제로 일어날 수 있는 일인가? 어떻게 해서 선도 브랜드의 시장점유율은 오랜 세월 동안 안정적일 수 있는가? 이 질문에 답하기 위해서 우리는 1923년의 100개 부문 선도 브랜드의 원본 자료를 선정해서, 그 자료와 해당 브랜드의 최신 시장 점유율을 비교하였다. 또한 우리는 이 두 자료를 합쳐서 이전부터 리더십을 유지해온 지배자의 실제 비율을 알아내었다. 표 11-1을 보면, 1923년과 오늘날의 선도 브랜드와 함께 100개 부문의 샘플을 볼 수 있다.

우리가 마련한 이 완벽한 데이터는 장기적인 리더십과 시장점유율의 안정성을 평가하는 데 다양한 방법을 제공하였다. 우선 우리는 어떤 회사가 시장점유율의 리더십을 유지하는지 그 빈도수를 측정할 수 있었다. 표 11-2는 한 쪽에 치우친 샘플과 우리가 현재 알고 있는 시장지배력의 유지 빈도수와 모든 샘플을 토대로 해서 우리가 새롭게 발견한 결과를 비교한 내용이다. 이 조사결과의 차이점은 정말 놀라웠다.

선도 브랜드는 그들의 리더십을 현재 알려져 있는 수준의 3분의 1 정도만 유지하고 있었다. 표 11-3은 이 데이터와 관련해 보다 자세한 결과를 보여주고 있다. 결국 우리는 이런 분석을 통해 다음과 같은 결론을 내렸다.

- 1923년의 보다 많은 선도 브랜드는 리더십을 유지하기보다 실패

〈표 11-1〉 1923년과 1997년의 브랜드 리더

제품 종류	1923년의 리더	1997년의 리더
세척제	올드 더치	코멧/소프트 스크럽/아젝스
추잉 검	링글리스/애덤스	링글리스/버블 윰/버블리셔스
모터사이클	인디언/할리-데이비슨	할리-데이비슨/혼다/가와사키
5센트 박하사탕	라이프-세이버스	브레스-세이버스/틱 택/서츠
땅콩버터	비치-넛/하인즈	지프/스키피/피터 팬
면도기	질레트/겜/에버 레디	질레트/빅/쉬크
청량음료	코카 콜라/클리콧 클럽/비보/하이어스	코카 콜라/펩시/닥터 페퍼 · 캐드버리
커피	애버클 유번/화이트 하우스/호텔 이스토르/조지 워싱턴	풀저스/맥스웰 하우스/힐스 브로스
세탁비누	펠스 냅터/옥터건/커크먼/아이보리/배빗츠/크리스틸 화이트	타이드/치어/위스크
타이프라이터	언더우드/레밍턴/올리버/코로나	스미스 코로나/브라더
담배	캐멀/파티마/팰 멀/무라드/럭키 스트라이크	말보로/윈스턴/뉴스포트
양말	홀 프루프/오닉스/피닉스/럭스타이	엘에그스/해인스/노 넌센스
신발	더글러스/위크오버/해넌	나이키/리복
사탕	율러스/로프트/페이지앤쇼	허쉬/엠앤엠 · 마스/네슬레
젤리 또는 잼	하인즈	스먹커스/웰치스/크래프트

했다.

- 1923년 당시 세 개 이상의 최고 브랜드는 심지어 최고 브랜드 다섯 개 중 하나도 남아 있기는커녕 실패했다.
- 기간이 장기적일수록 시장점유율은 안정적이지 않다.
- 내구재 상품의 경우, 리더십의 유지비율이 비내구재 상품에 비해서 낮고 실패율 또한 상당히 높다.

〈표 11-2〉 1997년 시장점유율 등급에서 1923년 마켓리더의 비율

1997년 시장점유율 등급	『애드버타이징 에이지』에 기초한 1923년 리더의 비율	저자들의 연구에 기초한 1923년 리더의 비율
1	76	23
2	16	8
3	4	9
Top 5	4	8
Top 10	0	7
10위 이하	0	16
실패	0	28

〈표 11-3〉 1923년과 1997년의 시장점유율 위치 비교

1923년 시장점유율에 기초를 둔 등급	샘플 수	1997년 현재						
		1위	2위	3위	5위	Top 10	10위 이하	실패
1위 브랜드	97	23%	8%	9%	8%	7%	16%	28%
2위 브랜드	70	11%	9%	3%	4%	9%	26%	39%
3위 브랜드	43	5%	7%	2%	5%	9%	14%	58%
4위 브랜드	26	4%	4%	4%	4%	8%	42%	35%
5위 브랜드	12	0%	0%	25%	0%	17%	42%	17%
6위 브랜드	5	0%	0%	0%	0%	20%	20%	60%
7위 브랜드	1	0%	0%	0%	0%	0%	0%	100%

- 의류 부문의 경우, 어떤 브랜드도 정해진 기간 동안 리더십을 유지하지 못했고, 1923년 선도 브랜드 중 63퍼센트가 실패했다.

이런 결과들은 이 책의 주제인 장기적인 시장지배력은 과거의 리더십이나 시장 개척자에게 자동으로 주어지는 보상이 아니라는 것을 강조해준다.

조사결과를 어떻게 일반화할 것인가

이 책의 여러 장들은 특별히 구체적인 예들을 보여주었다. 그 이유는 지속적인 시장지배력은 시장 개척에서 나온다는 단순한 생각을 대신해서 회사들이 그런 지배력을 얼마나 다양하고 복잡한 방식으로 획득하는지를 보여주기 위해서이다. 이런 사례들을 따라가다보면 어떤 독자들은 우리의 조사결과가 실제로 얼마나 일반적이며 널리 적용되는지 궁금하게 생각할 것이다.

이번 조사결과의 일반성이 우리의 가장 큰 관심사였다. 그런 이유로 우리는 수많은 시장에서 리더십이 유지되는 원인을 연구하기 시작했으며 몇 년에 걸쳐서 66개의 시장으로 우리의 연구를 확대했다. 제3장에서 66개의 시장 샘플을 근거로 해서 시장 개척자들에 대한 우리의 폭넓은 결과를 기술하고 있다. 또한 성공을 유지하고 있는 진정한 원인에 대해서도 역시 같은 66개의 시장 샘플을 토대로 연구하였다.

다섯 개 요소의 빈도를 결정하기 위해서, 이 다섯 개 요소가 시장 성공의 유지에 각각 얼마만큼 역할을 했는지를 각각의 시장에서 조사하였다. 그런데 몇몇 부문은 너무 오래되고 자료가 부족해서 66개의 모든 부문에서 그 요소들의 역할을 판단할 수 없었다. 따라서 이 결과는 각 요소들이 뚜렷하게 드러난다고 자신할 수 있는 부문을 토대로 얻었다. 표 11-4는 바로 이러한 분석의 결과를 제시하고 있다. 여기서

〈표 11-4〉 지속적인 시장지배력의 근본 원인

	비전	끈기	혁신	금융자산 투입	자산 레버리지
확증된 증거	55%	56%	56%	52%	30%
불확실한 증거	6%	5%	5%	6%	32%
불충분한 증거	39%	39%	39%	42%	38%
계	100%	100%	100%	100%	100%

여기서 주목해야 할 것은 처음 네 개의 요소는 우리가 정보를 확보한 거의 모든 시장에서 시장지배자의 장기적인 성공 원인으로 중요한 역할을 하고 있었다. 다섯 번째 요소인 자산 레버리지는 충분한 증거를 확보한 사례 중 2분의 1에서 시장지배자의 지속적인 성공 요인으로 작용했다.

그런데 자산 레버리지의 발생 횟수가 더 작은 이유는 이 요소의 특성과 제품부문의 확대가 적게 이루어졌기 때문이다. 어떤 부분에서 우위를 차지하고 있는 회사가 관련 부문에서도 우위를 차지하기 위해선 기존 제품부문의 자산을 레버리지해야 한다. 이미 제10장에서도 살펴보았지만, 지배기업이 기업가다운 행동을 취하는 데는 심각한 장애요인들이 많이 존재한다. 그러나 많은 회사들은 한 제품부문에서 자산 레버리지를 실행함으로써 관련 부문에서도 지속적인 리더십을 확보할 수 있다.

따라서 회사들이 이 다섯 가지 요소들을 적절히 활용하면 지속적인 리더십을 얻을 수 있을 것이다. 우리가 각 요소들을 좀더 구체적인 비율로 연구해서, 조직에 따른 그 비율이 어떻게 다른지 조사해보고 우리의 모델을 통계적으로 시험한다면, 한 단계 나은 연구가 될 거라고 제안하는 사람들이 있다. 하지만 우리가 주장하는 명제의 장점은 대개 아주 많은 사례의 세부사항을 놓치지 않는 우리의 능력에서 나왔다고 할 수 있다. 그런데 비율이나 통계적인 모델로 각 사례들을 왜곡하다 보면 통찰력은 얻지 못한 채 많은 자세한 사항들을 놓칠 수 있다. 실제로 이 다섯 가지 요소들은 오늘날 많은 경영자와 분석가들에게 지속적인 리더십의 주요 결정요소가 무엇인지 가르쳐주고 있다.

마지막으로 우리는 66개 부문 이상에서 이 다섯 가지 요소들의 중요도를 평가할 수 있었다. 우리가 다룬 많은 제품부문들은 10년이 넘는 연구과정의 산물이라 할 수 있다. 우리가 선정한 샘플의 규모는 그 어떤 유명한 경영책에서 다룬 것보다 많다. 만일 우리가 더 많은 부문을 취급했더라면 다른 관련요소들을 찾아냈을지도 모른다. 하지만 아무리 많은 제품부문을 고려한들, 우리가 찾아낸 다섯 가지 요소의 중요도가 떨어지는 일은 절대 없을 것이라고 믿는다. 많은 부표본에서 비슷한 결론을 얻은 바가 있기 때문에, 우리는 이번 연구결과와 결론에 자신감을 갖고 있다.

지속적인 리더십의 다섯 가지 원인은 서로 관련이 있을까

우리는 이 다섯 가지 원인이 구조상 연쇄적인 관계에 있다고 믿고 있다. 지속적인 시장지배력의 근본원인이자 원동력은 동일한데, 그것은 바로 대량 소비시장에 대한 비전이다. 하지만 시장은 계속해서 변하는 표적이다. 소비자 기호의 변화와 기술의 변화를 어떻게 일치시키는가가 중요하다. 따라서 비전은 대량 소비시장의 방향성과 그것을 만족시킬 방법에 대한 파악이 필수적이다. 하지만 그렇다고 해서 비전이 오로지 그런 변화에 반사작용만 보여서는 안 된다. 즉, 비전가는 단지 미래를 잘 예측하는 것만으로 모자란다. 실제로 진정한 비전가라면 이전에는 존재하지 않았던 대량 소비시장에 대한 해답을 실천하고자 노력함으로써 미래를 창조할 줄 알아야 한다.

비전은 새로운 사업을 시작하고 장애물을 극복하는 등 기업가들이 하기 힘든 일들을 할 때 끈기 있게 밀고 나갈 수 있도록 의욕을 고취시켜준다. 또한 얼마나 오래 그리고 얼마나 힘들게 버텨야 하는지도 일러준다. 질레트는 일회용 면도기의 효용을 확신했기 때문에 니컬슨을 만나기 전까지 얇은 철판으로 면도날을 만들 수 있는 기술자를 찾아다녔다. 그리고 니컬슨을 만난 질레트는 한 달 안에 얇은 철판으로 면도날을 만들어보자는 약속을 받아내기 위해 끈질기게 매달렸다. 비전은 또한 기업가와 경영자에게 그 당시 많은 사람들이 불가능한 모험이라고 생각하는 사업에 막대한 자산을 헌신할 수 있는 용기를 불어넣기도 한다. 미국 전역을 연결하는 야간우편에 대해서 비전을 가지고 있던 프레드릭 스미스는 그 비전을 실현시키기 위해 막대한 금융자산을 헌신하는 위험을 감수하였다.

기술 혁신, 특히 급진적인 성격의 기술 혁신 역시 자산을 필요로 한다. 자산을 헌신할 각오가 되어 있는 기업가나 회사는 이런 기술 혁신에 대해서는 기꺼이 자금을 지원할 의향을 보인다. 짐 클라크는 설립된 지 얼마 안 되는 넷스케이프가 단 6개월 만에 브라우저를 개발할 수 있도록 그는 자산을 헌신하였다. 이런 기술 혁신은 종종 지속적인 리더십을 획득하는 데 중요한 해결책으로 등장하기도 한다.

이 다섯 가지 요소들은 다른 상황에서 개별적으로 발생하는 특징들이 아니라 하나가 다른 하나를 유도해내는 특징이라 할 수 있다. 출발점인 비전은 큰 역경을 견디고, 금융자산을 헌신하고, 부단히 기술 혁신을 추진하며, 현재 자산을 레버리지할 수 있는 의지를 이끌어낸다. 이 요소 중 한 가지만으로는 불완전하다. 하지만 이 요소들 중 몇 개가 동시에 작용한다면 각 요소들의 효과를 증폭시킬 것이다. 그러므로 각 요소 중 어느 하나만을 채택하기보다는 이 다섯 개의 요소들을 결합시킨 사고방식을 채택하는 것이 중요하다.

중간자들은 지속적인 리더십의 요소에 어떤 영향을 미치는가

우리는 회사와 시장의 특성에 의해서 지속적인 성공의 다섯 가지 요소의 중요도가 변한다는 사실을 알아냈다. 특히 신규 회사, 기존 시장에서 경쟁중인 기존 회사, 새롭지만 관련 부문인 시장으로 진입하려는 기존 회사, 이 세 가지 회사의 형태에 따라 이 요소들의 상대적인 중요도가 달라진다.

신규 회사인 경우 비전과 끈기 그리고 금융 헌신이 특히 중요하다. 상황에 따라 회사는 신규 시장에 진입할 것인지 아니면 기존 시장에 진입할 것인지를 결정해야 한다. 신규 회사의 경우 관련 시장이나 신규 시장에서 기존의 경쟁자들과 필연적으로 부딪칠 수밖에 없다. 또한 새로 창업한 회사는 다양한 어려움을 겪어야 한다. 이런 전후관계에서 이런 신규 회사에게는 대량 소비시장 자체와 그 시장에 자사가 어떤 독특한 공헌을 할 수 있는지에 대한 확실한 인식과 비전은 필수적이다.

기존 시장에서 경쟁중인 기존 회사의 경우, 부단한 기술 혁신이 특히 중요하다. 가끔 완전히 발달된 시장을 보면 상당히 안정적으로 보이며, 기존 회사의 입지 역시 강력해서 아무도 넘볼 수 없을 것처럼 보인다. 하지만 이런 모습은 종종 거짓인 경우가 많다. 실제로 소비자 기호와 기술의 변화는 시장을 항상 새롭게 만들며, 회사의 입지를 불안하게 만든다. 따라서 시장에서의 입지를 유지하고 경쟁회사를 계속 앞서가려면, 기존 회사는 계속되는 비용 상승에도 불구하고 끊임없는 기술 혁신이 필요하다. 질레트 회사의 역사를 살펴보면, 제품이 점점 더 복잡해지자 기술 혁신에 드는 비용은 계속 증가 추세에 놓여 있다. 질레트가 최초로 면도날을 출시하는 데 든 기술 혁신의 비용은 1만 달러였던 반면, 마하 3의 경우 7억 4천만 달러가 들었다. 부단한 기술 혁신 전략은 최선의 방어책일 뿐만 아니라 시장점유율과 저항력을 키울 수 있는 수단이기도 하다. 이런 맥락에서 회사는 미래를 내다보는 것 말고도 그 미래를 창조하기 위해 노력하는 것을 목표로 삼아야 한다.

관련 제품부문이나 모(母)제품부문을 지배하고 있는 기존 회사의 경우 자산 레버리지는 특히 중요하다. 그런 회사들은 기존 부문에서 수년간 성공을 거둠으로써 막대한 자산을 축적하고 있다. 회사는 유명한 브랜드명이나 뛰어난 인재 같은 일반자산이나, 제품, 영업사원, 유통시스템이나 제조시설과 같은 특정자산을 축적했을 수 있다. 역사적으로 보면 기존 회사들은 자사가 진입해 있는 시장에서 파생했거나 아니면 그 시장과 관련이 있는 새로운 제품부문의 출현을 지켜보아야 했다. 이런 신규 부문은 상당히 위협적이기 때문에 회사는 그런 신규 부문을 부인하거나 그것으로부터 자사를 보호해야겠다는 유혹을 느낄 수 있다. 하지만 그보다는 관련 부문에 진출하여, 우위를 차지하고 싶다면, 일반자산을 전환하고 특정자산은 포기해야만 했다. 애플 컴퓨터가 퍼스널 컴퓨터 시장으로 진입했을 때, 그 회사는 레버리지할 자산이 거의 없었다. 창업자들은 창고에서 일했고, 최초의 투자금은 대기업의 현금 유출이 아닌 개인에게서 나왔다. 그러나 같은 시장에 진출한 IBM은 자사의 유명한 브랜드명과 명성에 의존함으로써 좋은 유통업체와 거래기업의 폭넓은 지지도, 그리고 자사 제품에 대한 빠른 채택을 보장받았다. 브랜드명과 같은 자산의 중요성은 제품의 특성이 보다 모호하고 소비자가 브랜드의 명성에 의존할 때 증가된다. 다이어트 코크(Diet Coke)가 성공한 것은 어쩌면 기술 혁신을 기반으로 어떤 제조공식 때문이 아니라 코크라는 브랜드명과 더 밀접한 관계가 있는지도 모른다. 청량음료의 경우에서 볼 수 있었던 것처럼, 제품의 모호성 그 자체는 기술적인 복잡함과는 별 관계가 없어 보인다. 따라서 회사의 참신성, 제품의 모호한 특성, 그리고 제품 제작의 기술적인 복잡함은 지속적인 리더십의 원인들을 상쇄시키는 것처럼 보이기도 한다.

시장 진입 초기에 아주 잠깐 리더십을 누렸던 개척자는 시장 개척으로 인해 충분한 혜택을 누리는가

자신의 목적을 달성할 만큼의 충분한 수익을 올린 개척자가 있는가 하면, 계속해서 시장에 남아 있을 동기가 없어진 개척자도 있다는 말은 어느 정도 진실이다. 하지만 대부분의 경우, 어떤 부문에서 앞으로 얻을 수익이 과거의 수익을 훨씬 초과할지라도 시장 개척자들은 실패했다.

시장 개척자들은 평균적으로 약 12년 동안 각자 제품부문의 선두를 지킨다. 그 시기에 그들은 상당한 수익을 거두었을 것이다. 1970년대 중반 게리 킬달의 CP/M이 큰 성공을 거두면서, 1981년 한 해 동안 킬달의 작은 회사 총수입은 600만 달러에 이르렀다. 하지만 컴퓨터 운영시스템에서 킬달이 거둔 성공은 훗날 마이크로소프트가 거둔 성공에 비하면 보잘것없는 것이었다. 또 다른 예로, 맥도날드 형제들은 1961년 그들의 사업체를 레이 크록에게 270만 달러에 팔았다. 그 당시 이 사업은 이미 200개의 가맹점을 거느린 사업으로 성장해 있었다. 대부분의 기업가들의 눈에는 레이 크록이 아주 성공적인 가격에 거래한 것처럼 보인다. 그러나 1977년까지 크록은 맥도날드에 대한 그들의 지분은 연간 1,500만 달러의 가치를 지닐 것이라고 추정했다. 1991년 맥도날드 형제 중 한 명이 그 당시 레스토랑 매각에 대한 질문을 받자, 다음과 같이 답했다. "우리는 그 당시 어린아이가 아니었어요. 집은 세 채나 되었고, 차고에는 캐딜락들이 가득했죠. 거기다 다른 사람에게 빚을 낼 일도 없었구요……. 난 그때 일을 전혀 후회 안 해요. 리비에라의 요트 따윈 제 스타일이 아니란 말입니다."

그러나 우리가 연구했던 대부분의 개척자들은 자신들의 수익이 제한적이었다는 사실에 큰 불만을 보였는데, 그들이 실패한 이유는 다음과 같다.

- 매출은 대량 소비시장의 문이 열리면서 기하급수적으로 증가한다 [VCR의 시장성장률(그림 4-1)이나 PC 시장의 성장률(그림 10-3) 참조] 개척자들은 종종 성장단계에서 실패하면서 잠재적으로 막대한 수익을 놓치곤 한다. 이런 예로는 앰펙스 대 마쓰시타, 혹은 디지털 리서치(CP/M의 소유주) 대 마이크로소프트(DOS의 소유주)가 있다.
- 개척자들은 이 단계에서 성공을 위해 노력을 기울였는데도 실패한다. 그 이유는 그들에게는 비전과 끈기, 헌신, 그리고 기술 혁신이 부족했기 때문이다. 그 예로 게리 킬달은 그의 프로그램이

DOS에 완패를 당한 방식에 대해서 불만을 터뜨렸다. 사실 그는 IBM PC용으로 새로운 버전의 프로그램을 개발했으며, IBM측이 그 제품을 선택사항으로 판매하기로 계약까지 체결했었다. 그러나 그의 새 프로그램은 도스보다 가격이 비싸고 기능은 떨어졌기 때문에 실패했다.

- 일부 개척자들은 너무 빨리 실패하는 바람에, 그동안의 작은 수입으로는 극히 최소한의 투자액도 만회하기 힘들 정도였다. 이런 예로는 퍼스널 컴퓨터 시장의 MITS(마이크로 개발 및 원격조정 시스템)와 라이트 맥주 부문에 진출한 트로머(Trommer)의 레드 레터(Red Letter)가 있다.

- 많은 인터넷 개척자들의 파산과정에서 볼 수 있듯이, 개척자들의 실패는 그들이 소유한 주가의 폭락으로 이어진다.

따라서 개척자들의 실패는 경영자나 관련 기업가에게는 계획에 없는 일인 동시에 만족스럽지 못한 일이 된다.

시장지배력보다 수익에 초점을 맞춘다면 결론은 변할 것인가

우리는 주로 생존, 시장점유율, 시장지배력과 같은 성공에 대한 시장의 평가기준을 중점적으로 연구했다. 이번 연구에서는 수익에 대해서는 그다지 명확하게 다루지 않았는데 그 이유는 그런 회계와 관련된 데이터는 회사 차원에서 보고가 이루어지므로, 아주 드문 경우를 제외하고는 개별적인 제품부문에 대한 수익 고찰은 근본적으로 변하진 않는다. 그 이유는 대량 소비시장의 개장에 따른 판매 증가가 너무 크고 빨라서 이것을 돌파구로 삼거나 생존하려는 기업은 미래이익이 감소할 때조차도 막대한 이익을 즐기기 때문이다. 개척자들은 막대한 판매증가가 시작되기 전이나 당시에 실패함으로써 재정적으로 큰 기회를 상실한 것을 괴로워한다. 더욱이 개척 기업에 투자한 금융가, 주주, 벤처 자본주의자들은 단기적인 수익을 목표로 투자하기보다는 목적이 굉장히 성공할 것이라는 희망을 갖고 투자한다. 개척 기업들의 단기적인 수익 자체에 대한 강조는 적절하지 않을 수 있다.

사업전략의 중요한 원리는 단기수익보다는 리더십을 유지하는 것에 맞춰 있다. 단기수익에 대한 초점은 쇠퇴하는 시장에 대한 방지책으로 더 적절할 것 같으며 급성장하는 시장에는 적절하지 않다.

규제는 필요한가

지난 세기 동안 미국법은 계속해서 독점을 억제해왔다. 이런 정책은 어떤 시장에서 기업이 독점적으로 기반을 확립한 것처럼 보였을 때 정부가 대기업들을 반독점법으로 제소하게 만들었다. 논쟁이 되는 잘 알려진 사건들이 제록스와 마이크로소프트, IBM이다. 이 사건들은 오랜 기간 계속되었고, 정부와 기업 양쪽에 수백만 달러의 비용이 들었으며, 기업에 속한 책임 경영자들의 불만 사항이 되어왔다.

특히 급변하는 첨단 기술 시장에서 공격적인 반독점정책의 적용이 가치가 있을까? 독점법과 반독점정책의 장점을 평가하는 것은 이 책이 다루고자 하는 내용과 거리가 멀다. 그렇지만 우리의 연구 범위 내에 있는 IBM과 제록스, 마이크로소프트 사건에서 반독점법의 장점에 대해서 간단하게 언급할 수 있다.

먼저 반독점정책의 논리를 재평가할 필요가 있다. 자유시장은 대중들에게 이익을 제공한다. 왜냐하면 기업들간의 경쟁으로 소비자들은 낮은 가격으로 더 나은 제품을 제공받기 때문이다. 그러나 이런 이익은 시장이 합리적으로 경쟁할 때 생긴다. 이런 자유시장은 소비자의 효용 극대화와 시장에 영향을 주지 않는 수많은 기업의 수익 극대화로 특징되며, 자유로운 시장 진입과 퇴출, 그리고 시장의 기능에 대한 유익한 정보로 특징지워진다. 미국에서 반독점법은 부당한 영향을 행사하는 기업이 없다는 것과 시장 진입이 자유롭다는 두 가지 사항이 실패했다고 보여지거나 실패했을 때 실행되었다. 지배 기업이 가격과 상품에 부당한 통제를 한다면, 신규 기업은 자유롭게 시장에 진입할 수 없고 잠재력 있는 신규 기업은 심각한 불이익을 당하며, 소비자는 높은 가격과 열등한 제품, 한정된 선택으로 고통받는다. 이런 분석은 IBM과 제록스, 마이크로소프트에 대한 정부의 반독점 판결을 유발시켰다.

이 사건들에 대한 복합성 때문에 이 사건들에 대해서 명확하고 간단하게 잘잘못을 따지기 어렵지만, 전체적으로 보면 이 사건들에 대한 반독점정책 집행이 네 가지 이유에서 소비자들에게 이익이 되기보다는 타격이 크다고 생각한다.

첫째, 시장에서 지배 기업의 위치는 매우 불안정해 보인다. 기업이 확고한 위치를 갖고 있다 할지라도 신기술과 새로 나타나는 기업들은 그 위치를 위협할 수 있으며, 지배 기업의 장점을 빨리 쓸모없게 만들어 버릴 수 있다. 이런 현상은 컴퓨터, 복사기, 소프트웨어 같은 첨단 기술 시장에서 실제로 일어나고 있다. 바로 이 시장에 정부가 법을 집행한 대기업들이 속해 있다. 예를 들어, PC의 출현으로 IBM의 워크스테이션 컴퓨터 시장이 약화되었으며, 퍼스널 컴퓨터와 프린터의 출현으로 제록스의 복사기 시장이 크게 약화되었다.

둘째, 소송은 피고 기업들에게 금전적으로 막대한 비용을 부과한다. 넓게 보면 기업들이 이런 비용들로 인해 높은 가격을 소비자에게 부과하거나, 품질 향상을 미루게 되면서 소비자들이 고통을 받는다. 더욱이 소송은 소비자에게 직접적으로 막대한 비용을 부과한다. 왜냐하면 납세자로서 정부에게 합법적인 계산서를 지불해야만 하기 때문이다. 이 모든 사건에 있어서 아주 작아 보이는 이익도 비용과 관계가 있다.

셋째, 소송은 미래 시장을 개척하고 소비자에게 더 나은 서비스를 제공하기 위한 기술 개발보다는 법적인 문제를 분석하느라 귀한 시간을 허비한 경영자들에게 매우 심각한 혼란을 불러일으킬 것이다. 몇몇 경우에 혼란은 기업을 무력화시켜서 쓸모없는 관료체제적 환경으로 만들어버릴 수도 있다. 예를 들면, 어떤 분석가들은 제록스와 IBM에 대한 정부의 법적 소송은 이들 기업 내의 관료체제를 더욱 확대시켰다고 생각한다. 이런 관료체제 문화는 소비자에게 많은 이익을 주는 신상품을 개발하는 혁신적인 문화와 정반대되는 것이다.

마지막으로 우리는 기업의 성공은 비전, 금융 헌신, 혁신적인 기술과 자산 레버리지에 있다고 확신한다. 그것은 확실한 위치에서 오는 것이 아니다. 기업의 이런 다섯 가지 원칙의 결과에서 나온 시장점유율과 수익, 그리고 높은 주가들은 이런 요소들을 실행함으로써 희생을 감수한 기업가와 경영자들의 강력한 동기유인들이다. 이런 보상체계는 자유시장에 있어서 필수적이며, 기업가와 경영자들에게 중요한 동기요인이 된다. 그런 보상을 확실한 시장 위치에 대한 유해한 수익으로 규정하는 법률가와 경제학자들의 공격은 실증적인 경험과 경제적인 논리, 그리고 소비자 이익 면에서 불공정하게 보인다.

회사는 일찍 또는 제일 먼저 시장에 진입하기보다는 나중에 진입해야 하는 건 아닐까

우리의 연구결과는 경영자들과 분석가들에게 많은 중요한 의미를 내포하고 있다.

첫째, 우리는 모든 회사들이 시장에 늦게 진입하는 그 자체를 위해 나중에 시장에 들어가라고 권하지는 않는다. 마찬가지로 모든 회사에게 신규 시장을 개척해서 개척자가 되라고 권하지도 않는다. 우리가 진정으로 바라는 것은 개척 그 자체가 지속적인 리더십과 깊은 관계를 맺고 있다는 단순한 생각에서 벗어나는 것이다.

둘째, 우리가 선정한 66개 부문의 전형적인 개척자들이 얻은 작은 수익은 새로운 시장 관측자로 하여금 어떤 시장이든 개척자나 선두주자가 유리하다는 주장을 하기에 앞서 한 번 더 생각할 필요성을 일깨워주고 있다. 시장 개척자는 몇 가지 점에서 유리하기 하지만 이런 유리한 점은 잠재 시장의 규모가 아닌 현재 시장의 규모에 비례하는 경향이 있다. 리더십의 혜택은 효율적인 생산에서 찾아볼 수 있다. 그렇지만 이 혜택도 그 규모가 클 때나 의미가 있다. 다른 장점으로는 브랜드명에 대한 명성과 입소문 효과를 들 수 있다. 그러나 이런 혜택은 선도자가 우수한 제품을 판매한다는 가정에서나 가능하다. 만약 개척자나 선도자가 우수한 제품을 팔지 않는다면, 브랜드 명성은 약화될 것이며 입소문도 부정적인 효과를 낳을 것이다. 따라서 우수한 제품을 만드는 개척자는 개척자라서가 아닌 제품의 높은 품질로 인해 진정한 혜택을 누리게 된다.

셋째, 우리는 개척자들이 초기의 리더십에 의해 얻는 이익이 극히 제한적일 뿐만 아니라 기존 시장의 리더들은 일반적으로 알려진 것보다 훨씬 덜 오래간다는 사실도 알아냈다. 한 회사가 단지 시장 개척자거나 완제품부문의 리더십을 획득했다는 이유만으로는 해당 시장을 이끌어가더라도 거기서 나오는 이익은 고정적인 경향이 있다. 우리가 앞에서 규정한 다섯 가지 요소가 지속적인 리더십을 만들어낼 수 있는데, 그 이유는 그 요소들이 역동적인 데다가 시장이 오랜 세월 발전함에 따라 회사가 리더십을 확보하고 유지할 수 있도록 도와주기 때문이다.

넷째, 이 다섯 가지 요소에서 취할 수 있는 이득은 시장 개척자나 시장지배자들과 관련된 결과에 영향을 미친다. 회사가 시장을 개척했는가 안 했는가는 그다지 중요한 문제가 아니다. 중요한 문제는 회사가 이런 다섯 가지 요소를 가지고 있는가 하는 것이다. 후발주자는 개척자에게 도전하는 것을 두려워할 필요가 없다. 하지만 이런 다섯 가지 요소의 모범이 되는 회사에게 도전할 때는 신중을 기해야 할 것이다.

다섯째, 이론적으로 이런 다섯 가지 요소를 갖고 시장에 진입한 초기 시장 진입자는 똑같이 이 다섯 가지 요소를 갖춘 후발주자가 시장에 들어오더라도 이길 수 있다. 가상으로 시나리오를 쓴다면, 좀더 일찍 시장에 진입한 회사가 유리하다. 그러나 우리가 연구한 66개의 모든 시장에서 이 다섯 가지 요소를 똑같이 가진 두 개의 회사가 존재하는 상황을 찾을 수 없었다. 그러므로 이 다섯 가지 요소의 효과는 시장에 일찍 진입했을 때 갖는 그 어떤 효과보다 지배적이다. 우리의 연구에서는 지속적으로 성공을 유지해온 개척자만이 이 다섯 가지 요소를 가지고 있었다.

마지막으로 실제로는 후발주자들이 시장에 늦게 진입한 것만으로 이익이 되는 여러 시장상황들이 있다. 이런 상황은 시장이 매우 새롭거나 불확실한 경우에 많이 발생한다. 여기서 후발주자들은 개척자의 성공과 실수를 통해서 배울 수 있다. 후발주자는 비용을 거의 들이지 않거나 조금만 들이고서 소비자의 취향과 시장의 잠재적인 규모, 상품개발 기술 그리고 디자인 제조기술을 배울 수 있다. 후발주자는 개척자들이 돈을 들여서 소비자들에게 신제품에 대한 정보를 교육시킴으로써 이익을 얻을 수 있다. 또한 후발주자는 개척자가 열등한 제품으로 시장에서 브랜드 명성과 입소문에 부정적인 효과를 낳을 때 상대적인 이익을 취할 수 있다. 이런 모든 경우가 늦게 진입함으로써 얻는 이익이다.

결론

경영자들과 기업가들은 종종 처음 시장에 진입해야 한다는 생각에 집착한다. 학술적인 연구는 시장 개척의 드문 실패, 높은 시장점유율, 시장지배력이라는 결과물들로 이런 생각을 강력히 지지해준다. 시장 개척은 지속적인 리더십을 향한 단계로 인식되어져왔으며 사업관련 출판물들은 개척자가 유리하다거나 선두주자가 누리는 단순한 혜택에 대해서만 떠들어대고 있다. 그렇지만 우리가 지적했듯이 이런 생각을 지지하는 연구들은 생존자 편향과 자기 본위적 성향 그리고 엉성한 정의에 의해 곤혹을 겪는다. 우리의 연구는 이런 문제들을 바로 잡고 개척자가 누릴 수 있는 혜택은 매우 제한되어 있는 반면 도리어 후발주자들이 시장을 지배하는 경향이 있음을 알려준다. 우리는 이 책에서 왜 후발주자들이 개척자들은 이루지 못했던 성공을 이룩하는지에 대한 문제의 해답을 찾기 위해서 노력했다.

이 질문에 대답하기 위해서 많은 시간을 66개 부문의 발달과정을 연구하는 데 보냈다. 일반적인 믿음과 달리 시장 개척은 장기간의 성공과 지배에 필수적이지도 않았고 충분하지도 않았다. 연구 결과, 시장지배력을 유지하는 기업은 개척보다 성공에 중요한 다섯 가지 요소들을 가지고 있는 것으로 나타났다. 실제로 시장진입 전략은 전투전략과 흡사해서 최초의 일격이 가장 효과적일 수 있다. 그러나 성공하는 데있어서는 공격·반격·돌진·합병 등에 대한 세심한 대비가 결정적 역할을 한다. 그런 대비에 대해서는 다음 다섯 가지 질문으로 판단해 볼 수 있다.

1 시장 진입 후 잠재 시장을 어떻게 개척할 것인가—비전

대부분의 기술 혁신은 처음에는 비싸고 조잡하며 제한적으로 나타난다. 시장지배자는 이런 초기 기술 혁신에서 더 나아가 대량 소비시장을 전망할 수 있는 기업들이다. 기업들은 비전이 자원을 모을 기회를 찾아내고 사업에 대한 영감을 심어준다고 정의한다.

2 시장 진입 후 비전을 유지할 수 있을까—끈기

성공으로 가는 길은 쉽지 않다. 반면에 많은 경쟁자들은 더 빨리 성공을 얻는다. 기술적인 장벽, 법적 제재, 소비자의 잘못된 인식, 경쟁에 대한 위협은 신규 기업들이 직면하는 장애물들이다. 시장 지배기업은 이런 도전을 통해서 비전을 추구하고 유지하는 회사이다.

3 시장 진입 후 사업 운영에 자산을 투자할 수 있는가—헌신

대량 소비시장은 값싸게 개발할 수 없다. 많은 기술 혁신들이 신제품 기술에 의해 결정되며, 그런 기술들은 많은 비용이 들어가는 연구와 개발을 통해서 천천히 개발된다. 대량 소비시장에 적합한 가격 절감을 위해서 대량생산과 값비싼 기술 과정이 요구된다. 그러나 고객들에게 기술을 알리거나 잘못된 인식을 바로잡아 주기 위해서 막대한 광고 역시 필요하다. 비용은 많이 들었지만 판매가 저조할 때 대량 소비시장에 대한 비전에 자산을 지원할 수 있는 회사가 시장지배자가 된다.

4 시장 진입 후 현재 입지를 희생시키더라도 변화를 꾀할 수 있는가— 부단한 기술 혁신

시장, 소비자, 경쟁자와 기술은 계속해서 변한다. 이런 환경에서 정체는 시장 잠식이나 실패로 이어진다. 시장지배력은 잠식당할 위험과 자신의 제품에 장애물이 된다고 생각될 위험이 있을 때조차 끊임없이 혁신하는 기업의 몫이다.

5 시장 진입 후 신규 시장으로 자신의 장점을 전환할 수 있을까—자산 레버리지

완전히 발달한 제품부문의 리더는 유명한 브랜드와 광범위한 유통 그리고 독특한 경험으로 시장에서 우위를 차지한다. 이런 장점들은 상대적으로 쉬운 수단을 이용해서 신규 및 관련 부문으로 진입해서도 지배자가 될 수 있게 한다. 시장지배자는 이런 장점들을 키우고 그것들을 신중하게 확대해서 신규 시장을 지배하도록 하는 회사들이다.

앞의 네 가지 요소는 특히 새로 등장한 부문에서 특별히 중요하다. 각 요소들은 독립적이지 않고 서로 연관되어 있다. 회사 내에서 이들 요소의 상호작용은 성공을 위한 원동력이 된다. 끈기와 막대한 자산을 헌신하는 의지를 부추기는 요소는 비전이다. 부단한 혁신은 비전을 실현시키고 리더십을 유지할 수 있는 해법을 제시한다. 반면에 시장 진입순서는 그다지 중요하지 않다. 서둘러 신규 시장으로 돌진하는 것은 가끔 영구적인 리더십을 확립할 수 있는 회사의 능력을 방해한다. 1980년대 초반 IBM이 퍼스널 컴퓨터 시장에 서둘러 진입하려다 보니 자사의 제품을 개발하기보다 인텔의 칩과 마이크로소프트의 운영시스템을 사용할 수밖에 없었다. 시장에 빨리 진출하기 위해 내린 이 결정으로 인해 IBM은 오늘날 인텔과 마이크로소프트의 주식시장에서 가치를 조금이라도 나눠 가질 수 있는 기회를 상실하게 되었다.

신규 시장에 맨 먼저 진입하라고 했는가? 앞서 말한 다섯 가지 요소가 없다면 첫 번째 진입자는 경쟁자에게 경종을 울린 것에 불과하다. 우리가 이야기한 다섯 가지 요소들을 구현한다면, 후발주자라도 그들보다 더 둔감한 개척자들은 가볍게 물리칠 수 있다. 그리고 이 다섯 가지 원칙을 염두에 두고, 비교적 이른 시기에 시장에 진입한 회사일 경우 유리한 입장에 설 수 있을 것이다. 그러나 시장에 처음으로 진입하는 그 자체는 영구적인 시장지배력의 필요충분조건이 되지 못한다.

마켓리더의 조건

초판 1쇄 인쇄 2018년 03월 08일
초판 1쇄 발행 2018년 03월 10일

초판 2쇄 인쇄 2018년 10월 19일

지은이 제러드 J. 텔리스, 피터 N. 골더
펴낸이 김형성
디자인 정종덕
경영지원 남영애
마케팅 최관호
인쇄 정민문화사

펴낸곳 (주)시아컨텐츠그룹
출판등록번호 제406-251002014000093호
등록연월일 2017년 5월 30일
주소 서울시 마포구 성산로 2길 63 태남빌딩 2F
전화 02-3141-9671 (代)
팩스 02-3141-9673
E-mail siaabook9671@naver.com

ISBN 979-11-88519-12-5
값 18,000원